群言
文丛

议论纵横

群言杂志社 编

群言出版社
QUNYAN PRESS
·北京·

图书在版编目（CIP）数据

议论纵横 / 群言杂志社编 . -- 北京 ：群言出版社，
2015.12
（群言文丛）
ISBN 978-7-80256-970-6

Ⅰ . ①议… Ⅱ . ①群… Ⅲ . ①时事评论－中国－文集
Ⅳ . ① D609.9-53

中国版本图书馆 CIP 数据核字（2015）第 272647 号

责任编辑：孙平平　金　朝
封扉设计：北京锦绣东方图文设计有限公司

出版发行：群言出版社
社　　址：北京市东城区东厂胡同北巷1号（100006）
网　　址：www.qypublish.com
自营网店：http://qycbs.shop.kongfz.com（孔夫子旧书网）
http://www.qypublish.com（群言出版社官网）
电子信箱：qunyancbs@126.com
联系电话：010-65267783　65263836
经　　销：全国新华书店
法律顾问：北京天驰君泰律师事务所

印　　刷：廊坊市蓝海德彩印有限公司
版　　次：2015年12月第1版　2015年12月第1次印刷
开　　本：787mm × 1092mm　1/16
印　　张：28.75
字　　数：397千字
书　　号：ISBN 978-7-80256-970-6
定　　价：75.00 元

目录 议论纵横 论

【文化思潮】

序　言

集众思，汇群智，为文化繁荣发展作出新贡献

张宝文

《群言》杂志1985年创刊，今年迎来了创刊30周年。古话说：“三十而立。”回顾30年的历程，《群言》一直秉承和恪守发刊词中“知识分子群言堂”的宗旨和“要说真话、实话，不说假话、空话、大话，对新情况、新问题发表新见解”的承诺，聚焦国是、关注民生，兼收并蓄、博采众长。围绕党和国家中心工作，就经济、社会、教育、文化、科技、生态建设等领域的重大问题进行深入探讨，刊载了一系列具有政治性、学术性、针对性、可读性的文章，形成了时代性和经典性相交汇、党派性和广泛性相统一的风格和特点。

新时代要求新风貌，《群言》在大家共同努力下，在广大盟员支持下，与时俱进、不断出新，努力讲好民盟故事，传递民盟声音，汇聚正能量。2014年，《群言》成功扩版，栏目更加丰富，内容更加充实；2015年，为适应新形势新任务，推出创刊以来首份地方专刊，为宣传民盟地方组织和当地经济、文化、社会发展成果作出了有益尝试。

当前，我国正处于全面深化改革的新时期，各族人民在中国共产党的领导下，正在为实现中华民族伟大复兴的中国梦而奋斗。要实现中华民族的复兴，首先中华文化要复兴。一个国家、一个民族的强盛，总是以文化兴盛为支撑的。没有文明的继承和发展，没有文化的弘扬和繁荣，就没有

中国梦的实现。习近平总书记在2014年10月文艺工作座谈会上强调："历史上，中华民族之所以有地位有影响，不是穷兵黩武，不是对外扩张，而是中华文化具有强大感召力。"随着时代的发展和人类文明的不断进步，在全球一体化趋势强劲的今天，文化的力量和影响愈发突显出来，比任何时候都更加广泛和深刻。在文化建设中如何处理好古与今、中与外的关系，如何在交流和碰撞中发展和传播自己的文化，是摆在我们面前的重大课题。《群言》作为文化建设主体中的一分子，作为民盟思想宣传工作中的一分子，必须深刻认识"建设社会主义文化强国"的内涵与意义，始终坚持"三个自信"，不断奋发进取，以坚定的立场、鲜明的态度、生动的笔触，为我们的文化凝魂聚气，为我们的时代凝心聚力，在推动文化大发展大繁荣的宏伟事业中有所作为，为实现民族复兴作出贡献。

希望《群言》要做社会主义核心价值观的践行者和弘扬者。核心价值观承载着一个民族、一个国家的精神追求，体现着一个社会评判是非曲直的价值标准。我国是一个有着13亿多人口、56个民族的大国，确立反映全国各族人民共同认同的价值观"最大公约数"，才能使全体人民同心同德、团结奋进。放眼世界，将当代中国价值观念贯穿于国际交流和传播的方方面面，阐释好中国梦，重塑世界对当代中国的正确且全面的认知，非常紧要。因此，我们必须从巩固全国各族人民团结奋斗的共同思想基础和对外树立当代中国良好形象的战略高度，把践行和弘扬社会主义核心价值观作为一项根本任务抓紧抓好。

《群言》务必要讲政治，始终坚持和发展中国特色社会主义；讲大局，展示昂扬向上的社会主流，反映光明进步的社会本质；讲正气，坚持团结稳定鼓劲、正面宣传为主的方针。要以高度的政治理论素养、政治敏锐性和政治鉴别力，始终保持鲜明坚定的政治立场和清醒的头脑，"言能践行"，扎实深入地践行社会主义核心价值观；"言近旨远"，生动具体地弘扬社会主义核心价值观，为坚持和发展中国特色社会主义提供精神动力和舆论支持。

《群言》要做中华优秀文化的传承者和传播者，铸民族之魂，立爱国之根。“文化是民族的血脉，是人民的精神家园”。习近平总书记在不同场合讲到我们的优秀传统文化，将其视为国家和民族传承发展之根本，自信可为造福人类之智慧和力量。如他曾指出：“要坚持道路自信、理论自信、制度自信，最根本的还有一个文化自信。”为什么要如此强调传统文化？从国情看，实现民族复兴需要文化支撑。我们讲“国无德不兴，人无德不立”，这个“德”从哪儿来？需要我们“以文载道”、“以文载德”，然后“以文化人”，如此方能“立人”、“兴国”。譬如人之德，“格物致知、正心诚意、修身齐家、治国平天下”，“非淡泊无以明志，非宁静无以致远”等，千百年来被国人奉为圭臬；“天行健,君子以自强不息；地势坤，君子以厚德载物”，“苟利国家生死以，岂因祸福避趋之”，“先天下之忧而忧，后天下之乐而乐”等，激励了多少仁人志士。譬如国之德，“与时俱进”、“天下为公”、“小康社会”、“和而不同”等，现今仍为我们所用，成为流淌在我们血液中的文化基因。当今中国，“立德”尤显重要。从世情看，文化软实力是强国的标志之一，世界和平也需要吸纳中国优秀传统文化中的精神和价值。当今世界，既有文明的冲突，也有文明的渗透，还有文明的融合，只有对内提炼文化精髓、丰厚文化底蕴、创新文化成果，对外讲好中国故事，传播好中国声音，才有利于我们自身文化软实力的不断增强，有利于我们坚定不移地走和平发展道路。

《群言》应以高度的历史责任感，自觉地站在时代的前沿，自信地担负文化自强的任务。要关切中华文化的现状、问题和走向，秉持费孝通先生提出的“各美其美、美人之美、美美与共、天下大同”的文化理念，阐中华传统文化的“妙言要道”，择国外优秀文化的“百家之言”，多发有筋骨、有道德、有温度，启迪思想、引人向上、温润心灵的好文章，为建设社会主义文化强国贡献力量。

《群言》要做新时期民盟履行参政党职能的参与者和宣传者，聚盟内力量，树民盟形象。《群言》的一条工作主线就是要从民主党派角度出发参政议政、关注国是。自创刊起坚持至今的《专题座谈》（《笔谈》），以及《盟员风采》、《参政议政》等栏目，就是民盟履职成果的集中展现。可以说，《群言》既是民盟组织及成员参政议政和履行“政治协商、民主监督”的重要渠道，也是向社会展示民盟参政议政成果及自身建设现状的重要平台；既是盟外知识分子认识民盟的主要窗口，也是促进盟员向心力和凝聚力的有力纽带；既构筑了民盟中央和地方组织纵向沟通的阶梯，也搭建了民盟各级组织横向了解的桥梁。当前是我国多党合作的最好时期之一，时代的发展对参政党提出了更高的要求，办好《群言》正是我们助推多党合作事业全面发展的应尽之责。

《群言》应坚持“谠言直声”、“言必有中”，聚焦国家中心工作和社会热点难点，更好地展现民盟参政议政和自身建设的丰硕成果；应坚持“广开言路”、“畅所欲言”，鼓励广大盟员抒发见解、阐述观点，进一步加深对民盟工作的参与度，加大对民盟工作的宣传力度，切切实实地为民盟发展发挥作用。

值此《群言》创刊30周年之际，《群言》编辑部编选了这套文丛，以此纪念《群言》走过的历程，表达对30年来帮助、支持《群言》发展的各界朋友、新老作者和广大读者诚挚的感谢！我衷心希望《群言》以质量求发展，文章务必坚持言之有文、言尽其意，更要言之有物、言必有中。要提高质量，把现有的一些栏目品牌做得更好更强，并不断树立新的品牌；要荟萃盟内外更多专家学者的文章，刊发更多高质量稿件。《群言》要以创新助发展，务必根据信息时代、网络时代、数字时代的要求，在栏目设置、文章题材等方面推陈出新，不断丰富办刊模式，使刊物始终充满活力。

我在对《群言》的寄语中曾说，“群贤抒群言，群策集群力”。我们要使《群言》始终保持活力和水准，离不开各位顾问编委、作者读者以及盟的各级组织和盟员一直以来的支持和帮助。“积力之所举，则无不胜也；众智之所为，则无不成也。”相信有大家的鼎力支持，《群言》不仅能够拥有足以傲人的历史，未来更将呈现愈加美好的前景，必将为中国文化大发展大繁荣作出更大的贡献！

【教育论坛】

关于教育问题的一封信

胡愈之

季平同志：

两次寄来的信和稿都收到了。

你对陶先生的意见，引起我极大兴趣。陶行知先生，我在救国会工作中和他有过来往，1936年他出国前和他在香港商谈过，那是些政治问题。以后他出国到欧美，回国后在汉口、重庆都曾匆匆见面。1940年我出国到新加坡去，等我回来时陶先生去世已经两年了。

我经常想念他是因为另外一件事。那是1939年夏季，我们在桂林乡间，盖起了草棚，成立了文化供应社。党的老教育家徐特立同志到了桂林，我去请他来文化供应社作报告。他来我们这个草棚里作了两天报告。第一天谈的是马克思主义哲学，第二天谈陶行知的教育学。徐特老说，马克思的哲学是从黑格尔学来的，但是他把黑格尔翻了个跟斗，由唯心论变成了唯物论。同样陶行知是杜威的学生，他也把杜威翻了一个跟斗，从实用主义翻过来变成实践论，连他自己的名字，也由“知行”改为“行知”。

徐特老说：他在延安担任边区的教育部长，但只有一间破房子和几本破书。怎么办？延安的老百姓几乎都不识字，不能读书。我们搞扫盲教育，农民平常都要下田，每年只有冬天有一两个月办扫盲班，但一次扫盲班只能识一二百字，到第二年又大部分忘掉了，又从头学起，这样成年人就很难有识字读书的一天。所以要搞陶行知的主张，“生活即教育”，“社会即学校”，要使人民大众都受教育，这是个行之有效的办法。徐特老说："现在忙于打仗，谈不上办教育，革命成功后，我看陶行知能当中国的教育部长。"

徐特老这篇报告我没有记录下来，大体上如此。我至今印象很深。可惜在全国解放的时候，陶行知先生已去世三年了。全国解放后，我们在政治上翻了身，我们的教育事业在数量上比国民党统治时期有了很大的发展。可是，我们的教育制度基本上是模仿苏联的，实际上同资本主义的学制差不多。而且在不少人的思想上还残留着我国从孔夫子起办教育的历史影响。这种教育制度，2000多年来，都是为了做官，不参加生产劳动，仕为贵，"学而优则仕"，和实际的生活脱离，和社会脱离。但当官的是极少数人，大多数人不能当官，就不能读书。现在和以前不同了，青少年除文科以外还要学些数理化，但是仍然有不少人是为了做干部（当官），所以城市儿童进了中小学，却多是为了升入大学，而又只有极少数能考入大学。在农村里，则连小学也未能普及，中学很少，能升大学的更少。农村的小学，还有一些是民办的，校舍以至桌椅板凳，都由农民负担，还要农民负责民办学校教员的薪水，学费、书籍费更不用说了。所以至今还有不少农村儿童不能入学，能入学的往往也只能念三四年，到了十一二岁，就要做家务、干农活，不让念书了。特别是女孩子，能够上学的更少。重男轻女的风气，在农村还存在，女孩子受教育的机会要大大少于男孩子。我还要说，去年全国人口统计表的文盲数目还不止这些。因为，文盲应该包含读过几年书而后来变成"复盲"的不能读书看报的成年人在内。

成年人复盲的人数（无法统计）特别多，是和汉字的难读难写有关的。因此要真正做好扫盲工作，一定牵涉到文字改革问题。徐特立同志在那次报告中也谈到文字拼音化的必要。陶行知先生生前也是赞成汉字拼音化的。最近倪海曙同志去黑龙江的几个县里调查，证明用汉字拼音教小孩学普通话成绩非常好。学了一年拼音字母之后，就不大会复盲了，这是值得重视的。

扫盲是一件大事。除此以外，受过初等、中等以至大学教育的干部、工人、农民、士兵，有必要在工作中不断进行学习，以赶上时代的进步。特别是这半个世纪以来，科学技术飞跃发展，要跟上这个速度，凭过去在学校学过的一点东西是不够的。发达的资本主义国家，都在想办法让工人有一定时间，重新入学，或上夜校进补习班，提高科学技术水平。美国的退职知识分子往往在50岁以上还去别的高等学校补习，甚至到英、法、德等大学继续进修，所以有“终身教育”这一口号。就我国的情况，20岁以上的成年人很少有继续进修的机会。这样，我们就永远落后于发达国家，无法与他们相比。

小平同志在景山小学的题词中说：“教育要面向现代化，面向世界，面向未来。”要是陶行知先生还在世，一定会赞成小平同志这一提法，因为陶先生的“生活教育”是“以社会生活为主体，以实践为中心”的。这和小平同志的主张并没有两样。

当然，普及和提高齐头并进，目前还有困难：第一，是国家没有很多的教育经费；第二，是缺乏教师。但是，我们工农业生产的劳动力耗费都比发达国家多。假如把浪费掉的劳动力去掉，如发达国家一般，使大多数人民有机会受教育是完全可能的。日本战败投降以后，才苦干了十几年，就接近了美国水平。新加坡是殖民地，建国不到20年，由于从普及教育着手，已成为东南亚经济最发达的国家。难道我们十亿人口的社会主义大国就不能迎头赶上吗？在这方面，陶行知先生是有很多好的经验和办法可以效法的。

你对陶行知教育思想的评价，我认为是正确的。说是陶行知教育思想还不够，应该说是适合于社会主义中国的教育思想。问题是首先要把陶行知的教育思想，贯穿在我们头脑中，这很重要。要不然，到20世纪末，我们还仍然是全世界文盲人数最多的国家，科学技术落后的国家。

说到最后，我不是搞教育的，我这些想法不一定对，如果发表出来，现在教育界一定有人不满，所以我先写这封信给你，请你给以指示。

祝你安好！

（摘自《群言》1985年第1期）

和青年学生谈心

苏步青

最近听到一些反映，有的学生认为书读得多的，反而工资拿得少了；国家经济有困难，毕业生分配也难了；有的学生因工资和分配等问题，加上社会上出现的一些腐败现象，产生了“中国前景怎么样”的问题，问我对此有何看法。这是一个很大、很复杂的问题，凭我几十年的经历和自己现有的认识，谈几点想法。

一

我认为这些青年同志关心自己国家的前景，是一种爱国的表现。如果一个对国家没有感情的人，他怎么会去忧国忧民？这个问题不能回避，可以说这也是我们当前统一思想认识的一个重要内容。

国家前景怎么样？我可以肯定地回答，是有希望的，而且是很有希望的。中华民族具有艰苦奋斗的光荣传统。中国历史能延续5000多年，炎黄子孙遍及各地，在世界上是显赫辉煌的，就因为中华儿女肯吃苦，有奋斗精神。不振兴中华，不但对不起我们祖宗，也对不起后代。我们国家在中国共产党的领导下，从民不聊生的状况，到现今11亿人口基本得到温饱，这是多么不容易啊！过去帝国主义嘲笑中国人是“东亚病夫”，现在是世界健儿了。几十年来，总说中国人口是4亿5000万，现在基本上生一个保一个，人的平均寿命长了，人口不断增多。这么多人要吃、要住、要穿，维持这样大的国家谈何容易，这一点外国人也看出来了。1980年10月，法国总统吉斯卡尔·德斯坦到复旦大学访问时亲口对我说：你们国家这么大，人这么多，不像我们法国才5000万人口，取得这么大的成绩很不容易。这话是很客观的。近十年来的改革，我们国家向前迈了一大步，成绩也是有目共睹的。国家很有希望，大家不要灰心丧气，否则，11亿人到哪里去生活呢？国家不强盛，人民只能当奴才，做牛马，那岂不是又要把中国拖回到半封建半殖民地的旧中国去吗？那种生活我已过够了，决不能倒回去，这绝不是出路，而有可能被开除“球籍”。所以，我们只有振奋起来，树立一个信念：中国是有希望的，靠我们全体人民的奋斗，一定会闯过难关。

二

我在与一些青年学生的接触中了解到，他们心里感到苦闷，在经过去年一场政治风波后，认为自己被抛弃了，因而表现沉默、消极、厌学等。我认为这些态度是不可取的。现在许多大学生都在认真学习党的十三届四中全会、五中全会文件，反思50多天里自己的思想和表现，认识有了提高。不少学生自觉地到工厂、农村和其他建筑工地劳动，向工农学习，提高了对国情的认识。

抱有良好愿望的学生，为何产生出不好的效果呢？我认为一个重要的原因是他们对国情了解得太少了，对中国的历史也知之不多，遇到这样一个复杂的问题，就容易产生错觉。我常对同学们说，旧中国的上海外滩公园门口，挂着“华人与狗不得入内”的牌子，当时的帝国主义列强把中国人与狗相提并论，因为当时的中国是任人奴役、任人宰割的旧中国。在这次动乱中，一些西方国家干涉我国的内政，唆使和支持某些动乱分子企图在中国颠覆无产阶级专政，走资本主义道路。党中央采取平息反革命暴乱的措施，使帝国主义在中国实现“和平演变”的希望破灭了，我们应该感到高兴。至于有些学生参加了游行，发表了一些过激的言论，只要对问题有认识，学校是不会追究他们的。党和政府一直采取对学生以教育为主的方针，帮助他们解开思想疙瘩。《人民日报》多次发表文章，同青年学生谈心，我们要理解这一点，振奋精神，努力学习文化科学知识，将来为祖国的四化建设事业多作贡献。

有些同学看到社会上的某些腐败现象，又遇到大学生分配难等问题，心里很苦闷。青年人的苦闷，同教育工作存在问题，经济未搞上去以及通货膨胀等问题有关。由于多年来积累的问题未能解决，国家的经济形势确实很严峻。我们知识分子的待遇还比较差。但是应该看到，党中央已经采取了一些治理整顿的措施，有的已初见成效。我认为，只有国家的经济形势好转了，我们每个人的切身利益才能得到根本的改善。要知道，国家已尽了最大的努力，像粮价补贴，低房租，这虽然是过渡办法，但在外国人看来是不可想象的。国家有困难，需要大学生和国家同心同德，共渡难关。有了这些思想准备，大家就会觉得我们的生活还是很幸福的，从此想通一些问题，也就不至于那么苦闷了。

三

中国很有希望，但要一下子改变我们目前的困难，又不是那么轻而易举。这就是说，我们不能急于求成，要从中国的实际情况出发来建设、治理整顿和深化改革。我们国家底子薄，人口又多，发展速度相对也应慢一点，不是十年二十年，而是几代人才能达到小康水平。最近提出要过几年紧日子、苦日子，但再苦、再紧，也不至于像60年代初期国家遇到自然灾害时那么苦吧？当时全党全国人民紧密地团结在党中央周围，仅仅艰苦奋斗了几年，整个形势就起了很大的变化，这也靠坚定的信念在起作用。从现在起，我们也要自觉地同党的路线、方针和决议保持一致，维护安定的局势，齐心协力去战胜困难。

要使国家有希望，就必须继续提倡自力更生的精神。我们青年人不能在国家有困难时，就往国外跑，去寻找个人的舒适和安乐。实际上，外国也不是遍地黄金。那些盲目出去的人，已吃了不少苦头。要记住，国家和人民养育我们长大，我们就要为自己的祖国作贡献。而到国外去当廉价劳动力，自己虽然赚了一些钱，可那是为外国人做事。我在日本留学获博士学位后，有亲戚朋友、老师同学的挽留，劝我不要走。大学里的教授更是明白地对我讲，中国现状一塌糊涂，你回去必然要吃苦。回去后若觉得不行，那就再回来吧，这里把你的职位保留半年。但是，我拒绝了这些人的“相劝”，毅然回到祖国的怀抱里。虽然后来我吃了不少苦，但却是心甘情愿，因为我选择了一条正确的道路，这是一条爱国的光明之路。

当然，我们也要开展国际学术交流，向国外开放，目的是学习国外好的东西为我所用。但也要看到，真正的科学技术外国人也不会轻易交给我们，人家对我们总是保密的。中国有句古话：“与虎谋皮。”我们有些科学工作者从国外带回的资料，甚至没有国内的先进，这也是很能说明问题的。因此，我们要靠自力更生，艰苦奋斗。我们不能忘记国格，不能丢掉民族自尊心。要提倡用国货，严格限制消费品的进口，来保护民族工业的发展。目前，国家确有困难，我们要正确估计困难，正视这些困难，这样我们就能有充分的思想准备去战胜它。某些西方国家对我们进行经济制裁，但正如五六十年代帝国主义对我们的封锁和禁运一样，封锁、禁运十年八年，我们不是闯过来了吗？中国人是不怕压的，也是压不垮的，压力可以化为动力。

现在，党中央正在采取一系列的措施惩治腐败，清查贪污、受贿等犯罪分子，抓好全国人民关心的几件大事，国家局势是稳定的，我对国家的前景是充满希望的，每一个有爱国心、事业心和责任心的人，一定会和党一起，去开创中国最美好的未来，为实现四个现代化而奋斗。

“国要兴隆，必须奋斗。老而不死，是为罄余。”今年我已88岁了，身体还健康，我决心在有生之年，再为国家的社会主义事业作出新的成绩。

（摘自《群言》1990年第2期）

要高度重视人才断层问题

唐敖庆

最近，北京大学的一位教授告诉我，1977年恢复高考以来，在北大物理系毕业的学生中，成绩在中上等的都已出国留学，教师队伍后继乏人。1989年年底，我到南京大学参加他们校内规划的十多个重点科研项目的论证工作，内容都很好，但从事研究工作的都是45岁以上的教师，缺乏青年科技人员。以上两件事不是个别现象，而是带有普遍性的问题。很多专家、教授都在为高级专门人才中的断层现象感到忧虑。

高级专门人才中出现断层现象的原因，首先是“文化大革命”造成的。十年动乱，高等院校遭到破坏，没有认真培养学生，相反地，严重摧残了原有的人才。在粉碎“四人帮”之后，特别是中共十一届三中全会以来，中央抓了人才的培养工作。迅速地恢复了高考制度，增加和提高了高等院校的数量和质量，在我国首次建立了学位制度，通过专家评议，建立了大批博士点和硕士点，这些都为培养高级专门人才创造了良好条件。这十多年来，我们确实培养了大批本科生、硕士生和博士生，他们将为我国的社会主义建设作出应有贡献，然而有一个现象令人担忧，就是“出国热”。他们中很多学习好的都已到国外留学，由于种种原因，学成后又不能立即归来。在国内学习的人，很多都不安心，总想找机会出国“深造”。这种状况，造成了目前高级专门人才中的断层现象。

如何解决这个问题，我想谈几点意见。

第一，高等专门人才的培养，要立足于国内，要以自力更生为主，派遣留学生为辅。实际上，20世纪50年代西方国家对我们实行封锁的时期，我们就依靠自己的力量，培养出大批专门人才，他们在社会主义建设的各条战线上，起到了骨干带头的作用。今天高等院校和科研机构的指导力量、学术水平、仪器设备和图书资料等，远比那时强得多，我们完全有条件依靠自己的力量，培养出优秀的高级专门人才。只有在我国力量薄弱的学科和新兴领域，需要借助外力，派遣少量留学生出国学习，或者邀请对口的外国专家来华任教。能否独立自主地培养高级专门人才，是衡量一个国家的教育是否独立的重要标志。我国的学位制度已经建立十年，拥有一批高水平的硕士点、博士点和博士后流动站，应该也完全能够独立自主地培养高级专门人才了。

第二，在高等学校中加强思想政治工作，对青年学生进行爱国主义、民族气节的教育，进行社会主义、共产主义的信仰教育，培养他们的辩证唯物主义和历史唯物主义的世界观和方法论。青年学生应该坚信只有在中国共产党的领导下，走社会主义道路，我国才有光辉灿烂的前途。一个人的事业，必须生根立足于国内，投身到火热的社会主义建设中去，创建祖国美好的未来，从而也得到自己幸福的前途。在解放后，很多留学生看到祖国已经独立，民族已经解放，中国人民站起来了。他们响应祖国的召唤，怀着满腔爱国热忱，纷纷从海外归来。当时的条件很差，他们发扬自力更生、艰苦奋斗的精神，在社会主义建设的各自岗位上作出了应有的贡献，他们没有辜负历史赋予自己的使命。青年一代，确实应该学习他们热爱党、热爱国家、热爱人民的高贵品德和自力更生、艰苦创业的献身精神。

第三，切实改进工作条件和生活条件。我们很高兴地看到，国家从“六五”到“八五”期间，计划建成150个国家重点实验室，它们拥有高水平的学术指导力量和良好的实验设备。国家教委、中国科学院以及有关部门，也将结合自己的特点，建立一批开放实验室。国家重点实验室和部门开放实验室，都是面向全国开放，将成为培养高级专门人才的重要基地。关于科研工作，可以结合攻关项目、高技术项目、国家自然科学基金项目等，提出申请，经专家评审，择优予以支持。生活条件从某种意义讲，也是工作条件，因为只有生活上无后顾之忧，工作才能顺利进行。从当前形势看，改善知识分子的工作条件和生活条件，是十分迫切的事情。

高级专门人才中出现断层，是个严重问题，值得我们高度重视；因为它将影响我国经济建设战略部署三部曲的实施，影响我国社会主义建设的未来。但我也相信，只要领导重视，大家关心，想方设法解决这个问题，它是能得到妥善解决的。

（摘自《群言》1990年第4期）

中国的未来寄托在孩子们身上

冰 心

中国的未来，寄托在孩子们身上。让我们做父母教师们（的），都给他（她）们创造健康家庭学校环境，让他（她）们都看健康的书，听健康的音乐，欣赏健康的图画。

冰心　九四　四　十

（摘自《群言》1994年第6期）

我也要大声疾呼

巴　金

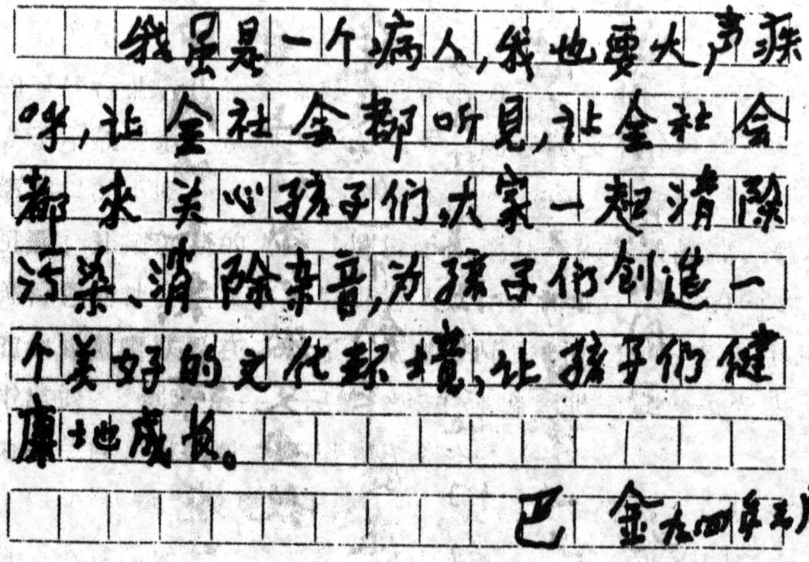

我虽是一个病人，我也要大声疾呼，让全社会都听见，让全社会都来关心孩子们，大家一起清除污染、清除杂音，为孩子们创造一个美好的文化环境，让孩子们健康地成长。

巴金 九四年三月

我虽是一个病人，我也要大声疾呼，让全社会都听见，让全社会都来关心孩子们，大家一起清除污染、消除杂音，为孩子们创造一个美好的文化环境，让孩子们健康地成长。

巴金　九四年三月

（摘自《群言》1994年第6期）

教育贫困与最低教育保障

李重庵

中国作为人口最多的发展中国家，在国民教育方面取得了举世公认的成就，特别是近年来实施的国家贫困地区义务教育工程，极大地改善了农村基础教育的状况。但是，在一些偏远农村、少数民族地区以及流动人口（如农民工）、城市困难人群中，每年仍然有数以百万计的学龄儿童不能接受和完成最低标准的九年义务教育，他们正在成为新的文盲、半文盲。这种教育的贫困，不仅令他们一生都处于不利的竞争地位并可能过着贫困的生活，而且亦使全面建设小康社会缺失了一部分宝贵的人力资源。更重要的是，这有悖于人的全面发展这一社会主义的本质要求，也有悖于社会公平的基本理念。因此，在全面建设小康社会的实践中，应像建立最低生活保障制度一样建立最低教育保障制度，以尽快消除绝对教育贫困。

与发展差距和贫富差距的扩大相关，我国地区之间、城乡之间和不同人群之间占有教育资源的差距也呈扩大之势。对政府和社会而言，当务之急是关注和解决城乡困难群体中的教育贫困问题。教育贫困有显性和隐性两种表现：显性者如城乡困难群体的子女因失学、辍学而不能到学校接受教育；隐性者虽形式上看有学可上，但教育条件和质量却达不到最低标准，学生实际得不到最低限度的教育资源，达不到最低程度的教育水平。这两类教育贫困都应在限期消除之列。

普及九年义务教育和扫除青壮年文盲，既是我国现行法律赋予政府的崇高责任，也是每个国民应当享有的基本权益。建立最低教育保障制度，即是确保这种权益真正得到落实的必要举措。为此，需要建立相应的标准和社会监测、评价体系，将最低教育保障纳入政府责任考核范围，同时确立公共财政为最低教育保障提供有效支撑。在政府财力有限的现实条件下，可以鼓励并吸收社会力量参与办学，如在鼓励捐资助学的同时，支持民间办学，以争取民间教育投入和扩大教育资源；积极探索建立教育基金、教育彩票、教育银行等途径，最终促使政府和社会力量有机结合，形成对教育保障体系有力的资源支持。

总之，全面建设小康社会已经成为我国的奋斗目标，而部分人口的教育贫困却意味着正在酝酿明天的绝对贫困；最低生活保障缓解的是城乡贫困人口的现实生活困难，而最低教育保障解决的却不止是明天的绝对贫困问题，同时还包括人的发展，从而关系到人民生活质量、人力资源和国家竞争力等问题。因此，实施有力的最低教育保障，建立消除教育贫困的长期机制，已经是迫在眉睫、刻不容缓的任务。

（摘自《群言》2003年第5期）

我国研究型大学发展规划的战略思考

蒋树声

随着我国现代化事业的蓬勃进展和高等教育大众化趋势的来临，中国的高等教育已进入一个前所未有的快速发展时期。当前，我国高等学校尤其是研究型大学，要抓住机遇，追赶世界科技和高等教育发展的潮流，更好地为我国全面建设小康社会服务，就必须积极探讨发展的新思路，采取有力的新举措，拓展开放的新局面，推进改革的新突破。为此，我国研究型大学必须制定好具有前瞻性、全局性的发展战略规划。

战略规划是带有全局性的总体发展规划，其内容主要包括战略目标、战略措施等。由于战略规划事关学校今后的发展和办学方向，所以世界一流大学都十分重视战略规划的制定，一般也都有比较明确同时又各具特色的发展战略目标。我国研究型大学在建设世界一流大学和世界高水平大学的进程中，都不约而同地把制定发展战略规划作为促进学校跨越式发展的大事来抓。问题的关键是，我们究竟需要什么样的发展战略，应该如何实施自己的战略目标？

一

大学战略规划的核心内容是战略目标，也就是学校的总体发展目标，简单地说，就是要建设一所什么样的大学。然而，科学合理地制定一个既鼓舞人心又切实可行的战略目标并不是一件轻易的事。目标定得太高，不切实际，没有考虑自身的办学条件，结果虽经努力也无法实现，成为空中楼阁；目标定得过低，因循守旧，不费力气就容易实现，结果耽误了学校快速发展的良机。战略目标的制定对大学来说，既十分紧要又不易把握，世界一流大学的校长们常常为此煞费苦心。美国卡内基—梅隆大学的校长柯亨先生2002年在我国参加中外大学校长论坛时说，制定大学发展的战略目标是大学校长始终萦绕心头、彻夜难眠的问题。制定大学发展战略目标的关键是为自己准确定位。一般来讲，大学应当结合三个方面来考虑自身的发展战略目标：一是学校自身已有的办学条件与特色；二是国家建设与发展的需要；三是世界高等教育与科学技术发展的趋势。大学只有将这三方面结合起来，统筹考虑，制定的战略目标才会反映世界科技与高等教育的发展潮流，才会体现国家与民族的意志，同时也符合大学自身发展的追求。这样的战略目标既高瞻远瞩，也切实可行。

大学的战略目标要能反映学校自身的特色，这一点最为重要。大学之间是千差万别的，在办学水平、学科方向、师资状况、人才培养、历史传统、办学规模，办学条件等各方面都存在差异。因此，大学在制定发展战略目标时，一定要立足自身的条件，进行认真的校情分析，找出自身的比较优势与劣势，从而确立学校的个性与特色。只有以特色立校，扬长避短，才能以特色强校，以特色取胜，凸现学校的品牌与地位。无论是哈佛大学、耶鲁大学、麻省理工学院、普林斯顿大学、加州理工学院，还是牛津大学、剑桥大学、东京大学，虽然它们都是举世公认的世界一流大学，但在办学传统、发展模式、学科方向、人才培养等许多方面都各具特色。如果这些世界一流大学在办学目标上放弃自身特色，完全追求目标统一，那么，我们就无法想象世界一流大学今天会是什么样子。当前，我国研究型大学在制定学校发展战略目标时，有两种倾向应该引起我们注意：一是办学目标定得过高，急于求成；二是办学目标没有特色，过于雷同。

过去，南京大学在制定学校发展战略目标时，也曾经出现过类似倾向。在讨论南大的办学目标时，有的同志看不到我们与世界一流大学的真正差距，提出南大应该把尽早建成世界一流大学作为战略目标。我们经过冷静分析，认为南京大学虽是国内办学水平较高的大学，但与世界一流大学相比，存在很大差距。如学科整体实力不够强，发展不平衡，能进入国际前沿的学科十分有限，新兴学科、应用学科发展较慢，学科综合与交叉的优势尚未充分发挥；师资队伍中缺少一批具有国际影响的学术大师，培养和吸引国际一流人才的机制尚未完善，教师总体水平与世界一流大学相比差距很大；科研方面缺乏一批具有国际重大影响的原始创新成果。此外，在教学改革、管理水平、办学条件等方面，也与世界一流大学存在很大差距。建设世界一流大学需要经过长期的艰苦努力，因此，提出在短期内把南京大学建成世界一流大学的战略目标是不切实际的。我们最后确定了分两步走的发展战略目标，第一步是先建成世界知名的高水平大学，然后经过若干年努力，力争建成以综合性、研究型、国际化为重要标志的世界一流大学。

如何在战略目标中体现学校的办学特色？这是我们在制定学校发展战略目标时碰到的又一大难题。众所周知，近年来国内许多大学通过合并等途径，纷纷采取综合性大学的办学模式，成为规模庞大、学科齐全的“巨无霸”。我校有不少同志主张南大应该像一些兄弟高校那样走“大而全”的办学道路。面对这种情况，我们始终保持清醒头脑，首先成立专门的课题小组，研究世界一流大学的办学特色与发展方向，并根据我校具体情况提出下一阶段南京大学的办学方向与应当坚持的特色，然后我们把课题组拟定的各种方案拿到由学校领导、学科带头人参加的座谈会上认真研讨。经过反复讨论，也鉴于合并其他高校面临的实际困难，最后决定放弃“大而全”的战略选择，走规模适度、内涵发展的道路。我们认为，战略目标要体现学校的特色与优势，必须遵循比较优势原则，坚持有所为有所不为。一般来讲，世界一流大学大多为综合性大学，学科覆盖面较宽，便于不同学科的交叉与新兴学科的产生，也便于培养高素质的复合型人才。但是，一流大学的建设并不是学科越多越好。世界一流大学中，有的大学学科较为全面，如东京大学、牛津大学等。也有不少大学不是这样的，如哈佛大学没有工学院，普林斯顿大学没有法学院、商学院、医学院等。同样，办学规模也不是越大越好。世界一流大学中，规模较大的有东京大学、加州大学柏克莱分校等，规模适度的有哈佛大学、麻省理工学院等，还有规模较小却实力超强的如普林斯顿大学、加州理工学院、巴黎高等师范学院等。可见，办学规模不等于办学水平。大学不一定要规模大，而在于特色与优势；学科不在乎有多全，而在乎有多强。一流的大学都有一流的学科，但不可能所有的学科都成为一流。每一所大学应根据自身条件，努力建设好特色学科、优势学科，不应该一味追求“大而全”。从南京大学自身的办学条件看，我校虽然没有与其他高校合并，但原有的学科覆盖面已经较为齐全，涵盖除农学以外的文、理、医、工、法、经、管等许多学科，只是学科水平有待进一步提高。就办学规模而言，我校现有办学规模虽然小于国内许多大学，但已经达到甚至超过一些世界一流大学的规模。我们与世界一流大学的差距不在规模而在水平上。因此，无论从世界一流大学的经验看，还是从学校自身的条件看，南京大学都不应当追求“大而全”的模式，而应当选择具有自身特色与优势的规模适度、内涵发展的战略目标。

二

如果说战略目标是制定战略规划的核心，即明确了建设一所什么样大学的问题，那么战略措施则是实现战略目标的关键，是要解决怎么样建设的问题。战略措施是为实现战略目标而采取的主要政策和办法。毫无疑问，如果得不到战略措施的有力保障，任何雄心勃勃的战略目标都会化为泡影。

由于不同的大学有不同的战略目标，因此实现战略目标的战略措施也会有所不同，不能生搬硬套。战略措施的制定既要切实可行，又要敢于创新、打破常规。衡量战略措施是否适当的唯一标准，是能否顺利实现既定的战略目标。大学在制定战略措施的过程中，要特别注意确定战略措施的重点。战略措施的重点，是大学发展的关键和突破口。美国著名教育家博耶（Ernest L.Boyer）说过："一所高质量的大学必定有一个明确的而且是生气勃勃的办学目标。所以，它不可能是满足所有人所有要求的大杂烩。它需要在众多要求下作出选择并确定哪些是应予优先考虑的重点。"只有明确了战略措施的重点，大学才能找到发展的突破口，才能"纲举目张"，取得积极的连锁效应。

对大学的领导来说，明确学校发展的重点不是一件容易的事。面对手中有限的资源，许多大学校长常常陷入左右为难、顾此失彼的窘境。确立战略重点取决于校领导的远见卓识、果断魄力，以及对本校比较优势的把握能力。20世纪70—80年代，美国卡内基—梅隆大学校长萨尔德从本校比较优势着手，把学校的战略重点放在发展信息科学上，这使学校实现了跨越式发展的战略目标，由二流大学一跃成为一流大学。到了90年代，学校又把战略重点放在改善本科生教育上，使学校的教育质量大大提高，成为全美教育质量提高最快的四所大学之一。

围绕南京大学的发展战略目标，我校在制定学校战略措施过程中提出了"注重质量，提高内涵"的指导思想。根据这一指导思想，我们又在学科建设、队伍建设、教学改革、科学研究、社会服务、国际交流等方面制定了一系列具体措施。问题在于我们如何确定学校发展的战略重点即突破口。我们认为，学科与队伍是一所大学发展的关键，也是衡量一所大学办学水平与地位最重要的标志。只有有了一流的学科与队伍，才会有一流的科研与教学，才能培养一流的人才。纵观世界一流大学，虽然它们各具特色，但都以一流的学科与队伍闻名于世。我国大学与世界一流大学的发展差异以及我国大学之间发展的差异，也主要表现为学科与队伍水平的差异。如果学校的学科与队伍水平得到提高，就会带动学校整体实力的上升。离开学科与队伍建设来谈学校的发展，任何战略目标与战略措施都会成为无源之水、无本之木。从南京大学的战略目标看，我们要在“注重质量，提高内涵”指导思想下建设世界知名高水平大学和世界一流大学，就更应当突出学科与队伍建设的重要性，因为无论是质量和内涵，都是通过学科与队伍水平来体现的。鉴于此，我校明确提出了“以学科建设为龙头，队伍建设为核心”作为战略重点的指导思想。

战略重点明确了，接下来就是想办法确保战略重点的实施。为此，学校的各项工作要围绕战略重点展开，学校的资源配置也要优先考虑战略重点。在“211工程”和“985工程”建设期间，我校用于学科和队伍建设的经费占去了经费总额的很大比重。为加快学科建设，我们又确立了“全面规划，突出重点，促进交叉，提高内涵”的学科建设指导思想，进一步调整学科结构，完善学科布局，在继续抓好优势学科建设的同时，加大全校学科综合和交叉的力度，加快新兴学科、应用学科的发展，构建学科创新体系，努力形成富有特色、布局合理、充满活力的学科群和一批在国际上有较大影响的高水平学科。为适应现代科技发展和国家现代化建设的需要，同时也为加快建立我校学科创新体系，我们在发展新兴学科、现代学科、应用学科方面大胆探索，率先提出建设“学科特区”的创新举措。从2000年开始，我校先后成立了分子医学研究所、地球系统科学研究所、理论与计算化学研究所、模式动物研究所、现代数学研究所五个“学科特区”。“学科特区”的目标定位是建设具有国际先进水平的新兴学科，引进和培养一批杰出人才，形成一流的学科队伍。“学科特区”的管理与运行机制参照国际惯例，实行所长负责制，人财物管理充分自主，主要学术骨干都是从国外成组引进的杰出人才。由于引进学术团队能避免不必要的人事磨合和不合理的资源配置，能够迅速形成一支高水平的学科梯队，因而“学科特区”建立后，很快就显现出旺盛的活力，不仅在申报国家重大项目、发表高水平的学术论文、培养年轻的优秀人才等方面取得了明显成效，更重要的是对全校学科整体水平和学科创新能力的提高，起到了重要的推动作用。

队伍建设是我校实现办学目标的另一个战略重点。队伍建设与学科建设密不可分，从某种角度看，高水平的师资是建设一流学科和一流大学的根本保障。为提高全校师资的整体水平，近几年来我校采取了一系列具体措施，归纳起来主要有以下几点：一是花大力气引进优秀人才，并特别注重从国外一流大学引进优秀学术团队，如我校“学科特区”——分子医学研究所的学术骨干就是从哈佛大学团队引进的。几年来，我校先后从国内外引进各类优秀人才300多人，有力地促进我校师资整体水平和学科水平的提高。二是努力提高校内现有队伍水平，不断优化教师队伍结构，并特别重视抓好中青年学术骨干和优秀学科梯队的培养工作。我校现有教师规模虽然不大，仅1750人，但经过近几年的努力，教师质量有了很大提高，队伍结构也明显优化。我校现有23名两院院士，25名“长江计划”特聘教授，48名国家杰出青年基金获得者。获得博士学位的教师比例由1997年的12.8%提高到目前的40.3%。三是努力营造有利于创新人才成长的良好环境。南京大学的办学条件与国内许多兄弟高校相比还有很大差距，学校靠什么来吸引优秀人才呢？就是靠浓厚的学术氛围，宽松和谐、积极向上的学术环境。学校通过建立“一把手”与青年学术骨干的对话机制，及时了解他们的所想所需。我校还特别重视学风和师德教育，反对学术界存在的弄虚作假、急功近利的不良习气，使南京大学的优良校风和学风不断发扬光大。我认为，对建设一流大学来说，营造宽松和谐、积极向上的学术环境，远比制定一些奖“优”罚“劣”、急功近利的硬性指标更为重要。

总之，把学科建设和队伍建设作为学校发展的战略重点，使我校找到了建设世界高水平大学的突破口。经过近几年的努力，我校的学科建设与队伍建设取得了不少成效，也带动了学校整体实力的提升，特别是学校的办学质量与办学效益明显增强。我校在没有与其他高校合并的情况下，目前各项主要办学指标仍然在稳步提高。毫无疑问，这与我们制定科学合理、切实可行的战略目标和战略措施是分不开的。今后我们要进一步增强建设世界高水平大学的责任感、紧迫感，抓住难得的历史机遇，继续坚持

"注重质量、提高内涵"的办学指导思想，完善学校发展战略规划，形成全校师生共同的理想、目标和追求，把"雄心壮志"与"脚踏实地"结合起来，加快学校建设发展的步伐。

三

结合我校在制定发展规划中的体会，我再就当前我国研究型大学的发展战略谈点自己的看法。制定一个科学的、切实可行的战略规划对于研究型大学的发展至关重要。教育是一个"百年树人"的工程，大学发展是一个长远的过程，建设世界高水平大学和世界一流大学更需要经过长期艰苦的努力。只有制定科学合理的发展规划，学校才能明确自身的办学目标、办学方向、办学特色、建设手段和工作重点。同时，学校制定战略规划时，要结合国家现代化建设的需要以及世界高等教育与科技发展的趋势，特别是要认真分析自身的办学条件与特色，遵循比较优势的原则，坚持有所为有所不为，在目标的前瞻性、定位的现实性及发展的紧迫性三个方面综合考虑，既不要好高骛远，不切实际，也不可妄自菲薄，因循守旧。一个成功的战略规划，关键要做到两条：一是战略目标要体现特色，二是战略举措要抓住重点。

研究型大学在制定规划时要把提高学校办学质量和办学效益放在首位。现在我国许多研究型大学的办学规模已经达到甚至超过世界一流大学的规模，然而我国却没有一所世界一流大学。这表明我国研究型大学与世界一流大学的差距主要不是在规模上，而是在质量水平上。因此，我国研究型大学确定发展战略目标要把提高办学质量与效益作为根本宗旨。对于教育主管部门来说，在考虑教育资源的配置时要优先考虑学校的投入产出比，引导高校努力提高自己的办学质量和办学水平，从而提高我国高等教育的整体实力，争取若干所基础较好的研究型大学能够早日进入世界高水平大学和世界一流大学的行列。

从世界一流大学的办学经验和中国的国情以及高校自身的条件看，中国研究型大学的建设应该走多样性、多层次发展的道路。世界一流大学的共同之处是它们的办学水平与办学质量很高，但在发展模式、办学规模、学科方向、人才培养等诸多方面却有很大不同之处。我国人口众多，社会发展有多种需要，各地区发展又不平衡，特别是在当前高等教育面临大众化的趋势下，要求我国既要有学科全、规模大的大学，也需要规模适度甚至规模较小但具有学科特色和优势的大学。只有这样，才能适应社会对高等教育的多种需要，才能体现高等教育发展的多样性与差异性。我国研究型大学在办学方面长期以来形成了各自不同的特色，办学水平也存在很大差异，因此我国研究型大学的发展战略也应该是多样的、多层次的。有的大学可以通过并校等手段来推进学科的综合与提高，有的也可以通过提高学科内涵、促进学科交叉来带动整体学科的发展与创新。统一性包含在多样性之中。只要每一所大学都从自身条件出发，坚持创新，发展特色，形成优势，我国的高等教育就会迎来一个百花争艳、万马奔腾、繁荣昌盛的新局面。

（摘自《群言》2003年第8期）

大学必须拆除教学与科研之间的高墙

钱伟长

中国高等教育如何发展，是教育界众多志士仁人殚精竭虑、长期思考的问题，对于我个人而言，则是一个长达半个多世纪的思考命题。

早在20世纪50年代，我曾经提出，中国高等教育界的一个重大问题，就是教学和科研的关系。事实上，在那个时代，围绕这个问题，曾经引发过一场大的争论。一种观点认为，高等教育必须要搞科研，另一种观点认为，高等教育与科学院要分工，高等学校是培养学生的，用不着做很多科学研究，可以做一点教学研究。这个争论当时没有得出任何结论，以后也经常发生争论。至1977年，小平同志提出，高等院校，特别是重点高等院校，应当是科研的一个重要方面军。这个问题才有了一个明确的结论。

教学没有科研作为底蕴，就是一种没有观点的教育，没有灵魂的教育

我一直认为，高等学校必须是两个中心一支队伍，教学必须与科研结合，教学不能和科研分家。

其实，从本质上看，这是一个涉及大学教育培养什么样的人的问题。

大学教育的过程，就是必须要把一个需要教师才能获得知识的人，通过几年学习，其毕业时培养成不需要教师也能获得知识、无师自通的人。换言之，大学教育的一个重要任务，是培养学生获取知识的能力。

社会发展无止境，科学发展无止境，学无止境。社会需要的是成千上

万具有自学能力、能不断为自己进行知识充电、进而具备创新开拓能力的人才。这就是大学教育的任务。

这样，就牵涉到对大学教师队伍的认识定位问题。

学校如何办好？我认为关键是要有一支好的教师队伍。清华大学老校长梅贻琦说过，“大学者，非大楼之谓也，乃大师之谓也”。刚解放时清华大学教师只有175人，职工也不多，学生有3000多人。有大师压阵，校内教学气氛很浓。清华以前是留美预备学校，1925年才正式成为大学。建国以来培养了成千上万有用的人才，在各个行业，都是全国拔尖的。早的如学界的闻一多、费孝通等，当时年仅30岁上下，已经是很有名气的青年教授。现在的党和国家领导人中，有不少也是清华的毕业生，20世纪60年代，中国科学院的学部委员中，清华大学的占55%，清华的一个系里就有几个学部委员，学术气氛很浓，学术水平很高。由此可足见教师队伍在办好一所大学进程中的重要性。对科学院的定位也很重要。科学院重点放在搞科研的管理上，国家要搞重点研究，可以设立重点科研基金，目标明确，又可减少重复投入和人事扯皮。可以参照美国科学院的做法，譬如奥本·海默，他当时是加州理工学院的教授，又是美国科学院院士，还是美国原子能顾问委员会主席。又如当年美国搞雷达，就委托麻省理工学院的史密斯（Smyth）负责，把政府的钱交给他去办事。一方面，科学院院士应该同时承担教学任务；另一方面，不做科学研究的就不给教授的位置，这个位置专门留给科学家。

早在20世纪80年代，在谈到教师问题时，我就提出，你不教课，就不是教师；你不搞科研，就不是好教师。这里面，就有一个对高等学校教学与科研的关系的认识问题。在高等学校，教学是必要的要求，不是充分的要求，充分的要求是科研。科研反映你对本学科清楚不清楚。教学没有科研作为底蕴，就是一种没有观点的教育，没有灵魂的教育。一个教师在大学里能否教好书，与他搞不搞科研关系很大。教师上课，不能再靠背那几本讲义了。教学生应该是让学生提问，学问应该是学生提的，不是背的。

现在有些教师害怕学生提问，因为他对自己没有信心，心里没有底，而教学相长恰恰就是体现在学生提问中。事实上，我们应该逐步完成这样一种观念上的转变：教师不是教书匠，不能光教书，而要一边教书一边在搞科研，搞课题。那种害怕学生提问，被学生一问就怕、一问就倒的教师不是称职的教师。

要办好一所大学，另一个前提是要有一个好的校长。大学校长的一个重要任务，是引导、培养和建设好一支高素质的教师队伍。对大学校长而言，对教师的培养和对学生的培养同样重要。

教师的任务，不仅是传授知识。教师走上讲坛讲课，应该要有自己的见解，不能照本宣科，全部都照书讲，讲完书走人。教师对教学内容要理解，这是要建立在深厚的基础上的。讲好课有两条，一要有学问，二要有好口才。有学问比好口才更重要。因此，教师必须搞科研，才能增长学问，这是培养教师的根本途径。

教师的提高，不是靠听课进修，而是主要靠做科研工作，边研究边学习，缺什么学什么，边干边学，这是积极有效的方法。科研要从小题目做起，对“科教兴国”、“科教兴市”有利的题目都可以做，不一定急于先定科研方向。国家的发展需要你做什么，就研究什么，科研项目做得多了，方向自然形成，而不是人为划定的。

其实，科研题目很多，科研做出成绩并不难，也不神秘。为什么我们的许多教师迟迟不肯跨出这一步呢？主要是因为他们长期只搞教学，不搞科研，没有进步，而且久而久之，形成一个错觉，以为科研很难，其实不然。教学和科研是一种互动关系，相长关系。我们对教师的要求是既搞教学，又搞科研，双肩挑。许多教师不习惯，一开始要赶着鸭子上架。尤其是对青年教师的培养，主要的途径是鼓励他们搞科研，掌握外语和计算机，学会查资料文献和调查研究，而不是忙着捧一本书上讲台。不搞科研，忙着捧书本上讲台是上不好课的。理由很简单，你没有自己的观点，也不会选择正确的教学内容。

用教师头脑里的一把火去点燃千百学生头脑里的一把火

鼓励教师走教学与科研相结合的路，是对过去苏联模式教学方法的一种改革。这种改革实质上还涉及一个大学教育的根本问题，即教与学的关系。

教师的教，主要不是把知识教给学生，而是要把获取和处理知识的能力教给学生。教学大纲不是规定教师必须讲的内容，而是规定学生必须懂的内容。不光是念书，调查研究提问、做科研都是学习。教师的工作就是启发和引导学生掌握这种获取和处理知识的能力。譬如物理课要引导学生通过实验来验证一些定律，并告诉学生定律成立的条件；数学课要引导学生学会严格的推理。总之，讲课不应该只讲具体的知识。具体的知识学生是很容易懂的，教师应该讲重大的概念，讲过去和当前发展的情况，发展的趋势和走向，讲你自己的观点，自己的看法，用你头脑里的一把火去点燃千百学生头脑里的一把火。以前我当学生时，吴有训先生讲牛顿三定律，就讲它在不同时期发展的过程，在这个过程中有什么误解，以后又是怎样辨明了的，正确的看法是什么，它有个适应范围，怎样使用才恰当，以后又发生了什么争论，等等。这样的讲课，不仅学生终身受用不尽，社会也受用不尽。吴有训的专长是X射线衍射。康普顿是他的老师，他们师生合作的成果之一，是康普顿效应，又称康普顿—吴有训效应，在世界上处于领先地位。回国前，他的老师对他讲，你回到中国后要讲物理。他回国后不开X射线的课，就是讲大学普通物理。他说，那个讲法是康普顿给他的，康普顿也是这样讲的，康普顿也讲大学普通物理，吴有训认为讲物理就应该这样讲。我在清华时，吴有训是系主任，讲两个钟头的课，两个钟头后处理系里的事。下午到晚上都是他的工作时间，他的科研时间。他带了一个助手，就是后来的中科院物理所所长。两个人都是长年在实验室里，早上7点到校，晚上不到12点不回去。我在清华呆了六年，四年大学两年研究生。我就看他们这样工作了六年，星期天也不休息。就是这样一位老师，用他的言传身教，使我懂得了我的工作是终身的，只要有问题存在，我们就要通过科学研究去解决问题，解决问题的过程就是对许多基础问题认识深化的过程，可以使教师讲课的本领越来越大，这样的教师，他讲的内容书上都没有，他没有固定模式的讲稿，但他教会了学生科学地处理问题和思考问题的方法。

华罗庚——乡村杂货铺的小伙计

这里我想再举一个例子，一个很突出的例子，华罗庚的例子。华罗庚没有进过正规大学，进清华时是个中学毕业生。他在《中学生》杂志上发表了一篇文章，讲了对中学数学教学的几条意见，给当时清华大学数学系主任熊庆来看见了，十分赞赏，一打听，知道文章作者是金坛乡村里一个杂货铺的小伙计，因为家境贫困，中学毕业后没有钱上大学。熊庆来立刻拍板，把华罗庚请进了清华。当时不能当教员，就请他当数学系的文书，但允许他听课，爱听什么课由他自已挑，很有点现在学分制的味道。三年以后，华罗庚写了一篇数学方面的论文，是用中文写的。后来，有个同学替他译成英文，寄到日本，在日本北海道大学校刊上发表，被公认为是一篇很好的论文。文章发表以后，华罗庚可以当助教了，以后，他又一连发表了几篇文章。我当研究生时，华罗庚是讲师。那时清华有个规矩，所有教师五年内有一年假期，可以出国一次，在一所大学里进修，华罗庚就去了芝加哥大学，进修一年。1937年夏天去的，1938年回来。此后不久，他就被破格提升为教授，其时正值抗战爆发，清华等校内迁，他在昆明五校合一的西南联大任教授。华罗庚没有上过大学，进入清华以后，也只是零零星星地听过课，同时自己做研究。他是完全凭科研成绩成为大学教授的。他没有研究教学法，可是课讲得不坏。他从事的研究和他所教的学科方向一致，他对这个学科知根知底，对这个学科的来龙去脉，当前这个学科有几个分支在发展，为什么有发展的余地，将来有可能发展到哪里去，完全清楚。因为他是在这个队伍中长大起来的，他清楚这个学科在当时的地位，清楚学科之间的相互关系，所以他能讲清来龙去脉。教师上一门课，最主要的就是要讲清来龙去脉，这样就能使学生认识它的重要性，认识发展方向，认识困难所在。华罗庚的例子说明，一个好的教师的成长直至他后来在学术界奠定地位，靠的不是等，不是大学毕业，得硕士、博士学位，由讲师变成副教授、教授。华罗庚当讲师时学术地位已经不低了，他那时发表的几篇论文分量都很重，以后顺乎自然，不是教授也是教授了。当然，他后来越来越有名，成为中国数学界的带头人。

这样的例子还很多，譬如李政道和杨振宁，都曾获诺贝尔奖，又都是大学普通物理教授，同时又讲专题课，杨振宁讲规范场理论，李政道讲核结构物理，这都是他们的专长，但他们都讲大学普通物理，讲得非常好，非常有名，有自己的观点。

不能让教师老死在一个学校，一门课程，一本书里

所以，我的观点是，不能让教师老死在一个学校，老死在一门课程，甚至老死在一本书里，应该在科研的过程中培养教师。而且是从专业课培养到基础课。我特别主张教授，尤其是知名教授，去讲基础理论课。作为一个教师，首先一定要学会教学，一定要从事教学工作，这是他的天职。可是要做好一个教师，尤其做一个好教师，不是只研究教学法，而是要在科研工作中不断前进。教学法需要研究，但最根本的是要把教的东西懂透，做到深入浅出，才能把课讲好讲活。教师好不好的标准，十分重要的一条是他在科研上有没有成绩，课上有没有启发性的东西。这里还有一个教学相长的问题。许多人喜欢一直留在大学里工作，一个主要的原因是他能永远和青年人在一起。青年人总是容易提出自己的观点，有些观点初看是很不合理的，他也提出来了，有许多是老师想不到的，这就是教学

相长的意义所在。因此学校是出人才、出成果的地方，是使教师可以不断前进的一个园地。由此也可知，教学与科研必须相结合，教学不能与科研分家。

发现“不懂”、超越“不懂”，“授之以渔”

最后还要提及的是，在大学教育的过程中，学生主要应该学到什么？这又回到我前面说的问题，社会发展无止境，科学发展无止境，知识无止境，学无止境。在大学，教师传授的知识，其实是人类已懂知识，是有限的，重要的是让学生掌握一种发现“不懂”、超越“不懂”的方法。我过去曾经谈到“授之以渔”的问题，也就是说，教，关键在于“授之以渔”，在于教给学生一种思考问题的方法，而不是“授之以鱼”，教师给予学生的，不应是“鱼”，而是捉鱼的方法。教学最好的办法是，不要教师讲，由学生自己去学习，也就是培养学生的自学能力。大学教育应该重视学生自学，培养学生自己学习新知识的能力。将来社会发展到哪一步？科学发展到哪一步？自己将来干什么？他都能自己去学。我现在干的，过去都没有学过，什么原子能、计算机，学校里的教师当时没有教过，甚至没有听说过，现在我不是也在干吗。

“钱伟长右派，要保留教授”

1957年以后，我被剥夺了上讲台的权利，周总理去找了毛主席，周总理说，“钱伟长是清楚的，他不会反党反社会主义，当年国家搞十年发展规划时，他提了为国家的需要应该培养55种人才的建议，他完全是站在党和人民的立场去思考问题的”。毛主席后来作了批示：“钱伟长右派，要保留教授。”在毛主席和周总理的亲自关心和过问下，我留在了清华，学校让我呆在实验室里，没有去北大荒。小平同志在主持教育工作时，提出“钱伟长不要呆在实验室里，要让他上课”。后来又说，“有很多课开不出来，让钱伟长开嘛；有好多问题，你们不懂，他懂，让他开嘛！”于是，学校里把许多大四的课，开不出来的，都让我开。“你不是万能科学家吗？”但是有一条，开这个课，你必须写个讲义。于是，开完一门课，写完讲义，又让我再去一个系，再开一门课，再写讲义。就这样，从1961年到1965年，我去了九个系，写了九份讲义，别人再拿着我的讲义，去照本宣科。而我在这四年半的时间里，也有了很大的长进。其中还有一个故事，是开力学系的课，空气弹性力学。开课不久，航空工业部部长亲自来了，要我替航空工业部开课。而后小平同志又表了态：“你们需要就开吧！”航空工业部来了500多人，济济一堂，后来还印成了书。没有这门课，飞机设计不行。再后来，地质部提出要我开一门课——地质的金属理论，我去讲了，查了很多的图书资料，学了很多新的知识。这样，在这个阶段，我讲了很多课，学了很多东西。“文革”期间，我被下放到北京首钢，干了五年炉钳工，60出头的人了，怎么掮得起钢钳？我就动脑子，让工人师傅帮我一起做了个架子，先用双手掮起钢钳的一头，搁在架子上，然后再掮另一头，据了解，我“发明”的那个架子，后来一直在用。我在首钢还搞了两项技术革新，一项是跟首钢的同志一起搞了个热处理车间。我先是带着他们一家一家厂看，去取经，然后自己设计了热处理车间，到现在还是首钢最好的车间之一；后来又搞了800吨水压机。其实，有许多东西，我也不懂，我就是动脑子，动脑子就是学习。

要终身学习，不是终身教育

我是主张提“终身学习口号”的，一个人要终身学习，不是终身教育，当然，我这里提的学习不是现在一些学校里的那种学习，那种学习是念书，是背书，现在一些大学的考试是在考学生背书的本事，学习从本质上讲是调查研究和科学研究的过程，科研本身就是学习。大学里学的是理论，绝不是实践。但是理论必须结合实践。而只强调实践，丢弃理论，就是舍本逐末。因此理论必须和实践相结合，互为作用。理论最讲载体。天下没有绝对正确的理论，牛顿三定律只适用于刚体，不是刚体不适用。理论只能是逐渐地充实，不断地趋向完备，我们所做的工作就是不断地让它趋向于完备。总之，我们必须改变那种认为只有通过教师的教才能学到知识的陈旧的教学思想，即“不教不会，一教就会”的教学思想，因为这种教学思想已不能适应“科教兴国”的新世纪、新时代对人才的需求，在这种思想指导下，“教”是主要的，“学”是从属的，学生的主观能动性、创造能力受到了抑制。其实，“教”和“学”是一对矛盾，“教”虽然起着指导作用，但终究是外在的东西，只有“学”才是内在的。教是引导，引导不当，就会派生出大量的假冒伪劣。

更新办学理念，拆除“四垛墙”

20世纪80年代初，我刚到上海工业大学任校长，就提出拆除“四垛墙”，这“四垛墙”是：学校和社会之间的墙，教学和科研之间的墙，各学院各专业之间的墙，教与学之间的墙。近年来，上海大学在更新办学理念的基础上，进行了一系列卓有成效的改革，完成了我“拆墙”的愿望。拆除学校和社会之间的墙，能使大学教育直面社会，与社会变革保持一致，建立校、企、学合作育人、合作教学的实习基地，与社会资源合力培养人才，能使上海大学的教育教学改革更好地满足社会对人才的需求，学校又通过收集社会企业的科技前沿信息，及时调整专业和课程设置，帮助学生熟悉和适应社会对人才的技能需求，增强实践知识能力。拆除教学和科研之间的墙后，学校领导和教师进一步体会到，要培养具有创新意识的学生，教师首先要有创新意识和能力，因此应该追踪学科前沿的最新突破，研究学科前沿的最新命题。现在，在上海大学形成了这样的共识，要做一个好教师，教学和科研必须齐头并进。大学的各门学科之间是一个互动的关系，就好比政治和经济的关系一样。各门学科之间是不能截然分割的。我是主张大学要搞多科性，搞综合大学。根据这样一种理念，上海大学拆除了第三垛墙：各学院各专业之间的墙。上海大学新校区的建筑群有一个特点，大部分的建筑都由各种连廊连成一气，建筑的“联体”设计贯穿着这样一个理念：提倡文理交叉、学科融合的通识教育，培养全面发展的人才。上海大学是全国最早尝试不分专业招生、实行学分制的大学之一。本科生在一、二年级时不分专业，只分大文科和大理科，进入大三、大四阶段再按特长和兴趣分流。学生从进校时就可以跨系、跨专业选择课程和教师，自主安排必修和选修课的时间，修满学分即可毕业。为了给学生营造学科交融、专业互通的环境，上海大学还推出“混科住宿”的模式，让文、理、工科学生同住一个宿舍，在课堂之外文理渗透，知识互补。并为文科学生开《科学技术概论》，以后还要为理科学生多开点文科课程。拆除第四垛墙——教与学之间的墙以后，培养学生的目标更加明确，首先是培养德智体全面发展的人，而后才是专门人才。为了让学生有更多的时间去发现“不懂”，超越“不懂”，上海大学推出了“滚动排课制”，首创了“短学期制”，打破一学年分两个学期的传统，每年设秋、冬、春三个课堂教学学期和一个夏季实践教学学期。这样一来，变成12周一个学期，周期缩短了，节奏加快了，教学双方的效率都得到了提高，学生获得了自主学习的更多的空间，能有更多的时间和精力去参加社会实践和科研活动。

我们今天所面对的是一个飞速发展的时代，我们的大学毕业生离开学校后，不仅要能使用已经学到的知识，还要通过不断刻苦自学去获取新的知识，同时还要为社会的发展去创造知识。具有自学能力的学生在离开学校以后，就会结合工作，结合社会的需求，自觉不断地学习那些在专业工作中所需要的新知识，不断进行知识更新，成为各行各业的佼佼者。

进入21世纪，党中央制定了“科教兴国”、全面建设小康社会的伟大目标，高等教育在实现这一伟大战略目标的进程中，肩负不可推卸的历史重任。任重而道远，我们必须团结一致，群策群力，加速推进我国高等教育的改革和发展，加大教学与科研结合的步伐。目标明确，众志成城，中国的高等教育一定能为实现中华民族的伟大复兴作出自己的贡献。

（摘自《群言》2003年第10期）

国家应重点支持临床医学研究

巴德年

巴德年：我作为医药战线上的老兵，现在心情一直不怎么好，一个很重要的原因，是我感觉，我们国家在经济发展和社会发展方面，更注重经济发展，在一定程度上，社会发展相对滞后，在考虑人民生活的改善，可能考虑吃、住更多一些，而对人们的健康，特别是对广大农村人们的健康考虑得太少，这次SARS的爆发是这些年来政府对人们健康问题缺乏应有的重视所造成的结果。有位院士说得非常形象，他说当农村卫生医疗体系没有真正建立的时候，赤脚医生已经没有了；当全国有效的公共卫生体系没有发挥作用的时候，各级防疫站基本瘫痪；当医院改革，改革到老百姓和医生矛盾日益尖锐，老百姓对医院缺乏信任的时候，SARS爆发了。这个说法很形象，也不能说这不是事实。那么为什么会出现这种情况？邓小平说得好，改革成功不成功主要看老百姓满意不满意。那么卫生的现实情况，包括在座的诸位，对卫生改革满意吗？满意者甚少。所以在这种情况下，我认为，健康是国民第一素质，保证国民健康是政府重要责任，为什么这样说呢？纵观全世界，还有多少国家像我们这样的状况，85%的人没有医疗保证。我们被排在全世界第188位，在卫生公平上，按国家和地区，我们后面还有三个国家。难道中国老百姓就应该处在医疗没保证、健康没保证的状态吗？

甘子钊：去年，我看了一个材料，征询人民意见，第一位是教育腐败，乱收费；第二个就是医疗问题。这两块老百姓的意见最大。

巴德年：我体会老百姓最担心的还不是他孩子将来是不是文盲，而最担心的是家里有病人。农村就这样，一个家庭出一个病人，这个家庭就垮掉了。我常常在想，我们常说人民是国家的主人，但偏偏主人没有医疗保障，干部是人民的公仆，却享受着优厚的医疗服务，我们为什么排在188位，就是因为少数人享受的待遇太高太多。而我们的农民是零，从无限到零，这个差距有多大。我觉得在当前的情况下，应该在考虑科技规划的同时，把经济发展和社会发展这个比例的失衡考虑进去，在国家投资的时候，应该想想用多大比例促进经济发展，用多大比例推动社会发展。

民间有副对联：财神跟着瘟神走，好了伤疤忘了疼，横批是一贯如此。我特别希望国家在做规划的时候，能有一个法或者规划去作投入，而不能以个人的意志为转移。我特别希望国家对卫生这样一个问题，如果说以前重视不够的话，从这届政府，或者是从第11个五年计划开始，让中国绝大多数老百姓享受到最起码的医疗保证。社会发展和经济发展要有一个适当的比例分配和国家投入。印度的卫生投入占国民经济5.6%，而我们国家仅仅是2.7%，我们都无法和印度相比。

另外，我提个具体的建议，希望中国从现在开始着手设置关于医学、生物学基金。美国国立卫生院单独的经费一年已经160亿—170亿美元，国家自然科学基金相当于1／4或1／5。而我们国家医学的整个研究经费，仅占科研经费的不足10%。我们又是一个人口众多的国家，重视人民健康应该成为我们党、我们国家的一个重要课题。这部分归谁管，并不重要。重要的是国家应该有这部分经费。还有一个问题，如果归国家自然科学基金管，往往太偏重于基础，而我们国家的重大医学成就，几乎都是临床研究。这些年来，真正临床上的研究几乎没有了。改革开放以来，基础研究可能好了一些，却没有大的成果；而临床研究又得不到应有的支持。国家应该专门有对临床研究的支持。这将对国家的医学发展大有好处。

（摘自《群言》2003年第10期）

科学发展观和当前的教育改革

杨东平

中共十六届三中全会提出：坚持以人为本，树立全面、协调、可持续的发展观，促进经济社会和人的全面发展。这比过去片面强调经济增长的发展观是巨大的历史进步。虽然由文件变成各级政府的实际行动还有很长的路要走，但毕竟这是一个很重要的转折。科学发展观的提出对各行各业都有很重要的指导意义，我们需要反思、检讨过去的发展，把每个行业、每个部门的工作纳入到新的发展观的轨道上来。

教育领域尤其需要进行这样的反思。最近20年应该说是中国教育发展最好、最快的时期。2000年，中国政府宣布实现了基本普及九年义务教育、基本扫除青壮年文盲的目标；到2002年，中国高等教育差不多提前八年进入了“大众化”阶段，即18到21岁学龄人口的高等教育毛入学率达到了15%的下线，而在20世纪90年代初，这个比率只有3%。总之，教育规模的扩大，教育普及的程度等方面都取得了重大成就。

另一方面，教育事业在社会中的形象、地位日益恶化，甚至到了民怨沸腾的地步。在2001年沈阳市行风评议中，被评议的30多个重点部门，教育系统的评分倒数第一；2002年8月，国家计委公布了价格举报情况，教育乱收费在各类举报中居于首位；2003年1月，报纸媒体统计的中国十大暴利行业，中小学教育列为第二大暴利行业。社会上有“三条蛇”的说法：黑蛇、白蛇、眼镜蛇。“黑蛇”指公安、司法腐败；“白蛇”指医药腐败；“眼镜蛇”即教育腐败。2004年1月，中纪委的调查，五大腐败重地，教育名列第四。这种情况可以说是自古以来前所未有的，因为教育在很长一段时间内被认为是道德的源泉，至少是“清水衙门”，与腐败、暴利离得很远；到现在这种地步，应该说问题是非常严重的。

我们今天谈中国的教育问题还有一个很重要的背景。在100年前的1904年1月，清政府颁发了中国历史上第一个现代学制，叫做《奏定学堂章程》，史称“癸卯学制”。因为以前中国的学校教育是没有章程的，是一种自然状态。1904年颁布第一个现代学制，1905年废除科举制，至今正好100年。中国的现代教育可以称为“激荡的百年史”，经历了很多风雨坎坷，在教育现代化的发展背景下，重新认识面向21世纪中国教育面临的主要问题，进行深刻的反思，是非常有必要的。

基础教育：愈演愈烈的应试教育

教育是培养人的活动，“以人为本”是现代教育的基本价值。但是我们现在的教育几乎丢失了这一价值，变成“以考试为本，以分数为本”。在20世纪80年代，这被称为“片面追求升学率”；到90年代正式命名为“应试教育”，即为考试的教育。它与教育培养人的身心和谐发展的本意，与道德养成、身心健康这样的目标可以说是背道而驰的。

很长时间内，我们对应试教育的反思集中在对传统教育的批判上。20世纪80年代到90年代初，我也写过很多文章，认为在“文革”以后放弃了对传统教育的警惕和批判造成了科举教育在当代中国的复活，全社会普遍存在望子成龙、揠苗助长的心态。但后来越来越多的人意识到这不完全是文化问题，其背后是一个非常强大的利益机制、供求关系。在90年代初，人们就意识到，如果高等教育的瓶颈永远这样小，毛入学率只有2%—3%，那么不管是怎样的教育理念，都不可能真正改变“千军万马过独木桥”的局面。因为升学竞争是客观存在的，独生子女政策格外加剧了这一竞争。过去家里有三四个孩子时，有个自然选择、淘汰的过程，选择成绩最好、最聪明的孩子去上大学。现在只有一个孩子，不管天资禀赋如何，砸锅卖铁、千方百计非得上大学，而高等教育规模又如此之小，所以这种恶性的升学竞争愈演愈烈。20世纪90年代初，当时的国家教委的方针是“稳定规模、提高质量”，实际就是限制高等教育扩大规模。直到20世纪末，高等教育才得以突破瓶颈，获得大发展。现在全国高考的平均升学率已达到60%左右，这一瓶颈应当说已经极大地拓宽了，但升学竞争不但没有缓解，反而日益严酷。突出的表现，一是炽烈的“择校热”，许多家长不遗余力、动辄花费几万元、十几万元挤进重点学校，其费用远远高于上大学，这也是学校乱收费的最主要的来源。二是“奥校热”、考证热，很多重点中学举办奥林匹克数学班，引诱少年儿童利用休息日去学习“奥数”，许多家长为挤进重点中学、获得加分而趋之若鹜。实际上只有极少数学生被选拔出来，而95%的学生都是陪绑。这种情况形成风气，以至于一个小学生如果不上奥校就有很大的压力。显然，这种现象的原因已经不完全是传统文化和供求关系，而是巨大的学校差距，以及少数学校为了追求自身利益，扰乱了基础教育的正常气氛。

造成这一问题有重要的制度性原因，与我们的一项公共政策有关，即人为地拉大学校差距、制造重点学校，对重点学校给予各种优惠政策进行扶持。虽然1998年教育部提出素质教育时取消了义务教育阶段的重点学校制度，但实际上变成了不叫重点学校的重点学校。学校之间的差距非但没有缩小，反而越来越大，到了令人瞠目结舌的程度。

我们经常说中国的基础教育水平是全世界最好的，教育部门也这样说，认为一直到本科阶段教育质量都是最好的，只是研究生阶段在创造力、竞争力等方面不如美国。事实是否如此？2003年10月《中国青年报》展开了一场讨论，著名华裔科学家、数学家丘成桐对此发表了意见，认为这是一种可怕的自我麻醉。凭他在国外优秀大学多年任教的经历，接触到的中国学生，包括清华、北大的学生在内，无论在知识的广度、深度上，质量都无法跟其他国家的优秀大学生相比，更不用说创造性了。

最近，印度的崛起令人关注。《21世纪经济报道》撰文指出，中国面对一个强有力的对手。印度连续七年的GDP增长是8%，中国是9.1%，与中国相差无几；但印度在很多方面的发展潜力，是中国很难与之相比的。香港理工大学的丁学良教授说，根据他在美国、澳洲、香港三地高等学校从教多年的经验，印度学生无论从学习的认真刻苦，研究的能力和深度，都远远超过中国学生，在企业界、金融界也是如此。有人认为，当中国正在成为发达国家廉价劳动力市场的时候，印度正在成为全世界的技术人才库。印度的劳动力比中国高一个等级，在高层次人才上，其数量和质量也远远超过中国。在全世界的软件市场上，印度占据2/5以上，是仅次于美国、居第二位的软件大国。总之，应试教育对中国教育造成的伤害是非常深刻、复杂的，有很多长远的影响。

农村教育的困境

关于中国的基础教育和义务教育，有这样两句话可以概括：一是“基础教育不基础”。为了应试的需要，中国的基础教育课程的难度比西方国家高1—2个年级；二是“义务教育不义务”。义务教育是国家行为，主要是政府的义务，其特点是强迫的、免费的；现在变成了主要是老百姓的义务，尤其是在农村。我们现在实行的是免收学费，而收取的杂费和书本费比学费要高。

我国在2000年基本普及了九年义务教育，“基本普及”是指在85%的人口覆盖地区普及九年义务教育，也就是说还有15%的地区没有普及；已经普及的这些地区也是低标准的、非常脆弱的，甚至有很大的水分。全国90%以上的乡镇背负了沉重的教育债务，重要原因之一是为了追求“普九”达标。近年来，农村出现流失辍学严重的反弹，初中生辍学比率非常高，许多地方高达百分之三四十。辍学的原因也与以前有所变化，尤其是中部地区，学费并不是最主要的问题；过高、过深的课程难度，学习难度大造成学生跟不上、厌学，成为第一位的原因，这主要是教育系统自身的问题。现在的课程难度、深度，城市学生要适应都很费力，要通过补习班或请家教才能跟得上，对农村学生可想而知。相当多的农村小学没有开设英语、计算机课，而初中不开设零起点的英语、计算机，学生几门课不及格，丧失了学习兴趣，就辍学了。

还有一重要的原因是所谓“无用的教育”。在应试教育格局下，学校课程只对升学是有用的，而与生活没有实际作用。如果孩子不准备上大学的话，那么他就没有必要上高中，甚至初三也不必上，因此初二是一个辍学高峰。也就是说，我们初中教学的内容，与学生的个人生活、生计发展没有任何关系，只与升学有关，如果不抱升学希望的话，多上一两年没有什么意义。

这种学校教育的弊端在20世纪二三十年代新教育刚刚进入中国的时候就已产生，很多中国的教育家意识到这一问题。因为从西方国家学习而来的新教育，是从工商业的城市社会中产生的，与中国农村的现实相差甚远。因此中国的乡村教育必须走一条与城市不同的道路。许多前辈教育家作出多种尝试，推动了一个蔚为壮观的乡村建设运动。

陶行知说过，要在贫穷落后的、以农民为主的中国普及教育，必须是第一省钱，第二省时间，第三通俗。他认为在极困难的农业经济的基础上普及教育，必须用穷办法普及穷人所需要的“粗茶淡饭的教育”，反对用浪费的方法去普及穷人所不需要的少爷教育、小姐教育、书呆子教育。我们现在在农村就正是用浪费的办法培养农村所不需要的书呆子教育，如果考不上高中、考不上大学，就成为百无一用的落第秀才，完全不适合农村的需要。所以陶行知创造了“生活教育”的理论——“来自生活的教育，为生活改善的教育”，把教育和生活紧密联系在一起。这些在我们当前的学校教育几乎已不存在。

因此，今天看中国的教育，不仅要向外看，向前看，更需要回顾和重温“五四”以来的教育文化传统。20世纪30年代的乡村教育运动为我们提供了非常丰富的经验。这样一个传统正在被人们重新认识。2003年7月19日，在河北定县举行了晏阳初雕像揭幕典礼，中国改革杂志社和新加坡的乡村教育学院共同在定县建立“晏阳初乡村教育学院”。晏阳初20世纪30年代在河北定县进行过著名的乡村建设实践，现在一些关注农村教育的有识之士正在恢复这一传统。2003年3月，温家宝总理对山西柳林县前元庄的教育经验作了一个批示，高度肯定了前元庄的做法。前元庄的做法是农村的教育中心与行政的中心相重合，小学校长兼村长，学校不仅面向学龄儿童，而且面向村民，成为全村的成人教育、扫盲教育、职业技术教育的中心，成为真正意义上乡村的文化中心。农民跟学校建立非常密切的关系，学校也培养了很多农业技术骨干，实现了陶行知所说的农村教育与民生的改善联系在一起。

今天的农村教育至少要满足三种不同的功能：第一是“为升学的教育”。升学是农村学生向上流动的一个最基本的通道，从教育公平的角度而言，保持一定比例的农村学生进入大学，是保持社会公平和稳定的重要途径。在当前高等教育规模扩大的情况下，教育公平的状况是否更好，农村学生的入学机会是否提高，是需要研究的问题，总体来看，城乡差距、地区差距、阶层差距还相当严重。第二个功能是“为城市化的教育”。农村大部分青年初中毕业后流向城市打工，教育必须适应城市化的进程，为进入城市的这部分人提供教育服务。有两种模式，一是在流出地所在的农村进行培训；二是在流入地，城市社会为农村进来的青年进行必要的职业培训。第三个功能是“为农村的教育”，培养建设农村的人才。农村问题并不能完全靠城市化来解决，到了2030年即便我国城市化的比例达到50%，当时总人口达16亿，这意味着仍然有8亿农民生活在农村。所以农村是不可忽视、不可抛弃的，农村的发展改善只能靠生活在农村的本地人才。

民办教育的发展空间

在教育现代化的过程中，发展民办教育具有非常特殊的意义。任何一个国家的政府想要包办垄断教育，都是办不到的；对于中国这样一个经济落后、人口众多的发展中大国就更是如此。

中国是具有悠久的民间办学传统的国家，从孔夫子到武训，都是民间办学的楷模，全社会性的尊师重教、兴学办学成为中华民族一种文化性的特质。1949年以后，取消、中断了民间办学的源流，形成今天这样的困窘局面：一方面，国家的教育经费有限，无法满足庞大的教育需求；另一方面，社会上巨大的资源难以进入教育。我国改革开放以后，20世纪80年代中期以来，民间办学才开始得以恢复，但规模仍然非常之小。据2002年的统计，民办小学的在校生占全国小学在校生的1.8%，民办中学占0.9%，职业中学1.25%，能够发放民办学历民办高校的学生占高校本科生在校总数的2.2%，总体而言，中国的民办教育在教育当中占1%—2%这样的份额。无论与历史上比，还是与发达国家、发展中国家比，都是最低水平，与改革开放的社会形势极不相称。

2002年年底全国人大通过的《民办教育促进法》是一个历史性的突破，确认了民办学校和公立学校的平等的法律地位，尤其是确定了民办学校可以获得合理回报的原则，因为过去强调教育的公益性，认为民办教育是不能营利的。当时沿用发达国家的管理思路，西方国家的私立教育，学校财产主要来自私人捐赠或遗产，它的性质是财团法人，校董会托管这一财产，因而是非营利的。在中国当前的发展阶段，民办教育在很大程度上具有投资的目的，如果限制获利，社会资金就不来了。所以用完全非营利的思路来管制民办教育是不切实际的。可行的办法是民办学校按营利和非营利两种模式进行申请，营利的按规定交税。也有学者提出，国家可以把相当一部分公立高校通过转制变成民营，这样就可以节约大量经费用于义务教育。高等教育属于非义务教育，应该主要由社会力量来举办，这也符合教育公平的概念。当前制约民办教育发展的主要问题，是缺乏良好的法制环境，缺乏与公办学校平等竞争的政策，产权不明晰和难以保障，等等。

关注教育公平

很长一段时间以来，我们对教育公平的问题是缺乏认识的。直到2001年在制定第十个五年计划的时候，国家计委才增加了关注教育公平的教育指导思想。至今我们对教育功能的认识，往往强调教育是经济发展的发动机、是科学技术发展的孵化器。实际上，现代教育最基本的功能是促进人的发展；还有一个非常重要的平等化功能。因为教育能够帮助社会中处于劣势地位的人群明显改变他的生活状况，对促进社会公平起到一个基础性作用，教育因此被称之为是社会发展的稳定器和平衡器。保证和促进教育公平，是现代教育的一个基本价值、基本目标。

近些年来伴随着社会贫富差距的加大和某些公共政策的失误，造成严重的教育不公平，具体表现在以下方面：

1. 教育资源的配置失衡。简单讲，就是重城市、轻农村，重高等教育、轻基础教育，中西部地区差距越来越大。我国在高等教育的投资上的比例远远超过世界大多数国家。资源配置还包括城乡差距，地区差距。对地区差距的实证研究表明，区域内的教育不公平远比区域之间的不公平更严重，就是说省内的差距比它与发达地区的差距大得多。比如说河南省内部的教育差距比河南与上海的差距大得多。对于一个县来说，它将90%的教育资金投到县一中，以保证一定的高考升学率，可以想象其他中学处于什么状态。

2. 教育政策中的城市中心取向。它突出地表现为倾斜的高考录取分数线，北京、上海的录取分数线远远低于其他地区。我们的教育内容、考试内容基本上也是城市中心的，对教育资源极其短缺的农村和偏远地区是不公正的。现在有人还提出来在高考当中增加英语听力和计算机考试，都是从城市中心的角度出发的，没有顾及巨大的城乡差距。

3. 阶层差距拉大导致严重的教育不公平。城市中小学严重的“择校热”，少数高收费的名牌学校导致教育不公平，分数面前的平等已经被大幅度地突破，接受好的教育越来越成为金钱和权力的竞争。

4．教育腐败加剧了教育不公平。教育腐败是一种最赤裸裸的、最粗暴的教育不公。表现最明显的教育腐败是：乱收费、考试舞弊、权学交易和钱学交易。在高等教育阶段，“注水文凭”十分严重，一些高校举办的主要面向领导干部的博士学位班、硕士学位班，比假文凭的危害更大，是假的真文凭。另外，如各种各样的学术腐败也加大了教育的不公平。

在社会贫富差距悬殊、学校事实上存在巨大差距的情况下，我们的一些教育政策事实上不是在减少、而是在助长不公正。例如重点学校政策、高中的入学收费政策。为什么农村学生高等教育的入学机会可能会减少，就在于上高中的时候，收费就把很多学生排除了。

教育改革的政策建议

实现教育价值、教育指导思想、教育政策的转变

这一转变有几个主要的方面，一是要从长期以来追求规模扩张、数量增长，转变为以质量的改善、品质的提升和体制改革为主要目标。二是要恢复教育的人文性、民主性、道德性，也就是说实施以人为本的教育、公平的教育。三是从精英教育转变到大众教育。精英教育就是把教育的重点放到高等教育上，基础教育采取重点学校制度，筛选少数的尖子送到大学去，使大多数人成为教育的失败者、牺牲品。四是从城市中心过渡到城乡的协调发展。五是从政府包办、垄断转变为广泛的社会参与，打破体制障碍，使教育成为一个社会化、全民共同参与的事业。

以制度建设为中心

2003年清华大学出版社出版了胡鞍钢的《第二次转型——国家制度变革》一书，认为适应当前的现实，国家的指导方针需要发生一场变革，从20年前提出的以经济建设为中心转移到以制度建设为中心的轨道上来，应当说是很有见地的。

以制度建设为中心，就是要在建设民主政治、市场经济、公民社会的背景下，建立教育公共治理的法制框架，划分国家与社会、政府与市场的关系，改变全能型、管制型的管理，建立民主、公开的机制和相应的权力制衡，等等。教育制度改革的重要目标，是建立教育的公共性、民主性、公众性、人文性和实用性，也就是建立教育的现代性。

教育行政制度的改革，一个方面是要求教育部依法行政、下放权力，改变高度集中计划体制的弊端。其次是克服教育管理严重的行政化、官场化的弊端，建立教育本位、学术本位的价值和管理制度。

要建立公共教育财政制度，使教育投入建立在法制的制度化的基础上。明确划分各级政府的教育财政权与事权，建立教育经费分配、使用、监管、评价制度。

要建立现代学校制度。如果没有现代大学制度，谈不到建立一流大学。20世纪90年代以来我国的教育改革，主要是一种“财政视角”的改革，围绕着经费短缺、创收挣钱等。一直到2003年，北京大学的教师聘任制度改革，迈出新的一步，超越了财政视角，涉及了大学制度本质的问题。

（摘自《群言》2004年第7期）

强化高校学术权力　探索教授治教模式

曹卫星

从高等教育的外部环境来看，市场的有序竞争和政府的正确引导有利于为高校教学模式的多样化探索营造良好的社会氛围。随着我国市场经济体制的不断改革和完善，市场作为资源配置的杠杆力量日益突显，通过市场的良性竞争不但有利于促进高等学校多样化结构布局的形成，也在很大程度上促进了高校适应社会多样化需求的能力。另一方面，作为“准公共产品”的高等教育，其公益性属性的实现必然要通过政府的“有形之手”来保障，这就需要政府制定相应的法规政策积极引导，为高校的教学改革和教学模式的创新提供有利的制度环境。需要指出的是，随着大学渴求自主权呼声的日渐高涨，政府在参与高校评估事务时应注意贯彻“对话”原则，积极听取高校和社会各方面的反馈意见，将单一的政府评价转变为包括高校自身在内的多元化社会主体评价。因而，打破传统囿于一隅的狭隘视野，制定多样化的评价指标体系，以促进高校教学质量在不同层次上的不断提升和发展，则是当前推进高校教学模式改革的当务之急。

高校学术事务管理和决策的成功与否是学校事业发展的重要保证和突出标志。由于学术决策具有不同于政治决策和行政决策的特殊性和规律性，必须科学地界定和协调高校学术权力与行政权力、政治权力的关系，确立高校内部合理的权力分配模式和科学的学术决策机制。教授群体是高校业务活动的主体、学术发展的核心、人才培养的主导，必须强化教授的学术权力和教育创新能力，探索基于学术权力的教授参与式的高校管理体制，即中国式的“教授治教”模式，其核心是确立政治、行政、学术横向三元一体的高校分权组织体系和学校、学院、学系纵向三层一统的分层管理模式。

正确认识高校学术权力的作用和意义

学术权力与政治权力、行政权力一起构成高校完整的权力体系

中国特色的大学权力体系包括以党委为核心的政治权力，以行政为核心的行政权力，以教授为核心的学术权力。三大权力体系紧密相连而又不可替代，学术权力不能脱离政治权力和行政权力而单独行使，也不能融化和淹没在政治权力和行政权力之中；而政治决策和行政决策也必须考虑学术因素，不能独立于学术环境和学术对象以外。高等教育的基本规律及国内外知名大学建设和发展的实践表明，学术权力是高校履行学术事务的基本组织形式，学术发展是高校发展的基本动力和主要目标，因此学术事务管理和决策的成功与否是高校事业发展的重要保证和突出标志，是建设一流大学的关键和根本。

学术权力的合理分配和使用是高校内部管理体制改革的重要内容

目前我国高校内部管理架构基本上是行政管理与学术管理统一的结构，近年来虽在形式上有所变动，但实质仍是行政和学术不分，行政决策往往决定学术问题，有时表现为决而不议，有时表现为议而不决，形成了行政权力强化和学术权力弱化的倾向，在泛政治化的同时，出现了泛行政化的现象。特别是在一些非一流大学，本应崇尚学术的教授们，却热衷于当官和崇尚行政。结果随着学校内部行政权力和行政意识的提升，学术发展氛围和学术创新能力反而会下降。

事实上，学术权力为高校特有的权力形式，表现为较强的专业性和民主性，较低的行政性和指导性，不能简单地套用一般的行政管理模式和企业运行模式。需要通过深化高校管理体制的综合改革，科学地界定和协调高校学术权力与行政权力的关系，尽快改变我国大学中行政管理与学术管理不分的体制和机制，进一步确立高校内部合理的学术权力分配模式和科学的学术决策机制，推进权力适度下放和重心适度下移的高校内部管理体制改革，达到学术与行政的合理分权、分权与集权的协调平衡。

强化教授的学术权力有助于推进高校的民主管理和科学决策

学术决策具有不同于政治决策和行政决策的特殊性和规律性，强化教授的学术权力有助于充分发扬学术民主精神，营造良好的学术氛围，利用学术骨干参与决策的愿望和能力，提升高校的自主办学能力和民主管理水平，在权力划分的同时，实现决策责任的分解，克服学校在学术建设和发展方面可能出现的决策失误，推动学校事业的顺利发展。特别是近年来许多高校在快速建设与发展中所暴露出来的问题，如规模、结构、质量、效益之间的矛盾以及学术浮躁与急功近利的弊端等，在很大程度上是由于过分相信行政决策权力和过分重视政绩工程，而忽视了教授学术权力和民主决策的作用。

充分发挥教授群体的积极性和创造性

教授群体是高校管理的主要依托

教授是学校成员的最重要的组成部分，是高校业务活动的主体。依靠教授群体组织和实施学校的业务管理工作，有助于调动教授的积极性，发挥教授的创造性，激发学校成员的内在活力，增强学校前进的动力，一方面可以确保学校教育决策的科学性和民主性，另一方面又可以确保学校决策得以顺利地贯彻落实。

教授群体是高校学术发展的核心

高校建设和发展中涉及的学术内容包括申报新专业和学位点，组建新学科、新学院和研究机构，建设重点学科和重点实验室，选拔学术带头人和评定职称，推荐科研项目和科技成果，制定人才培养方案，制定学校发展规划等，既要靠教授群体的学术积累，又要靠教授群体的学术决策。特别是一流的杰出人才，一流的重点学科，一流的科技成果是高校学术成功和教育水平的重要标志，主要依靠教授群体的创造和发展。因此，教授群体既是宝贵的人才资源库，又是科技生产力的开拓者和教育文化的传播者。学校的学术事务要服务于教授群体，就离不开教授的参与和认可。大学中重要学术事项的决策，只有通过教授集体讨论决定，才能符合广大教师的意愿，调动知识创新的源泉，更好地促进学校的学术发展和教育创新。

教授群体是高校人才培养体系的主导

现代高教事业必须树立以学生为根本，以教授为主导，以育人为目标的办学思想。其中，教授在人才培养体系建设、学生的知识传授与科研训练、治学与学风建设以及为学生服务等方面，具有深刻的理解和丰富的经验。充分发挥教授的学术权力，就可以充分发扬高校以人为本的精神，使教授对本科生和研究生的成长产生主导性的作用和影响，为培养学生的知识、能力和素质以及创新精神和创业能力提供良好的学术平台和师资保证。

建立中国特色教授治教模式

面临高等教育现代化和国际化的新形势和新要求，有必要借鉴西方高校长期形成的教授治校的有益经验，探索基于学术权力的教授参与式的高校管理体制，即中国式的“教授治教”模式。这一模式的基本定位是为学校内部重要的教育问题和学术事项的研究决策提供一个科学民主的教授参与式的组织体系和管理平台，其核心是建立横向三元一体的权力体系和纵向三层一统的管理模式。

首先，需要探索建立基于党务委员会的政治体系、基于校务委员会的行政体系、基于学术委员会的学术体系，形成政治体系、行政体系、学术体系横向三元一体的高校分权组织体系。重点是在巩固和完善党委政治领导的同时，整合分散存在的有关校级组织，确立和发展综合性的校务委员会和学术委员会，分别履行学校重要的行政权力和学术权力。校务委员会的成员可以包括学校的党政主要领导、一定比例的中层干部和教职工代表，负责学校的行政事务工作，其中常务委员会即为校长办公会，负责履行学校的日常行政工作。学术委员会主要由教授代表组成，下设若干分委员会，分别负责学校不同内容的教育和学术事务，如学科规划、学位审定、教学指导、队伍建设、成果评定等，其中常务委员会负责协调和决策重大的学术事务和教育发展事项。

在横向三元一体的分权模式和组织结构的基础上，相应地建立校、院、系纵向三层一统的分层管理模式。在科学规范院、系设置（按学科群设院、按一级学科设系）的基础上，推进管理重心下移和学术权力下放，强化院和系的教育管理职能，如副教授的评审以及硕士生导师和硕士学位的审定等都可以由院级学术委员会来决定。这种横向三元一体的权力体系和纵向三层一统的管理模式，有助于确立不同权力体系之间及权力体系内部的分权管理体制，客观地反映了高校的业务特点和高等教育规律，有助于激发学者的责任意识和创新精神，提高学校的学术能力和管理水平以及决策的民主化程度，为真正实现党政领导与教授负责相结合提供可靠的组织保证。

（摘自《群言》2006年第9期）

大学与诺贝尔奖得主

徐　辉

给博士生上《国际高等教育政策比较》这门课时，曾听到学生们议论一个话题："世界上哪所大学的诺贝尔奖得主最多？"课后回想起这个问题时，我承认自己虽然研究比较高等教育有20余年，却从来没有想到过这个问题。想到诺贝尔奖在世界上的崇高声誉，大部分诺贝尔奖得主又出在大学，加上竞争日趋激烈的大学越来越重视自身的学术声望，对这个问题进行深入思考应该说不无学术意义和现实意义。

看似简单的问题，仔细想想其实并不容易回答。首先想到的是，弄清问题的最简单办法就是上诺贝尔奖基金会官方网站查询。通过查询"诺贝尔奖得主与所属大学"栏目，我很容易获得了答案：哈佛大学自1914年理查兹教授获得诺贝尔化学奖以来，共出了24名诺贝尔奖得主，其中物理学8名，化学5名，生理学或医学6名，和平奖1名，经济学奖4名。若加上哈佛大学生物学研究所、Lyman实验室和哈佛医学院所出的7名诺贝尔奖得主（他们在该栏目单位上单独排名），那么一共是31名。其他诺贝尔奖得主人数较多的大学有加州理工学院（17人）、哥伦比亚大学（16+1人，加1指该大学所属独立研究机构获奖人数，诺贝尔奖基金会将其单列）、麻省理工学院（16+1人）、斯坦福大学（16+1人）、剑桥大学（16人）、芝加哥大学（15+1人）、加州大学伯克利分校（15+1人）、普林斯顿大学（11人）、洛克菲勒大学（10人）等。

诺贝尔奖基金会官方网站的统计有一个特点，它既不考虑诺贝尔奖得主获奖以前毕业于哪所大学或在哪所大学工作，也不考虑诺贝尔奖得主获奖以后去哪个国家、哪个大学工作，而只统计颁奖之时诺贝尔奖得主归属哪所大学或研究机构，因此它所统计的人数比各大学自己宣称的诺贝尔奖得主人数要少得多。尽管诺贝尔奖基金会官方网站的统计严谨简洁，却也存在一个不容忽视的重要问题：诺贝尔奖得主的获奖成果也许是其多年前在其他大学或研究机构工作时的研究成果，与其获奖时所在大学或研究机构并无直接关系，因此只统计颁奖时获奖者所在大学，有把功劳算给不劳而获者之嫌，难以让各大学信服。例如爱因斯坦获1921年诺贝尔物理学奖时，公布的所在单位是德国“威廉皇帝协会”（即马克斯·普朗克协会的前身）柏林物理学研究所，而其获奖成果即1905年对光电效应作出的解释，却是在瑞士专利局三级技术员的岗位上完成和发表的。

既然诺贝尔奖基金会官方网站的统计不能完全令人满意，那么只能上各大学网站查询。但这个办法既不完全可靠，工作量也很大。每所大学都有自己不同的统计方法。幸好“维基百科”英文版网站有一个栏目，对这个问题做了大量的基础性统计工作，并给出了自己的统计方法与排名解释。尽管维基百科认为该条目尚未满足其质量标准，有待进一步修改完善，但毕竟它提供了一个十分有用的分析基础。在“诺贝尔奖得主与所在大学”栏目下，维基百科提供了与诺贝尔奖基金会官方网站完全不同的统计结果。根据维基百科栏目的解释，每所大学的“诺贝尔奖得主”统计方法各不相同，既有比较严谨的，也有十分宽泛的。维基百科采用最宽泛的解释，并分四类进行统计，即“毕业生”（指学位获得者），“肄业生或研究人员”（指至少系统学过一门课程或担任过短期研究工作但未获学位者），“获奖前或获奖时师资成员”和“获奖后师资成员”。

根据维基百科栏目公布的统计情况，拥有诺贝尔奖得主人数最多的大学是剑桥大学，共有83人。其中第一类“毕业生”60人，第二类“肄业生或研究成员”21人，第三类“获奖前或获奖时师资成员”50人，第四类“获奖后师资成员”4人。四类中有同名重复者只计算一次。进入统计榜前十名的其他大学有芝加哥大学，82人；哥伦比亚大学，77人；哈佛大学，76人；麻省理工学院，73人；加州大学伯克利分校，61人；巴黎大学，59人；牛津大学，57人；斯坦福大学，50人。事实上，这一排行榜所依据的统计标准是有些差别的，如剑桥大学排名第一是因为它把在校不满一年的肄业生和研究人员中获奖人数统计在内；而哥伦比亚大学的统计人数却不包括这类人员，若与剑桥大学一样统计在内的话，哥伦比亚大学拥有诺贝尔奖得主的总人数可以达到88人，超过所有大学排名第一。

伦敦大学不在前十名的名单里，是因为它的统计方法与巴黎大学不一样，由各所属学院单独统计。伦敦大学是一所典型的联合大学，若将它各所属学院人数整合统计，拥有诺贝尔奖得主的名单可以增加到56人，若再加上2007年才分离出去的帝国理工学院获奖人数，名单可以进一步拉长到70人，超过巴黎大学进入榜单前十名。

尽管各大学对拥有诺贝尔奖得主人数都很在意，但从它们各自不同的统计方法来看，不同大学的气度和标准还是不一样的。哈佛大学校方宣称拥有的诺贝尔奖得主人数为44人，与维基百科统计的76人相差甚多。加州大学伯克利分校的情况也一样，校方宣称的人数为47人，而维基百科统计的数字为61人。牛津大学和加州理工学院的校方统计根本不计算肄业生或短期研究人员中的获奖人数，因此维基百科显示它们的第二类“肄业生或研究人员”的人数为零。

在维基百科的统计分类里，比较重要的显然有两类，一类是“毕业生”，直接反映大学的人才培养水平，另一类是“获奖前或获奖时师资成员”，大体能够反映大学的研究水平。一所大学拥有的“获奖后”诺贝尔奖得主人数很多，只能说明它的人才吸引政策很成功，不能说明该大学的原创能力很强，该指标在反映大学的原创能力方面与“获奖前或获奖时师资成员”指标不能简单相等。从这个角度说，维基百科上所显示的两所大学拥有诺贝尔奖得主人数可能差不多，其含义可能完全不一样。剑桥大学“毕业生”中有60名诺贝尔奖得主，“师资成员”中有50名获奖前或获奖时在本校任职，反映出该校强大的人才培养和科研能力。哈佛大学人才培养和科研能力也很突出，“毕业生”和“获奖前或获奖时师资成员”中诺贝尔奖得主人数分别为46人和38人。但就加州大学圣地亚哥分校和伦敦经济学院而言，情况就不同了。前者拥有17名诺贝尔奖得主，但其中16名属于“获奖前或获奖时师资成员”（另一名属于“毕业生”类），说明科研能力强是其特色，而伦敦经济学院所拥有的16名诺贝尔奖得主中，15名属于“毕业生”类（还有一名是肄业生），说明人才培养是其强项。

经过一番查询，得到了两点有益的启示。

首先，就“世界上哪所大学的诺贝尔奖得主最多？”这一问题而言，根本不存在一个标准答案。你可以采用诺贝尔奖基金会公布的数字，也可以采用各大学自己宣称的数字，还可以采用像维基百科之类知识性网站公布的数字（当然，你还可以自己进行独立的统计分析）。一个诺贝尔奖得主可能在甲大学读本科，在乙大学读研究生，在丙大学做博士后，在丁大学获奖，之后又去其他大学工作，而各大学都可以宣称拥有这名诺贝尔奖得主，也都有理由认为本大学是该诺贝尔奖得主获得成功的重要因素（获奖后师资成员一类除外）。对此我们不必在意。或许我们应该提出更明确更有意义的问题，如“哪些大学本科毕业生中诺贝尔奖得主比较多？”或者“哪些大学的师资成员中完全拥有的诺贝尔奖得主比较多（不包括荣誉教授、客座教授、访问学者或短期合作者）？”以此了解这些大学本科人才培养的水平或师资队伍的质量。

其次，如果连“世界上哪所大学的诺贝尔奖得主最多？”这样看似简单的问题都不容易回答，那么联想到时下风靡各地五花八门的大学排行榜的科学性、严肃性、合理性和可靠性，就更令人担忧。大学排名涉及的指标比“诺贝尔奖得主与所属大学的关系”要复杂得多。无论是英国Times高等教育副刊每年发表的大学200强排行榜也好，还是国内形形色色的大学排行榜也好，采用的标准总体上有利于英语国家，或有利于规模庞大、学科齐全、研究生多的理工科大学。大学不是企业，无法简单地用“产值”

衡量其地位。说实在的，将一所巨无霸的全科性大学与一所袖珍型的单科性学院，或者一所顶尖的理工科大学与一所优秀的艺术类学院放在一起排名，一比高低，究竟意义何在？这实在令人百思不得其解。现在有些大学排行榜，不管是综合类大学还是单科类院校，全国性大学还是地方性院校，研究型大学还是教学型院校，不管大学的职能如何，定位如何，统统按照所谓的一些“硬性”指标进行排名，其结果在许多方面与其说是服务社会，不如说是误导社会。对于这些现象，应该加以警惕和反思。

（摘自《群言》2009年第3期）

寄语学生

刘长铭

做一个会学习、会生活的人

——致初一新生

中学对于你们来讲，是一片新的天地。在这片新天地中，你们要做许多事情。你做的事情越多，你的收获就越大，你就会发展和成长得越好。但上帝给每个人的时间都是一样多，每天都是24小时，怎样才能使自己做更多的事情呢？

我的第一个建议就是，要学会自主安排学习。绝大多数同学在上小学时，学习都是由老师和家长安排的，安排什么就干什么。到了中学，这样的学习方式就不行了。尤其是在四中，老师给你们留的作业可能不是很多，用不多的时间就能完成。但是，你们千万不要认为完成了作业就完成了任务。你们要给自己安排一些学习任务，比如说读书、写作、有计划地完成一些练习，甚至琢磨一些事情，研究一些问题。从现在起就要想一想将来的事情，想一想自己的兴趣，想一想将来什么事情最适合自己做。你们不一定看到别人干什么就一定要跟着干，别人怎么干你就怎么干，要明白自己想干什么，应该干什么，你可以干得和别人不一样。其实，这就是树立理想和目标。把这件事情想好了，想明白了，理想和目标也就有了。

有了理想，知道了自己应该做点什么，就要想应该怎样来做。所以你们要学会安排自己的时间和要做的事情，也就是要有一个学习的计划、生活的规划。每天干些什么，循序渐进地去做，争取每天都有点收获，积少成多。要做一个持之以恒的人，制定计划就要坚持完成，不能半途而废。不能一天一个计划，到头来哪个计划都完不成。计划也不能太大，否则，计划不现实，无法完成，就等于没有计划。所以，学会制定计划是重要的，养成坚持的毅力和顽强的精神也同样重要。比如说，一天读一点书，十天读一本书，初中三年下来就差不多能读100本，读完这100本书，你可就和别人不一样了！当然还要看读什么书。老师们提倡你们读精品、读经典、读名著，读100本小人书、连环画，可能长进不会太大，除非你对画漫画有兴趣。所以我说，理想、计划和不懈的努力，对你们的发展都是非常重要的。

我的第二个建议就是，你们一定要有一个好身体。有一个好的计划，有条理地做事，这样可以保证你在几年中生活得更有效率，做的事情更多，学习收获得更多。但是，这一切都是在你有一个好身体的前提下才有可能，你要在一辈子的时间里做更多的事情，就非得有一个好身体不成。如果30年后你的身体垮了，那可能就什么也谈不上了。这不仅是你自己的不幸，也是你所有亲人的不幸。要知道，30年后，你们40多岁，这正是能干事业的年龄啊！你们明白了这个道理，就不会觉得体育课是多余的了。你们在三年中，不仅要上好体育课，还要养成自觉锻炼的习惯，要至少有一项较好的体育技能，成为你们将来在一生中进行体育锻炼的爱好。

其实，要想身体好，锻炼是一个重要方面，但还有另一方面，也同样重要，我甚至认为更重要。我曾见到一位年逾古稀、但依然精神矍铄的老人，满面红光，声如洪钟，仙风道骨，超凡脱俗。我们当然要谈起养生之道。他的养生之道可谓与众不同。也许你们一定会猜想他平时吃什么、喝什么、补什么吧，其实都不是！老人家毫无保留地向我透露了他的养生秘方——每天做一件好事，哪怕是很小、很不起眼、很平凡、很平常的事，只要能使别人高兴就行。这个习惯使得每天都有许多人对他说“谢谢”，使他每天都能面对许多快乐的笑容，这使他精神丰满、胸怀坦荡、心灵高贵。这么多的友好、关爱和笑容围绕着他，使他如同生活在风景秀丽的仙境之中，这样的人怎么能不健康？我始终认为养心也是养生，养生需要养心。中国古人始终就将人的精神与肉体视为一体，互为依存，不可分离。你做好事使别人高兴，你也同时获得了一份愉悦、一份幸福，这种愉悦和幸福当然会滋养你的精神和身体。这恰好从反面印证了一个观点。据国外的一项研究结果表明，那些有劣迹的人患癌症、中风、猝死的几率是正常人的数倍，因为这些人在道德和精神上背负了太过沉重的罪恶感，这严重扰乱了他们身体的新陈代谢和免疫系统，影响了他们的健康。所以，同学们，为了健康的生活，你们要学做好人，不做坏人，做一个善良的人、热心的人、坦荡的人、大气的人，多为别人做事，多为集体做事、多为社会做事，多做自己认为有意义的事，这也是你们健康的一部分。大家要明白，帮助别人就等于帮助自己，让别人高兴的同时，也让自己获得了健康和幸福，其实这是最大的实惠。

我相信这些道理你们会慢慢明白，我也相信你们在未来的三年中，一定会变得丰富、变得强健，变得成熟、变得高贵，变成有理想、会学习、懂生活、能做事的人，这是四中所希望的、所追求的。我们期待你们，相信你们。

学做一个好公民

——致高一学生

考入四中，成为一名四中人是光荣的，这说明了你们十分聪明，说明你们在以往的学习中打下了很好的知识基础。未来的三年对你们来讲十分重要，因为你们要在四中度过一生中重要的三年时光，要从四中走向社会，走向大学，要在四中成为一名国家公民。所以，我想和大家谈一谈“四中人”这个称谓对你们来说意味着什么，如何才能成为一名真正的、名副其实的四中人。

在我们看来，“四中人”这个称谓应当等同于“好公民”，四中人应当成为“好公民”或“优秀公民”的同义语和代名词。什么是公民呢？简单地说，公民就是具有国籍、遵守和维护国家法律法规、维护国家的利益与尊严、为社会和国家承担责任、承担道义，也就是要对社会和他人负有责任与义务的人。而这一切，我认为都首先要从每一个行为细节做起。我今天要对你们说，穿上四中的校服，就意味着今后粗话脏话不要再从你们的口中流出，就意味着废弃物不要再通过你们的手随便丢弃在公共场所的地面上，就意味着你们要彻底告别那些违反交通规则和其他法规、秩序的行为，就意味着你们应当彻底告别一切不文明的行为；穿上四中的校服，就意味着你的言行应当成为社会上同龄人，其实不仅是同龄人，而是全社会的表率、示范者，就意味着使诚实、守信、善良、尊重、博爱、崇高等人类美德的种子在你们的身上发芽生长；穿上四中的校服，就意味着你的身影应当经常出现在社会志愿服务者的行列中，你要对社会上需要帮助的人富有同情之心并付诸实际行动，等等。

我之所以谈这些看似琐碎的生活细节，因为我认为它们非常重要，只有具备了上述这些言行和美德，才能成为一个公民，甚至才能说一个人具有了人的属性，才是一个具有人性之人，才能成为一个真正意义上的人类社会中的一员。这些细节实际上就构成了一个人、一所学校、一个社会、一个国家和民族在这个星球上的形象——是一个文明的、高贵的形象，还是一个低俗、缺少教养的、龌龊的形象。就个人来讲，这些形象决定了你未来在社会上交往、生活和工作的层面，决定了你未来事业的高度。如果你的每一个行为举止都是文明的，都是出于对自己人格的尊重，出于对他人尊严和社会规则的尊重，你就可以用这些文明的、高雅的外在举止涵养你的内心，使你的内心变得清澈、高贵、豁达。因此，未来三年之中你们行为的变化和习惯的养成，将关乎你一生的发展与生活。

我还要对你们讲，未来你们工作的成功和生活的幸福，不仅仅与你们的聪明有关，甚至可以说主要不是决定于你们的聪明。聪明不一定会给人带来愉快和幸福，甚至可能带来不快、灾祸甚至不幸。聪明的人也不一定能给我们这个社会带来美好。我们几乎每天都会看到或听到出现交通事故的报道，我认为这主要不是由于司机的笨拙，而是由于司机的聪明，他们因聪明而违反规则、投机取巧，结果给他人和自己造成不幸，造成的拥堵浪费了无数人的生命时光。一些所谓的聪明人给社会带来危害的事例也不胜枚举。将三聚氰胺溶解到牛奶中的技术还曾获过科技进步奖！这就是为什么道德要比聪明更加重要。因为科技的发展给人类带来的影响可能是不确定的，而道德的提升一定会给这个世界带来美好。

也许大家认为在这样的场合，我们应当谈些未来、理想或宏图，应当谈学习、考试和升学。的确，这些都非常重要，我们今后还要谈许多这方面的事情。但是今天，我认为还有一些更加重要的事情需要在这个场合来谈。我目睹了许许多多人成长和发展的轨迹，对一点我深信不疑：将来决定你们是否成功和幸福的，不是考试成绩，不是智商，不是你们的聪明和机敏，甚至不是你们升入哪所大学，而是取决于你们对社会、对他人的态度，取决于你采取什么样的态度去生活和工作、去对待他人和社会，取决于你的精神和内心是否丰满、豁达和高尚。这是被许许多多人的生活轨迹证明了的，我相信你们也不会例外。

我之所以讲这些是因为我的心中充满了忧虑。我们每天都会遇到或听到许多事情，其实都不应该发生在一个文明的社会中，但是非常遗憾，许多现象至今还看不出有减少的趋势和可能。作为老师，我们不希望这些丑陋的、龌龊的、不文明的行为发生在你们中的某一个人身上。作为一个个体，我们也许无力改变社会中所有的不如意的现象，但是作为一名四中人，作为一名未来的好公民，如果我们能够做到自律、自重、自尊、自爱、自强，也算是自己对社会作出的最低限度的贡献。我曾听到过这样一个故事："9·11"袭击发生后，人们纷纷顺着楼梯奔向楼下，尽管当时情况非常紧急，但人们还是自动地让出一侧的道路，先让消防人员、妇女、儿童、残障人通过。我始终在想，一个群体在如此危急、危难、危险的关头还能保持这样的秩序，这说明了什么？这说明了一种强大，它展示了一种强大的道德的力量。一个国家的真正强大，不仅要看物质的丰富，不仅要看财富的积累，不仅要看GDP指标。一个国家的真正强大归根到底是国民群体的强大。只有当一个国家的国民具有了这样的精神力量和道德力量，具有了这样的基于国民精神和道德素养之上的强大的凝聚力和有效的秩序，这个国家才能真正坚强地屹立起来。我认为这些看似鸡毛蒜皮的小事背后，反映出的是一个国家和民族是否文明、进步和真正强大的问题。这与我们每个人的未来命运息息相关。

北京四中是一所始终坚守着理想主义的学校。我们希望每一个四中人——包括你们在内的所有的四中人，也应当坚守一点点理想主义。同学们，如果你希望成为一名好公民，如果你想要为自己的国家做一点事情，如果你要将振兴中华视为自己的责任和毕生奋斗目标，那么，就从此时此刻开始，在所有的细节上来树立自己的形象，树立四中的形象，树立国家的形象，使自己成为一个精神上高贵和高尚的人。中华民族的复兴、进步、繁荣和强大需要千千万万的精神上高贵和高尚的好公民。努力成为一个这样的好公民吧，这应当是你们未来三年以至毕生的追求目标。这也是你们今天能够且应当为国家、为民族承担的力所能及的、最低限度的责任，是你们今天能够且应当为国家、为民族作出的力所能及的、最低限度的贡献。

我们会在未来的三年中，守望着你们成长，看着你们进步，期盼着你们成为一名好公民，成为一个杰出的中国人。

（摘自《群言》2010年第11期）

大学的创新

王光谦

大学的职能首先是创新。我对我国大学目前的创新能力持怀疑态度。前不久有一部电视剧叫《裸婚时代》，剧中的年轻人被房子、教育、医疗“三座大山”压着， 20多岁的人活得像40多岁，何谈创新？还有体制问题，当投资一个亿去搞房地产开发很快就可以赚3亿的时候，当一位老太太买套房过两年房价就能翻一倍的时候，没有人会去搞创新。

胡锦涛总书记在庆祝清华大学建校100周年大会上的讲话中说，“100年前，在中华民族内忧外患、风雨飘摇的历史背景下，清华大学的前身清华学堂建立了”，这就是说，我们的大学，尤其是清华大学，自成立之日起，其责任就是与民族独立、国家富强等联系在一起的。清华大学坚持科学救国的理想，倡导中西融汇、古今贯通的治学方法，一批学界泰斗潜心治学、精育良才，形成了名师荟萃、鸿儒相映的盛况。清华大学还秉承“爱国奉献、追求卓越”的传统，恪守“自强不息、厚德载物”的校训，弘扬“行胜于言”的校风，培养了17万名优秀人才，其中涌现出一大批学术大师、行业人才、治国栋梁。就今天的主题来说，就是大学始终担负着民族复兴的责任，大学的命运始终与国家的命运相一致。总书记的讲话还指出了教育特别是高等教育在国家发展中的重要地位和作用，提出了高等教育质量提高的内涵和要求。从总体上看，我国高等教育还不完全适应经济社会发展和人民群众接受良好教育的要求，与国际先进水平还有明显的差距。所以不断提高高等教育质量是高等教育的生命线，必须始终贯穿于人才培养、科学研究、社会服务和文化传承的各项创新之中。

谈到创新，不能不说到钱学森。钱老生前最后一次系统的谈话就是谈科技创新人才的培养问题。2005年3月29日下午，在301医院，钱老对身边工作人员说，“今天找你们来，想和你们说说我近来思考的一个问题，即人才培养问题。我想说的不是一般人才的培养问题，而是科技创新人才的培养。我认为这是我们国家长远发展的一个大问题。今天，党和国家都很重视科技创新问题，投了不少钱搞什么‘创新工程’、‘创新计划’等等，这是必要的。但我觉得更重要的是要有具有创新思想的人才。问题在于，中国还没有一所大学能够按照培养科学技术发明创造人才的模式去办学，都是人云亦云、一般化的，没有自己独特的创新东西，受封建思想的影响，一直是这个样子。我看，这是中国当前的一个很大问题。”钱老说，加州理工大学之所以能够培养创新人才，首先是因为“创新的学风弥漫在整个校园，可以说，整个学校的一个精神就是创新。在这里，你必须想别人没有想到的东西，说别人没有说过的话。拔尖的人才很多，我得和他们竞赛，才能跑在前沿。这里的创新还不能是一般的，迈小步可不行，你很快就会被别人超过。你所想的、做的，要比别人高出一大截才行。那里的学术气氛非常浓厚，学术讨论会十分活跃，互相启发，互相促进。我们现在倒好，一些技术和学术讨论会还互相保密，互相封锁，这不是发展科学的学风。你真的有本事，就不怕别人赶上来。”这就是钱老关于创新的论述。他提出了问题，又给出了答案。我认为，这应是我们大学精神最重要的一部分。

创新要有制度上的保障。大学要创新，要从完善现代大学制度上做起，包括大学校长的遴选，教授的晋升和地位，科研和经费的自主权，自主招生、自设专业、自授学位、自定薪酬的权力等等。如果这些做不好，就不是一个现代的大学，谈创新、谈大学的责任，我看是不可能的。创新成果一定要社会共享。斯坦福大学有关于创新的一系列制度上的安排，他们专门有一个知识产权办公室，如果是国家支持的成果，15%归国家，剩下的分成三份，学校、团队和个人各三分之一。所以那里弥漫着一股创新的精神。我们没有类似的制度安排，如果你敢把一项成果给别人用，首先就要调查你是不是盗用了单位的什么东西。等你说清楚了，你的成果也落后了。实际上从全社会的角度理解，这个成果是你用了还是我用了，只是一个利益再分配的问题，但不用是社会的损失。

大学的创新更重要的还是创新人才的培养。我举几个例子，首先是乔布斯。乔布斯是私生子，母亲生他的时候23岁，自己无力抚养，只好把他送人，但要求收养的人必须是大学毕业。最初收养的人是通过中介谈的，没有见面，人家希望要一个女孩，就没谈成。最后找到现在的养父母，他们是工人，高中都没毕业。乔布斯的亲生父母说，你们要保证让我的孩子上大学。乔布斯的养父母是靠收购旧汽车、倒腾新了之后再去卖来谋生的，所以乔布斯7岁的时候就能拿着锤子上去敲打汽车。他本人对电器有很大的兴趣，当时正赶上电子行业大发展的时代机遇。他上的是美国收费最贵的理科大学，为了让他上大学，父母从好房子搬到破房子，他于心不忍，所以第二学期就不交学费了。学校却依然让他在那里吃住，不交学费听课一年。后来学校教授的课程满足不了他的要求，他干脆连学也不上了。乔布斯一辈子吃素，坚信东方的审美主义，一个礼拜洗一次澡，身上臭得不行，办公室的同事无法忍受，他的第一个老板让他晚上来上班，错过他人是白天上班的时间，非常包容他。从这里，我们可以看到家庭的影响、父母的承诺、本人的兴趣、时代的机遇、大学的包容、执着的追求等各种因素是如何成就一位创新人才的。

再讲我的老师钱宁院士的例子。最近30年的黄河治理是按照钱先生的研究成果进行的。黄河有16亿吨泥沙淤积在下游，使河床高出地面13米，开封铁塔那里三年两决口，一百年一扫荡，北到天津，南到南京，都是它扫荡过的，原因就是泥沙多。黄土高原有45万平方公里的流失面积，要把这45万平方公里都治理好，投入就承受不起。钱先生提出，只需要治理7.86万平方公里的面积，因为它是造成黄河淤积的粗泥沙的来源，而黄河泥沙淤积主要是粗泥沙造成的。钱先生的发现的可以追溯到1972年，当时华东师范大学地理系人员在黄河下游考察时发现了一座唐代的古墓，打开一个剖面，钱先生看到之后发现淤积的都是粗泥沙，而没有细泥沙，由此推断出对黄河下游淤积起决定作用的是粗沙沉积，这样细泥沙来源不用治理了，只治理粗泥沙即可。这是创新的一种方式。

创新还需要一个净化的环境，不仅是要宽容、自由，还要去掉扭曲的功利主义，更重要的是重塑学术诚信。我觉得诚信是我们创新和大学培养人才的基础。而不诚信的主要表现则是编造数据，抄袭或者是不当引用别人的成果。现在缺乏一个规范的处置方法。2011年院士评审，很多人栽在此处，有的仅仅是十几年前偶然的小错误。问题何在？在于我们对诚信的理解不深刻。我们的学生甚至不知道什么叫抄袭。我对他们讲，抄一句话就是抄袭。现在经常有一些教授说是学生抄的，自己没有责任，这是完全错误的。

（摘自《群言》2012年第3期）

人才评鉴非标准化与教育公平

李嘉曾

中共十八届三中全会通过的《中共中央关于全面深化改革若干重大问题的决定》（以下简称《决定》）中明确指出，全面深化改革“以促进社会公平正义、增进人民福祉为出发点和落脚点”。近年来教育领域提出的“教育公平”问题，完全符合中共中央全面深化改革的指导思想。

教育公平是涉及许多方面的综合性问题，实现教育公平也应当多管齐下、统筹兼顾。研究表明，推行科学合理的人才评鉴和选拔机制，是实现教育公平的有效途径之一。《决定》在阐述深化教育改革这一主题时，已经体现了人才评鉴非标准化的科学精神。

教育公平的内涵在于物尽其用

教育公平是一个历史话题。从古希腊的思想家柏拉图、亚里士多德到中国古代教育家孔子，都曾提出过朴素的教育公平思想。近代西方社会则倡导多种教育公平观。新中国诞生后，确定的教育方针中也体现了教育公平的理念。然而，由于时代和国情的差别，不同时期、不同国家（地区）的教育公平概念、方针和政策都不尽相同。

在当代教育领域，尽管对于教育公平的认识仍然有所差异，但已经取得了一定的共识。一般认为，教育公平主要包括三个要点。第一，起点公平，即所有社会成员享有平等的受教育权利；第二，过程公平，即为所有受教育者提供平等的受教育机会与条件；第三，结果公平，即所有受教育者的教育效果和成功机会均等。做到了这三个层次的公平，教育的公平便能基本实现。

在对教育公平的要点取得共识的基础上，有必要深入理解教育公平的内涵。从宏观上看，教育公平的实质是国家（或统治阶级）对教育资源的合理配置，即努力做到物尽其用。教育资源由人类创造且世代传承的物质财富与精神财富组成，是特定群体的共同财富。作为一种公共资源，教育资源属于全社会，理所应当要为所有的社会成员平等地享用。从这个意义上说，倘若因为地区、民族、性别、年龄、出身、信仰、个性、智商、经济状况或其他方面的差别，造成社会成员对于教育资源享用上的不平等、不公正，那就违背了教育公平原则。在这方面，由于统治阶级及其控制的国家机器掌握着主动权，因此具有不可推卸的责任，故教育公平要从政府的方针政策做起。中共十八届三中全会通过的《决定》围绕“大力促进教育公平”这一主题，提出“健全家庭经济困难学生资助体系，构建利用信息化手段扩大优质教育资源覆盖面的有效机制，逐步缩小区域、城乡、校际差距”，“统筹城乡义务教育资源均衡配置”等意见，正是力求宏观教育公平的重要举措。

从微观角度来考察，教育公平的实质在于使所有受教育者都能够最优化地利用其享有的教育资源。这也是一种物尽其用。资源本身是一个概念，对资源的利用又是一个概念。享有资源却不能加以利用，实际上就等于不享有。不能平均分配教育资源，使同类受教育者享用的资源多寡不均固然是一种不公平；然而虽然平均分配了教育资源，却造成某些受教育者不敷应用，另一些受教育者却资源过剩，同样也是一种教育的不公平。

由此可见，教育公平不仅是一个发展中的历史范畴，而且是一个具有相对性的科学概念。

教育公平的核心是人尽其才

教育是培养新生一代准备从事社会生活的过程。广义的教育是指增进人的知识和技能、影响人的思想品德的活动；狭义的教育主要指学校教育，是教育者根据一定社会（或阶级）的要求，有目的、有计划、有组织地对受教育者的身心施加影响，把他们培养成为一定社会（或阶级）所需要的人的活动。所以说教育的目的非常明确，目标也十分清晰。

推行教育公平理念的意义正在于更有效地实现教育的既定目标，更好地培养社会需要的合格人才。为了完成这一任务，教育公平的核心在于人尽其才，也就是说，要让每一个受教育者将其平等享有的教育资源最大化、最优化地加以利用，力求获取最佳的教育效果，获得最大的成功。我们应当切记教育结果公平才是教育公平的真谛，教育起点和教育过程的公平都是为教育结果公平服务的。

21世纪以来，学术界对于教育公平的认识逐渐深化，上述观点得到越来越多学者的赞同。我国有不少学者认为，在社会发展过程中，教育公平和教育效率是一组矛盾，我们应当追求教育公平和教育效率的统一。因此，应当在合理配置教育资源、让广大受教育者平等享受教育资源的基础上，承认个体差别、遵循发展不平衡规律，因材施教地对不同人提供不尽相同的教育，促使受教育者充分发展个性，争取获得最佳的教育效果。

公平并不是绝对平等或绝对平均，教育亦然。经济合作与发展组织（OECD）在2007年末曾经发布题为《不再有失败：教育公平的十个步骤》的报告，其中明确指出：“教育公平有两个含义。第一个含义是公正，就是要保证性别、社会经济地位和种族等个人和社会因素不妨碍人达到其能力所允许的教育高度。第二个含义是覆盖，就是要保证每个人都受到基本的、最低标准的教育——例如，每个人都应该能够读、写和做简单的算术。”这一权威性国际组织的认识告诉我们，教育公平是有层次的，或者说实现教育公平的标准是相对的。其最低标准在于使所有的社会成员都能接受最基本的教育，这个要求并不算高，其较高标准则在于因材施教、人尽其才，使每个有可能充分发展的受教育者达到其力所能及的最大高度。在OECD的上述报告中，将保证个体的充分发展用“公正”这个术语来概括，而且将它列为教育公平的第一要义，足见其对教育公平核心内容的深刻理解。

综上所述，教育一旦做到了教育资源配置的物尽其用，同时也促进了个体发展的人尽其才，那么就堪称基本实现了教育公平。

人才评鉴标准化有利有弊

在对教育公平的概念和内涵等理论问题有了充分的认识以后，关键便在于如何贯彻执行。不少地方在努力实施教育公平的过程中已经总结出一些有效的方法与措施，本文则以中共十八届三中全会《决定》精神为指导，选择人才评鉴作为切入点，探索教育公平的实践问题。

人才培养质量是衡量教育质量的重要指标，因而也是评价教育公平程度的重要依据。评价人才培养质量的核心是对人才的评鉴。由于人的精神现象十分复杂，难以进行量化，因此人才评鉴自古以来始终是一大难题。最初的人才评鉴完全靠评鉴者的经验与主观意向，于是伯乐相马式的慧眼识英才成为最重要的人才评鉴手段和选拔途径。其后有些学者甚至将零散的人才评鉴经验系统化，形成了一门学问。清代中兴名臣曾国藩的看相术专著《冰鉴》，就是其中的代表作。他提出从“神骨”、“刚柔”、“容貌”、“情态”、“须眉”、“声音”、“气色”等不同方面切入的人才评鉴框架，还提倡通过眼鼻看“邪正”、嘴唇看“真假”、指爪看“主意”、言语看“条理”等人才评鉴依据。这些理论与方法在近代人才评鉴领域产生了一定的影响。

随着时间的推移，经验主义的人才评鉴逐渐上升到理性的阶段，由此便出现了人才评鉴（以测评为主）的标准化倾向。西方心理学发展过程中问世的多种测试正是人才测评标准化的基本方法。标准化测试亦称标准化测验，是指采用系统的科学程序编制并组织实施，具有统一标准，通常对误差进行严格控制的测验。一般来说，标准化测验应当同时具备四个条件：第一，具有常模，即具有标准化样组的平均数，可以为评估测验得分提供参照系；第二，具有代表性试题，为被试的答卷提供可直接比较的样板；第三，具有实施测验的详细规定，包括测验导语、测验时间限制、测验情境的规定等，可保证所有的被试者具有相同的受测条件；第四，有评分方法的详细规定，可以便于操作同时减少评分误差。不难看出，以标准化测验为代表的人才评鉴实际上是依照统计学原理对经验高度概括总结后建立起来的方法。由于此类方法具有程序化、操作性较强和相对客观、相对公平的特点，因此自20世纪20年代诞生以后，在西方国家很快流行，逐渐推广到世界各地。标准化的原则也被广泛移植到多种测评领域，绝大部分现行的入学（尤其是高考）、人事聘用、干部选拔等领域的考试、测试等，基本上都属于标准化评鉴的范畴。

尽管标准化评鉴具有不少优点，但也有自身的不足，在实践中逐渐暴露出一些弱点甚至缺陷。主要问题在于：

首先，用以实施标准化评鉴的主要手段——标准化测验具有自身的薄弱环节甚至缺陷。最严重的弱点在于未能精确考虑时间因素。尽管测验有时间限制，必须在规定时间段完成，却无法在规定时间段内测定被试者答题花费的实际时间，因而也无法衡量答题的速度和效率。即便是在规定时间内完成测验，由于知识掌握程度和智力、能力等多种因素的差异，不同被试者答题的速度和效率可能存在很大差距甚至有天壤之别。例如，规定两小时的标准化测验，学生甲只花费了一小时便顺利完成了，学生乙则在两小时截止前随意“蒙”了一下才勉强完成。根据现场表现，这两个学生在智力发展程度、答题能力以及在被试内容上的水平大致是可以看出来的。然而，假设前者答题时因为漏掉一个标点符号之类的微小疏漏只得了99分或98分，而后者则全答对（包括“蒙”对）了，结果竟得到了满分。

试问，仅仅根据卷面成绩能准确评估被试者的真实水平吗？

其次，人才的个性化特征未必适合标准化测试。众所周知，人具有鲜明的个性，即便是一母同胞的孪生兄弟姐妹，也会志趣不同，性格迥异，更何况互不相干的不同个体。标准化测验无法估计人的个性特征。假设一个能言善辩者和一个口吃严重者的智力、能力水平相同，在某种标准化测验中得到同样的成绩，那么是否就意味着两人能够“等量替代”呢？打个通俗的比方，根据标准化测验成绩选拔人才，搞得不好就像征婚时只看过对方的标准照就约会一样，存在着很大的风险，甚至可能闹出笑话来：期待明星，本以为“姚明”会来，结果却来了“潘长江”。所以，试图凭借一次标准化的测验就准确评估出不同个体的差异谈何容易，充其量只能算是天真的良好愿望而已。

再次，人类精神活动的复杂性和随机性加深了对其标准化测评的难度。人的精神活动具有内隐性，未必都能通过外部行为显现出来，这就给标准化测验带来无法触及的盲区。假如被试者刻意表现异常，那么标准化测验的成绩就是误导。另外，标准化测验的被试者会受外部条件的影响而产生波动，表现不稳定，从而造成得分的差异甚至导致虚假成绩。即便是同一个被试者，做同样的试卷，在不同考场、不同情境，甚至不同气候、不同时段的前提下，其得分都可能存在一定的差异，不会像测试某一个物体的某种物理性质那样得出基本恒定的结果。同一个高考考生，头一年名落孙山，第二年独占鳌头的现象并非罕见，事实雄辩地揭示了标准化测验和标准化人才评鉴的缺憾。

人才评鉴非标准化有利于教育公平

人才评鉴标准化的缺憾正是教育不公平的诱因之一。针对上述标准化测验和人才评鉴的利弊，应当倡导人才评鉴非标准化的新理念，推行人才评鉴标准化与非标准化有机结合的科学方法。

人才评鉴非标准化，是指采用对被试者适宜、他人未必适用的标准，因人而异地进行人才评鉴。这一方针首先符合辩证唯物主义的矛盾特殊化原理和从实际出发的实事求是原则。矛盾特殊性原理告诉我们，不同事物各有其不同的“质”的规定，尊重这种质的规定，便是按照客观规律办事，否则就像拿尺子来量风速、用斗器去测水温一样事与愿违。俗话说“寸有所长，尺有所短”，“一把钥匙开一把锁”，讲的就是类似的道理。

其实，有史以来，在人类的实践中，非标准化评鉴人才的思想和做法早已有之。汉高祖刘邦用能否“运筹帷幄之中，决胜千里之外”来评估张良，用能否“连百万之军，战必胜，攻必克”来评估韩信，用能否“镇国家，抚百姓，给馈饷，不绝粮道”来评估萧何，并且都得出自愧“不如”的结论，依照的正是非标准化的评鉴标准。清代学者龚自珍诗云：“我劝天公重抖擞，不拘一格降人才”，其用意也在于倡导人才规格及其评价的非标准化。在现代人事制度中，屡见不鲜的“破格晋升”、“破格录用”、“破格提拔”等破格行为，归根结底也是以人才评鉴非标准化作为依据的。

当然，人才评鉴非标准化并非绝对科学、绝对正确，其操作也有相当的难度，需要妥善行事。一方面，要在真正明确测试目的和真正了解被试者的基础上，选出真正适用的评价方法和评鉴标准；另一方面，要综合考虑多种测试的结果，将非标准化测试置于合适的位置，同时适当参考标准化测试的结果，力求统筹兼顾，全面衡量。

非标准化的思想与传统观念背道而驰，所以倡导和推广人才评鉴非标准化必须与深入改革同步。中共十八届三中全会《决定》不仅指明了深入改革的方向，而且提出了许多重要的政策与措施，令人耳目一新。例如，《决定》针对考试制度的改革明确指出：“推进考试招生制度改革，探索招生和考试相对分离、学生考试多次选择、学校依法自主招生、专业机构组织实施、政府宏观管理、社会参与监督的运行机制，从根本上解决一考定终身的弊端”；“推行初高中学业水平考试和综合素质评价”；“逐步推行普通高校基于统一高考和高中学业水平考试成绩的综合评价多元录取机制”等等。深入研究这些政策和举措，对于正确理解和实施非标准化人才评价机制具有很强的指导意义。

总之，转变观念，大胆创新，推行非标准化与标准化有机结合的人才评鉴机制，促使物尽其用、人尽其才，进而有助于教育公平的深入实施，不失为教育领域深化改革的有效途径。愿一切关心教育、有志于革故鼎新的人都来思考和探索这个问题，力求早日取得实质性的成效。

（摘自《群言》2013年第12期）

探索科技创新人才培养的新路径

田　刚

教育改革一直以来都备受社会各界关注。《中共中央关于全面深化改革若干重大问题的决定》明确了未来高考改革的方向，我国的考试招生制度将更加有利于学生全面素质的培养，有利于科技创新人才的选拔，有利于推进教育和社会公平。在日渐清晰的高校招生改革大框架下，如何深化中学阶段教育改革，培养科技创新型人才，需要我们更多的思考和探索。

教育领域的改革应当回归教育的本质。古代先哲对此早有思考和阐述。《中庸》说“修道之谓教”，就是说教育本质的问题——教育者的责任和受教育的目的在于使人的天性、特长得到发展，教育要培养人的独立性，启发人的创造性，培养高尚的人格。但在高考的指挥棒下，我们的中学教育出现了不少弊端，过分关注分数，而忽视了学生对科学的兴趣和创新能力的培养，导致学生们把大部分精力都投入高考科目中，造成知识结构单一，功利性较强。如果不深化教育改革，继续沿用以单一性考试作为高校招生依据的做法，只能将人才培养狭隘化，无法真正培养出创新型人才。

去年，受中国科协青少年科技中心的邀请，我有幸担任了中学生英才计划数学学科工作委员会主任，因此与各地中学师生有了更多直接接触和交流的机会。我想结合调研中的一些感想，谈谈对科技创新人才培养的三点建议：

科技创新的根本在于人才，而培养人才的根本在于培养兴趣。青年学生所掌握知识的宽度和对科学的兴趣决定着其未来发展的高度，为此，应坚持以激发中学生对科学的好奇心和学习兴趣为导向。我们可以尝试在中学搭建开放式交流平台，开设面向中学生的科学家讲座等科普活动，营造浓厚的科学氛围，通过榜样的力量使学生受到感染和鼓励，提高学生对科学问题的兴趣，从被动学习转到主动学习甚至深度学习，帮助学生树立学术理想。

建立高校与中学互动的培养模式。我们在调研中发现，凡是与高校建立了相互交流机制的中学，其学生的动手能力、逻辑思维能力、科学探索精神等更为突出。因此，可以考虑在各地大力鼓励高校老师参与中学教育，使中学生们更多地了解科学动向，弥补中学教育的不足，使大学教育与中学教育实现良性互动，这有利于发现具有科研潜力的人才。同时这种模式还可以促进大学教师和中学教师之间的交流，提高中学教师的科研素质，也有助于中学和大学之间的衔接。此外，我们还可以尝试在各地中学中设立科技教师联络员，既可以定期帮助和辅导中学生，也方便组织中学生进行交流和研讨，甚至帮助中学生自主组织开展学术交流活动。

拔尖人才培养要注意因材施教。对于在科研方面有特长或天赋的拔尖学生，可以考虑采用有别于常规的教育方式，但也不能“拔苗助长”。据我们观察，拔尖人才不能“圈养”，应该“放养”，不能把他们圈定在课堂上，使用同一套教学方法，而是要根据学生的兴趣、学习特点和特长制定不同的培养方案，分阶段、个性化指导，重点应当放在培养独立思考能力、动手能力和解决问题能力等方面，为他们投身科研提供机会和平台。要争取探索出一条新路，发现和培养一批具有科研潜质的优秀中学生。

众所周知，全面深化教育改革，培养一流科技创新人才是关乎民生，关系国家和民族未来的大事。正因为它的重要性、长期性和复杂性，不可能一改便马上到位，需要我们更多的耐心、思考以及更多实实在在的探索和努力。让我们凝聚社会各方面力量，关心、支持、参与和配合教育改革与人才培养，尽早将改革目标变为现实。

（摘自2014年《群言》第4期）

家庭教育应帮助孩子定好“生态位”

葛剑平

我国古代教育家孔子说：“少成若天性，习惯如自然。”孩子养成习惯的好与坏，主要取决于生活环境和所受的教育。家长是孩子成长的第一位启蒙老师，家庭教育是整个教育的开端，占有至关重要的位置。

家庭教育不同于学校教育、社会教育和其他教育，尤其对婴幼儿和童年期孩子来说，家庭教育对其性格、气质、道德观念和行为习惯的形成有着不可替代的作用。作为家长不仅要为社会提供一个“生物人”，更重要的是培育一个“社会人”。教育的目的不是培养“考试能手”、“竞赛冠军”、“规格化的螺丝钉”，而是教给孩子做人做事、求知求学、劳动生活的本领，让孩子健康快乐地成长，让他们心中始终充满阳光，充满希望。

“拔苗助长”不可取。许多家长都为孩子报了各种所谓的“特长班”、“兴趣班”，倾注了很多财力和心血。他们不遗余力地培养孩子学习各种技能，一个很重要的目的就是让孩子能在竞争激烈的社会现实中，拥有应付未来竞争的资本。实践证明，这是对家庭教育的极大误解，是“生活教育”缺位的表现。家庭教育最重要的任务应该是构筑孩子的人格长城，教育孩子怎样做人、做事。“拔苗助长”式的“成材”观，不但会给孩子学习带来压力，而且极易催生急功近利的教育价值取向。

因材施教是根本。每个孩子的理想未必完全符合家长心目中的期望。父母不要把自己的理想强加给孩子。要让孩子学习技能，但更要推行生态化、自然化、生活化的非功利教育，需要尊重孩子的个性，因材施教。无论孩子以后做什么，能否成龙成凤，只要做最好的自己就可以了。

科学定好生态位。在生物界，没有两个物种的生态位是完全相同的。与生物物种类似，社会中的人也处在由自然和社会因子构成的生态环境中，形成社会个体的生态位。父母要善于观察孩子，依循孩子的个性、长处，尊重孩子的意愿，支持、鼓励孩子独立自主地做事，引导孩子根据兴趣爱好，找到适合自己的生态位。同时要多给他们提供锻炼和成长的机会，让他们找到属于自己的成就感。这个成就感未必来自于成名成家，而是要让孩子学会一技之长，能在社会上生存，为社会作出自己最大的贡献。

帮助孩子找到自己的生态位，以利于他们的健康成长，作为父母应该多给予孩子鼓励，帮助孩子认识自我、肯定自我，树立自我、相信自我，最终完善自我、超越自我。

第一，帮助孩子认识自我、肯定自我。竞争是大自然的生存法则，也是组织的生存法则。每个物种都有自己独特的生态位，错开生态位的主要途径是利用自身的优势形成自己的特点。“尺有所短，寸有所长”，家庭教育的责任就是观察孩子的兴趣、爱好，挖掘孩子的潜能，培养孩子的特长，使孩子认清自己的长处和短处。

第二，帮助孩子树立自我、相信自我。自信心是打开生命潜能大门的钥匙。家长要多竖“大拇指”，少竖“小拇指”，多鼓励、赞美孩子，及时肯定和鼓励孩子的成功，哪怕是微小的进步，也要使孩子经常获得成功的经验和感受。同时，父母也应该允许孩子犯错误或失败。使之明白，失败与挫折是人生必不可少的内容和过程。

第三，帮助孩子完善自我，超越自我。在大自然里，生存的法则是“物竞天择，适者生存”。竞争使大自然充满了活力。在生活中，困难和挫折是不可避免的，孩子往往在挫折面前产生畏惧心理，丧失克服困难的信心。当孩子遇到问题及困难时，父母不能完全以决策者的身份替他们作决定，而是要做好孩子的顾问，提出建议，教给孩子一些克服困难、解决问题的方法。同时，也要告诉孩子人生道路上不是一帆风顺的，每个人都会遇到困难。困难本身并不可怕，可怕的是丢失克服困难的勇气和信心。

（摘自《群言》2014年第6期）

【经济建设】

关于三峡工程答记者问

——兼谈重大决策的民主化、科学化

李　锐

记者：关于三峡工程，不久前中央领导决定重新论证。你主管水电工作多年，对三峡工程问题有过研究，我们想请你谈一谈这件事。

李：我衷心拥护中央关于重新论证三峡工程的决定，否则，真上马了，那将是非常麻烦的事。三峡工程的规模和复杂程度，是我们已经建设的一切工程都无法比拟的，在世界上也可说是空前的。它关系到一系列重要问题，诸如国家的财政承受能力，国家经济、科学、技术的发展程度，乃至国防问题；它关系到国民经济许多部门，如水利、电力、交通、机械、地质等；它涉及自然科学、技术科学、社会科学和一些边缘科学如生态环境，等等；它更直接关系到四川、重庆、湖北、湖南乃至整个长江中下游地区的安危。用现在人们日渐习用的话来说，这是一项极其庞大的系统工程，是一个软科学研究的复杂对象。因此，对于这样一项工程，不实现高度民主化和高度科学化的论证，不叫“过去决策中那种主观主义、唯意志论、独断专行的作风，让位给调查研究、民主讨论、集体领导的作风”，是无法作出正确决策的。现在中央决定重新论证，发动有关方面的专家、学者和学术团体积极参加讨论，认真听取民主党派的意见，舆论界也关心这件大事，纷纷发表文章和专家谈话。这是一个崭新的形势，可以有信心来解决三峡工程问题了。过去关于三峡这样的问题，学术讨论难以展开。从50年代到80年代，报刊上出现过的报道，只是“山雨欲来”要上马的新闻，只是一面之词。人们受旧的传统思想的束缚，以为这样的大事由上面管住就行了；甚至以行政手段干预学术争鸣，支持一种观点，压制另一种观点；机关内、部门内只允许一种声音，组织讨论也是精选参加人员，就怕持不同意见的人参加进来；或者迫不得已请来一两位，也使得人家难以尽言。

记者：你能不能谈一谈以往30多年里，在三峡工程决策方面有过什么主要教训呢？

李：最主要的教训，据我看来，是这项工作负责人员指导思想的主观主义和“左”的急躁情绪，只是从良好的愿望出发，如上面所说的，缺少民主和科学的态度。当然，从整个说来，这同我们过去长期凭领导个人经验和意志决策，而没有建立起一整套科学决策程序和决策体制有关。30年前，即1956年秋，我发表过一篇《克服主观主义才能做好长江规划工作》的文章，其中说道：“总之，要做好长江规划工作（选定好第一期工程），必须从客观实际情况出发，必须研究所有问题的各个方面，必须具体分析全部事物的内在联系，而不能从主观愿望出发，不能从片面情况出发，不能从表面问题出发。这也就是说不要从绝对的防洪要求出发，而要从发电、航运、灌溉等综合利用观点出发；不要只看到一个方面的需要，而要看到各个方面的需要；不要只看到需要，也要看到可能；不要只想到遥远的将来，更要看到今天和最近的将来；不要只看到技术，更要看到经济特别是国家整个经济的发展；不要只看到技术上的一个问题，而要看到技术上的全部问题；不要只看到一个三峡235米高程方案，而要看到其他许多方案；不要只看到干流，也要看到主要的支流；防洪不要单只想到水库，而要考虑切实可行的各种综合措施；不要只看到库容巨大的好处，也要看到带来的淹没损失的难以解决；在研究各项问题时，不要只看到顺利的一面，也要看到困难的一面。”

主张三峡尽快上马的呼声，50年代就已开始，60年代、70年代直到近几年，主其事者不断催促中央作出决策，一直急得不得了。1958年1月，我参加过的第一次讨论三峡问题的南宁会议，没有采纳这种意见；我倒并不认为这是一种意见战胜了另一种意见，而是客观事实战胜了主观愿望。随后，这年3月中央成都会议上，周总理主持通过了一个有关三峡工程的决议，关于规划的基本原则是这样规定的："应当是统一规划，全面发展，适当分工，分期进行。同时，要正确地解决以下七种关系：远景与近景，干流与支流，上中下游，大中小型，防洪、发电、灌溉与航运，水电与火电，发电与用电。这七种关系必须互相结合，根据实际情况，分别轻重缓急和先后顺序，进行具体安排。三峡工程是长江规划的主体，但是要防止在规划中集中一点，不及其他，和以主体代替一切的思想。"关于防洪等也有原则规定。我参加了这次会议，还记得毛主席对这个决议认真作过修改。遗憾的是，30年来，主共事者没有切实认真按照这个决议去进行长江规划和论证三峡工程。据我所知，后来毛主席和周总理对三峡工程上马始终没有点过头。当然，围绕三峡工程，30多年来，主管部门做了许多工作，有的工作如地质勘探等做得很细，但是有的必要的工作又做得不够，特别是随着论证的深入，不能不出现许多新的问题。1979年5月召开三峡选坝会议时，主持人提出，中央领导同志同意1981年或1982年上马。可是，两个候选坝址何者为佳，会上还没有做出结论；关于移民问题、航运问题、水库泥沙淤积问题，以及百万千瓦机组问题（当时是200米高程），等等，都还待进一步研究。由于一百几十万人的移民问题实在难以解决，中央提出了150米低坝方案，由于泥沙淤积对航运影响太大，遭到重庆市和交通部的反对，又不得不再论证150米到180米之间的高程。这样，实质上又接近被否决过的高坝方案，移民一百多万人，1985年国家科委和计委组织了八个专题的讨论会，在研究中提出了一些新问题和新意见。现在由水电部组织论证，重提可行性研究报告。我很同意水电部总工程师、三峡工程技术方面负责人潘家铮同志的说法（他现在是赞成三峡上马的）："当年上马的计划脱离国家现实，而且指导思想也不完全正确，大量技术问题都没有搞清，甚至还没有认识到，如果那时兴建三峡，恐怕真将成为一场灾难。”

最近万里同志在全国软科学研究工作座谈会上，着重提出了决策民主化和科学化问题。他说：“今后对任何重大问题的决策，不能再停留在凭领导者个人经验和意志办事的传统方法和水平上，而必须采取科学的方法，按照科学的程序，进行科学的论证，力求减少和避免可能出现的失误。”我认为，今后办好三峡工程论证、得出正确决策的希望也在这里。

记者：主张三峡快上马的人，据我们所知，主要是从防洪出发，认为要解决长江急迫的防洪问题，非三峡工程不可。也有人认为三峡工程对长江的防洪作用不大。不知你的看法如何？

李：这个问题详细说来，得引许多数字，我只想扼要地说一下。长江洪水主要来源有三：一是川江，二是汉江，三是湖南四水和赣江。通常情况，这三处洪水时间有先后，不致酿成大灾。如1981年四川特大洪水，中下游却安然无恙。1954年，四川洪水并不大，其他两处则持续暴雨，而且三处来洪没有错开，于是造成武汉市及中下游特大洪水。三峡只能控制川水，解决不了包括武汉的中下游防洪问题。这一最关紧要之处，在长办的文件和汇报中却从来没有说清楚。现在论证的几个方案，防洪库容都很有限，主要对防护荆江大堤有好处。可是，形成水库以后，却会加剧人烟稠密的四川盆地的洪水灾害，这是论证时必须考虑的。“长江万里，险在荆江”。北岸分洪穴口在明朝被全部堵塞后，只能利用荆江大堤作为防洪手段。由于河床淤积，长江洪水位高于荆北平原十多米。因此，30年来，快上三峡工程的主要论点在：荆江上段堤防如果溃决，要死几十万人到上百万人。为防御1870年型洪水（千年一遇），非三峡工程不可。那么，1870年洪水究竟是怎么一回事呢？1870年的洪水只是局部性的。荆江大堤在1940年后经过几次加固加高，在长江防洪中起了很大作用。不论有无三峡工程，荆江大堤都必须继续加高加固，以大量分洪。1870年时，荆江大堤自不如现在之坚固，南岸还没有松滋口。巨大洪峰从宜昌冲下来，冲开了松滋口，洪水泄入洞庭湖。当时荆江大堤的主要堤段并没有冲垮，只在监利以下有些地方破堤，洪水泄入洪湖，对荆北地区威胁并不大。如果现在再发生1870年洪水，南岸有现成的松滋口，堤防也仍比北岸荆江大堤薄弱，宜昌特大洪峰下泄时，首当其冲的仍然是南岸，不致直冲北岸。下面这些话过去反复说过，就是听不进去：一百多年前的1870年洪水没有冲垮荆江大堤，100多年后的今天，怎么反而会造成突然几十万上百万人的死亡呢？这只能说是一种危言耸听，目的在催促三峡工程上马而已。针对此种情况，关于防洪原则成都会议的决议曾这样规定："长江较大洪水，一般可能五年发生一次，要抓紧时机分期完成各项防洪工程，其中堤防特别是荆江大堤的加固，中下游湖泊洼地蓄洪排渍等工程，决不可放松。在防洪问题上，要防止等待三峡工程和有了三峡工程万事大吉的思想。"从今天的条件来看，集中力量来加固荆江大堤是完全可以做到的。1972年提出的长江中游防洪规划，也是着重强调加固加高沿江堤防和分洪区滞蓄洪水，但至今14年，却进展不大。其原因就在主其事者的指导思想在快上三峡工程，而志不在此。难怪去年全国政协调查组到沙市视察荆江大堤时，了解到专为加固大堤进口的四条挖泥船，有两条调到别处，留下的两条，工作进展也很缓慢。据说，大堤的加固工程还要16年才能完成，长江中游其他重要堤防和分洪、蓄洪区的各项设施，也并没有按1972年方案认真贯彻执行。所以，既然防洪重要，一旦溃堤就要死几十万上百万人，那么是等待遥遥无期的三峡工程好呢？还是立即抓紧堤防等措施好呢？这是任何人都可以作出的常识判断。

谈到这里，我想讲一点关于防洪指导思想的看法。洪水乃河流的天然属性，有一个自然出现概率。对一条河流或一个地区而言，完全免除洪水灾害，既非力所能及，也未必经济合理。所谓防洪的意义，只能是采取一切措施尽量减少洪灾损失。综合防洪措施包括工程措施与非工程措施，当根据本国具体情况，因河因地而异。工程措施主要包括筑堤增加泄洪和建水库拦洪等；非工程措施包括上游水土保持、种树种草、等高耕作等，包括中下游的分洪蓄洪和控制洪泛区的发展，以及加强洪水预报等。近20年来西方还推行洪水保险制度（可以补偿政府一部分救灾费用）。在所有防洪措施中，应当特别强调堤防与分洪的作用，这是古今中外行之有效的并非落后的办法。我国西汉就有“还滩于河”的措施。美国洪灾严重，密西西比河也主要靠这两个办法。1966年以后，美国历届总统都支持包括保险制度的非工程防洪措施。30多年来，我们一直谋求水库防洪（三峡工程最初235米方案，要装1200亿立米洪水），对非工程防洪措施则注意得很不够。一方面大修水库，一方面放松其他措施。如江河河滩和行洪、蓄洪区内，阻碍行洪问题日趋严重，这是近年海河、辽河遇一般洪水也造成大灾的原因。又如围湖造田不加控制，长江中下游通江湖泊、洼地约2万平方公里，解放后已减少了一半。当年巨资修建的荆江分洪区，由于没有作分洪区来管理，任其人口剧增，已难以分洪，现在要以三峡的防洪库容来代替它原来的分洪任务。

记者：关于解决长江防洪非三峡工程不可的观点，我们也听说有不少专家是很不赞同的。关于三峡工程的其他有关问题，也听说存在许多不同的乃至对立的意见，不知你的看法怎样？

李：诚然，目前关于三峡工程的议论中，包括国外人士，存在许多不同的、乃至对立的意见。不论快上缓上、高坝低坝、一级两级问题上，不论防洪、发电、航运、泥沙、移民、投资、地震、滑坡、生态环境、国防弱点等等问题上，以至修还是不修或延缓到下个世纪再说，等等，都有很大分歧，甚至有针锋相对的意见。我以为这是正常的现象，没有什么不好。应当鼓励争论，鼓励发表不同意见，真理愈辩愈明，这样才便于决策。事物总是复杂的，多方面的。在这么一个庞大而复杂的问题前面，怎么能要求大家同一个看法呢？最关紧要的是弄清事实，尊重事实，而不带任何主观偏见。尤其从事科学技术工作的人，应当是最尊重事实的人，最不为任何外界影响所左右。这样，通过不同意见的论争，正好可以互相补充、互相纠正，以求得一个最正确、最优化的方案。当然，有的问题一时难以弄清，难作结论，也应当将矛盾全部摆出，不要捂起来。如果说，只有一种意见，没有不同意见，那么不是假象就是怪现象了。过去年代的政治运动中，大家惯于唯上，确实没有出现或极少出现不同意见，但那只不过是压制了不同意见而已。这种表面的一致性，所谓“舆论一律”，是极其有害的。

记者：你不赞成三峡工程在近期上马，你主张它在何时上马？你对于三峡工程的重新论证有些什么希望？

李：记得南宁会议时，从电力需求出发（我始终认为三峡工程主要是一个超巨型水电站，不能为了防洪修这样的工程），曾设想过也许80年代投产是合理的。当时我对航运所知甚少，更没有认识泥沙问题和生态环境等问题，但一直认为巨大数量的移民可能是一个难以逾越的障碍。总的来说，三峡工程要具备什么条件才能动手？何时才能具备这些条件？这包括一系列最重要的问题如何查清楚，有关矛盾如何解决，尤其是国力是否允许，时机是否成熟，是否经得起历史的考验。世界上有一些问题允许冒一定风险，有的未知数可以在行动中去解决，优秀的指挥员在打仗时常能以此取胜。可是像三峡这样的工程，却不允许有任何冒险，有什么未知数。所以何时上马的问题，我实在说不清楚（我过去冒说过90年代）。按照严格的要求，恐怕也不是哪一个人说得清楚的。

有一点要注意的，就是向高层次（如国家计委、科委、特别是国务院、人大常委）作论证汇报时，一定要将不同意见、全部有关事实摆开谈，谈清楚，使听者能了解全面情况和各种观点，不致受任何片面性的影响。例如三峡工程不能解决武汉防洪，以及1870年洪水问题，都应当说清楚。借花献佛，特引用万里同志的一段话献给参加这次论证会的全体同志：“软科学研究应该只尊重客观事实，崇尚真理，不迷信权威，不屈从个别领导人的意志。……有的领导人往往喜欢把他们主管的研究部门，当作为他们的任何决策拼凑各种‘理论根据’的工具。这种所谓的‘科学’的决策论证，具有更大的欺骗性和危险性，比没有论证更坏。软科学研究必须有不受决策者意志影响的相对独立性。它只接受实践的检验，只对人民和历史负责，而不能看领导的眼色行事。”持此态度，我相信三峡工程必能得出最正确的决策。

像三峡这样关系国计民生的巨型工程，不是哪几个部门或地区的事，是全国人民的事；不是我们这一代人的事，是关系子孙万代的事。此事只能办好，决不能办坏，否则无法向子孙后世交代。这样的大事，本来早就应该集思广益。可是过去年代，主观自是，专断成风，巧言偏信，好大喜功，怎么能谈得上决策的民主化和科学化呢。正如万里同志说的：“只有在高度政治民主空气中，才能言无禁忌，力排众议，慷慨陈情。”所以我以为，现在许多人热烈地议论三峡工程，正反映了他们对人民、对历史的可敬的高度责任感，同时也正反映出我国民主政治生活确实与过去大不相同，党中央和国务院鼓励人们对重大决策问题发表自己的意见，搞真正的群言堂，不再搞一言堂了。因此，我们不但为三峡工程将得到正确决策感到兴奋，更为我们的党风国运感到兴奋。

（摘自《群言》1986年第12期）

希望三峡工程的讨论能进一步深化

潘家铮

三峡工程是一项巨大的水利工程，目前正在论证其可行性。《群言》最近开展了对三峡工程的讨论，这反映了我国对重大问题的决策走向民主化和科学化，是一件好事。为了使群众性的讨论能更有助于论证工作的进行和获得一个比较符合实际的结论，我提出两点意见，供同志们参考。

第一，希望我们的讨论能逐步深入，不再限于以一些估计、推测或猜想为立论依据，而能进入到更科学、更定量化的阶段。否则，同一件事实，不同的人士会得出完全相反的估计，谁也说不服谁，就很难统一见解，获得正确的答案。反之，如能对这些问题深入调查了解，得到更可靠的数据，就比较容易看清问题的本质。举个例子，很多国内外人士都提到：修建三峡工程形成巨大水库后，万一发生战争，大坝被毁，下游半个中国被淹，“三江两湖人民尽成鱼鳖”，将发生难以想象的灾难。因此，这个工程从战略上就不能考虑。对于不明真相的同志或朋友有这种担心是完全可以理解的。但是我们可以深究一下：三峡大坝被毁，究竟有多少水量下泄？葛洲坝工程是否会垮？下游多少面积受淹？武汉市有什么影响？如能获得这方面数据，对大坝被毁的后果就更清楚了。真实的情况是：如采用合适的蓄水位和相应措施，即使大坝在顷刻间化为灰烬（这实际上是不可能的），下泄流量也不会使荆江大堤溃决，更不要说影响武汉甚至半个中国受淹了。了解这些真实情况后，我想许多同志的忧虑将会解除，也不至于在这个问题上争论不休。

类似的问题还很多。我总觉得，有关三峡工程的利弊得失的见解性文章已发表得相当多，但有许多意见都是在常识或概念性阶段上的重复。对于这种讨论当然也是宝贵和需要的，可以反映出人们关心和担心的是什么问题，但如能更深入一些，效果就会更好。目前有些文章都用一些形容词来加强其说服力。事实上，有很多问题是可以更精确化的。例如说“诱发地震可能会使水库毁于一旦”，不如根据已有的大量资料论证诱发地震可能达到多大的震级，在坝址区产生多大的烈度，混凝土坝是否能够承受，等等。又如说“岩崩滑坡对水库寿命的影响不可想象”，实际上库区沿岸巨大滑坡体已经过多次调查，并针对不同滑坡做过试验和计算，它的影响都有数字可以说明。又如对风景古迹淹没的影响，有些文章慨叹古今中外闻名的三峡胜景和几千年的历史遗迹都将消失。如果我们将几个重点胜景（如夔门、神女峰等）的断面绘出，再画上三峡水库水面，就可以更清楚看到究竟发生什么变化。讨论古迹问题，也最好列举出究竟是哪些被淹，以便研究它是否有保护价值或迁建方案。为了达到这一目的，我建议有的讨论文章的内容可以窄一些，不必罗列所有因素，一一加以评述，因为作者从其专长去论证往往可以谈得更深入而有说服力。

有的同志可能会说：不直接参加工程规划、设计、论证的人从哪里获得具体的资料呢？其实，有很多问题都在设计文件和研究报告中有详细介绍或有专文在公开或内部的刊物上发表过，有心的同志不难找到，也可以向有关单位询问，包括规划设计部门（长办）、主管部门（水电部），以及做了大量科研工作的科学院、科委、地矿部、交通部、高等院校等，我相信他们都会热情介绍，通过一定手续，也可提供有关资料。

第二，在讨论一个工程时，我们常会引用其他工程的成败来印证，这是一种重要手段，但在引用其他工程资料时，一要注意资料的可靠性，二要注意两个工程之间是否存在可比性。例如，国内外许多讨论三峡的文章中常以埃及阿斯旺高坝工程的“失败教训”为例。阿斯旺究竟是成功的经验还是失败的教训？是利大于弊还是弊大于利？这不能只看过去的一两篇评述或报道就下结论。阿斯旺高坝建于60年代，迄今已有近30年的运行历史。埃及政府领导人也已更替两届。目前的埃及官方以及外国较客观机构所作的结论应该是较可信的。前不久，作者有机会访问埃及，埃方从总统、总理到各有关部的部长和专家都十分肯定阿斯旺工程是完全成功的、稳妥的、利远大于弊的，对埃及来讲是绝对需要的。许多外国机构和专家也都得出相同的结论。

事实确实如此，埃及修建了高坝，完全控制了尼罗河水，根除了旱涝灾害，发展和改造了农业（按扩大面积、提高复种指数计算，相当于耕地翻了一番），提供了全国1/4—1/2的廉价电能，对于一个沙漠占全国面积96%、人口在几十年中膨胀了三倍的埃及来讲，这个工程确实是“绝对需要”的。60年代以来，尼罗河两次特大洪水，一次特大干旱，最近更是七年连续大旱，邻国如苏丹、埃塞俄比亚都是赤地千里，饿殍遍野，埃及得以幸免，这样的事实我们应该承认。

这并不是说高坝没有副作用。副作用有，而且是多方面的。只是，我们若对这些副作用作一客观深入分析后可以发现：有一些不能归咎于高坝，有一些程度轻微、影响有限，有一些损失从另一方面得到补偿，有一些影响采取措施后已经或正在解决。而且不论怎么说，这些副作用与工程的效益相比总是第二位的。埃及政府和人民目前正在全力以赴进一步发挥工程的效益，并消除副作用，或把它减轻到最低程度。如果我们今天再去问埃及人民，高坝工程是得是失，他们会表示惊讶的。在这种情况下，我们再引用阿斯旺工程作为失败的例子是不适当的。

这里出现一个有趣的问题，阿斯旺工程的利弊得失为什么会在埃及国内外引起如此长期热烈的争论呢？探索一下其中原因对我们是很有益的。据我们分析，原因之一，在建坝以前埃及就有一些人士指出高坝的副作用，呼吁重视，可是当时纳赛尔政府建坝心切，不予理睬，而且在规划设计中，对副作用（至少是对间接影响）的研究是不够深的。而建坝后，确实出现了一些预料到或未预料到的副作用，这就引起了强烈反应。第二，埃及原来希望由西方援建，由于西方提出政治条件而为埃及所拒，接着发生苏伊士战争，埃及转向苏联求援，终于顺利建成。西方某些幸灾乐祸式的评论，显然含有贬低苏联影响的政治因素在内。埃及国内在纳赛尔逝世后，继任者要调整其政策，也出现了否定高坝的论调。这些都掺入了政治因素。另外，国际上确实有一些人士反对人类对自然环境作过大改变，认为这必将遭到大自然的报复。阿斯旺工程对尼罗河自然条件的改变十分巨大，他们始终认为这是一种冒险，坚决持否定态度。

我在这里说阿斯旺工程是成功的，并不意味着三峡工程也没有问题。因为，还存在着两个工程是否可比的问题。阿斯旺与三峡，尼罗河与长江，有些条件相似，有些则迥异。例如说，阿斯旺水库的淤积，目前并未产生不利的影响，埃及也没有采取措施，这毫不意味三峡工程的泥沙和对航运影响就也能解决，因为不论从河流输沙量的多少，死库容的大小和航运问题的重要性两者都完全不同。三峡的泥沙问题必须针对长江的情况做过细的工作来解决。同样，阿斯旺建库后，尼罗河口海岸线退缩，盐水入侵，是副作用中较严重的一种。这是由于阿斯旺建库后，尼罗河基本上成为清水均匀下泄状态，而且被大量引去灌溉，入海的流量和沙量几乎下降到零，完全破坏了河口自然平衡状态。而三峡的调节库容相对于总径流量十分微小，对长江口的流量和沙量的影响也是非常轻微的，显然不会发生像尼罗河口一样的严重问题。在宏观上我们完全可以这样判断，当然在微观上还须作深入研究，得到定量的答案。

（摘自《群言》1987年第2期）

怎样决定三峡大坝是否修建?

黄万里

概说

长江三峡高坝工程浩大，规划预期的效益宏伟：发电、通航、防洪等各方面在完成后都将大大影响国家经济。这工程本身是多目标综合利用性的。它是长江流域水利经济整体规划中一个大项目，自应纳入国家经济规划的范围以内。所以，考虑这项大工程的修建问题，不仅涉及其本身在各方面的可行性，也涉及它和同类工程在同一经济区域、同一流域内，以及在国家经济规划内的相互可行性比较。这就是说，除了本工程的可行性成立为必要条件外，还要求比其他同类工程具备更高的价值，才能合理地优先修建。

工程技术的艰难是人们对本工程40年前最先顾虑的问题。三峡坝发电功率要比半世纪前完成的当时世界最大的美国胡佛坝功率大十几倍。但在今天，筑坝技术已大大进步，胡佛大坝对比三峡大坝真是小巫见大巫了。40年代美国完成了田纳西流域水利规划，因为这流域跨过几个州，各州法律独立，为了统一起来以建成这个综合利用的大计划，罗斯福总统曾签请国会制定法律，成立了田纳西流域特区组织TVA，颇见成效。当时我国许多人认为修长江三峡坝也应成立长江流域特区组织YVA。实际上我国各省行政虽分区，但法律是统一的。大坝后面的人工湖淹没范围虽大，但损失赔偿等许多政治问题总是可以解决的。所以，技术和政治对于长江三峡大坝修建之可行性都不至于起任何否定的作用。

三峡大坝是否可以修建的关键问题是它修成后将改变流域上下水文地貌（属自然地理）的不利影响；是大坝的造价太高，而工期又长，使其单位功率的成本较其他大中型水电站的高出很多，因之其经济可行性未必成立；是大坝水库对国防提出了一个难题；这三点使大坝不应修建。而且在长期以内任何环境变化也难以使其可行性成立的。

不应修建三峡大坝的理由

不应修建长江三峡大坝的理由凡三：第一，从自然地理或水文地貌的观点来看，建坝后将对于上下游地貌起不利的作用：江中的泥沙流将被截断一两百年，江底的卵石流将被永远完全截断，沉积在水库的末端。对于上游，这种沉积将逐年向上游漫延，穿过合川、泸州，再向各支流延伸，抬高河床。一遇洪水，将泛滥两岸坝田，重新进行造陆运动；沙石却不会向水库深处沉积多少。这是修建大坝合理性的致命点。我们虽不知有多少泥沙卵石滚下来，无法知道坝的寿命，因为至今只能量测到河中的悬沙，测不清楚河底的卵石流动。笔者壮年曾在川江上中游四年内沿河边步行过3000公里，眼见陡峻的河槽，清清之水深不及一米时，槽底整个是移动着的；一遇降雨，河水涨高才显得混浊起来，河底卵石移动更快。心想这些沙石滚到哪里去了呢？若说停流在中途，则岷江、涪江各支流却并未见堆积起来，成都平原洪水并未抬高。那它们只能是逐江而下，出三峡，沉积于荆江之底了。大坝之存在便将不许它们出川，改在合川、泸州一带停留下来。

坝的下游，两湖三江诸省的冲积平原在地质历史上原是靠上述泥沙卵石堆积起来的，而且仍在不断建立起苏北和上海浦东的滩涂，同时江口正向海里延伸着。早年丁文江曾约估长江口每六七十年延伸一英里。试看1930年的地图上比现今的图要少苏北射阳、大丰、如东、启东四个县份呢。估计每年江苏东疆造地至少十万亩，这财富正是长江从四川搬来的。在三峡修坝后，海岸线外不但不会涨地，而且还要受海流冲击而退缩呢。

造坝截断沙流，使上游洪水抬高，泛滥频繁；下游停止造地，滩涂侵蚀。所以世界上有些国家已停止修建拦河大坝。例如巴西把原计划在亚马逊河上修建而尚未动工的所有25座水坝全部搁置起来。在马来西亚，全国人民反对修建40亿美元的沙捞越巴昆大坝。在印度，停建了已动工八年的赛伦特大坝。在澳大利亚，取消了富兰克林河上修建塔曼斯尼大坝的计划。为了发电，拦河筑坝虽能利用水力，但会影响地貌，产生危害。所以人们一般在源头利用水力发电，不致产生显著的害处，或者改用火力或原子能发电。

第二，从经济观点来看，三峡大坝每瓩的成本既高，工期长达17年；不如考虑改修许多个大中型50至100万瓩的电站，陆续修建，五年建成一个，年有所成而回收资金，经济效益更为合算。普通经济常识指出，小本经营，回收资金快，反较长期投资收效缓慢为有利。况三峡坝于2000年以前只有资金投入，而无回收，对翻两番的目标只有消耗，没有贡献，显然是不划算的。

第三，从国防观点说，大坝之成无异制造一弱点资敌。若使电厂被毁，则华中工业瘫痪；若使大坝被毁，则两湖三江人民沦为鱼鳖。

由此可见，长江三峡大坝之修建，可行性不能成立。

关于工程步骤的一般常识

超级大坝断不宜修，然而普通大坝如已成的乌江电站乃是技术经济完善的典例，我国西南各省这种有利的自然条件比比皆是，其普遍勘测估价却又阙如。我们何不调动当今成千位正在进行六个月的三峡工程论证的有经验技术人员去勘测，以提供许多技术经济报告呢？

原来一项工程的实施步骤依次是定策、规划、设计，施工和运行。这里设计是指详细的设计，具备图纸，可据以施工。这一步骤费用浩繁，可以占工程造价的1‰至3‰。大工程100亿元造价者可需1000万元设计费，小建筑1000万元造价者可需30万元打样费。为了达到同一目的，可以有许多工程设计需要比较。但若每种设计都这么详细，最后又未必被采用，就太浪费了。于是合理的步骤是先作简略的初步设计，早年称为勘查概算报告，它所需费用就很少了。一个铁路或公路工程师可每天行走以十公里的速度踏勘多条线路，各能给出每线所需工程的规模大小、投资、运行费和年效益的概数，其误差不大于15%，从而分别算出各线的工程经济效益，以资比较，而定取舍。只有在决定了所采用的某一线路工程方案，并且筹得了款，然后才对这方案组织大量人力进行详细设计。初步设计必须由富有经验的总工程师担任，这里突出了他工作虽少、出活却精的才能。这些都包括在规划的阶段里。而规划又必须服从一定的方略，预先由一些智囊决定下来。前面各节所讨论的就属于方略的问题。

在定策和规划阶段，所需工作量比随后各步要少得多，但需高级的科技知识和才能。对于每个方案都要分别从自然条件、技术条件、政治条件、经济条件和国际条件定出其可行性。各个方案的可行性可能都成立，就要遴选其中最高的那个，以便筹款进行详细设计。

可见一项工程在进行中，最先的策略性工作和规划阶段中研究可行性的工作是简要而高深的，它并不需要许多人和经费。只有在判定可行性、选定方案后才需要大量人力进行设计、施工。愿各级领导考虑这里提出的工程步骤，使我国有限的技术精力得到合理的使用。

（摘自《群言》1987年第2期）

长江流域规划工作的基本原则

孙越崎

1986年6月看到中央和国务院发出的两个文件，一是撤销三峡省筹备组的通知，一是重编和重审三峡工程可行性报告的通知，这充分体现了中央和国务院对三峡工程决策既积极而又十分慎重的决心，以及发扬民主化和科学化的精神。

为响应中央号召，积极参加三峡工程的重新论证，我是活到老，学到老，近两年多来看了很多有关长江流域和三峡工程的材料，请教了很多专家，并和政协经济建设组长江流域综合治理和三峡工程调查组的同志们对长江上中游进行了38天的调查。我们到处看、问、听、记，本着实事求是的精神，进行慎重研究。

第一部分

在防洪问题上，要防止等待三峡工程和有了三峡工程就万事大吉的思想

这个题目是引用1958年周总理提出并经中央成都会议通过的《关于三峡水利枢纽和长江流域规划的意见》中的重要语句。我认为这个“意见”非常中肯，切中要害，至今仍有现实意义。

（一）长江特别是武汉地区的洪水成因

长江流域广大，横跨西南、华中和华东三个大区，洪水来自各地区许多支流，在气象和水文上有一定的规律。根据长江流域发生的各次特大洪

水实际情况，大致可分为两种类型：

（1）一种类型是1931年和1954年洪水

1931年长江中下游洪灾非常严重，汉口和南京都被淹，但是上游四川没有水灾。

1954年洪水比1931年还大。由于解放后加固了堤防，组织了防汛抢险和采取了临时分洪措施，受灾损失比1931年少。但是长江中下游所受损失还是很严重的，特别是武汉市长期处于洪水包围之中，防汛非常紧张，京广铁路中断100天，影响了全国的经济生活。这一年同1931年一样，四川也没有大水。

1931年和1954年都是上游四川洪水不太大，而中下游特别是武汉地区洪灾很严重，原因是在宜昌以下以武汉为中心有50多万平方公里流域面积，包括清江、湘资沅澧水、汉江和倒举巴浠等许多支流，暴雨洪水特别大。

（2）另一种类型是1981年和1870年洪水

1981年长江上游四川水灾很严重，重庆市和北碚、合川等沿江街道和许多房屋都被淹了。但据湖北省副省长田英同志说，“1981年上游大洪水，湖北大晴天”。汉口的最高洪水位比1954年低4.5米，中下游没有水灾。

上游最大的1870年洪水，宜昌洪峰流量达105000秒立米。这是“长办”经常宣称可能威胁荆江大堤（指北堤）安全的大洪水，并以此作为兴建三峡工程的重要理由。但据全国科协副主席张维同志在水电部和“长办”陪同下，去三峡考察后，在大会发言中说，1870年洪水是4000年一遇的特大洪水（就是从大禹治水以来仅出现过一次非常稀遇的大洪水）。

1870年在长江上游的确是一次特大洪水。重庆的洪水位比1981年还高出4.8米，四川的灾情比1981年还要严重得多。但是，这一年汉口的最高洪水位比1954年还低两米多，原因是洪水冲开薄弱的南堤松滋口进入洞庭湖，所以对武汉的威胁也不大。

（3）从以上长江洪水两种类型可以看出，1931年和1954年四川洪水不很大，而武汉地区发生特大洪灾；反之，1981年和1870年四川洪灾特别大而武汉洪水并不太大。由于三峡大坝仅能控制上游的洪水，所以对武汉防洪起不了多大作用。而且三峡工程由于移民的限制，不可能采用很高的方案，目前考虑的方案防洪库容都较小，因此对武汉的防洪更不能起作用了。

（二）“长办”汇报三峡工程不讲武汉的防洪

“长办”的洪庆余总工程师向全国人大财经委员会汇报三峡工程，重点谈了防洪问题。在他汇报完后，主持会议的王任重同志说：“他今天没有讲武汉防洪这个大问题。”

1954年大洪水时，王任重同志亲自坐镇武汉指挥防汛，他有深刻体会，他说，当时“如有七级大风，武汉市也难保”。他对武汉防洪非常关心，我完全理解他的心情，以为兴建三峡工程，能减轻武汉的防洪负担，难怪他听了汇报后提出“这个大问题”。

由于上述原因，兴建三峡工程后，既不能降低汉口洪水位，也不能减少武汉附近的分蓄洪任务，对此实际情况“长办”却避而不谈。然而“长办”的汇报和文件中一直强调“三峡工程的首要任务是防洪”，“三峡工程对长江中下游防洪将起关键作用”，既然说的是“长江中下游”，当然包括武汉在内，很容易被误解为武汉的防洪问题靠兴建三峡工程就可以解决了。因此，建议水电部向中央领导、国务院领导和人大常委会汇报时，要把这个问题讲清楚，不能再含糊了。

真正关心武汉的防洪问题，还是要老老实实地做好武汉市本身的堤防和分洪区的安全建设。但是这些工程迄今没有做好，不能不使人担心。

（三）要抓紧荆江大堤和其他堤防的加固加高工程

1954年长江中下游发生大洪水时，超过堤防宣泄能力的超额洪水约1000亿立米，造成了巨大灾害。1954年后，沿江人民对加固加高堤防做了大量工作。现在如再遇1954年洪水，可以多泄入海300亿立米，使超额洪水减少至700亿立方米。

根据国务院指示，1972年和1980年两次长江中下游防洪会议所确定加固加高堤防的标准，要求各地的防洪水位比1954年实际情况分别提高几十厘米，可进一步增加长江的泄洪能力，使超额洪水由700亿立方米再减少至500亿立方米，其防洪作用为减少成灾水量200亿立方米。

三峡水库的防洪作用，根据“长办”资料，对1954年洪水只能拦蓄95亿至175亿立米，都不如加固加高堤防的作用200亿立方米大。而且时间上也没有加固加高堤防快，三峡工程即使立即开工建设，一切顺利，至少要15至16年才能发挥其拦洪作用。为保证本世纪末达到工农业总产值翻两番的宏伟目标，要求在此十余年内提高长江的防洪能力，不可能指望三峡工程，而只有加快建成平原防洪工程，包括加固加高堤防和做好分蓄洪区，才比较现实。

保卫荆北平原的荆江北大堤，目前还存在堤基渗漏、堤身蚁灾、迎流顶冲等隐患和险情，必须抓紧加固，才是当务之急。荆江大堤加固工程于1974年列入国家基建计划，到现在已十多年，还有几千万立方米工程量没有完成。我们去调查时，据荆州地区反映，照此进度还要16年才能完成。水电部专为吹填堤背而报请国务院批准从荷兰进口了四条挖泥船，只给荆江修防处两条，还因为缺乏经费和油料只能断续施工，进展很慢。

对这样重要的荆江大堤，“长办”的文件中经常强调“万一溃口，要死几十万人，上百万人”，而已经列入国家计划的加固工程，为什么长期拖延不完成呢？据告加固工程尚需投资2.7亿元，比三峡工程所需几百亿元投资少得多，为什么不抓紧加快完成呢？很难理解。

（四）蓄洪区内没有安全设施要死人

长江的防洪，除加固加高堤防外，还要利用蓄洪垦殖区进行分洪。最重要的是要保证蓄洪区内居民临时撤退的安全，必须建设安全设施。

解放后兴建的荆江分洪区，在1954年大洪水时，对缓解荆江大堤的威胁起了很大作用。但是没有当作分洪区来管理，人口未加控制，任其由17万人增至42万人，原建安全台、安全区不够用了。林一山同志给邓小平同志写报告说，“应慎重考虑荆江分洪开闸的方案”。请问，既然花了国家投资、动员大量人力兴建了对防洪很有效的荆江分洪区，为什么又不用它呢?

即使将来建成三峡工程后，也只能代替一部分蓄洪区，而大部分蓄洪区还得长期利用。但目前许多蓄洪区都围垦种了田，盖了很多房屋和进行了各种建设，而且没有安全设施，洪水来时，要大量死人的。

综上所述，对长江防洪非常重要的武汉市大堤和荆江大堤等加固加高工程，以及蓄洪区内的安全设施，都长期拖延，进度缓慢。是否存在着“等待三峡工程和有了三峡工程就万事大吉的思想”？建议国务院组织检查督促限期完成。

（五）支流水库和水土保持

关于支流水库，对防洪和综合利用作用很大，我下边另有论述。

长江流域上游森林破坏很严重。西南地区的森林覆被率已由过去的28%降至13%，而川中盆地区仅为3.5%。因而各支流和长江干流的泥沙量都在增长，对河道淤积、水库淤积以至洞庭湖的淤积所引起的问题愈来愈严重。建议在长江流域规划中对生态环境和水土保持要有紧迫感，确实加强领导，抓紧实施，这是治理长江的根本大计。

总之，长江的防洪不能等待三峡工程，而应当首先抓紧平原防洪工程，陆续兴建支流水库，并积极开展水土保持工作。

（摘自《群言》1988年第10期）

论证三峡工程要考虑的基本观念和一些具体问题

侯学煜

作为水利专业的外行，我参加三峡工程的讨论、学习，不可避免地会说些外行话，甚至错话，但说的是真心话。这里我谈三个问题。

（一）水利工程的重要性和必要性

水是人类不可缺少的自然资源，没有水就没有动植物、没有人类、没有工农业等等。这是大家所理解的，我谈的是水利工程的重要性。

（1）水库有多种效益：水库有防洪、灌溉、航运、城市和工农业用水、水产养殖、旅游等多种效益。如黄河的龙羊峡、刘家峡水库的建成，既发电，也起拦蓄作用，免除了兰州市的洪水灾害，保证了包兰铁路的安全畅通，连同黄河上游的几个水库的建成，使宁夏、内蒙古灌区得到了保证，灌溉面积扩大，农业生产得以增产。海南岛虽然雨量丰富，但在时间和空间上分布都不均匀，干旱洪涝灾害时有发生，由于那里在建国以来修建水利工程，当地人民深受其惠，例如昌江县在解放初期共有水田1.2万亩，农民全靠地瓜、南瓜、西瓜过日子，自修建水库后，水田面积扩大到9万亩，又解决了15万人的饮水问题。

（2）水是再生能源：石油、天然气和煤炭这些矿物能源是地质史上所形成的，属于不能再生的消耗性自然资源，其储量是有限的，而消耗是无穷的，总有一天会被开采完；而水电能源属于再生能源之一，我国山地占全国面积2/3，水力资源丰富，不论东西南北都有分布，特别是西南有雪山、冰川的固体水库和山地的绿色水库，加以地势高、落差大、流速快，从海拔3000—6000米的高山峡谷，流向海拔1000—2000米至数百米的低山，奔腾而下，适于梯级连续开发。从长远看，我们如果把水电多搞一些，这个好处太大了，真是替子孙后代做了件好事。

（3）开发水能源，有利于环境保护：首先是减少污染，水电是最清洁的能源，不像火电烧煤产生SO_2，形成酸雨危害农作物、森林和腐蚀建筑物，且有碍人体健康；也不像核电站，有一定风险。现在世界环境保护问题之一的“温室效应”，其来源就产生于工业发达，烧煤、烧油很多，大气中CO_2日益增加，地球上形成浓度较高的CO_2层，使地面温度增加，而水电就没有CO_2的产生，可部分地解决“温室效应”所起的不利作用。

（4）发电成本低：据水电专家罗西北同志说，1985年全国水电平均每度电成本1.08分，仅为火电平均发电成本3.8分的28%，1985年水电发电量923.3亿度，与等量的火电相比，为国家节约成本25.1亿元，而且水电不需要铁路运输。有些地方还应以火电为主或水火并举。

（5）水利工程在我国的必要性：我国基本上属大陆性气候，雨量分布在时间上和空间上都是集中的，因此旱涝灾害频繁发生。只有把水利工程措施与生物措施相结合，建筑水库、塘坝与保护植被相互配套，才能保持天上水、地表水和地下水的平衡。

以上说明水利工程在我国的重要性和必要性，而不是其他措施所能代替的，问题在于建设水利工程应有一些基本观念，也应该考虑在什么地方修建最为适宜。

（二）建设三峡工程应有的基本观念

（1）要有生态系统（系统工程）的观念：从微观说，水库本身是一个生态系统，从宏观说，三峡工程的上、中、下游，即整个长江流域的山、水、林、田、路、动植物资源是相互联系的生态系统。这就不能只就三峡而论三峡，就库区的工程而论工程，就水利而论水利，要考虑到水利工程的库区本身与周围环境的相互影响，也要考虑整个流域生态环境和资源可能引起的变化。也就是说一方面要把筑坝后淹没土地和自然景观、库区周围山地、工业、农业、渔业、矿业、建筑业等看作为一个相互联系、相互制约的生态系统；另一方面还应把长江上、中、下游看作为一个完整的大系统，修坝后，外界自然环境怎样影响三峡工程的寿命，又怎样引起全流域的水生动物资源生存、河口的变化及其所带来的一系列问题。例如长江上、中游森林长期的破坏，引起土壤侵蚀、泥石流对水库所造成的后果；川江肥沃的泥土被大坝截流后，江水水质养料减少，对中、下游珍贵鱼类和经济鱼类赖以生存的饲料将会发生什么影响；以及河口泥沙来源减少，对河口的土地面积、城市工业建设和农业发展，又将会带来什么后果等等。还有淹没土地所带来的移民问题，这就成为人口、资源、社会、生态与环境的复合大系统。所以从生态系统或系统工程观念来论证三峡工程是一个复杂的、深远的、长期的战略性问题。

（2）要有“两点论”的观念：从横的方面说，有了生态系统的观念，还要从纵的方面来说，要有“两点论”观念，正如李锐同志所讲：水利工程必须从客观实际情况出发，而不能单从主观愿望出发；不宜绝对从某一要求出发，而要从多用途或综合利用观点出发；既看到一个方面的需要，也要看到各个方面的需要；既要看到需要，也要看到可能；一方面要看到今天和最近的将来，另一方面也要看到遥远的将来；看到水利的重要，更要看到国家整个经济的发展；不仅要看到技术上的一个问题，而且要看到技术上所联系的全部问题；不要只看到干流，更要看到支流；一方面看到水库的好处，另一方面也要看到可能带来的灾害；不要限于看到顺利的一面，也要看到困难的一面。就是列宁所说的："要真正地认识对象，就必须把握和研究它的一切方面，一切联系的媒介。"

（3）要有因地制宜地分析经验教训的观念：以埃及阿斯旺水库为例：该水库位于热带的干旱区，是个径流只有720亿立方米，而库容却有1620亿立方米的湖泊型大肚子水库，淹没范围是人口稀少的灌溉农业区，没有工业；尤其是淹没区以外原来全无人烟；其建库的主要目的是解决干旱区的灌溉问题，也有发电效益，但不存在航运问题，更不会引起像长江上、中、下游那些复杂的生态环境和自然资源的变化。即使如此，水坝建成后，也会发生一系列的问题。非洲气候干旱炎热，由于湖面太大，水量蒸发很快，因而水量日益不足，水稻的栽培面积由前几年1100万亩减到目前的320万亩。由于尼罗河水量不断减少，使埃及工业、农业、旅游业都在减退，还引起下游土壤盐碱化和土壤肥力的下降，血吸虫病、疟疾的发生以及水质营养物质减少和水文变化所引起的河口沙丁鱼产量大幅度降低等问题，这些都是他们建坝时所没有预想到的。

（4）要有保持经济社会安定的观念：三峡工程所耗的静态投资为361亿元，是按1986年末的价格计算的，如果加上最近几年的物价上涨幅度及包括利息计算在内，潘家铮同志的汇报说动态投资要576亿元，但根据乔培新同志1988年请建设银行计算，则需要1000亿元以上。国家建设规模大小必须与财力相适应，如果在"八五"期间，硬要上三峡工程，不仅会挤掉其他更迫切需建的工程，而且势必要靠发钞票来维持；这将会使通货膨胀趋于恶化。我国政府早已宣布削减开支，停建、缓建一批大型工程，如果投资千亿元的三峡工程，挤入国家计划内，无疑是给国民经济造成混乱。目前人民对物价上涨意见还很大，如果物价再上涨，就会破坏安定团结的局面，影响深化改革的继续进行，民心不稳定，社会自然得不到安宁。

（三）三峡工程要考虑的一些具体问题

（1）水库的寿命问题：水库总是有寿命的，问题是寿命的长短不同。修建水坝，必须要考虑上游土壤侵蚀和水库泥沙淤积问题，土壤侵蚀的规模和程度，直接关系到河流泥沙的多少和水库寿命的长短。三门峡水库兴建时，由于对黄土高原侵蚀的严重性估计不足，导致工程建成后又被迫改建的惨痛教训。台湾省有个石门水库，1963年建成后，当年遇台风雨，造成剧烈的土壤侵蚀，入库泥沙量高达2000万吨，为设计年淤量的24倍，一年的泥沙淤积减少水库寿命23年。四川省长江上游已建的各水库，年淤沙量达2.6亿吨，即相当于每年淤塞2.6个大型水库。在南方水土流失严重地区，10—15年淤塞报废一个小型水库是常见的现象。40年来特别是1958、1968、1978年的所谓“三八”期间，破坏了整个长江流域的上游大面积森林，使水土流失面积占流域总面积的1/3，年流失土壤22.4亿吨。川西金沙江两岸和贵州高原的乌江上游，新中国成立初期，森林覆盖率分别为40%和25%，到了70年代末，由于乱砍滥伐，分别只剩下14.1%和6.4%，加以高山陡坡开垦，土壤冲刷淤积库区自然不可避免，而且库区本身又有滑坡、崩塌、泥石流，加上陡坡开垦所引起的土壤侵蚀，更易造成库内淤积。因此，三峡水库的寿命究竟有多久，很难预料。

（2）淹没自然资源和文化资源问题：三峡水坝淹没40多万亩肥沃耕地，这里生长着四川特产的榨菜、药材和粮食，其中有7万多亩柑橘，又淹没县市涉及19个、工厂657个，淹没的农田和城市都属于工农业的富饶区，而剩下的则是土层浅薄的陡坡地，不仅目前经济损失大，而且土地永远不能恢复。在近年来全国耕地面积日益减少的情况下，损失如此大面积的一年能生产两季或三季作物的肥土，必然影响粮食的生产和经济的发展。

长江三峡是世界上著名三大峡谷之一，具有世界独一无二的自然景观，吸引着世人向往。我曾到过非洲和美国的其他两个大峡谷，都不可能与三峡相媲美。有人说“高峡出平湖”，那是在“人定胜天”的思想下的浪漫诗句，“平湖”的风景怎能与山峦重叠、险滩急湾、峭壁白浪、山水相映、充满着神奇色彩的三峡相比呢？三峡及其周围地区是我国5000年历史的文化宝库；三峡地质剖面完整为世界地质科学研究的重要资料。如果风景和文化资源被淹没，给我国旅游业带来的经济损失，将难以估计。

（3）开发性移民问题：所谓开发性移民，就是把被淹没的农工矿业及100多万人口后移到库区的山坡上去，它将带来一系列的不良后果。首先农业方面将引起水土冲刷更加严重，目前库区山地大多为土层浅薄的坡垦地，且森林覆盖率很小，如再开荒种植，搞“大寨”式梯田，因那里属暴雨地区，暴雨一来，梯田也会被冲毁，随之土壤侵蚀贫瘠化现象加重，泥石流、滑坡和旱涝灾害日益严重，可能形成愈垦愈穷、愈穷愈垦的恶性循环，对环境的压力必然加大。目前有人主张把农业寄托在海拔600米以下山地上种植80万亩柑橘园，这个意见是否恰当值得商讨。原来7万亩柑橘是栽在海拔较低的三峡沿江含有丰富钾、磷的冲积土和丘陵紫色土上，那里因有高山屏障，阻挡冬季寒流，年均温度为18℃—19℃，所以适合多品种的柑橘栽培。但是水库工程建成后，水库附近气温较建库前虽可提高0.1℃—0.2℃，但气温随海拔高度而递减，水面增高180米，库岸所增高的气温即被海拔升高所抵消。何况东部秭归一带，即使海拔275米的兴山，也曾出现过冬季最低气温达到冻伤或冻死柑橘的-9.3℃的纪录。海拔高处和北坡是否会冻死或只生长而不结果，是有问题的。不仅海拔高处和北坡的气温对柑橘生长不利，而且山坡土层浅薄，缺乏土壤的物质来源。所以从气候和土壤的综合条件说，除局部低处有限面积的气候、土壤适宜外，大面积推广柑橘，是要冒很大风险的。

其次，在山坡上新建工厂，污水处理和排放都比平原、丘陵复杂。特别是水库蓄水期，水流速度减慢，不利于水体的自净作用，甚至会引起饮水污染，威胁居民的健康。

（4）工程与长江内水生动物资源的关系问题：长江中珍贵水兽和鱼

类如白鳍豚、白鲟、中华鲟、胭脂鱼都是世界上珍贵稀有的生物物种，已被列入国家第一类保护动物。自葛洲坝建成后，它们已处于濒危状况，因为中华鲟、白鲟一向是洄游到长江上游产卵繁殖。去年我到大渡河去，当地群众反映，近几年已看不见中华鲟、白鲟上来了。白鳍豚主要生活在长江中游弯曲河段，建坝后，水流变化将使其失去栖息的生态环境；另一些喜急流生活习性的许多特种经济鱼类如圆口鲷鱼等一向生活于上游流水中，因河谷型水库流速减慢，生态环境变化，种群数量就会减少。库区所在地是我国青、草、鲢、鳙四大家鱼的繁殖区之一，建坝后，因水文和水温变化，家鱼繁殖期推迟，导致鱼苗来源减少，可能会降低四大家鱼的产量。

在建坝以前，长江不断带来上游含有丰富养分的肥沃淡水及其所联系的浮游生物。这是长江内鱼类赖以生存的物质基础。建库后肥沃泥沙多沉积在库内，从而长江下游水中饵料贫乏，自然造成洄游鱼类如鲥鱼等减产。由于河口水质和水文的变化，原来长期生活繁殖在河口半咸水鱼类如凤尾鱼、银鱼、白虾、河蟹等可能会减产或消失。长江河口附近的舟山渔场是由于长江淡水和台湾暖流消长变化所形成的，建坝后，由于河口水文和水质营养成分改变，舟山渔场的位置可能有所变化，鱼产量也可能减少。

（5）河口土地的面积和盐渍化问题：长江河口三角洲是数千年上游来的沉积物充填而发育的。现在上海市的62%和南通市的大部分土地都是近两千年来由长江带来的泥沙堆积所形成的。新中国成立40年来沿海新围的土地，仅上海市就有570平方公里；左岸苏北造陆更快，70年来新建的启东、如东、大丰、射阳等四县的大面积农田都是靠从四川顺着长江迁移来的物质财富。三峡工程建成后，因泥沙主要淤积库底或回流川江，进入河口的泥沙减少，不仅河口土地面积不会像过去那样增加，而且河口和三角洲海岸的侵蚀堆积作用，将会发生相应的变化。由于河口泥沙来源减少，水流挟带泥沙的能力相对加大，将引起侵蚀作用加强，因而可能扩大三角洲海岸冲刷岸段，影响建设。

长江河口在未建坝前枯水期是11月—次年4月，盐水入侵两岸，对上海工农业生产、饮用水已经带来严重危害，使心脏病、肾脏病、癌病发病率增加。三峡工程建成后，江水下泄流量10月即有所减少，仅1—4月有所增加，这就导致长江口盐水入侵长度和强度的变化，从而可能引起长江口、黄浦江和太湖通江水系的水质以及三角洲前缘地区的土壤次生盐渍化，如果加上东线南水北调和苏皖两省沿江引水，其产生的盐渍化后果，将更难预料其严重性。

（6）工程与防洪的关系问题：长江中下游洪水主要来源有三：一是川江，二是汉江，三是湖南的湘、资、沅、澧四水和江西的赣江等五江，三峡只能控制川水，解决不了包括武汉在内的全部中下游防洪问题。例如7月4日《人民日报》报道洞庭湖区的涝灾严重是与四水上游的暴雨袭击有关。治理长江洪涝灾害，要设几道防线，必须采取综合措施。洪涝灾害的根本原因来自暴雨，山上如无森林涵养水源，洪水必然凶猛泻下，因此，首先保护或营造好山地森林植被是完全必要的。但单靠营造绿色蓄水库还是不够的，必须同时在中、上游的支流有计划地、分期分批建造一些收益大、见效快的水库。其次，充分利用湖泊蓄洪也必不可少。原来天然蓄水库的湖北湖群已被开垦3/4，湖南洞庭湖已垦2/5，鄱阳湖开垦1/3，对于这些湖泊，除不能再垦外，要有计划、有步骤地退垦还湖。必要时也要采用分洪措施，任意侵占行洪河床是不允许的。还有沿江建筑围堤，加固加高堤防，更是十分迫切的任务。

总之，长江流域的防洪问题是复杂的，解决的方法必须采取综合的多途径的措施，保护植被和植树造林以减少水土流失也好，修建水库也好，退垦还湖也好，分洪也好，加固堤防也好，依靠任何单一措施或某一单项工程，都不能达到防洪的预期目的。如果承认长江防洪应采取多途径，那么三峡工程对防洪的作用就只有一定限度，而不应过分夸大。

（7）工程与航运的关系问题：航运问题是三峡工程的主要目标之

一，如果采用180米方案，回水虽可达到重庆以上，但库尾回水变动区的淤积，将处于重庆附近和嘉陵江口，这就要冒着重庆港和嘉陵江出口航运淤塞的风险。大坝建设工期很长，施工期间航运如何保证？特别是过坝通航要采用连续5级大船闸，过船闸时上下水的船队需等待时间安排，虽然万吨船队能上达重庆，但从航运实际效益说，不应仅考虑单个船只的吨位大小，而要考虑整个长江水系运输能力的总量，或者说运输日总量。而且5级大船闸的技术是超世界水平的，所采用载蓄量11500吨提升高度113米的大型升船机，在过闸时如果五级船闸中任何一级发生事故，全线将受影响，可能会破坏重庆、涪陵、万县等对长江下游的交通。其所带来的损失，将难以估计。

此外，库区是崩塌滑坡、泥石流的多发地区，沿江两岸共有滑坡崩塌214处，大型滑坡主要分布在库区的腹部万县到秭归一带两岸。1985年6月发生的新滩滑坡，滑坡物质坠入长江，占据江面宽度100米，把对岸一座仓库卷入江中，机动船和木船共77只受损，建坝蓄水后，因水的浸泡软化作用和浮力作用，会使滑坡稳定性减弱，并促使老滑坡复活。尤其在库区山地暴雨来临时，更易触发滑坡、崩塌；还有库区存在着诱发性地震的可能性，也会一并促使发生大规模滑坡岩崩，这就有可能会堵塞长江。如果这条“黄金水道”的航运不通，其后果就不堪设想了。

（8）工程与人防的关系问题：目前由于党和国家的努力，我们为“四化”事业的顺利实施，已创造了良好的国际环境，加以现在世界上的总趋势都要求和平；但是从历史经验来看，从未出现过较持久的国际全面和平局面。即使有短暂的相对稳定，以后发展和变化是难以预测的。目前国际和平的局势是由于某些具有远见的政治家早日运筹的结果，但他们却无法为后代子孙的谋略方向打包票。“人无远虑，必有近忧”，三峡工程的考虑因素中，还不能忽视今后发生战争的万一可能性。试想一旦大坝在战争中突然被毁，高水头、大流量的洪水一泻千里，下游将死亡多少人啊！如果三峡大坝破坏，远远不是世界上任何其他大坝所能比拟的。它的冲击范围之大，流域内大城市之多，农村人口密度之大，也远远超过世界上任何一个已建的水库。因此，大坝就预埋着超级炸弹所存在的真正威胁！这种超级炸弹引爆的“电钮开关”，不在我们自己手中，而是掌握在未来敌国的手中，这也是不能忽视的重大问题。

结　语

我以上谈的三峡工程所要考虑的一些具体问题，包括着世界上普遍存在的人口、经济、环境、资源等问题，这些具体问题有些是建坝时就会发生的，有些是潜在的可能要经过长期才能见到；有些影响可以算出经济账，另一些可能无法用金钱估计；有些可以研究对策进行补救，有些损失是永久无法挽回的。总之，党中央和政府多次提出的经济建设要全面考虑经济效益、环境（生态）效益和社会效益相结合的原则。这一原则，应是三峡工程是否上马的指导思想，这就是我今天所谈的结语。

（摘自《群言》1990年第10期）

廿年来辨是非

冯之浚

我国古典名著《红楼梦》中说："廿年来辨是非"，中国的事，是有20年定是非的现象。我国改革开放的20年是坚持解放思想、实事求是的20年，所取得的成就是有目共睹的。

首先，20年来，国民生活总值的增长率（CNP）平均达100%左右，比发达国家的增长率高出八个百分点，比发展中国家的增长率高出四个百分点。这是十分难得的。

其次，我国的经济总量已经达到一定规模。据有关部门统计，我国工业固定资产约有7亿—8万亿元人民币，农村的类似增产大致是6亿—7万亿元人民币，总的经济规模达15亿—16万亿元左右。同时，我国的市场潜力巨大，被国外称为"全球最后的大市场"。巨大的市场潜力得益于人民生产水平的提高。自1978年至今，我国人均收入增加四倍多，这在世界上也是罕见的。

再次，市场机制已经成为配置资源的基础，与传统计划经济体制下的主要靠行政手段实现宏观调控的机制不同。由于经济繁荣、社会稳定，社会商品已从卖方市场过渡到买方市场。我国的实践证明，"短缺经济"并不是社会主义经济的必然现象，这是具有中国特色社会主义市场经济对国际共产主义运动的重大贡献。与此同时，我国经济运行中的各种"瓶颈"（如电、交通、通讯、能源等）已得到缓解，这为我国经济的持续发展打下了良好基础。

又次，与过去封闭、半封闭的经济不同，我国经济的开放程度已显著提高。进出口总额在国民生产总值中已占40%左右。世界500家跨国公司已有230家来华投资。中国已成为世界市场的重要组成部分。

诚然，在分析巨大成就的同时，也要看到，随着改革的深入，还存在一些深层次的问题。例如：国民经济素质与效益问题、国有企业深化改革问题、农业基础地位有待加强问题、下岗职工再就业问题以及如何有效防止东南亚金融危机的影响问题。相信随着改革的深化，这些问题将逐步得到解决。

20世纪对于中国人来说是不平凡的世纪。20世纪前半叶中国的历史是在大动荡中发展的历史。从1890年八国联军到1911年的辛亥革命，从1919年的“五四运动”到1921年中国共产党成立，从1927年北伐战争到1937年的抗日战争，从1945年的解放战争到1949年中华人民共和国成立，中国人民经历了从封建帝制、半殖民地半封建社会直到进入社会主义社会的漫长历程。从1949年开始的20世纪后半叶，中国人民才彻底摆脱受帝国主义欺压、剥削的历史，这种历史性的转变，是与中国共产党的领导密不可分的。20世纪中国经历了三个“22年”。从1927年到1949年是领导全国人民反帝反封建，反对日本侵略军、国民党反动派，夺取政权，建立新中国的“22年”；从1956年到1978年是经历了社会主义建设有成功也有教训之后，从以阶级斗争为中心转向以经济建设为中心的“22年”；从1978年到2000年是建设有中国特色社会主义，推进社会主义现代化、中华民族走向繁荣、富强、民主、文明的“22年”。回顾这段历史是为促使我们更加珍视今天来之不易的大好形势，牢牢把握把建设有中国特色社会主义伟大事业稳步推向新世纪的工作大局。

我国在实现跨世纪宏伟蓝图中面临着国际产业结构又一次转移的良好机遇。回顾历史，20世纪60年代以来，国际上先后有过三次产业结构转移。第一次是在60年代到70年代之间，战后科技的发展，推动了西方发达国家的产业结构升级，它们纷纷向外转移资本有机构成低的劳动密集型产业，形成“战后”第一次全球性的海外投资浪潮。第二次是70年代的石油危机，迫使发达国家向外转移重化工业所产生的新一轮产业结构转移，第三次是80年代以来出现的新技术革命所带来的产业结构转移，亚太新兴工业化国家和地区，纷纷抓住这几次机遇，经济得到了高速发展。六七十年代两次世界性产业结构大调整，本来为我们的经济发展提供了同样的机遇，但由于种种原因，我们没能抓住，致使50年代与我们经济水平大致相当的“四小龙”一下拉开了与我们的距离。80年代以来，我国经济所以能持续高速发展，原因之一是改革开放使我们赶上并抓住第三次世界产业结构转移的机遇。

现在，我们又将面临一次新的契机，而且是更深刻的一次。发达国家将由工业社会向知识社会转化。在这次转化中，一方面，会转移出许多80年代末90年代初的较新技术成果和工业设备；另一方面也将使我们面临“知识经济”、信息技术迅猛发展所带来的深刻变革性影响，对此，我们必须有清醒的估计和充分的准备。

我国的改革开放取得了很大成绩，回顾改革开放的历史，过去的改革多为体制外放能，如放权、让利、大包干、承包制，政策优惠起了很大作用。今后的改革重点将是体制内释放能量，即政策优惠向制度创新转化，政策含金量向制度含金量转化，增量改革向盘活存量、扩大增量转化。一种能量转到另一种能量，将产生出极大的效率，那么，一种体制转到另一种体制，必然会产生极大的能量。我们要看到制度创新的潜能，要在制度创新中去挖掘其中的含金量。党的“十五大”提出，要继续调整和完善所有制结构，进一步探索公有制的实现形式，为搞好制度创新指明了方向，因此，盘活存量，树立开挖制度创新“含金量”的观念，对今后经济的进一步发展是十分必要的。

目前，我国的改革开放已进入攻坚阶段，因此，无论是对国际上产业结构转移所带来的机遇，还是国内深化改革的发展趋势，都需要我们进一步解放思想，牢固树立实践是检验真理的唯一标准的观念，坚持以生产力标准和“三个有利于”的标准作为判断是非得失的根本准则，牢牢把握“解放思想，实事求是”这个邓小平理论的精髓，使我们的事业取得新的伟大成就。

（摘自《群言》1998年第7期）

按市场规律和科学规律办事 推动西部开发

张宝文

西部大开发战略部署，是贯彻邓小平“两个大局”构想，促进地区经济协调发展，逐步缩小地区发展差距，最终实现共同富裕，保持全国社会稳定，加强民族团结“强本固边”的重大战略步骤，不仅具有重大的经济意义，而且具有重大的政治意义和社会意义。我们认为西部开发的总体精神应该是：适应建立社会主义市场经济体制的要求和新的对外开放环境，充分考虑国内外市场需求的新变化；开发方式应由资源导向型变为市场导向型；以富民为根本，以“科教兴区”和科技创新为手段，以保护生态环境，坚持可持续发展为基本出发点。我们谨提出以下建议供决策参考：

实施“科教兴区”与科技创新战略

实施“科教兴区”战略，必须大力发展教育事业。要普及中小学基础教育，发展与本地区产业发展相适应的各类职业技术教育，鼓励引导各种社会力量创办各级各类学校，全方位开发人才资源，为西部大开发奠定人才与劳动力大军的良好基础。

实施科技创新战略，要充分利用当地或毗邻省区的科技资源，注意培养并提高本地区科技创新能力；加强对传统产业的改造，以制度创新和高新技术，促进传统产业的全面升级；建立科技创新体系，促进科研成果转化，特别是提高具有市场效益的应用技术转化率，充分利用知识、信息、教育、技术要素促进经济和社会发展，缩短与东部地区的差距。

实施可持续发展战略

一定要把保护江河源头，综合治理两河上游水土流失和荒漠化，改善生态环境放到开发利用的突出位置。按照“退田还林（草），封山绿化，个体承包，以粮代赈”的精神，依靠农业科技创新，调整农业生产结构，发展高产、优质、高效，以生命工程、生物工程为技术手段的生态化、现代化的绿色大农业。在工业项目立项之初应作环境评估，并对污染进行综合治理，提出方案，这应是立项审批的基本前提条件。

实施合理的区域布局战略

从大西北和大西南的地理与交通、通讯条件和中心城市之间的经济辐射功能来看，西部地区形成了两条“龙”：一条地处中西结合部，沿陇海、兰新铁路向西北延伸，沿线有西安、兰州、西宁与银川；另一条地处西南，沿宝成、成渝、成昆铁路向西南延伸，沿线有成都、重庆、贵阳、昆明与拉萨。从现有的资源要素与产业关联度看，西部地区已形成一个经济网络雏形，这个网络横向看有三条线：第一是黄河中上游区能源富集带，它占去中国能源总储量的70%以上，将成为21世纪促进东部经济更上新台阶的动力源；第二是沿新欧亚大陆方向，自东向西延伸的科技商贸产业带，可望成为中国西部“硅谷”和西部外贸之窗；第三是沿长江上游形成的水电、能源、钢铁、汽车、加工业等重工业产业带，它将以自身的资源、能源和重化工业，有力支持长江中下游地区高新技术产业的进一步腾飞。从纵向看，有两条线：其一，北起内蒙古包头，南至广东湛江的包湛线；其二，沿包兰、宝兰、宝成、成昆线南下的大干线。这两条南北走向的经济带把大西北、大西南的轻重工业城市和旅游商贸城市连成一个有机的产业链，不仅有整合东西部经济差距的功能，而且有协调南北部产业结构差异的作用。我们建议中央在进行战略决策时，参考这一布局，统观西部各省区产业现状、资源优势、生态环境、交通条件、文化特点、人力资源等各种要素进行战略配置，充分发挥西部各省区作用。

根据西部特点实施产业结构调整战略

我们提出关于西部产业结构调整战略的模型是：第一层为创建国内一流水平，并向国际水平靠近的高新技术产业，对国防工业进行更高层次科技创新与产业创新，使其继续保持领先地位；第二层是西部大旅游业，这是国内其他地区不具备的产业优势，是西部经济增长的又一增长极，可按大西南、大西北两个旅游市场，组建跨省旅游集团；第三层是以保护恢复西部生态环境为出发点，以农业高新技术为手段，以产业化经营机制为目标的现代化大农业。在进行产业结构调整时，要以保护生态平衡，坚持可持续发展为出发点，以21世纪知识经济时代的到来为目标，把生态效益与经济效益统一起来，充分考虑西部现有资源条件和工业基础，以及发展中地区二元经济结构的特殊性。

实施多种所有制共同发展战略

西部开发的体制环境已与“一五”、“二五”和“三线建设”时期大不相同，我国社会主义市场经济体制已基本建立，市场在资源配置中的基础性作用不断扩大，政府组织经济活动、配置资源的领域逐步缩小，能力相对减弱，因此，西部开发要适应新体制要求，运用市场机制和经济规律，发展多种所有制，特别是发展非公有制经济，以动员各种社会力量，筹措社会闲置资本，扩大就业渠道，壮大地方财政，支援农业生产。

实施基础设施投资拉动战略

国家应以更多的投入，加快西部基础设施建设，打通西部通往东部和通往国际的交通与通讯通道。要把水资源的开发和有效利用放在突出位置，条件成熟时启动南水北调（西线）工程。基础设施建设要与发挥资源优势、发展特色经济、开拓城乡市场结合起来，要通过交通、电网和城乡基础设施建设，促进西部石油、天然气、电力、矿产等资源优势转化为经济优势。基础设施投资的巨额资金，前期主要依靠国家实行积极的财政与货币政策，通过金融债券的运作筹集，在投资初见成效，西部已具备一定造血功能之后，还是要靠西部地方政府，西部人民运用市场机制外引内联进行资本积累和资本运营。

在制定支持西部大开发的系列政策时，我们希望着重考虑以下几方面问题：

第一，转变观念，解放思想。1999年6月9日，在中央扶贫开发工作会议上，江泽民同志指出，在继续加快东部沿海地区发展的同时，必须不失时机地加快中西部地区的发展。从现在起，这要作为党和国家的一项重大的战略任务，摆到更加突出位置。我们要按照这一讲话精神，统一认识，转变观念，解放思想，从民族振兴的高度，全面实施西部大开发战略。

第二，加快建立并实施规范的中央财政转移支付制度，体现社会公平原则。在国家财政收入逐年稳定增长的基础上，尽快实施按因素法计算的财政转移支付制度，进一步加大财政转移支付力度。

第三，采取灵活的财税政策，吸引国内外投资者。对到西部从事投资与开发的国内外投资者，可以考虑给予一定时期内的减免税优惠；对西部地区农工商贸企业，可以实行低于东部的差别增值税率或营业税率；对西部国有大中型企业在增资减债、债权转股权、建立健全社会保障制度和科技创新方面，更要给予必要的倾斜。

第四，制定灵活多样的融资政策，解决西部大开发的资金筹措问题。要研究建立西部开发的专项资金，由国家按西部开发规划统一确定资金投向，条件成熟时，在西部建立证券交易所，成立西部开发银行。

第五，实行优惠的利用外资政策，进一步放宽外资进入西部地区的限制。在西部大城市建立保税区、航空港以吸引外资外商；扩大在西部城市设立中外合资银行的试点，优先批准在西部地区组建中外合资或外商独资的旅行社和旅游开发公司及零售商业、企业；经国家批准的经济技术开发区和高新技术开发区，允许其在一段时期内继续享受国家曾给予东部开发区的优惠政策。

第六，为西部开发提供组织保障和法律保障，研究建立高规格、权威性的西部开发组织协调机构，制定促进西部大开发的法律法规；制定相应的资金与人才政策，加大东部地区对西部地区的对口支持力度，提高在西部工作的科技、经济与管理高级人才的待遇，率先放开城镇户口管制，鼓励跨地区就业和长期定居。

占国土总面积70%以上的我国西部地区，是东部沿海发达地区的强大后方，是我国在21世纪沉着应对复杂多变国际形势的回旋腹地。西部大开发，不只是西部自身的崛起与发展问题，而且是带动中部，进一步繁荣东部的坚强后盾和维系祖国安危及发展的千秋大业。东西部的合作共进，全民族的团结奋斗，必能在21世纪实现伟大的民族复兴，把一个繁荣昌盛、发达文明的社会主义中国托起在世界的东方！

（摘自《群言》2000年第4期）

基础研究与科技创新

谷超豪

新的世纪来临了。面对新世纪，人们对于科学技术的发展，寄予莫大的希望。我想，我国的基础科学研究，也必然会有一个新的境界。

实施科教兴国战略，必须十分重视基础研究。关于它的意义和作用，江泽民同志的批示说："基础研究很重要，人类近现代文明进步已充分证明，基础研究的每一个重大突破，对技术产业的发展和经济文化的进步，都会产生巨大的不可估量的作用。"

从传统的意义来说，基础研究指的是基础科学，包括数学、物理学、力学、化学、生命科学、地球科学、天文学，等等。由于能源、材料、信息、环境和资源、农业、人口和健康等和国计民生有密切关系的领域也需要基础研究，于是基础的概念现在已经有所扩大，但无论如何，基础学科的研究是必须予以重视的。

基础学科的问题来源，可能是社会发展的需要，也可能是学科本身所产生的问题。它研究的直接目标是探讨物质运动的规律，特别是发现新的现象和新的规律。所以基础学科的重大成就，有巨大的应用潜力。比如说电磁波、放射性和半导体，都是在物理学和化学的研究中发现的，现在已成为人类生活中必不可少的技术手段。19世纪中有人把逻辑推理代数化了，后来数学基础是否严格、巩固的问题吸引了一批数学家的关注，就是这些研究，形成了最初的电子计算机的思想。许多高新技术的成果，都可以追溯到基础学科的研究，许多重大问题的解决，也有赖于基础科学的进步。

基础科学的进展情况、表现出人类对自然界认识的水平。它的重大突破，会使得社会文明获得长足的进步。对于一个国家来说，基础科学的水平和人才储备，是综合国力的一个重要部分，和一个国家的国际地位密切相关。

因而在加强基础研究时，必须加强对基础学科的支持使之不致被湮没在应用基础之中。特别是基础科学的研究不能直接生产财富，其经费不能靠自己创收解决，国家的支持是必不可少的。

进行基础科学的研究，必须有一个稳定、宽松的环境，使研究人员有安定的生活条件和适当的工作条件，专心致志地去做研究。

科学研究必须有很强的创新意识和实事求是的科学态度。对于基础科学，更是如此。一个重大的成果必须有创造性的思想，必须有长期不懈的努力，否则是不能成功的。在提倡创造精神的同时，不能急于求成，必须严防浮夸、弄虚作假和欺世盗名的现象。

要努力吸引青年人到基础研究中来，青年人创新意识强，接受新鲜事物快，精力充沛，效率高。要鼓励优秀的青年投身到基础科学中来，同时还要充分发挥优秀的留学人员的作用。当然，中老年专家的作用也不能低估，老、中、青结合的队伍是一个理想的构成。

现代的科学研究需要组织和交流，同行之间，不同学科之间的交流往往是新成果、新思想的催化剂。我们还要尽可能地投身于国际交流活动，从中得到提高。

基础科学研究需要装备，各门学科之间差别很大，有些项目需要大量投入，要有所为，有所不为。有些项目花钱不多，稍予支持便有成果，不能忽视。

我衷心祝愿，我国的基础研究在新的世纪里取得令世人瞩目的发展成绩。

（摘自《群言》2001年第3期）

关注中部　研究中部　发展中部

郭生练

中部地区是中华文明的发源地，自古就有“中原定，天下安”，“得中原者得天下”的说法。中部地区的繁荣与发展，对于增强中华儿女的自豪感，提高中华民族的凝聚力，消除我国社会政治不稳定因素，实现国家长治久安都有着重要的意义。

如今，地区发展不均衡已成为影响我国宏观经济发展的一个突出因素。尤其是中部地区在很长一段时期被排斥在国家战略重点以外，经济发展陷入前所未有的困境。中部不仅是我国“三农”问题的重点和难点集中的地区，又是我国传统的老工业基地。这片曾经无比繁华与富饶的土地在市场经济、外向型经济飞速发展的时代已渐渐显示不出它传统的优势。中部面临的困境，已严重影响到我国国民经济整体的均衡、可持续发展。

继珠三角、长三角、京津唐及渤海三角、东北黑吉辽三省等地之后，中部日益广泛和深刻的求变求新受到世界的瞩目，有第五增长极的呼声。温家宝总理在十届全国人大二次会议上提出：国家支持中部地区发挥区位优势和经济优势，加快改革开放和发展步伐，加强现代农业和重要商品粮基地建设，加强基础设施建设，发展有竞争力的制造业和高新技术产业，提高工业化和城镇化水平。实现中部地区崛起，现在万事俱备，只要顺势而为，适当引导，就能促进中部地区复兴，构建中国经济的第五增长极。

我们应该格外注意的是，中部地区要崛起，绝不能简单模仿东部沿海的增长模式，也不能照搬发达国家的增长理论，亦不能固守于传统的工业和农业的优势，必须解放思想，开拓创新，走自己的路，建立具有区域特色的增长模式。要取长补短，兼容并蓄，辩证地看待过去被视为包袱的资源和不利的条件，要通过构建新的增长理论和新的发展模式，探寻和挖掘中部地区的增长动力，将某些包袱和消极因素转换成新的增长点。

出于对积淀丰厚的中部文化的深刻认识和强烈的历史责任感，去年，湖北、湖南、江西、河南、安徽等省共同启动了“中部区域创新体系建设”课题的研究工作，集中部各省合力探索新时期如何搞好中部地区科技创新，如何让科技创新更好地推动中部地区发展的问题，这不仅仅是中部地区的一件大事，对我国经济社会的整体平衡发展也具有十分深远的意义。我们诚挚地期望科技界、经济界、金融界等各方面的有识之士关注中部，研究中部，发展中部。

（摘自《群言》2004年第6期）

用节俭的方式来创造小康生活

梁从诚

几年前，在全国政协的一次会上，一位来自西部的全国政协委员提出，为了拉动内需、创造国内市场，应该批判勤俭的观念。这是我有生以来第一次听见有人要批判勤俭，吓了一跳。我发现，他很有一套理论。他说，勤俭这个观念是中国人民在贫困的时期形成的一种道德原则，现在我们富裕了，我们就要批判这个“勤俭”，这样人们才舍得花钱。大把地花钱才能拉动内需，才能创造国内市场。他说得振振有词。

很多人小时候部读过“锄禾日当午，汗滴禾下土。谁知盘中餐，粒粒皆辛苦”。这就是讲我们在消费的时候，要尊重劳动者的劳动。还有一句诗是“朱门酒肉臭，路有冻死骨”，这是讲什么呢？你过度的消费就意味着有人不能消费，就是社会的不公平。所以在我国历史上，从来都是把个人的消费行为和某种道德原则联系在一起的。但是古代的时候，有一点是人们没有认识到的，就是中国的资源问题。我们的资源能够允许我们大把大把地花钱买东西，用最豪华的方式来消费吗？并且我们13亿人口都能够有同等机会来这样消费吗？

众所周知，我国现在人均资源量非常紧张。我们不妨回过头看看，300年前中国的人口刚刚超过1亿人；100年前，中国人口约为4.5亿；50年前，大概是5亿多一点；到了1956年，毛主席写了一首诗《重上井冈山》，诗里有两句话，“春风杨柳万千条，六亿神州尽舜尧”。大家算算，1956年到现在还不到50年，我们的人口从6亿，一下子窜到了13亿。

13亿人要吃、要穿、要住，我们的国家支撑得起吗？在我们人均资源空前短缺的情况下，我们的市场经济以从来没有的速度和规模发展着，这就是中国的现实。我们做环境保护的就是要在这个两难之间找到一条出路。

大家知道，人们的物质消费欲望从来没有像今天这样强烈。新中国成立初期，我们有一个字是贬义词——“豪”字。“土豪劣绅”、“巧取豪夺”都是坏字眼。今天倒过来了，豪宅、豪车、豪饮、豪宴、豪华装修，什么部是“豪”，好像用那个“豪”字，你就真“豪”了，我看也未必真“豪”起来。但是这种追求，这种心态对我们的威胁是非常大的。我国人均资源本来就是处在世界排名100多位以后，水、耕地、森林、草原、矿产和能源等排名非常落后，我们有“豪”起来的资本吗？

那么怎么办？我觉得，要以人为本，我们希望人们都有幸福的、适当的生活方式。我们的出路就在于调整每个人的行为。节约用水、节约用电、节约纸张，节约一般消费品。我们不可能幻想手一挥，天下就一片绿，但是我们可以管住自己，约束自己的消费行为，从自己做起，从节约、节省、节俭做起。因此我从根本上不赞成要批判勤俭的观念，以便拉动内需。我们要用节俭的形式来创造一个小康的生活。

（摘自《群言》2005年第7期）

共促丝绸之路经济带崛起

张世珍

3000多年前，丝绸之路打开了中国与中亚、西亚、欧洲经贸文化交流的大门。东方丝绸，西域珠玉，偕悠悠之驼铃、伴漫漫之古道，一时间车马辐辏、商贾云集，带来了中国及丝路沿线国家、地域曾经星罗棋布、隐现轮替的繁华。而今，这条因海洋文明兴起而隐沦沉寂的悠远古道，随着习近平总书记倡建“丝绸之路经济带”的战略构想，再次以全新的地缘、经济、政治内涵吸引着世界的眼球。从国际战略和国内实际来看，统筹谋划并加快实施这一重大战略构想，不仅是深化我国与中西亚及欧洲经济合作，加快形成“东出西进”全方位对外开放新格局，拓展我国战略回旋空间的重大举措，而且是深化西部大开发，打造、开拓中西亚和我国内陆新的区域经济增长极、缓解产能过剩矛盾的必然选择。

西北地区在“丝绸之路经济带”建设中具有十分重要的地位和作用。一是区位优势独特。途经中国西北五省区的丝绸之路长达4000多公里，是通向中西亚以及欧洲的重要交通、通讯枢纽和能源运输大通道，是丝绸之路的必经之地和咽喉要道。二是产业合作空间巨大。西北地区资源富集，工业基础雄厚，石油化工、有色冶金、装备制造等传统优势产业和风能、太阳能等新能源产业，中药材、农副产品生产加工产业等均已形成体系。三是文化旅游合作潜力无穷。西北地区是世界四大文明集中交汇地带，华夏文明的重要部分在这里发源，印度文明的精华——佛教在这里汉化，埃及文明、希腊文明也在这里留下了足迹。史前文化、伏羲始祖文化、先周农耕文化、秦汉长城文化、敦煌石窟文化等，源远流长，厚重独特，灿若星河。同时，这里一直是多民族活动聚居区，先后有月支、乌孙、匈奴、氐羌、鲜卑、突厥、吐蕃等从这里发源或迁徙、发展壮大。现在的回、撒拉、保安、裕固、藏、维吾尔等民族也在这里融合发展，他们始终与中西亚、北非、欧洲国家有着割不断的民族、民间交流传统，文化旅游合作的条件优越。四是政策平台利好。兰州新区、西咸新区、喀什经济合作区均承载着打造我国西部新的经济增长极、向西开放重要平台的战略定位，也具备建设丝路经济带上重要支点的基础条件，国家赋予新区的产业、税收、金融、土地、外贸等特殊政策亦为构建向西开放的重要门户和次区域合作战略基地奠定了良好的基础。

经过30多年的改革开放和10多年的西部大开发，西北地区经济社会得到长足发展。但受到基础薄弱、对外开放水平偏低等因素的制约，地处内陆的西北地区仍然是亚欧大陆发展带上一块“凹陷区”，难以发挥承东启西的桥梁纽带和战略通道作用，成为未来推动“丝绸之路经济带”构建、繁荣发展的主要制约和短板。

综上所述，西北地区是“丝绸之路经济带”建设的关键节点，也是“丝绸之路经济带”的战略支点。必须统筹谋划，以加强西北地区基础设施、产业发展、商贸物流、文化旅游等领域合作为重点，共促丝绸之路经济带崛起。为此建议：

建立领导协调机制。一是成立由国务院牵头、国家相关部委和丝绸之路沿线省份参加的领导协调机构，统领、指导、协调丝绸之路经济带建设。二是建立由相关部委主导的对外交流机制。采取互访等多种形式，建立友好交流与合作关系，拓宽合作领域，推动彼此间在经济、技术、文化方面的长期有效合作，巩固传统友谊，增进相互了解，夯实合作基础。积极牵线搭桥，帮助支持丝绸之路经济带沿线省份与中西亚国家缔结友好城市，开展多层次的对外友好交流。三是协调建立沿线省份会商机制。建立沿线省份政府建设“丝绸之路经济带”联席会议，共同研究促进区域经济合作、联手向西开放的重大事项，优势互补、共同发展。

加快西北地区基础设施和生态屏障建设。一是推进基础设施互联互通。在现有基础上，优先规划和实施铁路、公路、航空、管道等重大交通、能源建设项目，排除天山、帕米尔高原、沙漠戈壁等天然屏障的阻隔，解除区域界限，消除人为障碍，形成互联互通的国际大通道。二是加大生态保护治理力度。着眼国家生态安全，加快建立西北地区生态补偿机制，实施长江上游"两江一水"、渭河、内陆河及祁连山等重点生态治理工程，提升水源涵养能力、水土流失治理能力和沙化荒漠化治理水平。

建设丝绸之路经济带核心产业基地。一是建设国家级战略能源基地。积极利用中西亚油气资源和酒嘉、兰州等西北地区设备、技术优势，建设千万吨级石油炼化基地；支持西北地区加快风、光、火电综合利用局域网建设，提升就地消纳和集中外送能力。二是建设区域特色产业生产加工基地。针对中西亚地区需求，在西咸新区、兰州新区、喀什经合区等重要支点，建设以轻工、纺织、特色农产品、民族特需用品等为主的生产、加工基地，健全商贸物流、加工配送网络，形成向西开放的产业支撑和经济增长极。

建设丝绸之路经济带文化旅游圈。一是联合打造华夏文明传承创新等示范区。在兰州、敦煌、西安、乌鲁木齐等地建立中西亚文化信息交流中心，设立 "丝绸之路经济带"论坛，搭建"丝绸之路经济带"国际博览会、旅游节等平台。二是联合开发旅游市场和旅游景区。对西北地区特色、驰名历史文化旅游资源合理规划、优化布局，统筹推动文化旅游资源的保护开发，建设历史文化资源展示开发示范基地、自然人文保护传承示范基地、现代文化和民族文化产业开发创新基地，发展以文化要素为核心的旅游产业。

加大对西北地区的政策扶持。一是成立丝绸之路经济带区域或城市联盟，促进与中西亚全方位、深层次、更大程度的开放合作。二是在兰州新区设立面向中西亚的内陆自由贸易区，支持服务业扩大开放，构建符合自贸区需求的金融税收体系，探索建立负面清单管理和海关监管服务模式。三是在兰州、西咸新区和喀什经合区建立国际物流保税园区，给予国际物流保税园区相应的海关报关和税收政策，发挥国际中转、国际采购、国际配送、国际转口四大功能。四是给予西北地区与沿海经济开放区和边境对外开放城市相同的税收、出入境旅游、能源开发、科技交流等优惠政策，加快建立西北地区生态补偿机制。五是鼓励东中西部经济合作。出台促进东中部企业到西部地区共建资源能源、加工贸易产业园区的激励政策，鼓励东中西部企业联合向中西亚投资，携手并进“走西口”，打造一条广泛参与、共同富裕、睦邻友好、文明昌盛的丝绸之路。

（摘自《群言》2014年第4期）

控制汽车污染　发展清洁汽车

欧阳明高

我国持续大面积的雾霾天气与城市污染引起全社会高度关注，其中原因复杂，污染源也很多。机动车对城市污染的影响虽然还不能十分准确地定量，但无疑是城市中心低空区域重要的污染源之一。燃油汽车内燃机排出的颗粒基本上都属于PM2.5，主要由干碳烟、可溶性有机物和硫酸盐三部分组成，除了直接排出的颗粒，尾气排出的氮氧化物和挥发性有机物等气体还会在大气中二次转化成颗粒。内燃机直接排出的PM2.5生成机理是清楚的，它的控制技术也是基本成熟的。相比汽油车而言，柴油车的颗粒物和氮氧化物都比较高，控制难度比较大，因此当前的重点还是柴油车的排放控制。汽车排气污染控制主要有三条途径：一是内燃机机内净化技术和尾气后处理技术；二是替代燃料汽车技术，如天然气汽车技术；三是各种类型的电动汽车技术。然而，控制汽车污染和发展清洁汽车的难点不仅在于技术本身，更在于技术—经济—社会问题的相互耦合。为此，提出如下三点建议：

充分发挥标准法规的作用，改革政府与企业的游戏规则，依法治理汽车排放。在燃油车污染治理方面，我国柴油车排放法规的实施经历了较长时间的摸索过程，存在法规出台时间摇摆不定、法规实施过程执法不严等问题，希望即将出台实施的国四排放法规能够从严执法，改变以往存在的靠小道消息打听法规出台时间，靠小聪明应对法规的现象。在发展新能源汽车方面，也要多使用标准法规的倒逼机制，变“政府要企业做”为“企业自己要做”。我国乘用车平均油耗2020年达到5升/百公里这一法规，正在对企业发展油电混合动力汽车发挥良好作用。建议在此基础上，学习美国加州的经验，在一些汽车污染严重的特大城市，规定每个汽车厂零排放汽车的销售比例。在非常规电动汽车的发展方面，一段时间以来管理部门和民间存在重大分歧，标准法规缺位。建议淡化投资准入规则，强化产品准入标准，通过制定安全和能耗标准引导非常规电动汽车的技术提升。

充分发挥政府作用，完善治理汽车污染、发展清洁汽车的顶层设计，并领导实施和带头示范。一是要发挥各地方政府的宏观统筹作用，通过系统的技术经济分析，制定科学合理的汽车污染治理规划。以城市公交车为例，在当前的技术条件和一定的投资预算下，为了获得最佳的污染治理效果，低排放的燃油车、代用燃料LNG天然气汽车、混合动力车、可充电式无轨电车以及纯电动客车等各种纯电驱动汽车应当有一个优化配置的比例，不宜过分强调某一种技术路线。二是要发挥国家主管部门的顶层设计作用。在电动汽车能源基础设施建设方面，一直存在技术路线和商业模式的分歧，成为电动汽车推广的主要瓶颈之一。现在业界基本达成共识：“面”上低成本小功率交流慢充充电桩，“线”上直流快充补电机，“点”上结合销售和维修点设置换电站，即“点—线—面”布局。建议分管部门如国家能源局牵头尽快制定出台电动汽车基础设施建设的国家规划，加快充电基础设施建设步伐。三是要发挥政府的带头示范作用。当前，电动车推广的难点在轿车，政府公务车主要在白天使用，晚上有充足的时间充电，非常适合使用电动汽车。建议结合公务车改革，推广公务电动车，逐步带动私人电动车的推广普及。

充分发挥市场整合资源和自动调节作用，破解清洁汽车发展过程中先有鸡还是先有蛋的难题。在零排放电动汽车的发展中，存在着一系列闭环耦合难题，“充电便利性—电动汽车性价比—使用安全性”就是典型例子。近来美国特斯拉电动车公司异军突起的“特斯拉现象”在国内引发电动车发展模式的大讨论，达成的基本共识是：用市场机制破解发展过程中的种种问题。为此建议：一要放宽投资准入，解决“想做的没有资格做，有资质做的不想做”的问题，激发新能源汽车创新活力。二要破除各种显性和隐性的市场壁垒，解决在新能源汽车示范推广和财政补贴中存在的地方保护问题，防止市场分割苗头，建立新能源汽车全国统一大市场。三要落实网运分开，破除行业垄断，开放充电终端设施与服务市场，通过市场竞争大幅降低相关价格。四要强化市场主体的自主权，以价值链为纽带，跨行业资源整合，探索电动汽车新型商业模式。以信息化带动电动化，发展电动汽车共享、分时租赁等新型商业模式。让新能源汽车在公平、公正、公开的市场环境中形成产业生态，促进政府、企业、市场的良性互动；通过产业带动科技创新，促进科技与产业的良性互动；用市场闭环反馈机制破解电动汽车面临的一系列鸡生蛋—蛋孵鸡的技术—经济—社会多重耦合问题，促进清洁汽车产业的大发展，产品的大普及。

（摘自《群言》2014年第6期）

释放高校创新活力　服务地方经济发展

张道宏

高等教育是国家创新体系的重要组成部分，是科技进步和经济社会发展的关键动力源。改革开放30多年来，我国高等教育经历了历史性的大发展，建立了层次合理、形式多样、门类齐全的高等教育体系，建成了服务我国经济发展和产业结构调整的一大批前沿新兴学科和交叉学科，在国家创新体系中发挥了不可替代的基础性作用；涌现出各种类型的技术创新联盟、协同创新中心，政产学研合作更加紧密，科技成果转化能力不断提高，为我国经济的持续发展提供了有力的人才支持和科技支撑。

然而，我们也要清醒地认识到，我国高等教育在促进创新发展、服务经济转型方面还存在着部分高校关门办教育搞科研，智库作用有待加强，人才培养与经济社会发展需求间的结构性矛盾日益凸显，高校科技创新与地方经济发展需求匹配度不高等问题。

因此，必须充分发挥高等教育在科技和人力资源上的积极作用，把服务经济社会作为高等教育的基本价值追求和质量评价标准，为释放高校创新活力、服务地方经济发展谋划新举措。

推进高校智库建设，有效服务科学决策。要紧扣国家重大需求，形成结构合理、形式多样的高校智库发展格局。建设社会科学专题数据库和实验室、软科学研究基地，为地方经济发展提供决策支持；建设决策咨询需求云数据库，联合社科院、党校、行政学院、企业、社会智库，有效提升咨询服务效率；建设“技术—需求”数据库，促进“政产学研用”深度融合，服务和引领地方经济转型升级。

深化高等教育改革，切实实现协同育人。“大众创业、万众创新”是促进经济转型发展的新引擎。学术型高校要发挥科研及专家学者优势，建立学校、企业、市场联合互动、开放式的教学模式，培养既有理论又有技能的创新创业人才；应用型高校则应该通过产教融合、校企合作、工学结合，培养高层次技术技能人才，逐步实现人才培养和就业需求的无缝对接；要支持在高校院所构建新型孵化机构，完善创新创业专业化服务链条，营造“大众创业、万众创新”的新环境，以创新驱动地方经济发展。

加快创新联盟建设，积极推进协同创新。围绕地方产业转型发展，按照“升级产业链，部署创新链，完善金融链”的总体思路，组建高校创新联盟，促进科教融合、协同创新，使国家创新驱动发展战略在高校落地生根、开花结果；以地方经济发展需求为导向，发挥高校学科专业和人才优势，完善面向区域发展、行业产业的协同创新平台，打破高校内部及与其他创新主体间的壁垒，充分释放人才、资本、信息、技术等方面的活力。

注重科技成果转化，完善研发激励措施。科技成果转化是高校服务地方经济的关键所在。要在高校建立注重服务地方经济的多元化考评机制，加快推动区域知识创新体系与技术创新体系的深度融合；鼓励高校与地方政府、企业联合设立科技成果转化专项基金，支持高校建立新型社会化产业技术研究院；依托高校的优势学科资源，鼓励以科技成果作价入股，促进科研成果直接转化；积极落实国家有关科技成果处置收益分配的新政策，建立与贡献相匹配的创新收益制度。

完善科技资源统筹政策，促进高教资源开放共享。进一步完善高校科技资源统筹政策，利用云计算、大数据等手段，建设省级科技资源统筹中心（平台），促进大型科研仪器设备、科技文献、科学数据等共享共用，并面向社会开放高校省级重点实验室和工程中心；设立高校科技资源统筹基金，完善高校资源共享开放的补偿及运行机制；创新高校科技服务方式，加快技术转移、知识产权等科技服务电商平台建设，构建集技术交易、设备共享、政策服务、合作交流于一体的科技资源共享生态圈。

按照中共十八大提出的“两个一百年”奋斗目标和“四化同步”发展路径的要求，高等教育要坚持内涵式发展和开放式发展并举，主动服务地方经济发展方式转变和经济结构调整需要，为创新型国家建设作出更大贡献。

（摘自《群言》2015年第10期）

【世纪情思】

世界历史潮流是不可逆转的

——"鸦片战争150周年国际学术讨论会"会后有感

陈翰笙

1990年8月27至29日，我发起并参加了这次"鸦片战争150周年国际学术讨论会"，因为1840年的8月29日正是清政府在鸦片战争吃败仗之后被迫签订《南京条约》的日子，从此清政府对帝国主义屈膝投降，割地赔款，五口通商。8月29日这一天就成了我国第一个国耻日，成为我国沦落为半殖民地的近代史的历史分界线。在会上我很高兴遇见了一贯对社会主义中国友好的国际朋友，如阿特勒、爱泼斯坦等，他们异口同声表示，这次开会纪念鸦片战争具有国际历史意义。

在会上我讲了一下对于鸦片战争起因和性质的认识问题。记得我在湖南长沙明德中学读书的时候，我们的历史老师是曾经留学日本的傅熊湘先生。傅先生头上戴着瓜皮帽，拖着一条假辫子。他在上课时讲，由于清政府执行闭关自守的政策，所以引起了鸦片战争。傅先生这种说法在当年是比较普遍的。我以后曾怀疑这种说法，作为一个世界近代史的研究者来说，必须不断的查证清楚历史的事实。但据说这种说法到目前在海外仍有影响。因我视神经萎缩双目几近失明，因此我最近请人读了中国社科院经济所研究员严中平同志主编的《中国近代经济史》（1989年10月出版），对于鸦片战争的起因有了不同的理解，并有更多的事实为依据。

（一）早在1684年即鸦片战争爆发之前156年，清政府就允许外商自由到指定港口广州进行贸易。在外商中经常有人酗酒行凶、私卖货物、走漏关税，其中以英商逞凶闹事最为经常。因此广东地方当局多次颁布管理外商的条例，目的在于约束外商的不法行为。这对每一个主权国家来说都是分内之事，与“仇外”、“排外”、“闭关自守”等并不相干。

（二）1830年，英国下院组织了一个“考察东印度公司及大不列颠、印度和中国之间贸易情况小组委员会”，该委员会在调查结论中说，“绝大多数在广州住过的作证人都一致说，在广州做生意比在世界一切其他地方做生意更方便，更好做”。可是诋毁中国对外贸易制度最凶的那些鸦片走私贩子却叫嚷说“最不方便”，并赤裸裸地鼓吹应该发动对华战争。当时英国鸦片贩子马地臣起草了一份请愿书，提出英国应取得接近中国海岸的一个岛屿建立“永久而光荣的基地”。

（三）过了6年即1836年，马地臣公开发表了一本小册子，谈到英国与中国的贸易已发展到英国每年投资以百万镑计的规模，因此已到了制定决定性政策的时候了，并且说对付中国，“只需要一艘主力舰，两艘巡洋舰，三四艘小兵船就足够了”。

（四）中国这个大市场，早就是英国工商界梦寐以求的一块肥肉，因此他们在鸦片贩子的鼓动下，也纷纷向英国政府提交请愿书或备忘录，要求打开中国的大门，给他们以“贸易自由”。

（五）18世纪20年代以后，英国人找到以鸦片毒品来弥补他们从中国进口茶叶的逆差这种无耻的办法。在此之前，他们是用白银抵销从中国进口丝、茶等贸易逆差的。中国明令禁止鸦片进口之后，英国鸦片贩子便在伶仃岛上建立据点，武装走私鸦片。在鸦片走私日趋严重的情况下，林则徐采取了严厉的禁烟措施。为了维护鸦片贸易，英国政府悍然发动了对华战争。

由以上历史事实可以清楚地知道，发动战争是英国鸦片贩子和英国政府蓄谋已久的计划，而并非中国政府实行闭关政策所引起的。鸦片战争是地地道道的侵略战争，没有任何其他理由，毫无“正义”可言。今天我们在这里同国际朋友一道纪念150年前的鸦片战争，我想说的第一句话就是必须在全世界人民面前，“还历史的本来面目”。

不仅如此，肮脏的鸦片战争诚然以清政府屈膝投降，签订可耻的《南京条约》而告一段落，却同时也激发了中华民族的民族意识与爱国思想。在此之前，民族意识可以说是比较薄弱的，以龚自珍、魏源等为代表的爱国知识分子，在林则徐受到清政府的严重打击、撤职充军之后，除了借赋诗发泄义愤之外，很难作出其他有力的作为，这是历史的局限性。然而广大知识分子被鸦片战争激发出来的民族意识与爱国思想，却在地下像星星之火燃烧着。觉醒了的人民，是历史的主宰者。也不过70年便迎来了五四运动。进步的知识分子走在时代前面，看清了资本主义强国正在以剥削殖民地搞“资本原始积累”，英国就是以东印度公司为基地，用武器贩卖鸦片来“开路”。你软弱腐朽，他就打到你屈膝投降；你封建愚昧，他就打到你无耻卖国。对资本帝国主义、对封建王朝，绝望之余，中国的知识分子只有参加无产阶级领导的人民革命运动。李大钊、恽代英、瞿秋白等前赴后继，激发中国人民从血泊中爬起来。开始似乎很少有希望的中国人民革命运动，屡败屡战。到日本帝国主义侵占了大半个中国的1945年，距五四运动后不过30年，在世界反法西斯胜利形势的影响下，中国人民取得了抗日战争的胜利。接着，中国人民又在中国共产党领导下取得了推倒三座大山的胜利。这是反历史潮流行事的资本帝国主义者和崇洋媚外的买办们，做梦也想不到的事。所以研究中国历史还必须研究世界历史。只有如实看清世界的历史潮流，才能更看得清中国的历史潮流。这是我想说的第二句话。

“忘记过去就是背叛”。这话应该联系实际更加深入地来理解才对。世界正在扑朔迷离地“变”。但世界历史是各国人民写的。历史的道路不免有曲折，然而透过现象看本质，时代潮流最终会把人类社会的渣滓都席卷而去。这是人类发展史所已经证明，并且还将进一步证明的真理。“鲜红的太阳终会照遍全球”，马克思、恩格斯已经为我们指明了方向，这绝不是空想的议论。这是我想说的第三句话。

我今年已经94岁了，能亲自参加这样规模的国际学术讨论会，抚今思昔，感慨良深。我殷切希望我国年轻人，千万不要忘记1840年到1949年这一段从流血牺牲中换取来的深刻的历史教训。众志成城，自强不息，让社会主义的中国日益富强，能确立在世界强国之林，扬眉吐气。

（摘自《群言》1990年第11期）

世纪之交人类赋予人口科学的历史使命

邬沧萍

人口科学在20世纪对人类已作出了历史性的重大贡献

在人类文明史上，早就有丰富的人口思想和一定的理论阐述。但作为一门科学，人口学在20世纪前还鲜为人知。人口科学进入20世纪，特别是第二次世界大战后，得到了空前的繁荣和发展，并作出了无愧于一门科学的贡献。因为20世纪人口的发展需要人口科学，任何科学都是由于社会实践的需要而产生和发展的。

20世纪上半叶，人口科学开始崭露头角。从事研究的主要是为数不多的发达国家学者，他们已作出许多贡献，他们的成果和方法论至今仍有指导意义。但那时人口问题还没有今天这样丰富多彩和受到人们的普遍关注。第二次世界大战后，发达国家经历了或长或短人口转变增长的出生高潮后又转入“出生停滞”。由于婚姻、家庭的变化和生育率低于更替水平、预期寿命延长、人口老龄化进程加快，人口增长率趋向于零增长甚至负增长，使人口出现许多新情况、新问题。另一方面，占世界人口大多数的发展中国家人口又是另一种情况。由于众所周知的原因，发展中国家无例外地出现了死亡率大大低于生育率的下降，出现了程度不同、时间长短不一的人口高增长，这种人口转变增长是过去人类史上从未经历过的。世界人口由1950年的17亿，陡增至1995年的57亿，对人类提出了巨大挑战；与此同时，人口以更快的速度集中到城市，构成过度城市化的难题。人口已成为战后世界几大难题之一。因此认识人口的现状和发展趋势，呼唤人口科学，使它成为重要科学，便成了时代的需要。

现代人口科学，以它的理论知识和方法论为人类服务，已大显身手。它给世界各国提供了人口普查、抽样调查、生命统计、人口估计和人口预测的科学方法论，使人类能够取得可靠的数据，从而认识人口的现状和发展趋势。它阐明人口与社会经济发展的相互关系，使人了解人口发展的来龙去脉，成为发展中国家制定政策和方案的重要依据。人口科学的发展也为其他科学的发展提供了有用的结论和方法。

人口科学在20世纪对人类的最大贡献，是对世界人口剧增提出了预警性的分析，也对人口老龄化敲起了警钟，使人类及时认识到控制人口增长的重要性和紧迫性并采取了相应措施，取得了成效。否则，世界人口的前景将会比今天预料的更为严峻！

人口科学在发展中国家的普及使人口科学大有用武之地，在理论与实际结合的研究中促进人口科学的繁荣和发展

第二次世界大战后，发展中地区人口问题突出起来，人口科学成为更迫切的需要；而且发展中地区人口最多，人口问题的多样性和复杂性成为人口科学发展的沃土。不过，人口科学的发展也一定程度上受社会、经济、文化和教育水平的限制；但实践的需要比办十个或百个大学研究所更能促进人口科学的发展。例如，占世界人口37%的印度和中国，由于人口问题的特殊性和紧迫性，对丰富和发展人口科学的作用应予肯定，因为科学来源于实践。

印度在50年代就十分重视人口科学，除了取得许多研究成果外，还为发展中国家培养了大批人口科学人才，为人口科学作出了贡献。中国的现代人口科学起步虽晚，但由于实践的需要而大踏步前进，已经取得举世瞩目的成绩。中国拥有一支世界上最庞大的，由老中青多学科专家学者组成的专门从事人口科学研究的队伍，有数以千计的，在各级政府部门专门从事人口统计和人口管理的专业干部队伍，他们多次成功地组织“十亿人口”的普查和抽样调查研究。特别是进行过世界规模最大的中国人口1‰、2‰的生育率调查及其他专门人口调查，并作出有价值的人口统计分析，出版了许多学术性著作。中国已经建立起一个专科、本科和研究生各层次人口科学人才培养的教育系统，已有丰富的人口统计资料，能为监测人口发展和制定人口政策和方案提供依据。中国在比较短的时间内使生育率大幅度降下来，重要原因之一，是重视人口教育，把人口科学知识普及到群众中去。从人口科学研究机构的数目、规模、人数、学术讨论次数和出版物来看，中国在世界上都是最多的。在12亿人中，大多数人都关心中国的人口问题，许多人包括一些决策者都具有相当的人口科学知识，这是难能可贵的。

下世纪人口科学任重道远、充满机遇和挑战

和平与发展是当代和跨世纪的世界两大主题。人口问题和这两个主题都有直接和间接的关系。因此它仍将是世界和各国需要解决的重大问题。20世纪是人口科学繁荣和普及的世纪，下一世纪将继续这种势头，而且会进一步发展。

下个世纪，发达地区很难避免低于更替水平的生育率和预期寿命进一步延长的现实。因此，持续低生育率、人口零增长或负增长、人口继续老龄化和高龄老年人口的继续高增长等趋势，对人口科学研究的广度和深度都提出了更高的要求。人口科学不能仅满足于回答是什么，而且要研究为什么和采取什么对策；这就不能不更多地涉及婚姻、家庭、死亡率、寿命、医疗保健、劳动就业、人口的迁移等多方面和多学科知识，很多问题涉及个人和社会、全球和一国利益等方面关系的价值判断。

下世纪发展中地区人口问题将比今天更为复杂、多样。大多数国家生育率会先后达到更替水平，而达到更替水平后，或长或短时期将先后出现人口零增长或负增长，人口也会随之老龄化，有的国家老龄化速度会很快。人口科学要研究世界和各国生育率达到更替水平的时间表和人口达到零增长的时间表，在这个过程中要进行一系列的理论、实证调查和方法论的研究，例如研究各国人口倍增数，了解人口转变开始到完成人口转变时人口达到的最高人数和倍增数。在发展中地区人口达到零增长后应有一个更重要的数量适度的判断，即世界和各国人口规模同耕地、淡水、能源、环境、社会、经济、就业、家庭和人口年龄结构等的宏观和微观协调问题，以及需要进一步研究采取的政策措施：继续稳定或低增长、负增长。这些都需要更多地开展人口科学研究。现在已能大体肯定，下世纪城市人口增长将会超过人口增长，这究竟是好事还是坏事，也是个复杂的科学判断问题。从现代化资源和基础设施利用来说，有没有适度或过度城市化或城市化不足等问题？20世纪还来不及解决，但下一个世纪就要开展深入研究。至于发展中地区，由于经济不够发达，人口老龄化面临的挑战更大，人口科学在解决这一问题上将会起到更重要的作用。

可以预言，下一世纪人口科学必将是更受重视和更需深入研究的学科，在解决下世纪重大问题的学科群中将处于一个关键地位。

（摘自《群言》1998年第1期）

新世纪科学发展的特征：学科高度交叉融合

冼鼎昌

即将过去的20世纪，是一个科学技术以空前速度发展的世纪。动态的、实时的研究将是21世纪的科学发展的一个重点。20世纪的科学发展使很多学科的研究深入到微观结构的水平，但是我们也看到，这还只是一种静态的或是时间平均的微观结构，事实上，科学研究的前沿已经逐渐超出静态的或变化缓慢的过程，比如说，生物学家已经不满足于知道结构，还希望知道功能，而功能实现的物质基础就是结构的改变，这就必须进入动态的结构研究。在物理、化学、材料科学等其他领域中都有相应的要求。不同的过程，或不同的反应的时间尺度是很不相同的，从亚飞秒（$<10^{-15}$s）到小时不等，在一个学科的动态研究中，往往需要其他学科的前沿研究成果。这样就出现了一些在以前难以想象的现象，例如，在一些结构生物研究中心，非生物背景研究人员的数目不下于（甚至超过）具有生物背景的研究人员，而在一些新建成的同步辐射中心，来自生物界的研究申请占了首位，超过了传统的物理、化学、材料科学等方面的申请。之所以说难以想象，须知在最初，生物—医学科学家是很不习惯于离开他们自己的实验室到像同步辐射中心那样的多学科交叉的环境中工作的。

另一个重要的方向是在微观结构的准确位置上的原子或分子或电子态的改变，这就是原子尺度上的空间分辨的工作。40年前，一位杰出的物理学家说过，如果能够在微观结构的准确位置上移动或者指定某种性质的原子，对于物理学和材料科学将是重大的突破。40年来科学的发展不但证明了他的观点完全是对的，而且证明了在物理和材料科学以外的许多学科中他的观点也是对的。比如，如果在生物大分子结构上能得以实现，这将是生物工程的大突破。

在这些方面，我想强调，在本世纪后期发展起来的同步辐射光源，在下一个世纪中，将继续起十分重要的作用。目前同步辐射光源是由在加速器中运动的、能量为几百个MeV到将近10GeV的电子或正电子放出的电磁辐射。在同步辐射提供的强辐射波长范围中，还没有激光源或者可调谐的激光源。由于同步辐射具有许多非常独特的性质，比如高亮度、波长可调范围宽、准直性好、偏振可调、稳定性高等，另外这种辐射是以0.1^{-1}纳秒脉冲的形式出现，这些都是科学家们在前沿研究工作所需要的特性。因此在本世纪最后的20年中，它被广泛地应用到十分广阔的学科领域中，成为一种先进的、在某些方面不可代替的研究手段。在下一世纪，同步辐射将继续是各个领域中的实验工作者所能得到的用途最广的工具之一。在北京和合肥已经建成的两个同步辐射光源（它们分别属于第一及第二代同步辐射光源）和目前正在上海建造的第三代同步辐射光源，无疑将在下世纪初对我国的科技发展起重大的推动作用。

就像本世纪激光和半导体物理研究引起了深刻的产业技术革命和引起巨大的新产业的出现那样，可以预期在下一个世纪中，基础科学的重大进展将会更迅速地转化成生产力，将会形成更多的新产业，而且具有重大发展前途的新产业取代虽然成熟、但是缺乏竞争力的老产业的进程将更加激烈。在目前两个世纪之交已经出现了一些这样的苗头。举个例子，同步辐射在工业生产领域里很可能带来一个巨大的新机遇：微机电系统（MEMS）的大规模加工技术——LIGA技术。

高科技的发展，已经把微机电系统的制作提到日程上。微机电系统就是微电子学与微机械的集成系统，因此它既有收集、分析、接受、传递信息的功能，又有驱动和完成一些特定的机械动作的功能。在这两方面，微电子学大规模集成电路远远走在前头，但是现代的技术发展也已经对微机械加工提出了更高的要求。

现代的微机械加工是指宽度为几个到几十个微米、高度为几十到几百微米的机件加工，它的第一个主要特征是高宽比大，为几十以上；它的第二个主要特征是要有生产集光、机、电于一体的潜力。微机械产品正在被应用到越来越广泛的领域中，例如，微马达和微照明灯具已被应用于非剖开性的人体内部外科手术，微米尺度的微喷嘴已被用于核燃料铀的富集生产中。目前，微机械加工是一门正在成长的、具有巨大前景的新工业，应当引起我国的高度注意。

当前正在发展的微机械加工技术有多种，但就大规模生产与高度的适应性而言，80年代中首先在德国发展起来的LIGA技术，在国际上被认为是微机械加工的一个十分有前景的新方法。LIGA是德文Lithographie（光刻）、Galvanoformung（电铸）和Abformung（塑铸成型）三个字的字头，它由同步辐射深层光刻、电铸成型及塑铸成型这三个主要工艺过程组成。所以LIGA技术准确的名称为微机械制作的同步辐射深层光刻、电铸成型和塑铸成型技术。在原理上LIGA技术与全息记录的大规模复制（例如，激光唱片生产）有点相仿，第一步是用光刻的方法在光刻胶上刻出微机械或微器件的三维结构，第二步是通过电铸从光刻胶三维结构上产生金属母模，第三步是用母模通过电铸或塑铸方法复制许多金属的或其他材料的生产用模，最后一步是使用生产用模作大规模复制。

LIGA技术中的光刻工艺与微电子工业所用的光刻工艺是很不相同的。微米级微电子器件光刻的刻蚀深度不大于几千埃，刻出的结构的高宽比小于1，所以也叫做平面的光刻，所使用光源的波长在可见光到紫外光的范围便已足够。与之对比，LIGA技术中光刻的深度要到千倍以上，故此也称为立体的光刻。要增加刻蚀深度，必须使用波长比紫外光短得多的X射线。如果要做几十到几百微米深度的光刻，所使用的光应是波长在2~10埃之间的X射线。

对于深层光刻所使用的光源的性质，除了波长之外，还有两个重要的因素，就是它应当有高的功率密度和良好的准直性，前者是为了曝光的需要，后者是为了保证制作出来的微机械结构的垂直面有良好的平行度。目前在这个波长范围中的X射线光源，除同步辐射外，都不具有这两个性质，所以最适合于深层光刻的光源是同步辐射光源。由于这种方法能够同时满足微电子集成电路制作和微机械加工的技术要求，故被认为是一个极重要的方向，有着巨大的发展前景。这是一个说明科学与新技术结合为工业带来巨大的新机遇的例子，通过它可以看到下一个世纪科学技术发展的特征，这就是学科间高度的交叉融合，以及科技发展与产业发展的高度紧密的相互作用。对此，不仅仅是科学家，产业界和规划人员也必须予以高度重视，否则在21世纪我国将与许多新发明和新发现失之交臂，也无法实现在我国建立起一个有着世界领先水平产业界的局面。

（摘自《群言》1999年第12期）

最可怕的是错过一个时代

王　选

站在21世纪的晨曦中，回望过去的100年，最使人激动和充满时代特色的恐怕就是计算机行业的技术革命浪潮。机会稍纵即逝，失去一次机会，就等于错过了一个计算机时代。

1999年8月我在马来西亚参加马哈蒂尔首相的IT国际顾问会议期间，专门与前王安公司的一位高层管理人员和收购Cray研究公司的SGI公司总裁作了交谈，分别向他们请教王安和Cray计算机公司破产的原因。一系列决策错误的最终后果使王安错过了PC时代，Cray错过了巨型机的大规模平行处理时代。一旦错过了整整一个时代，再从头赶至少需2—3年，而市场已等不及了，这样便难免被淘汰的命运。

领导过潮流的企业也会被新潮流所抛弃

DEC已被Compaq收购，DEC的创始人Olsen曾抓住两次潮流：第一次是50年代，磁心存储器开始大规模流行，DEC以磁心存储器测试设备起家；第二次是20世纪60年代，敢于向IBM挑战，开创了小型计算机时代，这是Olsen一生的最大贡献。王安也领导过两次新潮流，即20世纪50年代的桌上计算器和20世纪60年代的文字处理机，从而使王安公司于20世纪70年代达到顶峰。Cray在巨型机领域领导潮流达20年之久，他也有过两次划时代的贡献：1964年的CDC6600首创了多个运算单元平行工作；20世纪70年代的

Cray采用了Risc技术，对后继的巨型机，包括我国的巨型机研制产生过深远的影响。今天这三家著名企业都不复存在，他们的兴衰说明IT行业很难有常胜将军，过去的成功有时会成为未来失败之母，而最可怕的是错过了整整一个时代。

每个领域都有自己的潮流
每次潮流意味着挑战和新的机遇

计算机行业有时代划分，如大型机（mainframe）时代、小型机（mini）时代、微机（micro）时代、PC时代、后PC时代和Internet时代。IT的每个领域又不断有自己的新潮流，每个新潮流都会冲垮该领域的某些企业，涌现出一些新企业。以中文文字处理领域而言，从20世纪80年代中期开始，经历了下述6个时代：中英文打字机（以四通打字机为代表）、文字处理汉卡（以金山、巨人为代表）、DOS文字处理软件（WPS曾占领了80%市场）、Windows文字处理软件（Word先占领了大量市场）、高集成度办公软件以及适应Internet的办公软件。假如20世纪80年代末四通利用中英文打字机市场占有率高达80%的优势，用自己的汉卡取代自己的打字机，也许就成为办公领域跨两个时代的英雄；20世纪90年代初Windows3.0刚问世不久，若WPS能充分利用Windows的界面和集成环境，以崭新面貌出现，可能就不会有后来Word的大量普及。可见新潮流出现时晚一拍就会丧失机会。1990年北大方正在Windows上开发软件已有3年经验，我很想利用这一优势以及在排版领域的技术积累，从专业排版扩展到量大面广的办公软件领域，为此还专门买了早期的Word和PowerPoint版本，但选择的项目负责人或者对此领域没有兴趣，或者缺乏技术领导能力，结果一事无成。所以看到了新方向和机遇，若没有好的领军人物也难以成功。

方正出版系统保持了12年的兴旺，十多年来在出版系统领域出现过多次新潮流：

1. PC与桌面出版

1986年中国印刷技术研究所已有PC排版软件问世。当时电子部有些领导看到PC机上CCDOS盗版严重，担心激光照排开发PC版将有负面影响。但我们认为错过一个时代后果不堪设想，决定抽调精兵强将加快重新设计的PC版本的研发。这一决策使1988年问世的华光Ⅳ型上的排版软件比同类产品性能上领先两年之久，获得了一致好评，也使华光和方正系统在淘汰铅字的革命中取得了独占地位。

一个新潮流到来之时，领先厂商过去的技术和市场积累可以成为宝贵的财富，也可能成为迎接新潮流的包袱，从而给新兴企业以可乘之机。

2. 页面描述语言与PostScript、PDF

1986年北京大学在国内第一个研制成页面描述语言，使1990年底开始的以页面描述为基础的远程传版成为可能；1993年10月北大方正又第一个推出中文PostScript2系统，使页面描述采用国际标准；1999年我们又第一个支持中文PostScript3和适合Internet电子发送的PDF。

RIP是照排系统中解释页面描述语言的核心设备。80年代我们第一个设计专用芯片以提高字形处理速度，大大提高了市场竞争力；20世纪90年代中期cpu速度已足够快，我们又及时转向纯软件RIP，并在国内首次实现输出管理、RIP内陷印处理（trapping）、RIP内折手和RIP内彩色管理，使RIP的技术水平比国内竞争对手领先三年以上。正在研制的方正第八代RIP将适应未来的全数字化流程的管理，更好地迎接电脑直接制版和网络时代。

3. Windows、高集成度和可扩展性

我们于1987年底转向Windows平台，1991年问世的方正维思排版软件是第一个Windows下的中文排版软件，并在国内第一个支持OLE；方正飞腾排版软件在国内首次采用软插件技术，便于不熟悉飞腾的人独立地扩充功能。这一特性使组版能与报业、印前系统一体化解决方案中的其他流程高度集成在一起。

16年来，在出版系统的很多次潮流中，除了转向PC平台我们比国内一些单位晚了两年外，其他各次潮流我们均站在最前列，从而使方正在国内报业照排市场的占有率从1991年初的55%，上升到1995年的75%和现在的90%，采编流程和广告管理系统的市场占有率也在90%以上。在书版软件适应新潮流方面，方正有过失误。1988年上市的书版软件由于功能强、效率高和排出来的版面规范，一直畅销，约有几十万套在使用，至今我国大部分书籍仍用此软件排版。即使作者用Word写稿，出版社和印刷厂也常常用方正书版软件重新排一次版，得到Word直接输出所达不到的美观的版面效果。由于缺乏优秀的技术带头人，方正书版软件7年来没有实质性的更新，一直是DOS老面孔。直到1999年推出了基于Windows、并有一系列重大改进的书版9.0，受到用户的热烈欢迎。

20多年来国内有20多个单位和厂商从事过专业排版领域的研发和市场开拓，但一次次的新潮流淘汰了绝大多数企业。国外也是大浪淘沙，20世纪90年代西文报业系统霸主Atex、发明激光照排的Monotype、开创过桌面出版时代的Aldus、软RIP的开创者Hyphen、推出第一个PostScript2 RIP的Harlequin，以及七八十年代日本市场和东南亚、港、台中文出版市场的霸主“写研”和“森泽”等，今天已不再辉煌，有的甚至已经被收购。只有始终充满危机感，才能不被淘汰出局。

任何IT产品都要考虑Internet的影响

人类历史上还没有一项技术像Internet那样，在这么短的时间内影响如此多的人。电话用户达到5000万户用了55年，广播听众达到5000万户用了38年，电视观众达到5000万户用了13年，而Internet只用了3年就超过了5000万用户，总共不到8年就可达到3亿用户。预计2002年全球因电子商务的应用而节约的成本将达12500亿美元。所以我同意Intel总裁巴瑞特的判断：将来不上网的企业只能坐以待毙。

由于中国人均纸张消耗量只有美国的1／200，所以今后几年内纸面出版还将呈上升趋势，但网上出版的增长速度将更快。北大方正在出版领域内较早考虑了Internet的影响，我们在国内最早研究和完成SGML应用系统，参与了SGML中国标准的制定（SGML是HTML和XML的基础）。1999年北大方正第一个推出了基于Internet/intranet的采编流程管理系统。公司新的领导班子上任后又及时提出了E-media战略，使方正媒体领域的方向既充分利用已有的技术和市场优势，又能面向Internet时代。审视一下方正已经上市和正在研发的产品，都能找到Internet对这些产品已经和将来可能产生的影响。在新的大潮来临之际，落后一拍或几拍就会失掉很多机会，而错过整整一个时代必遭灭顶之灾。

（摘自《群言》2001年第1期）

什么叫做全球化?

周有光

什么叫做全球化？从表面意义来讲，全球化是不受地理限制的行为，多数国家已经实行，并且有推行到全世界的趋势。让我们从经济、政治和文化三个方面来看看，地球上有哪些事情已经或者正在全球化。

经济方面的全球化

1. 交通全球化

航海全球化。麦哲伦（F. Magellan），葡萄牙航海家，后为西班牙服务。1519年，他从西班牙西南港口启航，跨越大西洋向西南航行，到达南美的里约热内卢；沿东岸向南，到达一个海湾，后来称麦哲伦湾。向西穿过这个接近南美最南端的海湾，到达他想象中的“南海”。这里风平浪静，后来称“太平洋”。1521年到达菲律宾，与土人战斗，麦哲伦战死。他的同伴继续前进，横渡印度洋，到达非洲南部，绕好望角，沿西非往北行，1522年回到西班牙。此行往返三年，证明地球的确是球形，是一个水路相通的水球，可以环绕航行。从此开始了航海全球化，这是人类活动全球化的起点。

地球上的大陆板块分布得不合人意，需要开凿两条洋际运河。一条是苏伊士运河：北起地中海塞得港，南至通向红海的苏伊士湾。这是从欧洲到印度洋和太平洋的最短航线，避免绕道非洲的好望角。1854年，法国雷赛布（F. Lesseps）得埃及政府授权开凿，1856年成立苏伊士运河公司，1859年开工，1869年完成，供国际公用。

另一条是巴拿马运河：打通中美洲巴拿马的狭窄地峡，使北美东西两岸往来可以避免绕道南美南端的合恩角（Cape Horn）。起初由雷赛布组织“两洋运河世界公司”经营，失败后改组为“巴拿马运河新公司”，1904年开工，1914年完成，供国际公用。开通两条洋际运河，航海的全球化提高了实用价值。

航空全球化。鸟能高飞，人不能。人是多么羡慕鸟飞呀！1903年，美国莱特兄弟（Orville & Wilbur Wright）研制并试飞成功世界上第一架有动力设备的飞机，开始了人类的飞行时代。1920年代，发展军用航空和民用航空。1940年代，喷气式飞机正式使用。1950年代，空中商业运输发达。1990年代，飞行速度超过音速3倍，飞行高度超过3万米，最大航程可以绕地球一周。地球忽然变小，人类长出了翅膀！货运航海，客运航空，海空交通全球化了。

汽车全球化。1908年，美国福特（H.Ford）利用装配线大规模生产汽车，大大降低成本，使只有富人玩得起的汽车，变成中等市民也用得起。现在，汽车成了全世界较大城市的主要交通工具。汽车已经全球化。

2. 贸易全球化

贸易全球化的目的是：扩大交换，发展经济。交换的项目包括：商品、资金、生产技术、管理技术、劳动力等。方法是：减少限制，提倡竞争。原来的限制有：关税、地段税、优惠、配额、特许、垄断等。贸易全球化的基础是贸易自由。贸易自由可以行于国内，可以行于国际。历史证明，贸易自由是发展经济的动力，德国由此而崛起，西欧由此而发达，美国由此而富强。

“二战”后，法国、联邦德国、意大利、比利时、荷兰、卢森堡，在1952年实行“煤钢联营”，消除壁垒，生产扶摇直上。受此鼓励，1957年成立“六国共同市场”，降低关税，提倡竞争。1959年削减相互关税

10%，1968年取消全部相互关税，十年间相互贸易增加四倍，西欧经济从“二战”废墟中陡然起飞。东德和西德原来相差无几，这时候忽然变成贫富悬殊。东德人民纷纷经柏林逃往西德，使东德不得不筑起“柏林墙”以自保。后来西欧进一步成立欧洲共同体和欧洲联盟。

1947年成立世界性的“关贸总协定”，1995年扩大为“世界贸易组织”（WTO），进一步推动贸易自由的全球化，创始成员有104国。目标是防止贸易歧视，开放彼此市场，废止进口限额，实行最惠国条款。会员国之间对工业品的关税，从1947年的平均40%，降低到1993年的平均5%。全世界90%的国际贸易已经纳入这个轨道。

冷战时期，世界曾经分为两个贸易市场：一个是资本主义市场，实行货币贸易；一个是社会主义市场，实行以货易货。苏联解体之后，世界贸易市场全球化了。原来提倡竞赛而反对竞争的计划经济国家，面对两难的抉择：开放、改革，进入大千世界？封闭、保守，自成世外桃源？人们把“进入世界贸易组织”简称为“入世”。“入世”跟“出世”相对，意义重大！

3. 货币全球化

多国贸易，多边结算，使用多种货币，十分不便。为了提高效率，节省结算费用，渐渐使用同一种大家都能接受的货币，作为公共的结算媒介。这一媒介货币，成为商品标价的尺度，储藏价值的手段。美元担当了这个任务，这不是主观的选择，而是客观的趋势。

原来为缺少外汇而发愁的中国，现在有大量的美元外汇储备。前苏联曾严格抵制美元，现在俄罗斯民间据说储存着美元钞票200亿元。美国的国外美元据说超过了5000亿元。世界各国的银行都接受美元；有些国家和地区的本地商店也接受美元。美元全球化了。

美元全球化，对大家方便，对美国特别有利。给富有的美国锦上添花是不公道的。不少国家提出异议，但是还没有找到可行的代替办法。2000年伊拉克出售石油，用欧元而不用美元结算，不知能持续多久。如果欧元成为国际的媒介货币，这也不是欧盟以外各国自己的货币。国际间已经不能没有一种全球化的货币。

信用卡代替钞票记账支付。1950年在美国饮食俱乐部推行，1959至1966年间在美国银行界使用，不久成为多数国家接受的一种支付方式。国际往来，身边携带钞票，不方便，不安全。一张小小的信用卡，走遍天下。货币开始电子化，信用卡促进了货币的全球化。

政治方面的全球化

1. 联合国

联合国是全球化政府的雏形。两次世界大战，使人类要求建立一个全球化政府。“一战”之后，1919年成立国际联盟，谋求集体安全，仲裁国际争端，裁减军备，公开外交。日本侵略中国，意大利侵略阿比西尼亚，希特勒撕毁《凡尔赛和约》，国际联盟失败。

“二战”之后，1945年成立“联合国”，宗旨是维护国际和平与安全，发展各国人民的平等权利和自决权，促成国际合作，解决国际经济、社会、文化和人道主义的问题。组织有：大会，安全理事会（美俄英法中为常任理事，有否决权）等。业务机构有世界银行，国际货币基金组织（IMF），劳工组织，粮农组织，卫生组织，教科文组织，儿童基金会等。必要的时候，联合国可以调集维和部队阻止战争。

联合国已经树立了全球化的权威，没有一国愿意被排除在它的大门外面。冷战时期，对立的美国和苏联都没有离开联合国。联合国已经执行了全球化政府的初始职能，虽然不尽如人意。在各国社会向前发展的基础上，全球化的联合国可能逐步成长起来。“世界大战”就是战争的全球化。人类希望发展政治全球化，阻止战争全球化。

2. 民主全球化

各国对民主的含义和评价有不同的理解，可是民主的名义已经为全世界所接受，即使最反对民主的统治者也在国家名称中写上了民主字样。选举几乎普遍实行，不过很多是自欺欺人。民主在名义上已经接近全球化。

美国在两次大战中提出“为民主而战”的口号。这个口号产生了广泛影响。20世纪有三次民主化高潮：一战之后是第一次，二战之后是第二次，冷战结束之后是第三次。民主国家的数目有时增、有时减，总趋势是增加。现任民主国家已经超过全世界国家总数的2／3。

在17、18世纪欧洲启蒙运动之前，国家没有皇帝是不可想象的。今天即使绝对的独裁者也不愿自称为皇帝了。袁世凯可能是最后一个爱好皇帝称号的军阀。从拥戴皇帝到不要皇帝，这是多么激烈的思想革命！可是再往前走一步就国步艰难了。有人认为，民主全球化是经济全球化的基础。有人认为，经济可以全球化，政治必须多元化。当代民主的一般模式是：多党直选，三权分立。中国的民本思想不等于民主制度。“载舟覆舟”的箴言，目的是保卫皇帝免于覆亡。民主不是十全十美的制度，但是历史证明，民主有利于发展经济、提高文化，使盲目崇拜变为独立思考，因循守旧变为进取创新。文化低下，难于实行民主，但是不可能先提高文化然后实行民主，只可能先实行民主然后提高文化。人们希望21世纪是民主全球化的世纪。

文化方面的全球化

1. 历法和度量衡的全球化

法国的度量衡已经被全世界所采用。基督教的历法已经成为公历。历法和度量衡的全球化，是人类生活全球化的一个条件。

2. 信息全球化

邮政全球化。函件和包裹的传递，起初限于一国之内，后来扩大到整个世界。1875年成立邮政总联盟，1878年改称万国邮政联盟。20世纪发展航空邮递。邮政全球化便利了全世界。

电报全球化。1837年美国莫尔斯（S.F.B. Morse）发明电报，很快进入军用和民用。1880年（清光绪六年），中国开办《四码电报》，用四个数码代表一个汉字。电报原用电线传输，后来发明无线电传输。1865年成立国际电报联盟，1934年改为国际电信联盟（ITU），1947年归入联合国，负责分配无线电的频率。电报全球化，提高了行政和管理的效率。

电话全球化。1876年美国贝尔（A.G. Bell）发明电话，市内电话发展为长途电话，国内长途发展为国际长途，固定电话发展为移动电话。“手机”有多种功能，一机在手，万国皆通。移动电话本身就是全球化设备。

广播全球化。意大利马可尼（G.Marconi）1896年发明广播，得到诺贝尔奖。1930—1940年间，广播成为世界各国的重大事业。广播划破长空，穿透国界，封闭国家苦苦干扰，可是难以一手遮天。广播的特点就是全球化。

电视全球化。美国兹沃里金（V.K. Zworykin）在1923—1924年间发明传送器和接收器，奠定了最初的电视基础。后来多位科学家做出重大贡献，使电视达到实用水平。现在，彩色电视已成为多数国家的家庭设备。在新闻开放的国家里，人民每天看到全世界的真实动态，使灰暗的世界变成透明，这是影响深远的信息全球化。

电脑全球化。1946年，美国科学家（J. P. Eckert & J. W. Mauchly）推出第一代计算机，名为“ENIAC”（电子数字积分计算机）；英国在“二战”后期悄悄制成“巨人计算机”（Colossus），专为对德破译密码之用。经过不断改进，计算机成为帮助人脑的智能化利器，得到“电脑”的爱称。个人电脑（PC）联成国际互联网，就是电脑的全球化。通过全球化的网络，电脑正在促进新闻自由和知识交流，改变人类的脑力劳动，开创信息化的新时代。

3. 科学全球化

科学有一元性。全世界只有一种天文学，没有东方天文学和西方天文学。苏联曾创造多种马克思主义真科学，对抗资本主义伪科学。李森科创造米丘林生物学，认为后天获得能够遗传。马尔创造马尔语言学，认为语言有阶级性，无产阶级统一全球的时候，资产阶级语言就要消亡。赫鲁晓夫上台，废除米丘林生物学，因为真科学生产不出优良种子，每年要向伪科学购进大量种子。斯大林晚年，由于语文教师纷纷写信质问，不得不声明语言没有阶级性，于是马尔语言学烟消云散。科学破除迷信，真理传遍世界，这是科学的全球化。

4. 语文全球化

英语全球化。人类需要一种国际共同语。“爱斯不难读”（Esperanto）没有成为世界语，联合国不用，国际贸易不用，科技著作不用。英语经过300年的国际传播，成了事实上的国际共同语。罗马帝国衰亡，留下一份遗产：拉丁文。大英帝国瓦解，留下一份遗产：英语。英语全球化便利了整个世界。喜欢它也好，讨厌它也好；你不用，你自己吃亏。英语的全球化，已经是不可逆转的局面了。

字母全球化。今天，全世界大多数国家用拉丁字母作为文字。“国际标准化组织”（ISO）给每一种非拉丁字母文字审定一种拉丁字母的标准转写法，作为国际文化交流的纽带。拉丁字母的老祖宗希腊字母（以及其他字母）都有拉丁字母的标准转写法。在国际互联网上，拉丁字母占据了文字符号的99%。拉丁字母已经全球化。

5. 体育全球化

奥运会是体育竞赛的全球化。

6. 旅游全球化

国内旅游发展为国际旅游，旅游全球化了。发达国家在景气的年份，出国工作和旅游的人次超过了总人口的1／2。经济越发达，旅游越兴旺。读万卷书，行万里路，将成为知识时代的知识青年的爱好。旅游全球化扩大了人类的视野。

以上这些事实告诉我们，世界大多数国家已经开始进入全球化时代。

（摘自《群言》2001年第1期）

人类是有希望的

马识途

进入21世纪了，新世纪的曙光耀眼通明，对于一个86岁的老人说来，没有比这更令人高兴的了。

我能在20世纪活了86年，并不是件容易的事。解放前，我从事地下革命工作，几乎每天都和死神捉迷藏，随时准备以身殉职，没想到能活到解放。许多战友和亲人牺牲了，我竟幸存下来，看到了天安门广场红旗飘扬。解放后，以为一切都会很好，然而前进中也遇到了我未想到的艰难。特别是政治“运动”不断，我被逼着去运动别人，也被迫承受别人运动我。总算拖泥带水活到1966年，谁知祸从天降，无论什么“革命派”都可以在我这个官定的“反革命”身上踏上一只脚。我想这次是在劫难逃，必死无疑了。奇怪，竟又莫名其妙地被“解放”了。哦，原来街上在卖四个一串的螃蟹，换了人间了。于是时来运转，我不仅活下来，而且活得心情舒畅，有滋有味。虽仍有小坎小坷，终因福大命大，今天才有资格叫一声：“我终于跨过了新世纪的门槛，活到21世纪了！”因此，也有资格作一个世纪回眸了。

在20世纪，我曾有过美丽的梦想，也为伟大的理想奋斗过。我有过欢乐，亲眼得见屡遭列强凌辱、几乎灭亡的祖国站了起来，中国人民为自己美好的未来辛勤劳动着。在这个世纪里，我也看到，人类的聪明才智发挥到了极致，无数神奇的科学发明，为人类带来了无限光明和幸福的前景。但我同时看到，人类的愚蠢和野蛮也发展到了极点。我看到过多的压迫和剥削，过多的贫困和饥饿，过多的瘟疫和疾病，过多的战争和死亡，过多的眼泪和鲜血。人类生活在核弹的阴影里，一个疯子按一下电钮，就有可能把人类消灭。更严重的是，在20世纪，我们在“征服自然”、“向地球开战”的口号下，无情地践踏着我们的地球母亲，向她作无限的索取，把自然破坏得面目全非，这个地球已越来越不适宜人类居住了。

不幸的是，人类的愚蠢和野蛮，正滋生在人类的聪明和才智上。人类一天天走向自己的反面，走向非人性、非道德、非理性。我是相信“人之初，性本善”的，我以为“人之所以异于禽兽者几希”，那个“几希”，就是人是有人性的，有道德的，有感情和理智的，追求真善美的。我们常说“人为万物之灵”，许多至圣先哲，开出拯救人类的方子，倡导建立人间天堂。大多数爱人类，爱和平，有人性的普通人，正怀着善良的愿望和勇气，和人的堕落、异化、自我毁灭进行斗争。我始终认为人类是有希望的，真善美终究战胜假恶丑。

当2001年钟声敲响的时候，我在心里高呼：“拯救人类！拯救地球！”

（摘自《群言》2001年第2期）

不负诤友的使命

吴修平

去年12月，我作为全国政协外事委员会代表团的成员，访问了欧洲几个国家。在某国与国会议员座谈，在座的有执政党的，也有反对党的。一起进餐时，我曾问："你们在议会里的关系怎么样？"一位反对党的议员回答："对抗!"我笑着问他们："那你们反对党就是为反对而反对？"另一位议员补充说："从我们个人关系来说也是朋友。"当时我就联想到我们国家的政党体制，我们是多党合作。他们的党派关系是对抗，我们能这样搞吗？绝对不行!回到国内，全国统战工作会议刚刚开过，我看到会议提出"保持宽松稳定、团结和谐的政治环境是多党合作和统一战线的重要原则"。江泽民同志也在会上说："要鼓励各民主党派当我们的诤友，能够说心里话，敢于讲不同意见。"我确实很高兴。

我曾经当面向中共领导人提出过很尖锐的意见，他们都认真听取。我想，诤友的标志，应是有诤言。做诤友，就要敢于讲真话，敢于反映现实情况和问题，敢于提批评意见。是诤友，就要听得进不同意见，特别是听得进逆耳之言，闻过则喜，从善如流，有则改之，无则加勉。我认为，这样才"够朋友"，才有益处。所谓"广纳群言，以收众益"，这个"言"，少不了诤友的逆耳之言。这个"益"，是民主精神的发扬，人心的凝聚，是经济发展、国力增强和安定团结所需要的。

一个鼓励做诤友和讲诤言的政治环境，必定是一个宽松稳定、团结和谐的民主环境。我们做诤友，讲诤言，不是偶然的兴之所至，而是建设有中国特色社会主义事业的需要。

发展社会主义民主，加强社会主义法制，是建设有中国特色社会主义的重要内容，也是我们实现现代化目标的重要保证。做诤友，要想大事；讲诤言，要议大事，民主和法制建设就是我们不能不关心的大事。要坚持以经济建设为中心，聚精会神搞建设，推进社会全面进步，就需要保持稳定的社会环境。没有稳定，一切就无从谈起。稳定局面怎么保持？我想，发扬民主和加强法制是十分重要的，民主与法制是相互促进的关系。在这方面，我们的国家还要做很大的努力。只有不断发展社会主义民主，不断完善社会主义法制，才能进一步营造宽松稳定、团结和谐的政治环境，才能实现真正意义上的长治久安，为经济发展和社会进步提供可靠的保证。

我们珍视来之不易的安定团结局面，珍视宽松和谐的政治环境，要为发扬民主和加强法制积极建言献策，以不负诤友的使命。

（摘自《群言》2001年第4期）

新世纪　旧期望

何满子

推断21世纪的世界将变成什么模样，是未来学家的事；而且未来学家也未必说得全准。因此，我宁愿来回顾刚逝去的20世纪，看能从历史中得到点什么启示或曰教训。

回顾刚逝去的世纪，首先想到的就是1919年。不是因为那年是我的出生之年，而是因为那一年发生了划时代的五四新文化运动。我深感，人们对“五四”的历史估价远远不够。抗日战争前夕，我从一位极有卓见的前辈那里获知一种观点——这位前辈不很知名，是一家影响不大的地方报纸的总编，名叫凌强，这也许是他的笔名。但以后我和马叙伦、沈钧儒等浙江籍的老先生谈起，这两位都知道凌强其人，说他是个“畸人”，这是后话。

当时我才十六七岁，因投稿而认识了这位“畸人”。那些年正是抗日救亡运动火炽的年代，有点追求的年青人都认为面临着一个大时代。一天，凌强先生就“大时代”的问题发表了他的见解，那番话在我脑里烙下了深刻的痕迹，至今难忘。下面记下的当然不是他的原话，但我相信那意思不会搞错。

他说，人人都以为自己所遭遇的时代是“大时代”，承平年月的人可以这样认为，动乱年代的也可认为是大时代。其实某些所谓“大时代”，只是称得上历史的真正“大时代”的一个环节，乃至一个插曲。他断定，中国当前的“大时代”是从五四运动启幕的。“五四”引入了人文主义、启蒙运动等世界先进潮流，提出了民主、科学、人的独立尊严、个性解放等重大命题而开启了“大时代”；要等这些目标实现了，这个“大时代”才算落幕，才进入下一个新的历史时期。他说，面对着的抗日救亡运动，只是实现“五四”为起点的“大时代”的一个阶段。即使打仗了，打胜了，只要“五四”提出的任务没有实现，这个“大时代”就尚未完结。

他讲这番话时举有例证，言辞也很机智风趣，比我上面粗略的转述要生动、有说服力得多。对他的历史宏观视野的“大时代论”，听的时候虽也很感动，但我并无实感。直到经历了抗日战争、解放战争、人民共和国建立以及此后许多迅捷的事变，特别是荒唐的“文化大革命”，才愈来愈体会到这番“大时代论”的深长意义。社会有形结构的变革，统治秩序的更易，叫做改朝换代也好，翻天覆地也好，诚然是震撼性的工程，要付出巨大的血的代价；但社会文明格局，国民精神素质的改革，也即马克思所说的改造客观世界的同时改造人的主观世界的工程，却要比制度更艰难得多。更因为传统势力的顽固，诚如鲁迅所说：“旧社会的根柢原是非常坚固的，新运动非有更大的力不能动摇它什么。并且旧社会还有它使新势力妥协的好办法，而它自己是决不妥协的。”（《二心集·对于左翼作家联盟的意见》）如果社会文明格局、群体精神素质的改革工程未尝完成，没有真正做到毛泽东所说的“中国人民站起来”，则外观虽然“维新”了，实底子仍是老谱。皇帝改称了大总统或委员长或主席，“朕即国家”的章法依旧，旧势力旧秩序旧风习还会使改革者妥协、蜕变，旧病灶发生新溃疡。另一面，“五四”所呼召的公民觉醒尚未完成，对社会机器的运行便没有制衡能力，只有被支配被愚弄的份儿。乃至有上世纪50年代起的造神运动逐步升级，终至上世纪60年代的十年专制恐怖大暴乱，惨痛地证实了“五四”发端的“大时代”的改革尚未完成。

产业革新、高精尖科技的引进、应用和创造发明，超赶世界先进水平，是全球化经济竞争所必需，但并不能直接从总体国民精神的层面提升文明程度。以近事为例，邪教蛊惑人，世界各国均有之；但从未有过当前中国那样的如此大面积的愚众迷信荒唐透顶的“法轮大法”，可证文明程度的低落达到何等可悲的地步！又比如，与“五四”新文化之一翼的弘扬人文精神的新文学对垒的武侠小说，上世纪三四十年代早被打入地摊的陈腐玩意，原来也只供头脑落后的读者消闲的玩意，为旧文化续命的破玩意，说是精神鸦片也不为过，近年来竟被部分高等学府的教授学者所膜拜，大力宣扬和提倡，真叫乌烟瘴气，这不是十足的“精神复辟”又是什么！

至于滔滔天下皆是的“唯上”意识，官本位风习，推行法治的步步荆棘，诸如此类，归根究底，其根本原因之一都是国民尚未蜕除奴性，亦即“五四”创导的任务尚未实现之故。历史和现状都昭示，新的世纪里所期待、所应付出坚韧的努力的，还是——

实现“五四”所开启的大时代的启蒙任务。

（摘自《群言》2001年第4期）

人类前景展望

何兹全

人类过去是一路杀过来的

人，大约和蚂蚁、蜜蜂一样，是群体动物。我们现在所知道的，人类最早的群体是氏族、村公社。由氏族公社而部落，而部落联盟，而早期国家，而国家，而联邦或帝国。

人类社会像滚雪球一样，越滚越大。今天以前的人类社会，由小变大，由野蛮进入文明，是一路杀过来的。这问题似乎不要举例说明，只要回头看一下世界历史，中国历史，就可以明白。没有哪一个国家，哪一个民族，从古走到现在，不是一路杀过来的。

孟老夫子说："争地以战，杀人盈野；争城以战，杀人盈城。"（《孟子·离娄上》）这可以说是对人类整个过去历史的写照。

生产和交换

说人类社会群体的扩大都是通过战争来体现的，这并不是说：战争是推动人类社会群体扩大的原因。这是两码事。

推动人类社会群体扩大的，是人类生产的发展和交换范围的逐步扩大。生产发展了，为交换打下基础，打开道路。交换发展，像蜘蛛网一样，把人和人从经济生活上网到一起。一个地区和一个地区在一些方面有了互相依赖的关系，一个地区的人和一个地区的人在一些方面有了互相依赖的关系。荀子有一段话，很形象地说出生产分工和交换把人群交织到一起的情况。他说："北海则有走马吠犬焉，然而中国得而畜使之。南海则有羽翮齿革曾青丹干焉，然而中国得而财之。东海则有紫紶鱼盐焉，然而中国得而衣食之。西海则有皮革文旄焉，然而中国得而用之。故泽人足乎木，山人足乎鱼，农夫不斫削、不陶冶而足械用，工贾不耕田而足菽粟。"（《荀子·王制篇》）。前几句话，说的是交换把四面八方网到一起；后几句话，说的是分工、交换把眼前的人网到一起。

这样，大网套着小网，小网套着人。生活需要，大网小网把人套在一起。经济生活，把人和地区由小圈到大圈网在一起，从而就推动着人类社会群体由小到大、由部落到国家逐步扩大。战争、吞并，作了推动扩大的手段。

近代以前，交换经济所织成的网并不太牢固，一有风吹草动，就会绳断网破，四分五裂。因为近代以前，各地区基本上是自足自给的，各地区赖以生存的产业，主要是农业。因此，总的趋势虽然是像雪球一样，越滚越大，不断扩大统一，但又常常分裂，大块变成小块。中国历史上就出现过三国、五代十国等分裂局面。大块小块的统一中，也蕴藏着大大小小的土皇帝，各霸一方。天高皇帝远的地方，乡长、村长芝麻大的官，都能依仗手中权势，作福作威，欺压黎民百姓。

全球化和地球村

过去，人类生产力的发展是很缓慢的。以中国为例，从春秋战国之际开始使用犁牛耕地，到鸦片战争前，几千年来都没有多大改动。直到今天，犁牛耕地还在全国各地方使用着。亚洲、欧洲各国，大都经历着同样的历史。生产力几乎几千年都在同一个水平上，有进步，进步不大。

18世纪，人类发明机器。先有蒸汽机，后有电动机。产业革命又革命。到今天，又有了核动力。人类的生产力，几倍、几十倍、几百倍地增加。分工越来越细，生产越来越集中。人与人，地与地，行业与行业，相互依赖越来越深。经济的一体化、全球化，已突破国界、民族界、地区界。现在已出现欧洲联盟、北美自由贸易区、东南亚国家联盟。它的趋向是向全球化、一体化上走。

经济一体化、全球化的发展，必然会随之出现政治一体化的需要和要求。第一次世界大战后，出现国际联盟；第二次世界大战后，出现联合国。欧洲联盟，先经济而后政治，必然是向欧洲联邦一个国家上发展。这都是“天下一家”、“地球村”的先声。天下一家、地球村，已是人类社会群体下一步发展的归宿。从过去看未来，这有如四季交替、日月运转，是任何力量都阻挡不住的。

战争与和平

有史以来几千年，人类社会群体的扩大都是通过战争实现的。由现在到地球村，是否还要通过战争？能否和平发展下去，由和平大道走到地球村，天下一家？

和平道路有可能。这有几方面的设想：

（一）第二次世界大战后，资本主义国家的中产阶级在“小康”安定中生活，而且一直在稳定中有发展。中产阶级爱和平，有理想，不愿打仗。这是世界和平发展的一个强有力的基础和保证。

（二）经济的一体化，增强了国与国、民族与民族间的友爱和和谐精神，冲淡了隔阂。

经济关系的强化，加强了地区与地区、国家与国家间的相互理解和感情。世界大战前，德法两国是世仇。现在在欧盟中，德法已是向“一家人”方向走了。欧盟的前途，必然是欧洲联邦。德、法、英、意等所有欧洲国家都是联邦中的一员。这种联邦，最初必然是很松弛的，慢慢会走向紧密的一体。欧洲会不通过战争，通过经济一体化走向政治的一体化，出现欧洲联邦，世界自然也会走这条路。通过经济一体化、全球化，也会在联合国之后，出现世界联邦、世界国、地球村。经济比较落后的地区和国家，一体化的道路会更遥远些。但只要欧洲有可能通过和平道路走向一体化，全世界也就都有可能。

（三）杀人武器进步很快，日新月异。现在已有原子弹、氢弹、激光武器、细菌武器。谁也不知明年、后年，十年之后，会出现什么武器。等武器和人的“聪明”进步到一用武器就消灭了敌人也就消灭了自己，谁也不敢发动战争了。因此，很可能杀人的武器越进步、越残酷，战争发生的可能反而越小。

（四）人类是一步步由野蛮走向文明的。物质文明越高，人们的生活越幸福越不愿打仗；精神文明越高，人与人的关系越和谐、友爱，矛盾少，仇恨少，战争发生的可能也就越小。但，从现在到地球村，还有漫长的路要走。一路上什么事都会发生。现在还存在着战争的危险因素。谁也难保证疯子不会掌握政权。人既然会自杀，他也就会用毁灭地球、毁灭人类来为他殉葬！

民主、自由、多极、平等

以经济全球化、一体化为基础，走向政治全球化、一体化、天下一家的道路，还是漫长的。这条大道，只是和平的还不够，具体地说，还应该是民主的，自由的，多极的，平等的；而不是霸道的，一家说了算的。

在这方面，我倒觉得欧盟是个榜样。我对欧盟知道的不多，仅就知道的说，它走的是一条民主、自由、多极、平等的道路。参加不参加，民主决定，来去自由，德、法大国，也不霸道。这样走下去，走向欧洲联邦，欧洲统一，避免了战争，避免了屠杀，有何不可？

科索沃战争是霸道的战争，打着人道主义、保护人权的旗号，行的是自私自利的国家主义。这样，人心是不服的。这是假人权，不是真人权。假人权之名，行反人权之事。

《孟子》上有这样一段话：“孟子见梁襄王，出，语人曰：望之不似人君……卒然问曰：‘天下恶乎定？’吾对曰：‘定于一。’‘孰能一之？’对曰：‘不嗜杀人者能一之。’‘孰能与之？’对曰：‘天下莫不与也。……今夫天下之人牧，未有不嗜杀人者也。如有不嗜杀人者，则天下之民皆引领而望之矣！诚如是也，民归之由水之就下，沛然谁能御之？’”（《梁惠王上》）。

战国时代，是天下趋于统一的时代，孟子看到了这种趋势，他提出“不嗜杀人者能一之”的理想。

在孟子批评齐宣王伐燕取燕之战时又说：“取之而燕民悦，则取之。……取之而燕民不悦，则勿取。……以万乘之国伐万乘之国，箪食壶浆以迎王师，岂有他哉，避水火也。如水益深，如火益热，亦运而已矣。……今燕虐其民，王往而征之，民以为将拯己于水火之中也，箪食壶浆以迎王师。若杀其父兄，系累其子弟，毁其宗庙，迁其重器，如之何其可也？天下固畏齐之强也，今又倍地而不行仁政，是动天下之兵也。”（《梁惠王下》）

战国时代呼喊仁政，喊出了人民的心声。这是儒家的理想，实际上是幻想。说汤武、周文是行仁政得国，那是瞎说。

当前的世界，有些像历史上的战国时代，战国是一个走向更大统一的时代，当代也是一个走向更大统一的时代。希望我们不走秦始皇的路，而走和平、民主、自由、多极的路。大体上走欧盟的路。这是完全可能的。战国时代不具备的条件，我们现在都具备了。如前所述，在经济全球化、一体化的基础上，我们完全有条件通过和平道路，实现天下一家。

希望当代和今后的政治家，能认识“天下一家”、“地球村”是今后世界、人类社会发展的必然，要站得高，看得远，作引导人类向天下一家、地球村走的政治家，呼吁和平、反对战争的伟大的政治家！全世界的人民都在引领而望，如大旱之望云霓也！

未来世界的中国文化

在未来天下一家社会里，人与人的关系将是和谐、友爱、自由平等的；没有压迫、没有剥削。

中国传统文化中有一种大同世界、天下为公的精神正与未来世界的文明精神相符合。《礼记·礼运篇》说："大道之行也，天下为公。选贤与能，讲信修睦。故人不独亲其亲，不独子其子，使老有所终，壮有所用，幼有所长，矜寡孤独废疾者皆有所养。男有分，女有归，货恶其弃于地也，不必藏于己；力恶其不出于身也，不必为己。是故谋闭而不兴，盗窃乱贼而不作。故外户而不闭。是谓大同。"

这段话里有原始社会的影子，儒家加以美化了。但它也绘出对未来社会的理想和希望。天下一家、地球村社会是共产主义社会。

明朝以前，中国文化在全世界居于领先地位。18世纪以后，资本主义近代文明兴起，超过了中国文明，中国落后了。

现在我们已看到中国文化在未来世界里将要复兴，又有了它的重要位置。

困难和希望

当前，摆在中国人面前的有三个问题：一是贪污腐败，二是台湾问题，三是人心不振。

反贪反腐，现在已加强了力度。这是好的。但还要重视两点，一是加强人民监督。人民的眼睛是雪亮的，谁清谁贪，民间是知道得清清楚楚。汉朝有个故事。杨震去作东莱太守，路过昌邑。县令是他的故人，夜里怀着"十金"去看杨震。杨震说："故人知君，君不知故人，何也？"县令说："暮夜无知者。"杨震说："天知、神知、我知、子知，何谓无知！”县令羞愧而去。贪污行贿，是不会无人知道的。只要发动人民监督，贪污总会被揭露。二是不徇私情。法律面前，人人平等。无论涉及多高的高官，都要揭出来，决不徇私情。贪污腐败，祸国殃民，他们是非弄得国破家亡，不肯罢手的。全国人民忧心忡忡者在此。前途无限光明，当前使人忧心！

台湾问题，也是全国人民关心的问题。解决台湾问题的关键在美国。中美关系好，台湾问题的解决就比较容易；中美关系不好，台湾问题的解决就难；关系越不好，就越难。现在我们还没有使美国向我们低头的法宝。中美关系越不好，美国就越扶植日本，使日本对抗中国。但美国在远东下两盘棋：一盘是日本棋，一盘是中国棋。两盘棋都举棋不定。日本军国主义的阴魂未散，社会上政治上到处可以看到它的阴影，而且越来越显著。日本台上的政治家，有的有意也有的无意，都在为它打掩护。这是东亚和平的隐忧，也是世界和平的大患。这是有识之士都能看到的，也是美国人所能看到的。日本紧贴着美国，只要美国打日本牌，日本军国主义就发展，美国人当然也会看到这点，这是美国下中国、日本两盘棋而又两盘棋都举棋不定的原因。钱其琛此时去美国和他在美国谈话，都看出中国外交的动向，这是一步高着。希望沿着这条路走下去，台湾问题能得到好的解决。

人心不振。这主要是贪污腐败造成的。人民群众看到贪污腐败后果的可怕，忧心忡忡，而又无能为力，因此情绪振不起来。江泽民主席的“三个代表”思想，是在新的历史条件下马克思主义思想理论的一个飞跃发展，它是会鼓舞人心，振奋人心的。人民是听其言，观其行。行比言更重要。但愿“三个代表”在农村的宣扬和实行能带个头，使人振作起来。

善良的愿望

以上所谈，确实是我对人类历史前景的展望，也是我的希望。我也确实认为人类会如此发展，必然如此发展。但书生不谙时势，确实也怕它是幻想，是梦呓。

无论是什么，总是认真的展望和善良的愿望吧!

（摘自《群言》2001年第7期）

世纪的展望与回顾

李国文

1925年鲁迅先生写过一篇散文《过客》。后来，他在《写在‘坟’后面》中说：“我只很确切地知道一个终点，就是：坟。然而这是大家都知道的，无须谁指引。问题是在从此到那的道路。那当然不止一条，我可正不知那一条好，虽然至今有时也还在寻求。”

他的寻求，也是所有的人在其行走的一生中，都会有过的同样感觉。正如他笔下的那位过客，我们都会有歇一下脚，喝一口水的片刻。尤其在这世纪之交，展望未来，回顾过去，思前想后，应该是不无裨益的事情。

19世纪结束的1900年，为光绪二十六年，这一年的北京城，到处是义和团。20世纪开端的1901年，为光绪二十七年，这一年的北京城，到处是八国联军。上一个世纪之交，是在一份羞辱的历史中更迭的。

那时的中国，已经成了一具箍不牢靠的水桶，将要散架，危哉殆哉，很不令人振作的。一位名叫佩雷菲特的法国作家，在《停滞的帝国》一书里，这样描写他在中国的旅行所见：“遍地是水稻和纵横交叉的沟渠”，“人粪熏臭了中国农村”，“男人和女人的衣着没有区别，一律都是蓝布衫，宽袍长裤。男人只留一绺长辫外前额都剃光头”。如果这位洋人深入地了解，就会发现这具水桶漏水散架的原因，并不是人们头顶的那根辫子，更多的应该归咎于中国人磕久了头以后，磕得十分麻木的精神状态。

那时到中国来的外国人，首先会看到的，一个最典型的中国动作，就是扑通一声跪了下来的磕头。所以，kow-tow一词，也是最早进入西方辞语体系里的音译汉语。我手头的一本《朗曼英语辞典》里，是这样解释kow-tow的：a former Chinese ceremony of touching the ground with the head as a sign of respect， of yielding， etc.大意是“将脑袋触到地面，以表示尊敬或者臣服的一种古老中国人的礼节”。

这种拂袖，屈膝，俯身，弯腰，低头，触地，立刻比被磕的对方矮半截的三跪而后九叩，是最令人气沮的屈辱性礼节。几代人磕下来，不但磕掉了独立人格，磕掉了自我尊严，将中国人磕成精神上的侏儒。在跨进上一个世纪之门时，这些拖着辫子的侏儒，比那幅破烂帝国的糟糕画面，更不可救药些。

固然，贫穷很可怕，但愚昧比贫穷更可怕。贫穷只是物质上的匮乏，而愚昧形成的奴化，则是心灵和身体的双重扭曲。匮乏的物质，只要用心，几乎不需一代人的努力，就可大有改善。历史上有的朝代，只不过给老百姓数年的休生养息，就可以达到丰衣足食的程度。而磕久了头以后的那种麻木的奴才劣根性，就非一时半时所能疗救的。

所以，鲁迅先生在日本仙台读医学专科的时候，终于决定投身文学，立志要医治中国人的心灵，这种先知先觉的精神，也许可以称作上一个世纪初，那晦暗的黎明时刻，一丝闪亮的晨曦。也许，这就是20世纪最初的希望之光。虽然现在，咒骂鲁迅是一种时髦，如果，没有希望之光的启蒙，如今这些骂鲁迅的老少爷儿们，还不照样磕头如捣蒜?

我记得，1949年的秋天，到达解放不久的北京，东单还是一片摊贩林立的杂货市，脏乱不堪。南边的东交民巷，犹可以看到清代这片使馆区，后墙上留有向外射击的黑洞洞的枪孔。那是光绪二十六年，发生在北京城里，帝国主义列强侵略中国的物证。后来，翻阅史料，才知道，就在这段墙外，堆满了英勇进攻而牺牲的义和团员的尸骸。虽然我站在那里，已是劫后五十年的事，但心目中这份国耻记忆，那种被欺凌的屈辱感，并不因时光流逝，就能抹平。然而，我也深感悲哀和不解，那些庄稼汉造反了以后，仍旧要朝老佛爷磕头，然后相信一纸神符，一碗圣水，就可以刀枪不入，扑向帝国主义的洋枪洋炮，义无反顾。

磕头，把人磕成了傻子，在文学界，至今还有类似的傻子，跪在洋偶像面前，五体投地，膺服备至。然后，调转脸来，像《阿Q正传》里的假洋鬼子，自以为得了真传似的，吓唬中国老百姓。他们看不起这位启蒙者，说鲁迅作品里，缺少有价值的思想精神，故而在西方世界里，未能产生什么影响。其实，除了马克思学说弄得中国翻天覆地之外，西方世界里的那些经典的，现代的，后现代的思想家，在中国的流传，不也仅局限于相当狭窄的学术圈子里，与老百姓狗屁不相干吗？不过是坐而论道的腐儒空谈，与现实脱节的学术手淫而已。

所以，别看时下不磕头了，不等于没有傻子。

回头去看，时光荏苒，距八国联军打进北京城的庚子年，已足足一个世纪了。也许因为世纪交叠的缘故，报纸上出现很多回顾专栏。有一天，我看到登出来的一帧毛骨悚然的照片，不由得一怔。背景为前门箭楼，一些耀武扬威的八国联军士兵，正一把扯住好几个光着脊梁，露着臂膀的义和团员的辫子，用大刀屠杀着。一些被砍下来的头颅，就滚落在不远的地上。我想，照片上那些跪着的骨瘦如柴的同胞，任人宰杀的一脸麻木，与鲁迅在日本求学期间所看到日俄战争纪录影片中，被处决的中国人犯的面部表情，应该是相同的。

上上个世纪，积弱的中国所以被列强蹂躏，固然弱在国力上，弱在军事上，弱在清政府的无能和官员的腐败上，其实，某种程度上说，也弱在中国人被封建社会奴化了的心理素质上。中国人脑袋上的辫子，可以在一个早晨全部剪掉，但心灵上的那根辫子却根深蒂固，还会在被人一把抓住的时候，流露出既不知何以生，更不知何以死的那种画面上见到过的麻木表情。

所以，孙中山的辛亥革命，只不过推翻了封建王朝的体制，虽然，从此以后，不再朝活着的人磕头了，但这场革命作用于中国人精神方面的觉醒，还是有赖于稍后几年的五四运动和那场文学革命，一潭死水的古老中国，托天保佑，总算才出现一些变化。倘无这场启蒙运动，倘无德先生和赛先生，说不定读书人，还得赵钱孙李，周吴郑王，子曰诗云，之乎也哉；还得八股文章，秋闱应试，千里迢迢，上京赶考。像《儒林外史》里的范进，考到最后发疯为止。如果幸而被胡屠户一巴掌扇好了，那无休无止的磕头生涯，也会磕成一名彻底的侏儒为止。

五四运动的伟大意义，就在于使中国人明白，磕头如捣蒜的侏儒生涯，不是唯一必需的选择。于是，上世纪二三十年代，体现一个民族精神的中国文学，也有了相应的繁荣。那时候随便拉出一位作家，与时下红得发紫的文学明星相比，至少识的字多，至少读的书多，至少不下流，不堕落，不那么不要脸，至少认真地做文章，因此，直到今天，他们的作品，仍旧可以作为范本在流通。

房龙在《宽容》里面，对文艺复兴时期贡献新思想的“几个握鹅毛笔的英雄”所作的评语，“我们应当感谢他们干净彻底地清扫了堆积如山的垃圾。没有他们，这些垃圾还会在我们的思想里碍手碍脚”。这样的褒扬，用在上世纪初，进行民众启蒙教育的精英分子身上，非常合适；用在奠定新文学基础，成为中国现代小说第一人的鲁迅先生身上，更是贴切。

他是那场大清扫中，最为卖力的清道夫。

毛泽东誉他为“向着敌人冲锋陷阵的最正确、最勇敢、最坚决、最忠实、最热忱的空前的民族英雄”。这样的评价也是近年来一些人最不愿意听的。然而，“五四”以来，一直以扫除腐旧的垃圾为己任，以疗治国民精神创伤为目的，贯彻始终，奋斗至死者，也只有一个鲁迅先生。愿意听也罢，不愿意听也罢，毛泽东总结出来的，“鲁迅是中国文化革命的主将”，是事实，更是真理。

从一开始的白话文言之争中，我们就读到了他愤怒，甚至过激的誓言。“我总要上下四方寻求，得到一种最黑、最黑、最黑的咒文，先来诅咒一切反对白话，妨碍白话者。即使人死了真有灵魂，因这最恶的心，应该堕入地狱，也将决不改悔，总要先来诅咒一切反对白话，妨害白话

者。”（《朝花夕拾·二十四孝图》）

直到他病入膏肓的暮年，写他的精神遗嘱时说：“只还记得在发热时，又曾想到欧洲人临死时，往往有一种仪式，是请别人宽恕，自己也宽恕了别人。我的怨敌可谓多矣，倘有新式的人问起我来，怎么回答呢？我想了一想，决定的是：让他们怨恨去，我一个都不宽恕。”这句斩钉截铁的话，表明了他从头到尾的人格上的一致。

他的伟大，在于他一生铲除的各式各样的垃圾中，对于国民的思想与文化的批判，对于国民性中磕惯了头以后的奴性的揭露，这也是他最具思想光芒的，给予最大关注的命题。中国人经过数千年封建社会的桎梏，在那些膝盖一软，矮了半截的侏儒中间，鲁迅，作为一面振奋民族精神的旗帜，是当之无愧的。

上个世纪初的五四运动，中国知识分子第一次组合起来的行动，随着时间的推移，利益的消长，权威的升降，统治者的利用和压迫，有的人当了绅士，峨冠紫带，有的人退回到书斋，埋首故纸，有的人唱起了反调，提倡悠闲，有的人走向了革命，更求进取，遂有各式不同的趋向和去路。

在跨入世纪之门的时候，回过头去看上世纪初沸沸扬扬的五四运动，很多风云人物，无一不是像一阵风地倏忽吹来，然后又像一片云地飘然而去。如鲁迅坚持到底，画了个完整句号者，又有几人？毛泽东说：“鲁迅的骨头是最硬的，他没有丝毫的奴颜和媚骨，这是殖民地半殖民地人民最可宝贵的性格。”这也是现在许多人更不想听的一句话，甚至会激怒他们，因为这些人通常在洋菩萨面前，那膝盖很容易软下来，有一种由不得要磕头的欲望。

我们不妨闪回一个小镜头：前几年，某个国际大奖的某位委员，隔些日子，就要来到中国，打点秋风，屁股后面某些害了罗圈腿病的中国作家，面露谄色，眼流媚光，将“马”屁拍得那个响，有如九天轰雷。这充分说明，能够去掉奴颜和媚骨，不那么发贱的鲁迅精神，即使到了21世纪，中国作家也是用得着的。

鲁迅先生人格之伟大，与他文学之辉煌，同为一体，使他成为当之无愧的“握鹅毛笔的英雄”。王国维先生说过：“三代以下之诗人，无过于屈子，渊明，子美，子瞻。此四子者，若无文学之天才，其人格亦自足千古。故无高尚伟大之人格，而有高尚伟大之文学者，殆未之有也。”

1923年，胡适在其为上海《申报》60周年所撰的《五十年来中国之文学》一文中，特别提到鲁迅对于五四新文学的贡献。此时，这两位新文化运动的同志，已分道扬镳，形同水火。但作为历史学家的胡适，不能不据实而写：“成绩最大的却是一位托名‘鲁迅’的，从四年前的《狂人日记》到最近的《阿Q正传》，虽然不多，差不多没有不好的。”

从文学史的角度看，他的《狂人日记》，是中国第一篇现代意义的小说。它的开创意义，至少直到21世纪的今天，任何一位想写小说体裁的中国作家，还得按照这篇最早出现的小说所厘定的大致规范，而不敢背离得太远。那部《阿Q正传》，甫一出现，即成经典，那个戴毡帽的流氓无产者，立刻进入永世长存的文学画廊，这种无须时间验证的不朽，也可算是文学史上的一次奇迹。

如果说，上上一个世纪的天才曹雪芹在《红楼梦》中写出了中国贵族文化那顶尖部分的美丽，使他所在的那个世纪，不至于向文学史交白卷的话，那么，无愧于上个世纪文学史的天才，则是鲁迅无疑。因为他所写的中国大地上最底层的百姓形象，那些活生生地存在于国人心目中的阿Q、孔乙己、祥林嫂，绝对是完完全全的中国血肉、中国气派、中国特色，而且用的是最纯正的中国语言，闻不到一点如今那些叫好作品中的贼腥气，找不出一丝从外国名著中生吞活剥来的形迹可疑之处。尤其那个阿Q，几乎可以在每个中国人的灵魂中，找到他的影子，则是这位天才对于20世纪中国文学史的杰出贡献。

王国维认为：“天才者，或数十年而一出，或数百年而一出，而又济之以学问，助之以德性，始能产生真正之大文学。此屈子，渊明等所以旷世而不一遇也。”但是，对于侏儒而言，他们从来不需要这种“旷世而不一遇”的精神巨人。因为巨人腰杆挺直地站立在那里，势必会无情地映衬出他们跪在地上，矮了一大截的kow-tow形象，那可就太不雅观了。

所以，中国的侏儒们在侮弄天才、挫折巨人方面，有其久远的传统。早在1000年前，杜甫就为李白的命运哀叹过：“世人皆欲杀，我独怜其才。”然而，侏儒在强者面前，可以匍匐在地，磕头不已，作龟孙状，但在不侮弄白不侮弄，不挫折白不挫折的弱者面前，那由于磕头磕得太多而扭曲了的本性，一旦乖戾起来，往往表现得更刻薄，更阴毒。

这也是近年来，一批老的或少的“英雄好汉”，一齐开骂鲁迅的原因。有的赖以扬名，爬在大树顶端拉屎放屁，自然也就要比大树更高一头；有的藉此泄愤，因为共党抬举鲁迅，骂了鲁迅，也就等于骂了共党；有的为汉奸周作人张目，否定鲁迅，也就一块儿否定了以鲁迅为代表的革命文学；有的更以猥秽的心理，制造不堪的名目，将鲁迅抹黑，成为丑类，那他当王八蛋，彼此彼此，也就心安理得了。凡此种种，便是上个世纪末的文坛风景线。

但这班合唱团最不争气的一点，无论写文章的手段，也无论做小说的技巧，还是乖乖地顺沿着鲁迅所开拓的小说之路，所创造的杂文手法，亦步亦趋地爬行，有的甚至连及格的分数也爬不出来，真是可怜得让人唾弃。但他们很像《西游记》里的那个孙猴子，以为自己一筋斗翻得够远，已经到了天之边，地之头，赶紧从裤裆里掏出家伙，撒了一泡猴尿，以资佐证，谁知那尿骚气，正好让猴哥嗅出自己还是未能逃脱如来佛的手掌心，而抓耳挠腮，丑态百出。所以，大家对这类数典忘祖，亵渎鲁迅的叫嚣，来不及的掩鼻而走，恐怕也是那股骚味够冲的结果。

没有才华的文学，是贫血的文学；没有思想的文学，是软骨的文学。只不过写了一些贫血和软骨的文学，或者，连这也说不上，无非文学泡沫和文学垃圾而已，有必要旱地拔葱，跳到半空中，踩鲁迅一脚，踢鲁迅一腿，就会成为胜利者么？即使全体侏儒们向你的勇气表示敬意，你不想想，这不正是屈原所愤慨的“黄钟毁弃，瓦釜雷鸣”的可悲场面吗！

“死者倘不埋在活人的心中，那就真真死掉了。”（《华盖集续编·空谈》）鲁迅说这句话的时候，没想到他在20世纪末，还会被人拎出来鞭尸。其实，我认为老先生应该为之骄傲，现在那些红得发紫，紫得发黑，像五尸神一样上蹿下跳的男女作家，人们真是连鞭他（她）的兴趣也没有的。对这些活着与死去没有什么区别的作家，对这些刚刚出版就送到劳动人民文化宫书市打折出售的作品，更觉得精神不死的鲁迅，他之遭人嫉恨，也属理所应当，谁让他独领风骚20世纪，看样子21世纪还要风光下去呢!

可以预期，鲁迅笔下的那个活生生的阿Q，大概还有其文学生命力。只要奴性的磕头精神，不从中国大地彻底消失，阿Q的警示意义，就会存在下去。因此，为21世纪的中国人，驱除磕头心态，挺直腰杆站立，怕是最为关键的精神支柱。

对于文学来讲，最好还是不要以扳倒巨人，和你一般高矮，来求得平衡，而是应该努力赶上巨人，与他同等身量，才是正经。文学市场可以哄抬物价，文学史就未必这样势利，阿Q在，《阿Q正传》就在，《阿Q正传》在，鲁迅就在。花里胡哨的东西，不会长久的，二道贩子的货物，早晚会滞销，生搬硬套的赝品，难以再唬人，脐下三寸的文字，已经写尽了。因此，摆脱浮躁，力戒炒作，勿走捷径，脚踏实地，写出真正具有中国气派，中国风格的文学，或许就是跨进世纪之门的今天，那些翘首以待的中国读者，最盼望的一件事了。

（摘自《群言》2001年第8期）

关注时代　关注人民

张　平

也许因为是一个作家，所以才促使自己这些年对社会有了更多的关注和观察。说句心里话，我真的为自己能生活在这样的一个时代感到幸运和振奋。中国的改革开放，在短短的20年间，取得了如此举世瞩目的成就，这本身就是一个巨大的奇迹。在几十年、几百年后再反观这段历史，对她的评价也许会更高，更全面，更深入，更客观。这样的成就来自于执政党勇于创新的雄才大略，来自于勤劳而伟大的中国人民，来自于任劳任怨、甘于奉献的中国知识分子，来自于积极参与、踊跃支持的世界华人群体。邓小平的改革开放路线，之所以获得了巨大成功，就是因为这场变革得到了工人、农民、知识分子和海外华人团体的广泛支持。由于生产关系的调整变更，以工人、农民和知识分子为主体的社会生产力得到了全面解放，才使得中国人民焕发出了前所未有的积极性和创造性，才使得中国人民的精神世界和物质生活发生了天翻地覆的变化。一句话，就因为这场改革代表的是人民群众的根本利益。这是客观存在的历史事实，无可置疑，也不容置疑。

我之所以要讲这些，就是因为我既是这场改革的目击者，见证者，同样也是这场改革的受益者和参与者。支持拥护改革，就是我这些年所有作品的基调和主题。因为我本身就是人民中的一员，同样也是知识分子中的一员。对改革的信心和信念，我一直是坚定的，从来也没有动摇过。

但与此同时，我们必须清醒地看到，当改革进一步深化，当经济结构面临着新一轮的调整，当我们的社会变革到了真正的攻坚阶段，伴随而来的深层次的社会矛盾和阻力也愈来愈尖锐和猛烈。经济结构的调整，其实也就是利益结构的调整。在这场利益结构的调整面前，腐败现象的持续蔓延和道德观念的普遍滑落，也就成为这场变革中最为严峻的社会问题。

经济腐败，吏治腐败，司法腐败，在某些地方，其蔓延速度之快，渗透程度之深，数量和规模之大，可以说是触目惊心，闻所未闻！饭桌上的腐败，我们这几年似乎都已经不屑于再提起了。但事实上饭桌上的腐败，从来没有像今天这样的普遍和严重。一顿饭几千元几万元，甚至上十万元的标准，已经被更多的领导干部心安理得地接受和认可。抽高档烟，喝名牌酒，按摩、桑拿、歌厅、舞榭，高消费型的“体育锻炼”，都已经堂而皇之地成为一些领导干部必不可少的日常活动。以至于在一些纪检监察干部和司法机关工作人员的下意识里，这些现象也早已不能算作腐败。当然更多也是一种无奈，这样的现象太多太普遍了，你又如何能定义它，惩治它？然而对这种日益蔓延的现象予以容忍和退让，就必然会助长那种贪图安逸和奢侈的思想意识。道德的沦丧和腐败的欲念，其实都是从好逸恶劳，恣意享乐开始的。先是吃，然后才会是拿；首先是感情沦陷，接下来必然是行为堕落。

私营经济的崛起，给一些腐败官员提供了找不到口实和证据的敛财基础，同时也给这些腐败官员找到了蚕食国有资产的致富机会。他们借法制建设还不完善，经济结构调整并不到位，体制改革尚在进行的空档，瞒天过海，巧取豪夺，疯狂地进行权钱交易。慷国家之慨，行一己之私。他们对民营经济的明抢暗争，强拿恶要，必然成倍地加大民营企业的投资成本。为了挽回损失和保住利润，私营企业唯一的出路就只能是攫取国有企业的利益和剥夺工人的合法权益。在这种情况下，有些地方私营企业工人的就业环境便变得越来越恶劣，基本的权益没有保证，甚至连工资也没有保证，还出现了更为恶劣的像在管理犯人一样的工作环境。我曾经在采访中亲眼看到一些私营企业，工人们居住条件十分恶劣，有的甚至在十冬腊月竟然让工人住在几乎是露天的工棚里。在一个几十平方米的房间里，竟然有七八十个工人挤着睡在地板上！晚上去一趟厕所，就会再也找不到入睡的地方。他们从来没有什么节假日和星期天，每天得工作十几个小时以上，而且都是重体力劳动。空气污浊，污染严重，每个月的工资仅仅200多块钱。即使如此，工人在这里工作还得先交5000块钱押金。工资很少会按月领到，等到了年底，七扣八扣，还要扣掉许多。特别是有些地方，私营企业主故意拖欠工资，赖账不还的现象有越来越严重的趋势，由此而引发的劳资纠纷也越来越多。这种现象的增多，势必影响到国家再就业渠道的拓宽和发展，势必影响到民营企业的形象和繁荣。

尤其值得我们警惕的是，在一些地方，由于在法制建设中过多地掺入了人治因素，再加上利益因素，于是造成了冤假错案的大量出现。可以说，现在是自“文革”以来，冤假错案成批出现的第二次高峰！由此也带来了新的上访高潮。在某些地区的农村，农民为了打官司上访，居然出现了自发性质的“上访培训班”！面对着这些，我们的一些干部不仅没有丝毫的责任感，而且也没有丝毫的危机感。依然迷醉在腐败的深渊里越陷越深。吃了人家的嘴软，拿了人家的手短。物质的投资，索取的是权力的回报。“歪嘴”干部，“歪嘴”法官的不断显现，就是权钱交易的必然现象和必然结果。权钱交易势必导致权力的私有化，而权力的私有化则必然导致法律的私有化。如果一个国家，一个地方，冤狱丛生，无法无天，老百姓连法律都不相信了，那还会相信什么！那又会去干什么！中央领导指出，吏治腐败和司法腐败是最大的腐败，我想原因也就在这里。

作为一个知识分子，作为一个作家，让我感到最为痛心和愤恨的就是这种腐败现象。因为腐败动摇的是改革的基石，动摇的是人民群众参与改革的信心和积极性，动摇的是全世界热爱祖国的华人团体对改革开放的希望和激情。腐败的滋生和蔓延，必然会引起人民的不满和不平，以至会激发一些基层百姓的强烈的反社会倾向，从而增大社会的不稳定因素。特别让我感到愤懑的是，有些腐败的党员干部，他们的所作所为早已丧失了一切党性原则。他们不仅不为人民负责，也同样不为他们所在的政党负责！对党对人民来说，他们早已蜕变为彻头彻尾的异己分子。没有党性，没有人性，吃喝嫖赌，奢侈腐化，连起码的人味都没有！我曾在饭桌上亲眼看到一个厚颜无耻的政府官员，竟然赤裸裸地对几个具有黑社会性质的人说，他干的那些腐败的事和他们干的那些坑蒙拐骗的事其实都一样，就是要让这个国家和政府早点垮台！一直到今天，每逢我想到这句话时，都仍然感到极度的震惊和愤慨！由我作品改编的电影《生死抉择》之所以在全国引起了广泛的共鸣和反响，其实也正是人民群众痛恨腐败的一次情绪的爆发和宣泄！同时也是对中央加大反腐力度的拥护和支持！不反腐败，将会亡党亡国，这一历史的判断，已经得到了上上下下，方方面面，各阶层人士包括各参政党在内的一致认同，而且也已经形成了全体人民的共识。

十几年来，在支持改革，反腐倡廉的写作道路上，我从来也没有退缩过。因为以我的切身体验，我越来越清楚地感到这场改革代表的是先进生产力的发展要求，代表的是先进文化的前进方向，代表的是人民群众的根本利益。我说过了，我是改革的参与者，同样也是改革的受益者。所以我必然会坚定不移地支持改革，拥护改革，誓死捍卫这场改革！不论是一个知识分子，还是一个作家，也不论是一个政协委员，还是一个民盟盟员，这都是我始终不渝遵循的宗旨和原则。敢于讲真话，敢于反映真实的情况，为人民代言，也就必然会得到人民的支持。只要有人民的支持，我也就肯定会沿着这条道路继续走下去。

（摘自《群言》2001年第9期）

新世纪的中国能源问题

潘家铮

能源是国家最重要的基础产业之一。能源不仅是国家经济发展的动力，也是衡量综合国力、人民生活水平和国家文明发达程度的标志。中国的能源产业在过去50多年中取得了举世瞩目的成就，从几乎是空白的起点出发，一跃而为列居世界第二的能源生产和消费大国。强大和充足的能源，成为国民经济迅速发展和人民生活水平不断提高的最重要支撑。但是，按人均计算，中国的耗能水平又极低。例如，以人均商品能源消费计，我国只有1吨多标准煤（人／年），仅为世界平均值的一半稍多，是发达国家的1/5至1/6。在新世纪中，国家对能源有更大需求，能源工业将有更大的发展，但也面临极其严峻的挑战，这是事关全局的重大问题，值得全国人民重视。

能源特别是油气资源的短缺是客观现实

党和政府英明地把粮食、水和能源列为制约我国发展的三大关键。仔细分析，这三个问题的性质有些不同。人们对粮食和水的需求是有一定限度的，随着科技发展和社会进步，对粮食和水需求量的增长逐步降低，最终达到零增长或出现负增长。就中国来讲，只要认真保护耕地，抓紧农业现代化和控制人口，建设节水社会特别是节水农业，并采取必要的调水措施，我们现有的耕地和水资源是能够满足需要的。而能源的情况就有所不同。目前全国的GDP超过10万亿元，到2020年翻两番达40万亿元，到2050年将达80万亿元或更多才能达到中等发达水平。即，GDP需有四倍、八倍乃至十倍的增长。虽然能源不会也不可能以同样比例增长，但以一倍的增长来支持GDP的8至10倍的增长总是最低要求吧。而这对中国来说，就已经面临严峻的挑战了。

有人认为中国有煤，不必担心。但中国探明的煤贮量是有限的。按人均计，更落在世界平均水平以下。受到各种条件的制约（特别是国际上对污染环境的制约），更不可能任意地增长。而且，在可预见的时间内，还不能用煤开汽车、飞机和坦克，存在能源结构上的问题。总之，中国一次能源尤其是油、气战略资源的短缺是客观现实，不能笼统地用地大物博来加以掩盖。

中国的国情更使能源问题严峻化

世界各国都重视能源安全问题，就中国国情来说，这问题尤为突出，因为中国国情有四大特点：

第一，中国是世界上人口最多的国家，新世纪中将达到16亿高峰。按必要的消耗水平计，中国每年的能源需求量是惊人的，和中小国家完全不同。

第二，中国正在全面建设小康社会，国民经济将在较长时期内以很高速率增长，和已拥有强大能源基础和经济实力的发达国家有根本区别。

第三，中国幅员辽阔，各地区经济发展和资源分布情况很不相同，在能源合理配置、转换和运输上有很大困难。

第四，中国是目前世界上唯一的社会主义大国，国际反华势力对我国的分化西化活动从未停止过。如果局势有动荡，必然会利用能源来制裁我们。

根据上述国情，中国在新世纪中需要生产和消耗巨大的能源，如供需有很大缺口，不仅难以依靠世界能源市场解决，也影响国家安全。同样，如不能妥善解决能源结构优化和环保问题，也将面临严重后果。因此，中国在新世纪中面临的能源挑战将是独一无二的。

新世纪能源发展之路

面对重要和复杂的能源问题，很难找到一个简单的解决方案。出路只能是针对国情、抓住关键、因地制宜、综合解决，动员全民全社会动手，共同为解决能源问题作出贡献。

瞻望前景，新世纪的中国能源发展必须也必将走以下道路：

全面建设节能社会，高效利用能源。目前中国能源的利用效率很低，单位产值的能耗是发达国家的几倍到十几倍，甚至比印度也高得多。社会上浪费能源的情况更比比皆是。前些年能源市场在低水平下供需平衡或稍有宽裕，节能问题便被抛在脑后，甚至动员人民多用电烧油。这是短视的误导，和整个形势要求相背。

在新世纪中，中国将建成一个全面节能的社会。从能源的生产、运输、转化上狠抓节约，全社会节约和高效利用每一滴油、每一块煤、每一度电、每一滴水、每一粒粮食……所有的产品物资中都含有能源啊！通过产业结构调整和科技进步，极大地降低单位产值耗能量，至少达到世界平均或偏先进的水平。落后的小煤矿、小火电、小油厂，落后的工艺、设备、技术将全面淘汰。这样才能用有限的能源实现GDP翻两番和成10倍的增长。

实现煤的清洁利用。在可预见的时间内，中国的一次能源仍将以煤为主，今后动力煤的消耗还将大增。现在中国是世界第二燃煤大国，年燃煤十余亿吨，严重污染了大气、地面和水源。今后中国将全力解决以煤的清洁利用为中心的能源污染治理问题。采取各种“土”和“洋”的措施，大力减少燃煤引起的硫、氮氧化物的排放量。前者如关闭高硫煤矿、加强原煤洗选、推广采用型煤等，后者如采用循环硫化床和整体煤气化联合循环等新的洁净煤燃烧技术，务必同时满足能源增长和环境保护的要求。

煤的清洁利用是个大问题。必须指出，现在很多人对此掉以轻心，只说不做，甚至有些煤矿为了增加“经济效益”，还在原煤中掺加矸石和废料以牟利，这些行为不仅是短视和错误的，也是违法和可耻的。

还应指出，节能和治污往往是密不可分的。大力节能可从根本上减少能源消耗和污染，采用洁净燃烧技术可极大提高能源转化效率。此外，尽量将煤转化为电能，减少、消除小锅炉和煤的直接燃用，也可同时起到高效和减污双重目的。新世纪中，中国的绝大部分动力煤都将在巨型的现代化大电厂中转化为优质的二次电能，中国的火电技术将登世界高峰。

水能将在新世纪中得到全面开发。中国蕴藏着丰富的水力资源，尤其富集于西南。目前中国的水电装机已达一亿千瓦，列世界第二，但仍只占可开发量的一小部分。国家已确定大力开发水电、实现西电东送和全国联网的国策，已经出现了世上少有的水电开发高潮。到新世纪中叶，大部分可经济开发的水电都将得到开发，中国将成为世界上头号水电强国。水能和核能、天然气及其他新能源的充分开发利用，有望使煤在一次能源中的比例下降到50%以下。

有人感到水电比重毕竟有限，也有人感到建设水电投入集中，还有淹没、移民、环境等问题不易解决。假定到新世纪中叶，中国共开发了3亿千瓦水电，年发电1.5万亿千瓦时，则占一次能源中的比例确实有限。但水电是永不枯竭的再生能源，1.5万亿千瓦时的水电，替代了每年7.5亿吨的原煤，利用100年就是750亿吨的惊人数字。水电开发集一次二次能源建设于一身，还有综合效益，从全局看，经济上是合算的。开发水电确要淹一些地，移一些民，带来一些副作用，但大水电多位于西南高山深谷之中，其代价和影响相对来讲是很有限的。当然，一切副作用都应重视和设法减免或补偿，但因此反对或阻碍水电开发是因噎废食。

新世纪的中国核电发展。中国的核电建设已经跨出步伐，奠定了发展基础。但由于经济上、技术上、体制上的原因，进展较慢，至今仍只“适度发展”。显然，中国的科学家和工程师能够掌握核电技术和核电站建设，核电的安全是有保证的，核电的造价是可以降低的。确定今后中国核电发展前景的因素，恐怕是对开发核电必要性及急迫性的认识，以及对相关问题的统一见解。

从能源布局来看，在中国东部沿海乃至中部建成若干巨大的核电基地，对合理配置电源点，满足东部用电需求，掌握先进的核电开发和建设技术，保持强大的核技术队伍，十分必要，也是国防所需。核电总规模可能达亿千瓦量级。中国一定能成为世界上掌握最先进的核能利用技术的大国之一。

妥善解决油气供需问题。在各种一次能源中，问题最大也最难解决的是油气资源不足。经过50年的努力，中国已摘去贫油国帽子，现能年产原油1.6亿吨，成绩巨大。中国肯定还有油气资源有待查明和开发，但蕴藏量和可开发量不能满足需求的剧增，缺口不断扩大，是个不争的事实。目前中国每年进口原油六七千万吨，今后的年需求量将超过4亿吨，这是不可回避的问题。

解决之道仍是依靠综合措施。一曰开源，扩大勘探范围与深度，增加贮量和开采量，提高采出率；还要重视稠油、油页岩、煤层气等非常规油气资源的开发利用；二曰节约，每一滴油，每一方气，都要高效利用，杜绝浪费；三曰替代，一切可以用煤、水煤浆、电和任何其他能源替代油气的要坚决替代下来；四曰转化，开发煤和生物质能的液化气化技术；争取实现商业生产，形成规模，争取替代和转化能挑起半壁江山；五曰进口，多元化进口油气资源，积极开发利用国外资源。新世纪中，中国将在所有以上方面取得突破，妥善解决油气供需问题，保持必要的战略储备。

大力研究开发新能源。风能、太阳能、地热等清洁可再生能源，氢能、燃料电池等零污染和可替代石油的能源以及生物质能的现代化利用等新技术，是中国在新世纪中研究开发的重点，并将形成规模生产能力。有的人认为这些新能源的技术复杂，造价及成本高，数量上形不成气候，信心不足。其实，许多新能源在技术上已无不可逾越的障碍，主要是提高转换效率，掌握设备制造技术和降低造价及成本问题。而这些是否可通过大规模生产来实现，取决于国家的政策和决心。应认识到，这方面的努力代表了能源发展的方向，不能以远水不解近渴而不予重视。

科技创新和突破是根本出路

要达到以上各项目标，实现能源的高速和可持续发展，最终出路是依靠科学技术的创新与突破。在新世纪中，中国将在国家的组织导向下，以企业为主体，增加科技投入，推动有目标的科技创新与突破，掀起一个高潮。重点是：各项节能设备与技术、各种洁净煤利用技术和煤的转化技术、大型巨型水电开发技术、新一代核电和乏燃料处理技术、油气新勘探开发技术、提高油气回采率和非常规油气资源利用技术以及各种新能源的开发利用技术等。在许多领域中，中国将会也必须走在世界前列。中国还应跟踪快堆、核聚变和“可燃冰”等前沿技术，力争取得突破，以求最终解决能源问题。在新世纪前期，特别在前一二十年内，中国要正确布局，增大投入，组织攻关，为以后发展奠定基础，在国际竞争中取得主动。

结　语

中国要在新世纪全面建设小康社会，并达到中等发达国家水平，需要巨大的能源支持，面临着能源生产、环境保护和科技发展等各方面的严峻挑战，这种挑战在世界各国中是独一无二的；但也充满着机遇，只要认准方向、抓住重点、政策正确、措施得力、组织管理得法，中国完全可以解决能源问题，并通过这一挑战，使能源的各个领域有所突破，跃居世界前列。

要达到这一目标绝非易事，需要针对国情，深入调查研究，高瞻远瞩，制定全面规划，统一认识，安排投入，艰苦奋斗；需要政府、企业和全国各界的不懈努力。

必须做到开发与节约并重，发展与环保双赢，集中（巨大的现代化能源基地）与分散（风能、太阳能、小水电、农村能源）结合，使各种能源因地制宜地开发配置。要立足于常规能源，常规技术，又全力向新能源、新技术进军；立足于国内资源，又全面开拓国外市场；确保发展需求，又狠抓科技后备，最终依靠科技的创新和突破较彻底地解决能源问题。

中国工程院曾进行过可持续发展能源战略的研究，并于1998年向国务院提出建议，在其前后，有关部门也进行过许多研究，但似都未获重视。最近的几次机构改革，似乎已没有一个权威单位负责对能源问题作全面研究、导向和调控了。必须指出，对能源这样影响全局的大事，如放弃政府行为，把必要的政府规划、导向与调控作为计划经济的遗毒来批判，认为只要引入市场运作，一切问题便能自然解决，是极为幼稚和错误的。

我们呼吁大家来关心能源问题，我们也坚信在党中央和国务院的正确领导下，中国人民一定能妥善解决好能源问题，为全面建设小康社会、为中华民族的振兴大业、为世界和平与生态环境保护，作出巨大的贡献！

（摘自《群言》2003年第5期）

大家庭　大学校　大舞台

郑惠强

在中国民主同盟成立70周年的日子，我作为从高校教师成长起来的民盟盟员，感触颇深。民盟于我，是指路明灯，又是心灵家园。应邀撰写此文，既是对个人入盟以来成长历程的回顾与感悟，也是对民盟前辈光辉足迹的探寻与追随，更是对多党合作制度和民主政治建设的致敬与展望。

融入民盟大家庭

1990年5月，我作为同济大学一名普通的青年讲师，光荣地加入了中国民主同盟。当时的同济民盟组织人才荟萃、大家云集。在那里，有幸得到李国豪、江景波等盟内前辈的提携帮助，我刻苦钻研、积极讨论、聆听教诲，收获良多。那几年，尤其深受罗小未教授等三位德高望重的女主委无私关怀，她们如母亲般对我耳提面命，点拨教育，曾被盟友戏称为“三娘教子”，一时传为美谈。忆起当年情景，今日仍感念不已。受益于前辈们的言传身教，我对民盟的认识由抽象变具体，由肤浅到深刻，思想日益成熟，感情日渐浓厚，深深地爱上了这个温暖的大家庭。之后，我先后被推选为同济盟委的宣传委员、副主委、主委。

在前辈的指点下，我开始学习民盟的光荣历史，为张澜、沈钧儒、史良等先贤争取和平民主奔走呼号所感动，为李公朴、闻一多等前辈反对独裁勇于牺牲而骄傲——不禁感叹，民盟的天空，群星灿烂！除了学习盟史，我开始积极投身盟务实践。1994年，在当时主持民盟上海市委日常工作的江景波校长安排下，我在教学科研之余挤出时间到民盟市委机关各部门挂职学习，逐渐了解党派工作的特性，并对盟的思想建设、组织建设、参政议政等工作有了一定的认识。1995年，民盟市委成立青年工作委员会，承蒙大家信任，我连续两届担任主任委员。其间，与青年盟员一起坚持学习、服务社会，创造性地开展了一系列活动，达到了团结青年、发现人才、培养干部的目的，使青委会成为民盟的一大特色。那些年，通过参与盟的活动，我有幸得到各级党组织和盟组织的培养，受益于前辈和同事的帮助，在学习统战理论、开展盟务工作等方面不断取得进步。

在组织的关心下，1997年起，我在从事教学科研的同时，担任行政职务。先后任同济大学研究生院副院长兼管理处处长、上海应用技术学院副院长、上海市信息化委员会副主任、同济大学副校长、上海市人大常委会副主任等职。在此期间，我在盟内的职务也不断变化，从民盟上海市委候补委员到民盟上海市委主委，再到民盟中央副主席。随着身处的岗位不断变换，我热爱民盟的感情也日渐强烈，接受党领导的信念日趋坚定。

回首入盟20余载，我在中共党组织和民盟各级领导关怀培养下，一步一步成长起来，多次参加中共中央统战部、中央社会主义学院、民盟中央以及上海市委统战部等组织的各种培训。其间，不仅有机会直接聆听费孝通、丁石孙等老前辈的谆谆教导，也亲身感受到蒋树声、张梅颖等中央领导为盟的事业身体力行，他们的人格魅力和高尚情操深深感染了我。此外，谈家桢、江景波、张圣坤等我的老上级更是毫无保留，积极“传帮带”。尤其是在同济大学共事的我所敬重爱戴的江景波先生，他的学者正义感、师长责任心以及党派领导强烈的参政意识和爱国热情持续不断地激励着我。他的创新意识、改革精神和务实作风潜移默化地影响着我。他是我思想政治上的引导者，也是我盟务工作中的领路人。

在这样一批堪称道德文章之楷模的民盟前辈的带领下，我进一步融入了民盟大家庭，逐渐真正理解民盟所走过的光辉历程和所形成的爱国革命的优良传统，为中华民族的解放事业和社会主义革命、建设与改革开放事业作出的重要贡献；真正理解民盟是同中国共产党肝胆相照、荣辱与共的亲密友党，是建设中国特色社会主义、实现中华民族伟大复兴的一支重要政治力量；真正理解每一个盟员所承载的无上荣光，也更真切地感受到了自己身上所肩负的沉甸甸的历史责任。

立足本职，切实履职

民盟是个大家庭，同时也是一所大学校。民盟老一辈心忧家国，情系百姓，几十年来一直把参政议政作为光荣使命，把建箴言、献良策视为神圣职责，正是被这种代代相传的使命感所引领、感召，我也走上了关注民生、参政议政的道路。1994年在民盟中央盟务工作骨干培训班上，费老语重心长地告诫学员："党派参政议政，好比工人做工、农民种田、教师教书，你们看有多重要！"多年来，费老的话始终萦绕耳畔，激励着我努力学习，不断提高思想政治素质，不断提升参政议政水平，立足本职，切实履责。

民盟一直十分关注教育事业发展。作为一名教育界盟员，这些年来我坚持围绕贫困生助学、大学生就业、高职教育与民办教育发展、教师队伍建设等教育改革和发展中的重大问题，努力建言献策。

由于长期从事教学工作，亲眼目睹了贫困大学生求学的艰辛，我总有一种为他们说话的冲动，帮他们解困的激情。从1995年开始的十几年间，我围绕着"为高校贫困生解困"的问题，从补助金、勤工俭学，到社会化贷款制度、信用机制建设等，提出了一系列意见和建议，不少已为党和政府所采纳。比如，1995年，上海市教委充分肯定了我提出的为高校学生解困的三点建议，建立了勤工助学的管理机构；1998年我提出的"关于完善高等教育贷学金制度的几点建议"，在全国政协及上海市政协会议上被选为大会发言，在社会上产生较大影响。次年，贷学金制度便开始在上海、北京等八个城市试点，后在全国范围内推行；2005年，我与业内同行多年为之呼吁建言的贫困生助学贷款问题得到中央高度重视，我的一些研究成果和建议在国家部委的相关文件中得到了不同程度地体现。

在参政议政中，我的又一个关注点是大学生就业问题。早在1999年，即高校扩招次年，我就在上海市政协会议上呼吁要重视大学生就业难问题。之后，我陆续递交了“解决大学生就业难的若干建议”（2003年）、关于大力培养灰领人才和鼓励大学生自主创业的建议（2004年、2005年）以及“大学生就业：政府应该更有作为”（2007年）等多件议案，引起广泛关注。

在密切关注教育问题的同时，我也尝试着跳出自己熟悉的领域和工科专业的限制，把眼光投放到社会、经济等多个范畴，边观察边思考，边学习边实践，在改善民生上动脑筋，在推动发展上下功夫，在服务社会上做文章，曾先后就廉租住房建设、城乡统筹社保、农民工权益保障、慈善事业等民生问题，以及经济社会发展中的重大问题建言献策。初步统计，在全国和上海“两会”期间，我先后提交政协提案与大会发言、人大议案与书面建议等170多篇。同时，还积极撰写社情民意信息，不少被全国政协、中央统战部、民盟中央等部门录用，有的还获中共中央领导和上海市委领导批示。

回顾自己作为盟员参政议政20年，之所以能取得点滴成绩，离不开民盟组织的关怀培养，离不开各级领导的点拨指导，离不开众多盟员的鼓励支持，但追本溯源更是得益于中国共产党领导的多党合作制度。在建言履职的过程中，我深切感悟到，多党合作制度是中国共产党和各民主党派智慧的结晶，符合中国国情和实际，符合社会主义民主政治的本质要求，在实践中已经显示出巨大的优越性，具有鲜明的中国特色和强大的生命力。随着多党合作制度的日益完善，民盟队伍里会有更多后起之秀源源不断地涌现出来，为社会主义事业作出新的贡献。

凝聚智慧，不负重托

参政议政是民主党派的生命线。民盟为广大盟员提供了一个参政议政的大舞台。然而时代在进步，如何在新的历史条件下，在这个舞台上不断精彩表现、持续发光发热，是一个值得我们深思的课题。民盟中央原主席丁石孙曾经说过，过去我们参政议政可以依靠老一辈领导人的个人威望和渊博的学识，现在和将来，我们不仅要继续依靠领导人的特殊作用，更要依靠民盟的群体力量和集体智慧。

2007年换届以来，作为民盟上海组织的“班长”，我深感参政议政的要求越来越高、任务越来越重。只有充分调动盟内各方积极性，凝聚集体智慧，才能提高参政议政的质量和水平，才能不辱使命，不负重托。

首先，我带领盟市委领导班子，研究、探索参政议政的工作机制建设。几年来，逐步完善了参政议政工作的会议机制、课题调研运作机制、社情民意反映机制等多项机制，对促进全盟集体参政起了重要作用。

其次，盟市委领导班子成员逐步形成共识：不断整合参政资源，把人才队伍建设作为重要工作来抓，并采取了一系列积极有效的措施，为参政议政提供了强有力的保障和支撑。

同时，积极鼓励和支持参政议政工作创新。自筹资金以招标自选课题的方式，鼓励盟内专家学者选题申报，开展研究。运行三年来，共完成近百个课题。既发掘了一些参政议政人才，又促使了一批研究成果得到转化，提升了议政质量。举办专题论坛是近年来参政议政工作载体创新的又一尝试。连续三年的“高教论坛”，为教育改革和发展积极出谋划策，逐渐成为一个品牌；首次举办的民盟金融发展论坛和青年论坛，围绕专题，动员盟员畅所欲言，在为党和政府提供决策参考的同时也为民盟赢得了声誉。

近年来，上海民盟组织的参政议政成效不断上升。政协提案，每年都被评为重点提案和优秀提案；课题调研，尤其是承接市决策咨询委员会的市委重点课题，连续两年在各党派中位居前列，“关于城乡统筹的社保制度研究”和“政府行政执法规范化研究”两个课题，形成专报后均得到中共上海市委领导的批示；社情民意信息，在市政协评比中连续两年获得总分榜首。

看到这些进步，从我这个“班长”到盟市委领导班子，再到上海各级盟组织和广大盟员都倍感欣慰，然而我们也明白，荣誉并不是努力的目的，为全面建设小康社会献计出力，切实改善民生，维护社会和谐，才是我们的永恒动力和最终目标。

弹指一挥间，中国民主同盟走过了70年的辉煌历程。民盟的70年，是与中国共产党风雨同舟、并肩战斗的70年；是积极参与国家民主政治建设、努力建言献策的70年；是切实加强自身建设，不断进取发展的70年。如今，我国已进入全面建设小康社会、实现中华民族伟大复兴的新的历史时期。民盟作为参政党，在新的历程中肩负着更加光荣而艰巨的时代使命。在今天这个重要的历史节点上，回顾光辉历史，我们豪情满怀；畅述真挚情怀，我们感慨万千；弘扬民盟传统，我们义不容辞；建设美好未来，我们信心百倍。

民盟，一个相亲相爱的大家庭，一所求知问道的大学校，一方参政议政的大舞台。在这里，我感悟到很多，学习到很多，更收获了很多。我所取得的一切都是民盟给予的，可以说，没有民盟就没有我的今天。在纪念中国民主同盟成立70周年和中国共产党成立90周年之际，我由衷感到，个人的命运和民盟的命运与中国共产党的命运紧紧相连。我愿同广大盟员一道，与中国共产党始终思想上同心同德，目标上同心同向，行动上同心同行，不断传承民盟老一辈的政治理念、优良传统和道德风范，常怀感恩之心，常思奋起之志，继续努力，回报社会。只有这样，才能不辜负这个伟大的时代。

（摘自《群言》2011年第4期）

长征接力有来人

陈晓光

为民盟七十华诞写点什么呢？喜悦、赞颂、纪念和思索，搅起我心底情感的波澜。眼前浮现出与费老在长春南湖、与丁校长在大庆油田的促膝长谈，也回忆起多年前和关梦觉、余瑞璜等诸多前辈的亲切交往。老先生们给予我的期望、教诲和嘱托历久弥新，是永远滋润我心灵的甘泉。近年又得与蒋树声主席、张梅颖副主席共事，在他们的直接领导下为民盟做一些具体的工作。能与这些中国知识分子的优秀楷模人物相识相知，并得到他们的耳提面命、言传身教，是我一生最大的荣幸。老一代民盟人渊博的学识、厚重的品格时时感染着我、教育着我，他们矢志不渝地跟着中国共产党走社会主义道路的坚定政治信念，更值得我们民盟后人永远学习和追随。

70年，作为一个人已是古稀之年，民盟早期的领袖和师长们也多已作古，由此，对他们无限的追思和缅怀之情油然于心。他们的音容笑貌成为一个个时空维度上的文化、精神符号，承载着光荣与梦想、历史和未来，在广泛意义上影响着社会发展的走向，成为宝贵的精神遗产。70年，作为一个政党却正值壮年，将民盟事业承前启后，发扬光大，是我辈必须承担的历史任务。每当此时，我就想起费老“每个人有他的政治生命，我是依靠民盟这个组织走过来的”这句话，并深深思索着它的含义。费老如此，我辈亦应如此。从善如流，亦步亦趋，在多党合作的政治舞台上，在参与国是的政治空间里，始终以立盟为公、参政为民、志在富民为宗旨，出主意、想办法，做好事、做实事。这也是老一辈民盟人终生践行的政治主张。

1991年，费老到吉林省珲春市考察后，向中共中央提出利用珲春的地缘优势，建设长吉图开发开放窗口的建议。这是在东南沿海开放开发如火如荼之际，提出沿边开放开发的第一人，成为吉林边境开放开发的先声。20年后的今天，长吉图开发开放先导区建设已成为国家战略，正在成为连接新欧亚大陆桥、活跃东北亚经贸交流的重要区域，必将极大地推进东北老工业基地全面振兴。当吉林省区域经济在长吉图开发开放先导区的平台上起飞的时候，我们不能不折服于费老的战略眼光和远见卓识，并由衷地感谢这位睿智的老人。他曾挥毫为民盟吉林省委题词："发挥智力优势，做好事，做实事。"并勉励我们说："民盟是个平台，为国家出力，为社会服务，为人民谋福祉，为民族增光辉。"

回顾历史，缅怀先贤，更能领悟到学习践行社会主义核心价值体系的紧迫性和必要性，这也是我们学习先贤、继承传统的重要现实意义和深远历史意义所在。在新的历史时期，我们要继承老一辈民盟人的光荣传统，牢固树立社会主义核心价值观，明确价值追求和行为规范，正确看待名、位、利、权，不断提升道德情操和品格修养，让广大盟员既成为社会主义核心价值体系的建设者和参与者，也成为社会主义核心价值体系的实践者。

探索创造经验，历史昭示未来。每个国家和民族都有选择自己政治制度的权利和自由。我们之所以选择了中国共产党领导的多党合作和政治协商制度，最根本的原因就是这种政治制度符合我国国情，具有特殊的优越性。接受中国共产党的领导，是中国民主同盟自觉的政治选择。张澜先生曾意味深长地说："如果没有毛主席和共产党对民盟的引导，我们民盟还不知道走到哪儿去呢。过去我们有三党三派，后来青年党和民社党就跑到蒋介石那边去了。正是因为毛主席、共产党始终指引民盟和人民站在一起，和中国共产党共同战斗建立了新中国。"邓小平也说过："在中国共产党的领导下，实行多党派的合作，这是我国具体历史条件和现实条件所决定的，也是我国政治制度中的一个特点和优点。”共产党的领导，各民主党派政治协商、民主监督、参政议政的政党制度，是中国人民和各民主党派在长期革命、建设和改革实践中的正确选择，彰显了我国社会主义民主政治的特点和优势。实践证明，中国特色社会主义事业需要中国共产党的领导。历史告诉我们，中国共产党领导的多党合作和政治协商制度取得了巨大成功，未来也必将焕发更大的生机和活力。正如胡锦涛总书记所讲：“改革开放30年以来，中国的政治结构调整取得了显著进展，中国实现了持续、快速的经济增长和社会稳定和谐，事实证明了中国的政治制度符合整体经济和社会发展的需要。我们将在中国进行政治结构调整，推进社会主义政治制度的自我完善和发展。我们将继续扩大人民民主，遵照符合中国国情的原则，建设一个社会主义国家。”

70年的光辉岁月弹指挥间，70年的中华大地沧桑巨变。宏伟的“十二五”规划在喜迎新春的飘飘瑞雪中开局，神州大地龙腾虎跃、气象万千。具有光荣革命传统的中国民主同盟又站在了一个崭新的历史起点上。作为民盟的后人，我们要在中国共产党的领导下，为了祖国、为了民族、为了人民、为了民盟，踏踏实实地做事，全心全意地奉献，谱写中华民族伟大复兴的新篇章。

导师创业垂千古，长征接力有来人。

（摘自《群言》2011年第5期）

【历史漫谈】

四十而不惑

——纪念抗日战争胜利四十周年

李纯青

卢沟桥响起中日战争第一发枪声，由是两个民族进行了八年的鏖战。中华儿女，一代英雄，在战场上出生入死，冲锋陷阵，写下了一章可歌可泣的史诗。

1945年9月2日，跛足的重光葵率领11名日本代表，在东京湾密苏里号美舰上签字投降，日本接受波茨坦公告。第二次世界大战正式结束，炮口沉默，和平来临。我们赢得了中日战争胜利已经过去40年。

“四十而不惑”。胜败双方都应该摒弃感情意气，冷静地想一想。

中日是否一定要兵戎相见

从明治维新开始，迄日本战败投降，即从1868年到1945年，77年间，日本进行过十次战争，战争占去30年时间。除一次日本国内战争和出兵西伯利亚外，其他都是直接间接对中国作战。列宁说，忘记过去就意味着背叛。我们不应忘记1895年中国与日本签订马关条约，割让台湾。台湾海峡的潮汐日夜奏鸣着悲怆进行曲。1931年沈阳事变，东北地图变色，几千万中国同胞沦为奴隶。总之，日本军国主义侵略中国七八十年，没有放过一天假，没有放松一点节奏。就这点说，1945年日本投降是80年历史的一次结算。但是泱泱中国并没有进行历史报复。八年抗战中国牺牲1000万生命，最低估计损失当时币值660亿美元财产。胜利后，中国没有拿过日本一个铜板的赔款，没有取得一瓶药水医治战争的创伤。中国对日本宽大为怀，以直报怨。

过去我这样想也这样说过，日本侵略中国是不可避免的，发动太平洋战争也是不可避免的。因为日本资本主义需要市场和原料，所以发动了甲午战争；当日本资本主义从轻工业转到重工业时期，它需要攫取我国东北的煤铁矿藏。在日本军国主义者的泥足深陷中国战场时，我曾断定日本将南进，而不会北进，因为日本需要印尼的石油，马来亚的橡胶和锡。

四十而不惑。“战后”40年已有新的经验。日本生产钢铁十多倍于战时最高的年产量；现在日本年消费石油为战时最高消费的40余倍。日本得到了巨量的铁砂原油，完全满足了需要，而并没有通过战争手段去掠夺。战前日本年出口总值不过20亿日元，现在日本输出已达到一千几百亿美元。战前日本对美贸易入超二三亿日元，1984年日本对美出超几乎达到370亿美元。日本也没有以武力扩大国际市场，没有派遣占领军进驻华盛顿。40年的历史证明，解决经济问题并不需要战争。发达国家对原料和市场仍然是贪得无厌，但战后新的事实，一般地说，他们不采取以战争手段取得殖民地，而是派遣价廉物美的商品远征军，驰骋于国际市场。

展望未来的中日关系

“战后”的前27年，中日关系处于隔离状态。1972年9月，中华人民共和国才与日本建立邦交。中国人一觉醒来，站在我们面前的日本已经是一个“经济大国”，这一现实不能不令人吃惊与佩服。也应该提醒，日本的月亮并不特别圆。现在大部分中国人、年青的一代，都没有经历战前生活的痛苦。我十分希望，我们千万不要再出现半殖民地思想残余。

建交13年来，中日关系是友好的，友好关系还在螺旋上升。中日两国的有识之士，都在努力创造条件，让两国人民世代友好。上面说过，战后日本复兴并不依靠武力，在可预见的未来，日本也没有再度进攻中国的可能。

愿历史给我们洞察未来的智慧。一个国家没有永久的敌人，友好关系也不可能是万年。说老实话，在千余年中日关系中，有过美好的情谊，例如唐朝，接待过遣唐使，日本留学生曾在长安与中国大诗人唱和不绝，史称千古美谈。但是中日关系除明治维新后80年的交恶外，还有倭寇骚扰中国沿海200余年，与有明一代相始终。特别是嘉靖廿六年至万历十六年的40年间，祸害尤烈，中国海疆人民谈虎色变。当然，我们应该说，倭寇之患是不会重演了，但也应该承认遣唐使的时代已过去了，因为现在日本的科学知识，一般说，都高过中国，是中国要向日本学习的。

40年来，日本人埋头苦干。但必须看到，日本没有对外侵略，他们却静悄悄地在进行另一种“战争”，即贸易竞争。没有对外贸易，日本就难于生存。我们要理解进行商战对日本民族的意义。“战后”历史的启示录是：日本在战场上失败，而在商场上胜利了。从这一现实引申：未来的中日关系，撇开别的因素不谈，一些堂皇的理论，某些表面的现象，或者是涉及伦理的或哲学的，不管这些因素都十分重要，但我认为，最根本的核心是，未来中日关系将受中日国际市场价格规律所支配。如果我说得不错，那么，若能清醒认识这一规律，对我们将是有益的。我的意思也是说，在彬彬有礼和亲切往来中，事实上中日已经开始一场不可避免的商业竞争。这场竞争将日益被人所认识，且将持续很长时间。

日本给中国的教育

近代和现代意义的商战，实际是工业竞争，说到底又是科技竞争。16世纪西班牙从美洲榨取去大量黄金，又从西班牙流出，洒遍全欧洲。1579年荷兰独立，逐渐取代西班牙海上霸权的地位。17世纪上半叶，荷兰贸易投资比英国大15倍，船只比英国多10倍。而最后还是英国打败了西班牙和荷兰。其原因是英国进行了产业革命，拥有当时最先进的工业和科学技术。

在西欧势力东渐时期，日本幕府实行锁国300年，锁国是对外恐怖感和民族自卑感的综合表现。明治维新结束了锁国时代，开国派和攘夷派结成同盟，不管哪一派思想都集中到一点：全力学习西欧的科学技术。他们提出这样一个口号叫做“和魂洋才”，就是说，日本要有日本人的精神和欧洲人的本领。“洋才”即主要是西欧先进的科学技术。

“战后”日本在废墟上重建国家，仅花费十几年时光即呈现崭新面貌，成绩斐然。其中有一点是再一次学习欧美的科学技术——1955年日本开始引进技术，1960年日本商品便涌向国际市场。而今东洋货已经不是便宜而不经用，而是名副其实的价廉物美了。

日本善于向外国学习。这对中国是一个极为重要的教育。

1000多年前，日本派遣留学生到中国学习，所谓遣唐使是也。唐朝文化促进了日本大化革新。但日本学习中国，不是照搬主义。比如儒教，在中国是讲仁义，仁者人也，注重讲做人的道理。儒教在日本，是讲和，讲忠。大化革新宪法第一条，“和”字当先，要求日本民族团结。1882年明治给军人的敕谕，第一个字就是“忠”。忠从儒教来，忠君爱国不仅是对军人的要求，也是对日本全体人民的教育宗旨。日本人的团结和爱国精神，值得我们好好学习。近百年来，日本对我侵略恰好促使中华民族觉醒，沉睡千年的睡狮，在外来铁蹄下翻了翻身。应该感谢日本给我们的教育。遗憾的是，我们过去没有学到日本人的本领，也没有认真地向外国学习先进的科学技术。

曾经流传过这样的讽刺：初期中国留学生总是在问：这个机器卖多少钱？而日本留学生则问：这个机器是怎样制造的？我不敢说这就是中日民族性格的差异。但可以肯定，如果中国不能制造世界水平的商品，中国必将在世界市场上败北。今天面对群雄角逐如此激烈的商战，也许中国是最后到来的巨人，也许中国会跳不出低人一等的技术落后国，胜败利钝，有待我们努力去开发智力资源。

在纪念抗日战争胜利40年的时候，我还想提出一个问题：中日战争并不是必然要发生，中国赢得战争的胜利也不会自然到来的。

人类历史的偶然性

大概因为近代自然科学的划时代发展，否定神参与人事，认为宇宙一切都有秩序，有其必然的规律，不管什么事物，只要找一找原因，便称之曰必然。黑格尔就说："世界历史就是世界精神合理的必然的行程。"托尔斯泰在《战争与和平》的"尾声"中也说，拿破仑远征俄国和亚历山大联合欧洲攻进巴黎，这一次向东一次向西运动是必然的。他说："我们发现了一个一般性的法则——必然性，人和动物同样地服从这个法则。"必然论曾给我们以巨大的力量，也给我们葬送了活力和生机，我有这样的感觉。

读诺伯特·维纳的《人当做人来使用——控制论与社会》，我感到震惊。维纳是一位大科学家，他从自然科学领域提出了偶然性的宇宙观，说：20世纪物理学的第一次革命，即"承认世界上存在着非完全的决定因素，存在着几乎是不合乎理性的因素"，"偶然性是宇宙本身结构的基本要素"，在宇宙中"秩序是最小可能的，而混乱是最大可能的"，研究偶然性已经成了"物理学的全部基础"。

回顾"战后"40年，世界上确实有很多偶然事件。不论一个国家或国际关系都变化叵测，有时变得面目全非，一般人包括许多学者专家皆莫明所以。是不是社会科学，包括历史科学应该研究社会的偶然性呢？

邱吉尔说过："欧战发生前，如果当时张伯伦能接受斯大林的提议，英国、法国和俄国能团结起来，打断希特勒的脊骨，那么，历史就会沿着完全不同的道路前进。"尼赫鲁也说过："如果希特勒聪明一点，纳粹不一定会失败。"这里说的是战争。其实，在和平时代也是如此。马克思主义者普列汉诺夫就承认历史的偶然性，他说：“彭帕杜尔夫人和路易十五的情爱关系，对七年战争发生巨大影响，使法国丧失了最好的殖民地，对法国经济发展损失不浅。”

我们面临时代的挑战。在未来商业竞争和科学技术竞争中，不能说，中国必然会轻易取得胜利。我们要从命运注定无可奈何的宿命论和天堂必然到来的懒汉人生观中跳出来，学习日本人认真钻研，勤劳俭约、艰苦奋斗的复国精神，防止和摘除偶然的错误，纠正半封建半殖民地的不正之风，才能掌握自己的命运，创造光辉的未来。

我们号召包括日本在内的不论战胜者或战败者，希望中日人民一齐来庆祝40年前战争结束的日子，把这个日子作为与过去诀别，与邻人和睦团结的起点，共同来保卫世界和平。

当然应该追究一下日本战败的原因。

由于第二次世界大战以侵略者的失败而告终，颇符合道德面貌，因而形成一种正义战争一定胜利的概念。我对此抱有怀疑。正义战争可以胜利，但也可以失败。一部人类战争历史证明，总是一部分人征服另一部分人。不义的征服者赫然高踞被征服的贱民之上，金制的皇冠嵌满着荣誉的宝石。古往今来，亡国灭种不知其数。有时正义之神常常屈膝在强权脚下。战争不是道德考试，而是武力的竞技。迄今为止，世界地图并不按照道德高低去绘画，而是各国各种力量对比的描写。虽然道义对人心士气，对那些影响战争力量的精神因素来说，起着不小作用。但是正如恩格斯所说，战争的胜负，决定于武器，他说：“较完美的暴力工具（或者通常称为武器）的生产者，战胜次完美的武器生产者”——“手枪战胜了利剑”。

日本战败也不是由于日本士兵作战不勇敢。日本士兵的战斗意志始终旺盛。以太平洋战争为例。日本战败的主要原因，在于日本飞机工业落后于美国。日本飞机的数量质量无法与美国空军抗衡，日本失去制空权，从而失去制海权。海上战争结束了主力舰时代，因此日本士兵困守于太平洋各个孤岛，全成了瓮中之鳖。塞班的“玉碎”，琉球的焦土，以及日本本土天空的不能设防，任由“超级堡垒”投掷毁灭性炸弹，皆缘日本航空工业落后。

战争与和平——明天的抉择

据统计，现有核弹力量可把全世界每个人杀死30多次，运载核弹的导弹射程超过万里，而且能准确命中目标。两次大战安居在战场外的美洲和其他桃源乐土，而今都可能被战神光顾。如果再发生大战，人类将在核冬天中同归于尽。到头来，作战双方既没有失败，也没有胜利。从这点看，赫鲁晓夫所说的战争变质，我认为未可厚非。

就日本来说，谁都知道，不管它“经济大国”大到何种程度，在现代尖端武器面前，一系列暴露无遗的岛屿，绝对不可能建立防御体系。里根的星球大战计划，不包括保卫日本。不沉的航空母舰是逃跑不掉的最好的轰炸目标。

中国是不要战争的。如果发生核大战，我们只好派遣秦始皇的兵马俑上阵，最多再加上少林寺的武术表演。对日本来说，我相信日本是没有办法参与进行世界大战的。选择战争，就是自杀，这是常识范围内的事。

现实问题是，在和平环境里，各国如何相处？换句话说，对商业竞争应采取什么态度？当前世界公认，许多日本商品是无敌的。正因为如此，所以日本又树敌很多。日美贸易的争端已达到冲突的边缘，英国也扬言要在贸易上向日本开战。国际风云紧急，逼得日本首相中曾根说出了这样的话：“日本的巨额贸易顺差，这已成为世界经济的障碍。”这种情势颇值得日本人深思。

作为本文的煞尾，我想提出，在中日关系上，究竟是中国需要日本，还是日本需要中国，谁需要谁更多一些？不论眼光照到哪里，物质资源与科学技术，市场大小与运输远近，未来的长程与眼下的短程，请两国高明之士研究一下，希望有权有责者和利害攸关的人把它放到天平上称一称。

（摘自《群言》1985年第5期）

五四运动古稀年

李纯青

但丁说，人生五十进入阴暗的森林。如果到了七十，用孔子的话说："七十而从心所欲不逾矩"。意思是老头子做事总没有错。"五四运动"过去70年了。我愿以敬老心情，祝贺"五四"爷爷健康长寿。

谈起五四运动，我们常常偏重于"五四"是中国旷古未有的新文化运动，只提科学与民主两个口号，我感觉似嫌不足，有重温这一段历史的必要。近代史写着：欧战结束，日本逼我承认"二十一条"并承继德国在山东之权利。1919年，我国代表在巴黎和会抗争无效，北京各大学3000余名学生于5月4日游行示威，一时全国群起声援，至6月11日，曹汝霖等免职令下，国民外交乃得初次显著之成绩。从此开始进一步破坏旧思想，开展新文化运动，提出"科学"与"民主"口号。

温故而知新，下面提四点意见。

爱国

爱国是五四运动的起点，也是当时第一个目标。无论如何我认为，在当前时代，根据实践的经验，我们仍然应该大力提倡爱国主义。根据新观点，民族可以高于阶级，人类可以高于民族，但作为一个国家的形象，民族的道德标准，以及作为国家的内外政策和行为，很难超越爱国这一范畴，中国人不爱国，中国就不存在了。

“中国人是爱国的”，我不怀疑，但目睹几十年来种种怪现象，又令人引起无穷忧思。

是否有三种社会因素在阻碍着中国人发扬现代的爱国之心？

第一，几千年来，中国没有发展资本主义，而现代意义的民族概念和民族的爱国心却是资产阶级提出和形成的。汉族与中国境内的少数民族，有过长期反复的融合和斗争，但它是一种中古时代的种族关系，不同于现代意义的国与国之间的民族斗争。明显的例子是：汉族反对清王朝，但在中国受到西欧、日本帝国主义侵略的时候，汉族与清王朝却是站在一起，并肩作战。我想提出：现代中华民族是否缺乏现代意义的民族爱国传统观念？所以我们被人批评为“中国人总是不能团结”的，甚至有些中国人竟荒谬地说：“我们不是中国人”。

第二，在明朝正德皇帝当政时，葡萄牙商船悄悄驶入澳门（当时属广东香山县），轻轻推开中国的门户。嗣后又在那里建立了殖民统治。当时哥伦布已经发现美洲，麦哲伦已经完成绕地球一周航行。中国进入世界史的第一步，便踏进了殖民地藩篱。在时间上，我们走了400多年，才刚刚走出殖民的边疆。因此中国人受殖民地地位的影响既长久又深刻。直到今天，还是到处可以看见殖民地的思想尾巴，比清朝时代的辫子更多更长。一部分中国人，仍然缺乏民族独立的自尊心和自信心，实在令人伤透了心。

第三，在解放后，由于我们缺乏对财产公有制的正确认识和观念，又与超越生产力的空想的共产主义和农民私有观念相联系，因此有权者或是将大堆财物拿到空中去作天女散花，或是任意挥霍作私有享受，总之，物质和精神都不与国家联系。国家是一个断层。爱国心几乎成了沦陷区。是否由于上述原因使人们忘记了国家，滋生了以权谋私和平均主义？

如果不高举爱国主义的旗帜，我担心，中国确确实实会被开除球籍。有一天，十亿中国人，也许要遨游天外，作太空人去了。

科学

1789年，中国出版《四库全书》，存书79万余卷，集中国文化之大成。前一年英人瓦特制成双向运动蒸汽机。中国80万卷书抵不上英国发明一个机器。《四库全书》只有经史子集，没有一本自然科学，虽然也许还有《齐民要术》《本草纲目》之类。有人说中国文化走了弯路，弯路也走得太远了。

为什么中国没有发明蒸汽机？春秋战国以后，难道中国人的思想火花熄灭了吗？是不是有这么一个道理：人是猴子变的，没有变人的猴子便永远是猴子？为什么文明古国如埃及、印度、巴比伦也都没有首先发明蒸汽机呢？总之，这对于我都是团团疑雾。

从大处落墨，我认为，诸子百家净是些人生哲学，对人不对物。他们的徒子徒孙也不曾跳出这个范围。人生哲学可分为两派，一派专讲做官，儒法是也。儒法是一家，差别仅在于孔子主张以道德风人（君子之德风），而法家则强调法术权势，以法治人。另一派是讲究自我修养的做人哲学，老庄是也。从无为防御，到轻世厌世避世。一言以蔽之，谁也敌不过中国社会人际之间的微处理。

长期以来，中国缺乏科学技术，现在仍然缺乏，或者说更加缺乏了。中国科学落后于世界数十年。我们在世界科学大革命的包围中，实在没有时间去搞与人斗争或自我逍遥的人生哲学了。希望中国人遵从“五四”爷爷的嘱咐：努力向科学进军。

民主

话又回到孔子身边来。大成至圣先师孔夫子神位在上，我对您老发誓：无意给您过不去。您不是说“友直友谅友多闻”是有益的朋友吗？我学识浅陋，但愿直道而行，进言以诚。

五四运动掀起打倒孔家店，平心而论，不是没有道理。孔子语录有不少至理名言，未可厚非；但最重要一点是：它教人事君以忠，不可欺，不可犯上。儒家思想的精髓，在政治方面是要建立“君君臣臣父父子子”的封建宗法社会秩序。这对皇帝完全有利。孔子奉承的是皇帝。皇帝尊孔子是因为孔子尊皇帝。孔子不是神，不归于宗教，无法与皇帝抗衡。当然，我们不能要求孔子有现代民主思想，当时中国社会生产力还没有到达那个阶段。但是儒家学说被王权政治利用来束缚中国人民的反抗意识和谋求进步的思想，它挤干了中国人的聪明才智，使千万庶民在帝制威权之下，屈服为精神奴隶，这一点，儒家难辞其咎。

打倒孔家店，实际也就是反对专制。我们仍然需要继承民主的口号，发扬并完善民主制度。

知识分子

众所皆知，“五四运动”是学生知识分子首先发难的。关于知识分子的议论已经谈得够多。我只提三个问题，请大家研究。

毛泽东同志在1939年写的《五四运动》一文中说：“在中国的民主革命运动中，知识分子是首先觉悟的成分。辛亥革命和五四运动都明显地表现了这一点……”在俄国也是一样。俄国十二月党人是知识分子。第一个马克思主义者组织，1883年在日内瓦建立的“劳动解放社”也是一个知识分子集体。我们是否承认知识分子是“首先觉悟的成分”呢？如果承认这一点，又应该怎样对待知识分子的意见和运动呢？

恩格斯说：“单靠手是永远造不出蒸汽机来的。”发明蒸汽机还要用脑。人是使用工具的动物，但是单靠手是不能发明工具的。这就牵涉到一个重大的问题，马克思的劳动价值学说，是说商品的价值是按社会必要劳动量计算的。但是科学技术的发明却很难以劳动时间衡量，现在发明一样东西，其使用价值和交换价值往往大到无法计算。从脑力劳动者本身而言，只要求取得他们发明所创造的部分价值就够了。现在资本主义每年增产总额十之八九都来自技术革新，而科学家所得非常有限。应该说，知识分子是最大的受剥削者。我是说，改善知识分子待遇不是照顾或补贴，而是名正言顺地只是还他一部分应得的报酬而已。

我们曾经怀疑过，中国人种的智商是否适合于研究自然科学，现在这个问题完全解决了。中国科学家人才辈出，不是仅有几个人拔尖，而是一个星座又一个星座光辉灿烂。

可惜他们的花朵大多盛开在异国他乡。

这又是为什么？

请中国人深思，愿“五四”爷爷保佑！让中国大地变成伟大的科学王国，变成高度民主、高度文明的国家，变成统一富强名副其实的大国。

对这些问题我是门外汉，如所讲荒唐，言不近理，像安徒生笔下那个老汉，牵一头牛换回一口袋烂苹果那样，那就请把此文当作笑谈吧。

（摘自《群言》1989年第4期）

鸦片战争一百五十周年祭

戴　逸

1840年（清道光二十年）第一次鸦片战争爆发。在这以后，中国人民受尽了凌辱和苦难，值得我们纪念、反思，而永远不应该忘记。从19世纪初，英国商人在中国大搞鸦片贸易，烟毒泛滥，为患甚烈。清政府派林则徐为钦差大臣、两广总督，进行禁烟。林则徐为清除烟毒，和侵略者进行坚决斗争，迫使英国鸦片贩子交出鸦片烟两万余箱，在虎门销毁。1840年英国为维护肮脏的鸦片贸易，悍然出兵。4月，英国议会以微弱多数通过了远征的军事拨款，6月，英国战舰到达中国海面，进攻广东、福建、浙江，驶至天津，以后由于气候渐冷，返回广东。清政府害怕英国船坚炮利，一味妥协，禁烟有功、坚持抗英的林则徐被罢官遣戍，投降派琦善代替了林则徐，在广州举行谈判。英方提出《穿鼻草约》，要求赔偿烟价、开放口岸及割占香港等条件，并于1841年1月26日武装占领香港岛。清朝作为一个独立国家的政府不甘心自己的领土香港被占领，拒绝英方的条件，于是战端再起。战争延续两年，先在广东进行，以后，战火蔓延到浙江、江苏。清政府虽调集了大批军队，但忽战忽和，方针不定，军队内部腐败，又不肯相信和动员人民，因此，在英国侵略军的进攻下，屡战屡败。1842年，英舰驶入长江，进逼南京。清政府惊魂丧胆，向英国乞降，接受城下之盟，签订了《中英南京条约》，规定赔款银2100万两，开广州、厦门、福州、宁波、上海五口通商，协定关税，割让香港等丧权辱国的条款。《南京条约》是外国侵略者强加在中国人民身上的第一道枷锁，从此，帝国主义国家纷至沓来，强迫清政府接受一个又一个不平等条约，对中国肆意蹂躏。中国从一个独立的封建社会逐步沦为半殖民地半封建社会，广大人民陷入水深火热的痛苦生活之中。

今年，不仅是鸦片战争150周年，也是英法联军攻打北京的130周年。1860年英法侵略军攻占天津，10月进攻北京，咸丰皇帝逃往热河，英法军队野蛮地抢劫了收藏在圆明园中的无数文物古玩、书画珍宝，并把这一优美、宏伟、世界闻名的皇家园林付之一炬，这是外国侵略军对中国犯下的滔天罪行。同年，俄国追随英法侵略军之后，胁迫清政府签订《中俄北京条约》，割占了黑龙江以北、乌苏里江以东约100万平方公里的中国领土，其面积相当于今天我国版图的1/10强，或者如恩格斯所说，俄国“夺取了一块大小等于法德两国面积的领土和一条同多瑙河一样长的河流”（恩格斯《俄国在远东的成功》）。

今年，又是八国联军占领北京的90周年。八个帝国主义强盗勾结在一起，穷凶极恶地扑向中国，镇压了义和团运动，强迫清政府签订《辛丑条约》。北京，作为伟大祖国的首都，曾经三次被外国占领，蒙受屈辱。第一次是130年前的英法联军；第二次是90年前的八国联军；第三次是50多年前的抗日战争，即1937年“七七事变”后。今天，纪念鸦片战争150周年，不能不联想到帝国主义侵略的步步深入，造成了民族的灾难和国家的危机。中国近代史上充满着一连串的国难和国耻，我们伟大而具有悠久文明传统的祖国，在当时任人宰割，饱受艰辛，苦难深重，中华民族的子孙世世代代都不能忘记这段历史。

帝国主义的疯狂侵略激起了中国人民的强烈反抗，所以，一部中国近代史，最主要、最根本的矛盾就是中华民族同帝国主义的矛盾。从鸦片战争以来，中国产生了许多优秀的爱国英雄和革命志士，他们为反对侵略、拯救危亡，为使祖国独立富强，进行了不屈不挠的斗争和艰苦卓绝的探索。爱国主义空前高涨，一浪高过一浪。当鸦片战争中，英国发动野蛮进攻时，清军中就有关天培、陈化成、葛云飞、郑国鸿、王锡朋等英勇抵抗，作战牺牲；更有广州三元里人民奋起抗英，挫败了武装到牙齿的侵略军，他们写下了近代中国人民反抗外来侵略的开首篇章。还有以林则徐、魏源为代表的开明派，开始冲出闭关锁国的牢笼，睁眼看世界，要求向西方学习救国救民的真理。这是中华正气之萃集，爱国精神之升华，世代相传，绵延勿替。近代中国遭受那么多帝国主义的侵略，经历那么多残酷的战争，但中国没有被瓜分，没有被灭亡，最主要的就是在爱国主义思想的鼓舞下，中国人民英勇抵抗，不畏强暴，不惜牺牲，使得帝国主义不可能灭亡中国。连八国联军的统帅、德国将军瓦德西也领略到了中国人民团结御侮的强大威力，他不得不承认："无论欧美日本各国皆无此脑力与兵力可以统治此天下生灵四分之一，故瓜分一事，实为下策。"爱国主义像一条红线一样，贯串在中国的近现代史上，它是我们国家和民族能够生存、自立、自强的精神支柱。

当此纪念鸦片战争150周年之际，回顾历史，反思中华民族走过的路程，应该在社会上，特别是青年学生中进行历史教育，使他们了解中国的昨天和前天，激发爱国主义，这是社会主义精神文明建设的重要部分。爱国主义是对祖国悠久历史和伟大文明的认同与自豪，是对民族命运的高度责任心。它深深植根在中国的土地上，是团结和凝聚各个民族、各个家庭、各个个体的伟大力量。爱国主义精神世代延续，日益发扬，它像长江、黄河一样宽广浩荡，源远流长，灌溉滋润着中华儿女们的心田，激励他们顶住压力，克服困难，努力前进，渡过一次又一次的民族危机。当150年前，鸦片战争爆发的时候，中国贫穷落后，手中只有大刀长矛，而且对外部世界一无所知，对洋枪洋炮的进攻毫无准备，但人民群众和以林则徐为代表的抵抗派，为了保卫国家的主权和独立，敢于同凶恶的敌人进行拼搏。他们所依靠的正是爱国的思想和信念，正是中华民族的自尊和自豪。近代史上的许多志士仁人、革命烈士抛头颅，洒热血，与帝国主义、封建主义进行长期斗争，激励他们的也是这种爱国的精神，即是要建立一个不受欺凌、不受压迫的独立、繁荣、富强的新中国。

“俱往矣，数风流人物，还看今朝”。今天和150年前鸦片战争的时代已根本不同，中国人民已经站起来了，正走在社会主义现代化建设的伟大征途上。爱国主义仍然是我们的传家宝，各个时代的爱国主义既先后传续，一脉相承，又不断丰富发展，增加新的内容。今天的爱国主义是以拥护社会主义为依归，因为社会主义使中国摆脱了半殖民地半封建的屈辱地位，改变了贫穷落后的状况，并为我们开辟了繁荣富强的光辉前景。只有社会主义才能够拯救中国，复兴中国。所以，爱中国和爱社会主义密切结合，不可分离。社会主义时代的爱国主义就是完全地、彻底地为广大人民服务，努力进行现代化建设，使国家昌盛、人民幸福。社会主义时代的爱国主义又和无产阶级的国际主义相结合，在保卫和发展我们国家的利益时，尊重其他国家的尊严和利益，反对任何形式的侵略、干涉、和平演变。

现在，全国正在掀起以社会主义为中心内容的爱国主义浪潮，它将成为现代化建设的强大动力。在爱国主义精神的鼓舞下，全国人民将为国家和民族的复兴努力奋斗！

（摘自《群言》1999年第6期）

话说二次欧战

萧　乾

第一次与第二次世界大战之间，相距仅25年，而“二战”至今，尽管地球上局部炮火不断，但迄今还未再打世界性大战，而且如今，在纪念“二战”胜利50周年之际，也还没有打大仗的迹象。不能不承认人类确实是在总结经验，接受教训。“二战”前，法国花了几十亿法郎修了条马奇诺防线，以为钢骨水泥，以为驻上几十万大军就固若金汤，高枕无忧了。孰料在纳粹的立体闪电的攻势下，不到两个月就打个落花流水。今天，只有比希特勒更大号狂人才会想打第三次大战。今天的世界不比“二战”前宁静，但是不能不承认，是比那时安全多了。那用几千万——兴许上亿人的性命换来的血的教训，确实不可轻易忘记。

正如丘吉尔在他那部卷帙浩繁的《第二次欧战回忆录》里所说的，那是一场不必要的（而最后又不得不打的）战争。不过那并不像他所说的是由于英国太老实厚道；恰好相反，是由于英国（以及当时的法国）总指望希特勒（照他所暗示的）会帮他们消灭苏维埃政权。30年代后半期，在玩弄这种损人利己的权术上，克里姆林宫那位无产阶级领袖最终占了上风。他于1939年8月同希特勒突然签了协定，从而把战火烧向西欧，并使苏联享受了不到两年的“和平”，然而到头来不论莫斯科、列宁格勒还是斯大林格勒都未能免遭战祸。

丘吉尔在回忆录中说：“有个时期（指30年代初期）德国根本不许有空军，而法国的飞机比我们的还多一倍。”就是在20世纪30年代中期，德国的整个军备都远不如英法。可以说，希特勒的战争机器是在西方惧苏反苏的政策下壮大起来的。1922年纳粹只不过是个健身组织。成为政党之后，最初也是个人数不多的小党。就是在1933年国会纵火案之后，它就把德国共产党压倒，一步紧一步地攫取政权。而且希特勒刚一上台就提出“大炮代替黄油”的口号，加紧扩军。1932年德国才年产36架飞机，1935年就猛增至3183架。1936年3月7日法国刚与纳粹签订了莱茵河东西两岸5公里内25年不设防的协定，当天刚刚过两个小时，希特勒就宣布重新占领莱茵。英国《泰晤士报》还为文替希特勒辩护。第一次世界大战后由于战争赔款使得德国经济萧条，失业严重，民不聊生。纳粹当政前开下了许多支票：消灭失业，实行土改，等等。然而希特勒上台后，首先就扼制舆论，欺骗民众。当时西方似乎有意扶持希特勒，他们就是在恐苏症下，把这条狼喂肥了的。他们万万没料到把它养壮了之后，首先却向西方扑来。

苏联当时也是以民族利己主义来对付西方。战争一开始就看到苏联对东欧及东北欧的扩张主义。当时苏联倘真有无产阶级的气魄与理想，从开始就从大局出发，不搞资产阶级那套尔虞我诈，抓住纳粹这个主要矛盾，像它在30年代中期宣传上那样，大刀阔斧地与西方国家联合起来，抱着先扑灭纳粹这个祸种再说。也就是说，倘若英、法、苏真地联合起来，战争确实是完全可能避免的。

这自然属于一个局外人又外行人事后的妄想。历史自有它的规律。事实是，“二战”后世界并未倒退，而大大前进了。纳粹当初想恢复的“第三帝国”必然包括德国在第一次世界大战后失去的非洲殖民地，而炮火烟尘落下后，不但原德属殖民地并未“物归原主”，英法也一心一意要保住他们的殖民帝国。但是当战争的烟尘落下后，整个黑非洲、中东以及东南亚人民都摆脱了殖民主义的枷锁，这是“二战”真正的战果。

所以毛泽东同志对战争所持的“一反对，二不怕”确是至理名言。事物的结局同最初的设想并不一定是一回事。而在战争问题上，往往是事与愿违。对希特勒是如此，对东条又何尝不是如此！

1939年我是在开战前夕由香港搭法国邮轮“阿拉米号”去英国的。开船第二天，英法就相继对德宣了战。一路上马赛——巴黎——伦敦，都在灯火管制下变为黑暗了，食品和衣服也都实行了配给。然而从开战到第二年5月，历史学家称之为Phoney War。Phoney这个字可有各种译法，这里可译作“莫名其妙的战争”。因为你不能说那是“和平时期”，不然就不会又配给又灯火管制。然而那八个月连一点硝烟味儿也没闻到。时髦仕女照样盛妆出入牛津大街，孩子们也照样去海德公园玩耍。成天听人说：“这叫哪门子战争！”似是在抱怨，其实骨子里是感到欣慰。

一种解释是纳粹有意在麻痹英法（那时盛传法国士兵在马奇诺防线工事外边种起玫瑰花了）。然而那段时间也正好为英法国内亲德分子用来鼓动议和。当时报纸上透露了不少秘密和各种小道消息，有不少名作家（如萧伯纳）、名演员（包括首席女演员左恩·戴克）都在报端公开呼吁和平。更严重的是张伯伦（当时他还在唐宁街10号主政）内阁内几位重要阁员（包括外交大臣哈利法克斯）也都主张议和。倘若在那关键时刻张伯伦那个以《慕尼黑协定》遗臭万年的绥靖主义者还在台上，丘吉尔没上台，那段历史怎么写还真很难说。

所以丘吉尔确实是“二战”的一位关键人物。1940年5月13日，他由海军大臣调任首相。从那以后，英国这条摇摇晃晃的船才有了一位坚定的舵手。当时纳粹闪电部队已经侵占了荷兰和比利时——荷兰14日就投降了。12日卐字军侵入法国，20日纳粹打到英吉利海峡，英国就处于兵临城下的局面。6月10日，意大利趁火打劫，也向英法宣战。6月14日，巴黎陷落。22日，贝当（法国的汪精卫）投降纳粹，成立了伪政权。7月间，英吉利海峡开始了空战。9月15日，伦敦大轰炸开始，接连炸了近三个月，纳粹轰炸机朝那座城市丢了一万多吨炸弹，炸死平民近1.3万人——多亏伦敦的地铁，不然还不知要多死几倍人呢！

在坚定不移的丘吉尔的领导下，英国这艘不沉的航空母舰挺住了。虽然现代战争用的兵器不同了，然而在关键时刻，意志的较量还是带决定性的。

贝当原是法国在“一战”中的英雄——所以那次战后旧上海的法租界的一条马路以他命名。他在凡尔登战役中立过战功。然而到了“二战”，这位成为元帅的老军人却堕落成法奸。当那位“元帅”出来替敌人当傀儡时，法国却有一位好汉挺身出来，誓与纳粹血战到底。他就是“战后”一度任法国总统的戴高乐。当时他军阶不高，只不过是一名小小的上校。然而他有倔强的性格和民族气概。他拒绝投降，只身跑到伦敦，租了三间办公室，然后就四处招募起不甘当亡国奴的法国志士。1944年诺曼底登陆开辟第二战场时，他已经集合了近60万大军，加上法国国内的爱国地下组织，配合盟军解放了巴黎。

由于他性格近乎固执，有时独断专行，所以许多人——包括他的英美盟友，都担心战后他会由于独特战功而搞独裁。然而“战后”在政制问题上当他的意见与选民相左，公民投票他居少数时，他就立即辞职下野，并不恋栈。他的缺点是念念不忘恢复法国殖民地（以致连在越南的保大那里都碰了壁），然而他确实是法国一位顶天立地的英雄。

1944年，我曾随美国第七军打过莱茵河。“战后”我又两次踏访战败后的德国。其中，给我印象最深的是在纽伦堡举行的战犯审判。当时苏联建议，既然这些都是手上沾满无辜人民鲜血罪恶多端的家伙，干脆就处以死刑了事。估计当时这么办，最多用两个星期，花费自然也不大了。

但是西方国家一定要正式开庭审判，在法庭上不但允许犯人充分为自己辩护，而且一定还要为他们每人请到律师。事先，为每人开列若干律师的名单（其中还有德籍的），附以履历，由被告任选。那些纳粹头目知道这一选择关系到他们最后的命运，所以非常挑剔。例如为纳粹海军总司令找律师就坚持要一位懂海军业务的。有一被告（好像是巴本）还是由他的儿子出庭辩论。另外，本人在审判过程中，自然更是使尽了推诿和狡辩的伎俩。

所以不算预审，仅正式开庭就用了200多天，花费自然就大多了。当时有些苏联记者想不通，认为这纯属资产阶级的形式主义。然而现在看来，那200多天的公开审判（法庭旁边就住了许多作为“证人”的纳粹受害者），对于揭露纳粹罪行的宣传教育的价值真是无法估计的。

到了1957年及1966年，我才懂得只有准许被告为自己辩护以及让有关见证人出面作证，才能使人口服心服，才能使审判起正面的教育作用。若是只许控告而不许反驳的审案法，过若干时日仍得去“平反”或“改正”。1945—1946年间在纽伦堡判的案子（有判绞刑有判徒刑的），至今没一人平过反或改过正。

事过境迁，能平反或改正固然表示认真，应受到称许。但是如果数以几十万或上百万计的人需要改正或平反，那就不能不反映审判者的草率任性，就难以向历史交代。

在纽伦堡，纳粹分子在审判开始时仅称“被告”，而不叫“罪犯”。罪名是要经过受害人当堂指控并有充分旁证之后判了刑才能成立。这个程序也是值得学习采用的。

“二战”进行过程中，为了协调盟邦的联合行动，几乎年年都举行巨头会议，如百慕大、开罗、卡萨布兰卡和德里等会议。这种会议有其必要性，但是也存在严重问题：那就是大国以“战后”世界的主宰者自居，背着有关国家，出于自己的利益做出某些极端不公正的决定。其中，最严重的受害者是中国。

从日本侵占我国东北算起，中国的反法西斯斗争比西方要早八年。而且在生命和财产上所遭受的损失也比西方要大得多。我们并不想从那场战争中得到什么，但也并不准备在战争结束时，主权领土反受到损失。然而1945年在雅尔塔会议上，斯大林竟然向英美要求共管我国东北铁路两条干线，还要租借旅顺及大连港，而英美为了换取苏联参加远东战争，就居然慷他人（中国）之慨，满口答应下来。

多亏50年代后期的反修运动，“二战”这一不公正、不光彩的遗留问题总算纠正了过来。然而强国背后左右弱国的命运这一恶劣倾向，至今仍是值得时刻警惕的。

（摘自《群言》1995年第6期）

战争与和平随想录

张芝联

我生于第一次世界大战结束前四天，目睹第二次世界大战的爆发与终结，经历了第三次世界大战的威胁——从热战转为冷战，以迄于今。因此，我对于战争与历史、战争与文化、战争与革命、战争与社会等问题经常有所思考，借纪念抗日战争和反法西斯战争胜利50周年之机，略抒己见。

1914—1918年爆发的第一次世界大战使西方一些有识之士蓦然对自己的文化产生了怀疑：为什么几个号称科学工业最发达的文明大国，一夜之间竟动员人民，不顾一切地厮杀起来？法国著名诗人保尔·伐莱里当时就哀叹道："现在我才明白，我们这些文化是注定要死亡的。"德国哲学家斯宾格勒从1918年开始就发表了巨著《西方的衰落》。西方一些学者文人在"一战"后都来到中国，瞻仰东方文明的风采，仿佛在这里可以找到补救西方文明的良药。

曾几何时，又一场更残酷的战争爆发了，这一次是德国法西斯发动的，它妄图称霸世界，绝灭种族，摧残文化。在此以前，日本法西斯已侵入我国东北、华北，日本军国主义者同样抱有吞并亚洲、称霸世界的野心，其野蛮残酷程度并不亚于它的德国法西斯盟友。西方"民主"国家早在欧洲推行绥靖政策之前，已在中国纵容日本侵略者；在我国强列抗议下，国际联盟仍没有触动日本军国主义一根毫毛。

"二战"后建立起来的联合国及其附属机构力图为维护世界和平、抑制战争而努力。1947年夏我到巴黎参加联合国教科文组织举办的"国际了解"

研讨会，给我印象最深刻的是教科文组织首任秘书长J. 赫胥黎提出的口号：“战争起源于人们的头脑，因此必须在人们的头脑里把它消灭。”这话只说对了一半，他没有说清楚：战争起源于谁的头脑？为什么他们要发动战争？

著名的德国历史学家F. 迈尼克一贯认为，研究历史不应带有价值观念，也就是说，不必对历史事件、人物作善恶是非的判断。但“二战”后迈尼克不得不放弃这种“客观主义”立场，带头批判德国法西斯主义，并追溯其历史根源。经过相当长时期的痛苦思索、争辩与反省，德国政治界、思想界一般都认识到德国在发动“二战”中的罪恶作用，承认德国对屠杀包括犹太人在内的千百万无辜人民负有不可推卸的责任。

遗憾的是，日本一些政界人物迄今仍拒绝对发动侵华战争和太平洋战争承担罪责，有的只是羞答答地承认“犯了错误”，有的气焰还很嚣张。至于赔礼道歉，更是口是心非。这就使人们对日本统治阶级中间一部分人很不放心，而他们的态度对日本人民是颇有影响的。况且德国认罪较好，尚不免出现少数新法西斯主义分子；那么日本政界的暧昧态度能不令人担心吗？

过去有一种说法：战争引起革命，革命制止战争。第一次世界大战打出了一个苏联；第二次世界大战打出了一个社会主义阵营；如果帝国主义胆敢发动第三次世界大战，它必然加速资本主义的灭亡。但从目前来看爆发第三次世界大战的可能性并不存在，然而这不等于说，霸权主义思想与行为可以忽视或容忍。

霸权主义有其深远的历史根源。远的不说，从15、16世纪起，先后建立起七八个大帝国——葡萄牙帝国、西班牙帝国、奥斯曼帝国、大清帝国、俄罗斯帝国、大英帝国、法兰西帝国、德意志帝国、大日本帝国等，它们或多或少都带有霸权主义倾向。经过若干世纪的竞争角逐，到了18世纪末，有的帝国开始衰落了，如葡萄牙帝国、西班牙帝国、奥斯曼帝国、大清帝国；有的帝国则更强大了，如大英帝国、法兰西帝国、德意志帝国。英德在先后挫败法国后，它们之间矛盾上升为帝国主义之间的主要矛盾。大英帝国以其征服部分、殖民部分、贸易部分构成一个庞大的帝国体系，人称“日不落帝国”，实际上是20世纪初最大的霸权国家。英德争霸的矛盾导致了第一次世界大战。

战败的德国在不到15年的时间里又建立起第三帝国，它利用资本主义世界经济危机给人民带来的痛苦，利用大国之间的矛盾，利用复仇主义和“三反”（反苏、反共、反犹太）情绪，要求“生存空间”和修改《凡尔赛和约》，大肆扩军备战，以战争相威胁，蚕食邻近小国，步步紧逼大国。与此同时，日本军国主义趁参加第一次世界大战之际，扩大在中国的势力范围，并利用西方国家在“一战”后自顾不暇的局势，逐步占领中国，妄图建立“大东亚共荣圈”。日本法西斯和德国法西斯一样，其最终目的都是建立世界霸权。这种野心被世界反法西斯大联盟彻底摧毁了。总之，霸权思想是战争的祸根，要消灭战争，首先必须消灭霸权思想。不论大霸小霸，其为霸则一也。

第二次世界大战不仅打出了一个社会主义阵营，还打出了一个反帝反殖的民族解放运动。亚非拉人民的顽强斗争，迫使老殖民主义者逐渐退出历史舞台，他们摇身一变，又以新殖民主义者面貌出现。在这场“非殖民地化”的斗争中，大国间的矛盾再次白热化。第三世界的发展中国家处于既要维护民族独立，又要依靠工业大国的经济技术援助；既要防止外国干涉内政，又要参与由大国暂时控制的国际经济政治活动的两难境地。而大国的经济技术“合作”则往往以接受西方的政治经济制度与意识形态为条件；有的大国甚至采取制裁、封锁、分化、收买等卑鄙手段对弱国施加压力。这种“我说了算”的强权政治和无理做法是世界不稳定的重要根源。加之过去被两霸对峙和殖民统治所掩盖的民族、部落、宗教、领土等大小矛盾现在公开暴露，有的地方已诉诸武力。

由此可见，就世界范围而言，和平与发展仍是走向21世纪的人类最重要的课题，切不能等闲视之。占世界人口1/4的中国，更应为解决这两个迫切问题作出贡献。

（摘自《群言》1995年第6期）

全民团结抗战的胜利

陆　诒

“事非经过不知难。”凡是亲历过八年抗战的人，都不能淡忘战时的艰辛岁月。

说抗日战争是中国共产党倡导的抗日民族统一战线的胜利，这是讲得对的。但我还要实事求是地补充说，这是在第二次国共合作的历史时期，两党的军队面对一个共同的敌人，在正面战场与敌后战场相互配合浴血奋战取得的胜利，也可以说是我国亿万各族人民同仇敌忾积极参与付出大量鲜血和生命代价拼搏争取得来的最后胜利！

这次胜利是伟大的。我们终于赶走了企图灭亡中国的日本侵略者，第一次取得了我国近代史上反对帝国主义侵略的民族解放战争的胜利，恢复了甲午战争以来沦陷于日本军国主义者铁蹄之下的全部领土（包括台湾岛在内），湔雪了几十年来的国耻，争得了联合国创始国的地位。经过这八年艰苦卓绝的抗战，我们向全世界证明，中华民族是不可屈服的，我们有权利建立独立自主的国家，跻身于世界民族之林。

值此纪念中国人民抗日战争和世界反法西斯战争胜利50周年之际，我第一个切身体会，就是抗战的最后胜利来之不易！

再说贯彻执行抗日民族统一战线政策，要充分发动人民群众，调动一切积极因素，团结一切可以团结的力量，组成浩浩荡荡的大军，战胜一切艰难困苦和早有准备并拥有优势武器的日本军国主义者，更不是轻而易举的事情。何况在第二次国共合作时期，这是一段既有团结又有斗争的艰险曲折的过程。

记得1937年12月初，我在太原、上海失守之后访问延安。第一天下午，徐冰同志就陪我去参观抗日军政大学（简称“抗大”）。当时校址2/3已迁入城外的窑洞中。骤见半山上排列整齐的窑洞，真是壮观。该校教育长罗瑞卿将军欣然陪我们边看边谈。我看到抗大的男女同学正在窑洞外面的空地上课，教员在露天讲课，同样严肃、认真、专心。

据罗教育长说，该校学员现有三大队，每大队又分三小队。第一、二大队学员都是当年红军的老干部，其中有的还当过师长或军长，调来重新学习，经6至8个月毕业。第三大队大都是来自全国各地的青年学生和海外华侨子弟。我问：“为什么红军老干部还要经过几个月的再教育？”罗教育长立即回答：“正因为他们是老干部，才更迫切需要接受抗日民族统一战线的再教育，否则他们就不能适应新形势，担当动员群众、带领部队作战的骨干。”

1938年我采访正面战场的徐州会战与武汉会战以后，同年秋天，再渡黄河到华北敌后战场采访。经过晋东南、河北大平原，来到晋察冀抗日根据地，又遇到身材高大、历经百战的罗瑞卿将军，当时他担任抗大分校校长，带领几个大队的男女同学告别延安的窑洞，渡过惊涛骇浪的黄河，途经敌军据点密布的晋西北，冲过同蒲铁路的敌军封锁线，来到晋察冀边区的山岳地带。同学中有一部分也是全副武装的，拥有步枪和手榴弹。他们一路上勤奋学习，和行军密切结合，从抗战的实践中增长知识和才干，其效率与收获，当然比窑洞内外更加宽广和实在。

那次巧遇罗瑞卿校长，他首先亲切地问我：“此行目的地何处？”我说：“想赶路到八路军120师师部访贺龙将军。”他说：“天色已晚，我看你还是今晚在校本部住宿的好，明天一早我们一起去师部，我也有事要找贺老总面谈。”

他邀我共进晚餐。在一盏豆油灯光照耀下，他用四川话同我摆了一段龙门阵。他说：“抗战快三年了，我们所进行的战时教育还是赶不上形势的发展。自从武汉失守以后，敌人已改变政略和战略，增调兵力，移师‘扫荡’其后方战场。现在华北敌后战场的‘扫荡’与‘反扫荡’的战斗频繁，我们迫切需要大批干部担当起凝聚人心、组织群众的重任，更加广泛深入地发动群众参战。我们为什么要千里迢迢到敌后战场来办教育，原因即在此！”

其实，根据我近一年在敌后战场的亲身体会，这里不论男女老幼，都参加抗日自卫的组织，儿童团员手执红缨枪在村口站岗查路条，村村办夜学，扫除文盲，可称战时念念不忘教育，真是难能可贵！但当时的罗校长仍不自满，还要艰苦奋斗，锲而不舍。

1940年我回到大后方，一度到昆明去采访重修的滇缅路，深切体会到当年各族人民筑路的艰难，以及在敌机经常狂炸下运输战时物资所做出的流血牺牲。1941年皖南事变之后，我曾在新加坡目睹日本军国主义者海陆空军的残暴攻击和英国军队的败退，后来又在缅甸战场上看到我国远征军的初战告捷。老实说，中国八年抗战是世界反法西斯战争的重要组成部分，试想如果没有中国军民团结抗战，拖住日本的大量兵力，战争的胜利是不可想象的。

时至今日，日本国内仍有一股力量蛮横地否认其侵略罪行，而在世界各地法西斯卷土重来的逆流也不时传来，这倒不是坏事，而是件好事。反面教员这几年勤于为我们上课，至少它提醒我们：进行爱国主义教育松不得！

（摘自《群言》1995年第7期）

科学道德百年回首

张存浩

科学道德问题备受关注

1999年6月，联合国教科文组织和世界科学联盟在匈牙利布达佩斯联合召开世界科学大会。英国核物理学家Joseph Rotblat在会上作《科学与人的价值》的演讲时提出："科学家是否应该关心科学的道德以及科学对社会的影响？科学家是否应该为科学研究对人类及社会环境造成的后果承担责任？"

100年以前，近代科学诞生之初，不可能提出类似的问题。那时的科学对人们的日常生活基本没有产生什么大的影响。学者们主要在实验室内从事好奇心驱动的研究。1663年，英国皇家学会成立时，形成的基本共识之一是"科学不可干预社会生活"。将近三个世纪，科学在"超凡脱俗"的原则下形成了较为封闭的"象牙塔"。

今天讨论科学道德问题的社会背景已经完全改变。一方面，世界各国对科学技术的重视程度与过去不可同日而语，对科技的投入显著增大。科学研究日益成为人类社会中最重要的事业之一，科学家成为社会生活中最受人尊敬的职业之一。另一方面，科学技术虽使生产发展和生活质量大为提高，但同时也带来了诸如环境污染、资源滥用、大规模杀伤性武器和精密制导武器的高度发展等严重危害。在利益驱动和竞争的压力下，科学不再是完全中性和客观的事物。科学对日常生活、对社会、对政治的直接影响，已经成为不可改变的事实。这些可能是科学道德问题在整体上日益突出的重要原因。

科学道德的重要性

科学道德的重要性至少表现在三个方面。

外在方面：履行科学对社会的责任。科学家对科技发展可能带来的正面和负面影响都比普通人要认识得更为清楚，拥有更多的知识，应当承担更多的社会责任。公众期望科技界为保护公众的利益指出潜在的危险，并要求科学家抵制明显危害公众利益的研究。

内在方面：保证科学工作的质量，提倡良好的科研实践准则。科学的实质应是一种逻辑性、系统性的研究过程，它致力于获得可检验成果的知识，由此，科学的诚实性和严格遵循良好的科学实践规则是科研工作质量的必要保证。缺乏严肃、严格、严密的作风，科学工作的质量必然受到影响，甚至走向伪科学。

精神方面：高尚的科学道德是科学研究的精神力量。有人把世界上的科学家分为两种，一种是杰出的科学家，一种是伟大的科学家。杰出的科学家只凭借其国际承认的成果贡献；伟大的科学家首先是杰出的科学家，不仅如此，他还必须有伟大的人品、高尚的科学道德，包括爱祖国、爱人民、亲贤爱才、奖掖后学，等等。

纵观科学发展史，在科学探索过程中，榜样的力量是无穷的。爱因斯坦评价居里夫人，李政道评价吴健雄，都认为被评价者的崇高品格对人类的价值，远远超过她们所做杰出成就本身对世界的贡献。钱学森先生作为当代为中国立了大功的科学家，是我们崇敬的典范。他早年在美帝国主义的压力下表现出来的爱国主义精神和铮铮铁骨，令今天的人们由衷敬佩。王淦昌先生在年届花甲时，仍克服艰难困苦，在荒漠上从事科研攻关，直到年逾九十，仍关注惯性核聚变研究工作。崇高的科学道德也是“两弹一星”精神的重要组成部分。

我国关于科学道德问题的讨论

追溯至1981年，邹承鲁等四位学部委员致函《中国科学报》，建议开展"科研工作中的精神文明"的讨论。这次持续一年的讨论，是新中国成立以来科技界第一次自发探讨自身建设问题。

改革开放以来，我国广大科技工作者发扬"献身、创新、求实、协作"精神和"坚持真理、诚实劳动、亲贤爱才、密切合作"的职业道德，积极为现代化建设提供科技动力、成果储备和智力支持，作出了很大贡献。

但是也应看到，社会上一些违反科技工作者职业道德的不规范行为和不正之风也有所抬头，在科学技术事业蓬勃发展的大趋势中也存在个别不和谐的现象。特别是在我国的经济、社会处于转轨时期，总有个别人想利用市场经济建立初期法制不健全等弱点，在科研活动中做出违背科学道德乃至违法违纪的不端行为。这些现象引起科技界人士的深切关注。

进入新世纪，科学发展所遵循的道德准则仍须坚持：科学必须服务于人类文明、和平与进步；科学研究必须保持"严肃、严格、严密"的科学作风，等等。不久前出台的《中国科学院院士科学道德自律准则》，从院士职责、科学活动的正义目的、科学态度、学术民主、成果署名、参与公务活动、培养青年人才、科技协作、科学精神、院士增选十个方面确立了院士行为规范，主要强调自律，并强调自觉地接受科技界和社会的监督。

国外科学道德建设对我们的启示

各国理解科学道德问题，不仅包括学术道德问题，而且包括科学伦理道德问题，后者涵盖了基因伦理道德、生态环境道德、信息网络道德等广泛内容。

近几年来，国际上对于科学本身的伦理道德的讨论越来越多，关于空间、通讯信息，尤其是生命科学中克隆、干细胞等问题，各国以及有关国际组织也都在制定相应的法律加以规范。联合国建立了五个道德委员会，包括能源、水、信息、外层空间和环境。

学术道德依靠自律，规则是前提

欧洲开展现代科学研究已经有几百年时间，但处理学术道德建设方面的问题，也只是在最近几年才开始。欧洲国家在规范学术道德方面主要从两方面着手，一是提倡良好的科学实践，二是反对科学中的不端行为。

在提倡良好科研实践的条例中，要求科学家有社会责任感，要保证研究成果的质量；同时，非常强调科研中的原始记录，要求科研原始记录中不能有任何涂改，并且要认真保存50年以上；还强调科学家要对自己的研究内容和成果提出质疑，不能说偶然发现一个规律或成果，就认为是成功，提倡科学家对成果反思的科学精神；要如实承认别人的成就，善于同别人合作，包括同一课题组及国内、国际同行；规定研究成果在正式发表以后，才能向媒体公布，以避免新闻炒作使成果失真，或使经受不起同行认可的成果抢先发表。

关于不端行为，欧洲国家首先强调科研人员不能假造、修改数据，不能有剽窃、欺诈行为，更不能存在“海盗行为”，即不能把别人做出的成果据为己有，包括自己学生的成果。

对科学不端行为的双重约束

欧洲国家对科学不端行为除以道德伦理加以约束外，对严重违反科学道德的行为，还可用法律来规范。一些国家在处理科学家个人道德行为问题时，不仅制定了相关条例，还将条例在很多方面同法律进行比照。比如德国，他们的做法是，一旦认定有不端行为，就找出适用法律给予惩处。这些适用法律除民法外，甚至包括刑法。这表明科学中的学风问题不只是学术道德问题，还涉及与科研人员以及公民切身利益相关的法律关系。

注重防范科学不端行为

第一，规范评审制度。如法国国家科研中心严格规定了评审人员的行为准则和义务：保密义务，即禁止将评价其他研究人员、文章和研究计划的信息占为己用或传递给他人；明示原则，即评审人员的评审结论应当准确和严谨，尽量避免误解和模糊不清；避免干扰，即评审人员应当避免个人利益、团体利益及人际关系因素影响评价工作；道德责任，即评价机构提醒评审人员关注评价结果的重要影响，必须慎重研究作出结论。此外，评审人员还负有主动回避的责任。他们通过确保评审人员的学术水平、减少人情因素等措施强化评价机制。

第二，严格管理额外收入以抵制学术腐败。如法国科学院要求院士上报额外经济收入，同时有30%要上缴。

第三，以签约等形式将“软约束”硬化。德国马普学会对青年科研人员在科学道德方面有严格的规定，要求青年科研人员到马普学会工作时要先培训，内容是学习何为科研不端行为，何为良好的科研实践，并要求在相关文件上签字，承担相应责任，使其具有法律效力。这一做法将科学道德的“软约束”变为“硬约束”。

重视对青年科技人员的科学道德教育

欧洲国家普遍要求科学家在向年轻科技人员传授知识的同时，有责任进行科学道德伦理教育。在德国各大学普遍设有科学道德课。

慎重处理关于科学不端行为的投诉举报

各国都强调立法，完善法律法规，强调教育为主，防患于未然。一般来说，全国性的科学道德委员会不负责处理具体投诉举报。如涉及严重问题，则成立专门小组进行调查，然后交转有关部门处理。专门调查小组成员除科学家外，还有法律人员、管理专家和其他非专业人员。吸收非专业人员旨在接受社会监督，科学家主要参与有关科学水平、质量问题的咨询、评估。

对不端行为一般交由基层处理。如德国大学专业委员会对教授的处分有三种：其一，强调先对话，不鲁莽从事，有的给予黄牌警告，当面指出对其指控的问题，大部分问题可在此阶段得到妥善解决；其二，红牌警告，有可能提交法庭，但尽量不送上法庭；其三，撤销其教授头衔。

遵循科学研究的社会属性，让科学回归人民

在欧洲，科学研究经费与纳税人利益紧密联系的观念比较深入人心。

一些国家十分强调，科学家有责任使科学和公众更紧密地联系起来，这也是科学伦理道德建设中更高层次的问题。科学家应该努力宣传自己的成果和科研进展，使公众更多地了解科学。在欧洲国家，经常能看到科学家拿着印制好的宣传册上街宣传科学，做科普工作。

与国外相比，我国科技界对于科学道德问题的普遍重视程度，对违反科学道德问题的公开化程度，有关部门对科学不端行为的防范力度等，都还存在着一定差距。

我国科学家应该广泛参与国际上关于科学道德伦理的讨论，这有利于形成全球共识，拓宽科学研究的思路；在良好科研实践的规范方面应该借鉴国外的经验，这对营造有利于创新的科学研究环境是有益的。

值得注意的是，国际科技界已明确提出，科学道德必须作为教育的基本内容之一，充实到高等教育的课程中去，这对于提高未来年轻科技工作者的科学道德修养，无疑具有前瞻性的重要意义。

（摘自《群言》2002年第5期）

期待更加全面公允的抗战史

钱念孙

一

1994年，我作为高级访问学者被公派至英国杜伦大学和伦敦大学亚非学院访学半年有余。在两校图书馆搜集研究资料时，我经常翻阅我国台湾、香港地区及欧美国家出版的有关中华文化和中国近现代史的书刊。浏览这些海外出版物，尤其是有关抗战史的著作，仿佛走进一片自以为熟悉却变得面目全非的天地，思想受到很大震动。这些著述所呈现的抗战史面貌与我从小学到大学所接受的知识从过程叙说到观点表达多半互不相同乃至彼此抵牾。类似情况，在2000年我赴美国马萨诸塞大学和汉普舍尔学院任客座教授期间，以及此后多次到台湾及香港访学期间，都反复遇到，以至屡见不鲜、见多不怪了。

初次遭际这种状况，我就意识到自己原来在学校里接受的现代史教育，或许存在某些盲点和偏差。可是，阅读台湾及香港学者的著述也明显感到他们对中国现代史尤其是抗战史的描述，同样存在较为严重的盲区和偏见。难道历史真的是个可以任人打扮的小姑娘？难道我们对已经过去半个多世纪的伟大的抗战史，不应该有更为冷静客观的清醒认识？不应该有秉笔直书的史乘吗？

步入21世纪以来，伴随我国经济快速发展累积效应逐渐凸显和综合国力的不断增强，我们的民族自信心和自豪感逐步上升，大国襟怀和大国气度日益彰显。在如何看待全民族共同抵御外来侵略的抗日战争的历史问题上，我们也有了比以往更加客观的视野和更加公正的心态。

与这种观念转变和政策调整相呼应，学术界与出版界先后推出一批新的抗战出版物。综观这些著述，尽管它们透视抗战的角度不一，学术水准也颇有差异，但都表现出对以往抗战史著述中存在的狭隘历史观和意识形态局限的反思，都试图揭开被党派观点和历史迷雾遮蔽的史实真相，都摸索从更多方面挖掘抗战资料和感人故事，从而达到较为完整、较为客观地呈现抗战本来面貌的目的。此类著述的产生，既表明我们的抗战史研究在范围拓展和内容深化等方面，取得了可喜的成果和令人瞩目的突破，也昭示我们党和国家在处理涉及自身历史敏感问题时，有了较为开明的态度和更为宽广的胸怀。

二

抗日战争作为中国历史上持续时间最长、规模最大的全民族反侵略战争，既悲壮激烈、气吞山河，又千头万绪、纷繁复杂。毋庸讳言的是，与抗日战争的历史意义和作用相比，与这场战争对中华民族和世界产生的影响相比，目前我们对抗战史的认识和研究还远远不够，尚有不少有待改进、完善之处。在抗战胜利70周年之际，我们除了要隆重举办一系列纪念活动，也要秉持中华史学“其文直、其事核、不虚美、不隐恶”的优秀传统，对抗战史中的诸多重大问题给予恰当的历史定位，对如何搜集、辨析、整理抗战史料采取正确的态度和科学的方法。

就对重大问题的历史定位而言，无法绕开的首要话题当然是对抗战中两个最大的政治力量，即共产党与国民党发挥作用的认识和评价问题。八年抗战是在两个战场上展开的，主要由共产党领导的敌后战场和主要由国民党领导的正面战场形成了最广泛的抗日民族统一战线，两个战场战略上相互配合，共同抵御日本侵略，从而取得抗战的胜利。对共产党在抗战中所发挥的作用，我们谈得相对较多，经常用“中流砥柱”来形容和概括。从抵制国民党一度消极抗日，到推动建立并长期坚持抗日民族统一战线；从在严酷的敌后战场开辟广袤的抗日根据地，到八路军、新四军以灵活机动的战略战术歼灭大量敌人，共产党在抗战中确实作出了无可替代的、怎么估量也不过分的重大贡献。

对国民党在抗战中所发挥的作用我们过去相对关注不够，认知态度也经历了由曲解漠视、避而少谈，到逐步直面历史、客观公正对待的过程。国民党是抗战时期的执政党，它掌握当时的国家机器，能够配置全国资源和人力，调动几百万军队在正面战场抵抗日军的侵略。自卢沟桥事变至1945年6月，国民党军队牺牲少将以上的将军共115人，其中上将8人、中将42人、少将65人，其抗战之惨烈程度可想而知。当然，国民党在抗战初期曾出现摇摆分化，副总裁汪精卫投降日本，在南京成立伪政府；国民党在抗战中还曾同室操戈，制造了震惊中外的“皖南事变”，但总体看，国民党及其主政的国民政府和国民革命军，面对强敌没有妥协、没有屈服，始终在正面战场与敌人浴血奋战。八年抗战中，因作战不力或指挥不当，被蒋介石和各大战区处决的军长不下10个、师长不下20个，所以台儿庄等诸多战役中流行“不死于阵前，即死于国法”的军中语。这也从一个侧面折射出国民党抗战的状态。

由此可说，正如共产党开辟和领导敌后根据地和敌后战场，为抗战胜利作出艰苦卓绝的重大贡献一样，国民党领导正面战场和大后方地区与敌人顽强搏斗，也为抗战胜利作出了无法磨灭的重大贡献。从抗日战争的大局看，共产党提出和实施的一系列抗战方略所开辟和领导的敌后战场及抗日根据地在整个敌后占领区遍地开花，无疑具有全局性意义。而国民党作为执政党主持战时国民政府，其所领导的正面战场及大后方的抗敌斗争，具有全局性意义也是自不待言。承认国民党抗战具有全局性意义，没有削弱、更无法否定共产党抗战的全局性作用；同样，承认共产党抗战具有全局性意义，也无法削弱和否认国民党抗战的地位。双方在整个抗战中作出的互为补充的全局性贡献，是通过各自的领导能力和抗战实绩实现的，是在既联合又独立、既协作又斗争的矛盾统一过程中完成的，不能相互取代，也不应彼此抹杀。不承认其中任何一方所发挥的重大作用，都有违历史事实，有违实事求是的精神和原则。

有了这样的基本认识，我们才能避免因党派之争和意识形态偏见，干扰史实选取而片面地撰写史著；才能对抗战史中诸多重大事件、重大战役、重要人物等，做出比较客观的描述和相对公允的评价。譬如，从1939年9月到1941年12月，日军先后三次积集大批精锐部队进犯长沙，均遭国民党第九战区司令长官薛岳率部英勇抵抗而惨败：第一次长沙会战，歼敌死伤3.3万人，第二次长沙会战，歼敌死伤4.8万人，第三次长沙会战，毙伤敌人5.6万人，创抗战以来空前大捷。国民政府因此向薛岳颁发青天白日勋章，后来美国总统杜鲁门还向他颁发自由勋章，以表彰其抗日功绩。可我们出版的一些民国史及抗战史对长沙会战多轻描淡写，这可能与薛岳曾率部围追堵截红军长征，解放战争中又多次与解放军对垒，后又跟随蒋介石到台湾不无联系。写好抗战史，需要明辨当时风云变幻的政治形势和复杂多重的人物关系，进而做出符合史实并恰如其分的叙述、分析和评价，这无疑包含对我们史德、史识、史才的挑战和考验。

三

编写抗战史，另一不可忽视的重要问题，是如何对待和处理有关抗战的多种资料。

从1937年“七七事变”爆发算起，抗日战争已过去78年；从1931年“九一八事变”日本侵占东三省算来，已长达84年。在这段相对漫长却消逝不久并与今天紧密相连的岁月里，不同时期、不同主体以不同视角和不同方式，对抗战做了各式各样的描述、评说及研究。这些积累下来的资料时间跨度较长，数量庞大，有的颇有史料价值，有的较少参考意义，还有的甚至充斥偏见，混淆视听，需要做一番梳理辨析、披沙拣金的工作。

自日本在中国大地燃起战火那一天起，各种反映日寇暴行和中华儿女英勇抗敌的著述就层出不穷。其中相当一部分是抗战结束后，尤其是1949年新中国成立以后，大陆和台湾学者及有关人士撰写的抗战文章和抗战史著作。这些写于上世纪后半叶的著述，客观上已成为今天抗战史研究的一种背景和参照。可是，由于较长一段时间海峡两岸处于对立状态，受政治观念和意识形态的影响，两岸发表的不少抗战论著都存在明显偏弊，如台湾一些出版物说共产党在敌后战场是“游而不击”，而大陆一些出版物也说国民党抗战是“抗而不战”。如此罔顾事实的说法，都是不值一驳的。这类抗战著述的存在，与其说可作为某种参考，不如说提醒后人从中吸取教训、引为鉴戒。我们今天研究抗战史，要认清此类著述感染了特殊时期的流行病菌，不足凭信。

还有一类需要审慎对待的抗战史料，就是各种各样的抗战回忆录和访谈录。抗日战火熊熊燃起，投身抗战者及经历战火磨难者不断写出有关抗战的回忆录和亲历记。近二三十年来，由于抗战参与者多步入耄耋之年甚至期颐之年，许多报刊设《致敬抗战老兵》或《抗战老兵口述历史》等栏目刊发大量访谈类作品，一些出版社也围绕抗战推出不少口述历史类或采访性、纪实性书籍。这类著述由于具有当事人亲历、亲见和亲闻的特点，时常被当作珍贵史料受到重视。应该说，这类著述确有一部分讲述者经历独特且回忆和记叙严谨准确，很有史料价值和意义；但不少或年代久远记忆有误、或名誉夸耀之心作祟、或采访记录者添枝加叶乃至杜撰编造，采纳使用时应特别小心谨慎。

最近我读到一篇《老兵讲抗战》的文章，今已97岁高龄的解放军某部军政委刘增钰少将,1940年百团大战时在八路军129师任营长，采访者向他求证两则关于他的史实：“山西至今流传着‘刘营长赤脚进张净’的故事，我问他是否有这回事。他说：‘没有，那只是一种宣传，其实我打的是赛鱼车站。那次我们跑到张净车站的时候，别的部队已经把张净车站的日本鬼子打完了……当时宣传人员找我问情况，我正好进城买鞋刚回来，因为下雨打仗我把鞋丢了，结果他们就用文学手法给加工一下，说我打的张净车站，后来这个故事就流传开了。’我问他是否参与消灭过日军的一个运输大队。他说：‘没有。只有一次我们在平定西边的一条小路上埋了几个地雷，结果炸死日本鬼子运输队的一匹马，马肚子炸开个窟窿，马上的人没死跑了，这事宣传得也不对。’”（见《文艺报》2015年7月27日）我很敬佩刘增钰老人不掠美、不邀功的诚挚态度，但这两则兼有张冠李戴和捕风捉影的抗战报道流传很广，并被载入当地抗战史的事实提醒我们，书写抗战史对于一些来自采访、口述或回忆类的资料，选择和使用时应该慎之又慎。

书写任何一段历史，主要应依据这段历史的原始资料。所谓“原始资料”，即指这段历史当事人当时记载、当年留存或刊印的资料。这一点对于撰写抗战史尤为重要。其原因不仅在于原始资料相对可靠，相对接近史实真相，更在于中国抗日力量组成结构的特殊性，以及抗战后中国历史进程的沧桑巨变。中国抗日力量的构成，主体是共产党与国民党领导的两支部队。抗战前，共产党部队（红军和游击队）被执政的国民党视为“赤匪”而多次残酷围剿。全面抗战爆发后，1937年9月国共双方发表《国共合作宣言》，国民党转而承认共产党及其军队的合法地位，并将红军和游击队改编为国民革命军第八路军和新编第四军联合抗日。抗战胜利后不久，国民党发动内战，共产党针锋相对推翻其统治，建立新中国。正由于八年抗战是国共合作时期，此前和此后是双方反目阋墙年代，因而抗战当时对战事等的记述，相对较少选择性过滤或有意无意地扭曲变形。如由苏中抗日根据地1945年7月出版的《毛泽东选集》第一卷收有《关于抗战与团结的前途问题》一文，毛泽东在答美国合众社记者问时明确说：“我们拥护现在的中央政府，因为它坚持抗战的方针并领导抗战的行动。”而由国民党参谋总长陈诚署名的《八年抗战经过概要》（国防部史料局1946印行）一书，对八路军新四军参与的重要战役也多肯定性记载，并在所附

"作战要图"上有明确标注。

基于抗战原始资料具有这种还原历史的功能和价值，我自上世纪90年代中期以来，就较为注意搜集民国时期，特别是抗战时期的出版物。这本《故纸硝烟——抗战旧书藏考录》，从抗战发生背景、日本侵略战序幕、八年抗战历程、战时中国政治、战时中国军事、战时中国外交、战时中国经济、战时中国文化、日本对中国研究、中国对日本研究、抗战善后与恢复等11个方面，图文并茂地展示和评点抗战当事人当时写、当年印行的抗战旧书。我很庆幸自己能够与这些旧书结缘相伴，期望这些发黄发脆甚至破旧破损的文献资料，以当年白纸黑字、时代见证的身份，昭示中华民族在血腥抗战中的深重灾难和英勇伟绩，揭露日本侵略者的狂妄野心和滔天罪行；同时也期盼这些旧籍能够为抗战研究者和关注抗战人士提供一点探寻真相的蛛丝马迹，让读者诸君能早日读到更加全面更加公允的抗战史。

（摘自《群言》2015年第10期）

【制度建设】

论“一国两制”

宦　乡

经过两年的谈判，中英两国政府终于就香港问题达成协议，签署了关于香港问题的联合声明：英国政府将于1997年6月30日将香港交还给中国，中国政府将于1997年7月1日对香港恢复行使主权。这样，在12年之后，香港就将结束它在外国统治下长达百年之久的历史，重新回到祖国的怀抱。这是整个中华民族历史上一件值得大书特书的喜事，也是国际关系史上具有深远影响的一件大事。

中国政府在解决香港问题时，始终本着实事求是，一切从实际出发的精神，以高屋建瓴的博大胸怀，提出了“一个国家、两种制度”的构想，制定了“恢复行使主权，保持稳定繁荣”的基本方针。由此出发，通过谈判解决了历史遗留下的香港问题，不仅有利于保持香港长期的稳定繁荣以及中英友好合作关系的进一步发展，而且有利于维护亚洲与世界和平，从而在国际上赢得广泛的赞扬。

“一国两制”的构想，是我们党和政府，是邓小平同志在对社会主义现代化进程作了全面理论分析而精心提出的政治设计，也是本着照顾历史、尊重现实的态度提出的重大决策。它绝非如少数人所言是一种权宜之计。“一国两制”构想的产生，有深刻的历史渊源、坚实的理论基础和广泛的现实基础。

一

“一国两制”作为科学的构想，当然不是从天上掉下来的。首先，它的产生是遵循了历史发展的规律，总结了历史的经验，并在解决台湾、香港问题的长期实践中逐步形成和完善的。

邓小平同志说，解决有些国家争端，用我们提出的“一个国家、两种制度”的办法也是可能的，“历史上不是没有这样的先例”。（《瞭望》1984年第42期）

比如1861年美国南北战争前，作为一个整体的联邦国家内，就存在着南方的种植园奴隶制和北方的资产阶级雇佣劳动制。我国在抗日战争时期，国共两党在建立抗日民族统一战线后，在一个政府的名义下也存在着国民党统治区的资本主义制度和共产党领导下解放区的新民主主义制度。在全国解放初期第一次全国政治协商会议期间，我们党根据当时的情况也提出要用和平的方法解决历史遗留下来的问题（诸如香港问题）。1963年3月8日《人民日报》在《评美国共产党声明》一文中写到，“香港澳门这类问题，属于历史遗留下来的帝国主义强加于中国的一系列不平等条约的问题”，“我们一贯主张，在条件成熟的时候，经过谈判和平解决”。

当然不是说这些就是“一国两制”或“一国两制”的思想。历史的事件只是给我们以启迪。“一国两制”作为完整的构想，是在几年以前，主要是在中共十一届三中全会以后形成的。这个构想首先是从中国解决台湾问题和香港问题出发的。

1979年元旦，全国人大常委会在《告台湾同胞书》中，即向台湾人民提出了和平解决台湾问题的大政方针。1980年1月邓小平同志在《目前的形势和任务》一文中也提出了和平统一祖国的设想（《邓小平文选》第204页）。1981年国庆前夕，叶剑英同志提出了关于台湾问题的九条建议，明确指出“台湾在祖国统一以后可作为特别行政区享有高度自治权”。1982年10月英国首相撒切尔夫人访华时，我国政府提出在香港问题上也将实行“一国两制”的构想，是年12月在全国人大五届五次会议通过的我国《宪法》第31条明文规定，国家在必要时得设立特别行政区。这样“一国两制”的构想终于以法律为依据得以最终形成。

雄辩的事实说明，我们“一国两制”的构想由于承袭了人类历史文明的成果，并在长期的历史实践中逐步完善，因而它是符合历史发展规律的。反过来，“一国两制”的构想，也必将对今后中国历史乃至整个国际关系史产生深远影响。

二

我们说“一国两制”是科学的构想，还因为它是建筑在坚实的理论基础之上的。

按照历史唯物主义原理，政治、法律制度等上层建筑是建立在经济基础之上的。由于社会主义是一个相当长的历史时期，在这个时期内，尤其像中国这样一个发展中国家，必然会经历多种经济成分共存，即资本主义与社会主义经济成分共存的过程。目前在我国有三种经济方式：处在改革中的社会主义经济，特区经济和专门的资本主义经济。社会主义的公有制，即全民所有制和集体所有制经济是国民经济的主导力量，而作为社会主义经济的补充，还要允许个体经济、中外合资经营以及外商独资经营的存在，不但要允许他们存在还要允许其发展，因为这将有利于迅速发展生产力，有利于建设中国式的社会主义。这样，就使国家经济形成为以国营经济为主、多种经济成分并存的几种生产形式。经济基础决定着一个国家的社会生活和政治生活，所以“一国两制”的构想，实际上是在以一种生产方式以及与之相适应的政治法律制度为主体的情况下，允许国家个别地区保留历史上形成的另一种生产方式以及与之相适应的另一种政治法律制度的条件所产生和形成的，它符合马克思主义历史唯物论原理。

从政治学法学的角度看“一国两制”也具有科学的基础。我国是一个地域辽阔、人口众多的多民族国家，各地政治、经济、文化发展很不平衡，因此，我国的立法既有原则的坚定性，又有策略的灵活性，允许各地根据自己的特点，对一些具体的原则作出变通的规定。原则性和灵活性相结合是我国的一项重要立法原则。“一国两制”的构想正是这一原则的高度体现。

从主权来看，我们是单一制社会主义国家，不是复合制国家。香港地区属于中国领土，其政治地位是我国的一个特别行政区。它不是政治实体，不是如同拥有军事和外交全权的联邦制国家中的一员，或非复合制国家中的一个成员国。特别行政区的权限是中央授予的。按照我国宪法规定，全国人大是国家最高权力机关，国务院即中央人民政府是最高国家机关的执政机关。因而特别行政区作为地方上一个政府应服从最高国家权力机关和中央人民政府。这一条原则是十分明确、毫不含糊的。

从治权来说，根据中英联合声明第三条第三款，“香港特别行政区享有行政管理权、立法权、独立的司法权和终审权。现行的法律制度基本不变”。这些权限主要是：香港特别行政区政府由当地人组成；香港特别行政区的立法权属于其立法机关，原有法律制度基本保持不变；财政独立；可自行制定货币金融政策，拥有港币发行权，外汇基金由其管理和支配；可以“中国香港”名义单独同各国、各地区及有关国际组织保持和发展经济、文化关系并签订有关协定；负责维持本地区社会治安，等等。概括说来，就是中国在对香港恢复行使主权后，50年内香港拥有的权限可使三个方面保持不变，即社会制度不变、经济制度不变、生活方式不变。

一俟香港特别行政区基本法制定后，上述权限将以法律形式固定下来，这就赋予了香港甚至比一般联邦制国家中的邦还大的高度自治权。

这就体现了我们立法的灵活性。因为“一国两制”的构想符合我们原则性与灵活性相结合的立法原则，并且得到法律形式的确认，所以从政治学法学角度看，“一国两制”也有坚实的理论基础。

三

中共十一届三中全会以后，我们党恢复了实事求是的优良传统。“一国两制”的构想，正是我们坚持辩证唯物主义认识论，一切从实际出发，本着照顾历史、尊重现实的态度而作出的重大决策，这个构想具有广泛的现实基础。

所谓照顾历史，是指香港为外国殖民地已有100多年，香港人民长期生活在殖民地统治下，从生活方式到意识形态都受到很大影响。应该给一段时间让他们能够慢慢适应中国恢复行使香港主权后发生的巨大变化，我们也要有一段时间适应香港的情况。对于历史形成的这个实际情况必须给予照顾。

所谓尊重现实，是指“一国两制”的构想是出于两方面的现实需要：我国执行开放政策之需要和香港的现实情况之需要。

邓小平同志在《建设有中国特色的社会主义》一书中写道：“对内经济搞活，对外经济开放，这不是短期的政策，是个长期的政策，最少50年到70年不会变。”（《建设有中国特色的社会主义》第51页）对内搞活经济，即允许多种经济成分共存，允许多种经营方式共存；对外经济开放，是指允许从国外引进资金、技术、管理经验和人才，允许建立中外合营企业或外资独营企业。正是在这一政策指引下，目前国内经济在坚持社会主义主导经济的情况下呈现出多样化的发展趋势。既然内地建设可以因地制宜、多样化，香港在回归祖国后，当然也可以从实际出发，保留其资本主义制度和原有生活方式，以保持香港的稳定和繁荣。

更重要的是“一国两制”的构想是充分考虑到香港同胞的意志和愿望，完全根据香港的现实情况而提出的。香港是什么样的现实呢？一方面，香港与大陆相互联系、不可分割。香港需要大陆，没有大陆廉价的原料、食品、淡水，香港的繁荣是不可能的；大陆也需要香港，尤其在对外开放的今天，香港已成为我国对外进出口贸易，引进外资、技术和管理经验的最重要基地，就是说社会主义的大陆需要一个资本主义的香港。另一方面，是香港与世界的关系。世界需要香港，香港作为自由港，作为世界第三大金融中心、第七大港口、第三大集装箱运输中心和第十大空运中心，作为世界经济中心和贸易中心，在世界特别是亚太地区的经济发展中起着关键作用；香港也需要世界，香港产品中很大一部分是往西方销售，它的市场在西方，技术来源在西方，经营管理知识也来自西方。如果我们把香港地位包括它的体制改变了，这将使香港丧失原有经济实体的活力，造成香港人民生活的不稳定。这种改变不仅使香港，也将使大陆蒙受损失。所以，从香港与世界联系的现实看，也不能不保持香港的资本主义制度。

社会存在决定社会意识。我们党制定政策的出发点就是充分尊重现实的情况。照顾历史、尊重现实，使“一国两制”的构想有了广泛的现实基础。

“一国两制”的构想是根据我国历史发展情况和现实的经济、政治情况而提出的，因而它是科学的构想。同时，在马克思主义发展史上，在通过谈判解决国际争端问题方面它也是首创。“一国两制”的构想不仅为香港、澳门以及台湾回归祖国创造了有利条件，而且为和平解决世界其他地区和国家之间的类似问题提供了范例。它是中国人民对人类历史、对世界和平、对马克思主义发展的一个重大贡献。

（摘自《群言》1985年第3期）

定音鼓响起来了

——“和平、民主、建设”万岁！

严　秀

我平生有几件狂喜的事情。一是1937年7月7日或7月8日那天，在成都听见我国军队在卢沟桥反击日军；二是1945年8月10日在延安听到日本侵略者宣布接受无条件投降；三是1949年5月23日在北京香山听见解放南京（日本投降后我是准备跟着我们的部队打一辈子仗的）；四是1976年10月13日晨，在上海马路上看到“四人帮”已被打倒的大批标语。第五件就是本文所要说的事情了。

几年来，八亿人口的农村已有80%以上的人不愁温饱问题了，其中还有一部分人已逐渐走上富裕的道路，这是中国几千年历史上空前未有过的天下大事啊！老路走不通就走新路。新路不过才走了几年，就发生了这么巨大的变化，怎么不令人欣喜若狂呢！

在此之前的30年怎样呢？同旧中国比，成绩很大，可以说是发生了翻天覆地的变化。当时干部与人民的革命和建设热情有如初升的太阳一样火红热烈，在短短几年间，除了极其繁重、忙迫的社会改革之外，终因这几年没有发生全国性的持久的大偏差，我们的建设成绩在中国历史上还是空前的。几年间，我们除取得了土地改革、抗美援朝这样伟大的胜利之外，还建成了成渝铁路、荆江分洪、鹰厦铁路、武汉长江大桥，宝成铁路，并开始了核武器的研究。这些，怎能不叫人三呼万岁呢？

但是，自从1957年以后，乱套就十分明显了。阶级斗争压倒了一切，建设是靠边了。有很多事，现在提都没法提了，“大跃进”、人民公社、大炼钢铁，有的地方砍掉果树、砸破饭锅来“炼钢”，这同古人制造的“焚琴煮鹤”的笑话不是一样叫人哭笑不得吗？到了1966—1976年的十年动乱时期，那就几乎把几十年全党全军全国革命人民流血牺牲换来的社会主义中国击为粉碎了。1949年后的30年，我们认真搞建设的时间并不多，搞破坏性“运动”的时间则很长。老百姓对这些破坏性的运动总结起来很简单，三个字：瞎折腾！

1949年后，我们最吃亏的是没有始终抓住社会主义建设这根缰绳，而是时时把狠抓阶级斗争摆到了压倒一切的位置。那几年，我在一个地区作宣传工作，我完全意识到那时我做的宣传工作就是根本缺乏一个中心的，这就是：建设。我们搞的“中心”是：镇反肃反，抗美援朝，土地改革，民主改革，“三反五反”，知识分子及教师思想改造运动，农业合作化，批“小脚老太婆”，不准走样地学苏仿苏，反对电影《武训传》，反胡适，批俞平伯、梁思成、陶行知，批冯雪峰，批胡风，反“丁陈反党集团”……总之，都是一反到底，干部、群众犹如走马灯，弄得晕头转向，天天反，天天批，每天只以“运动”为生，可是就缺少了一个万变不离其宗的宣传中心：社会主义建设。在新中国成立初期，当然社会改革也很重要，还有个抗美援朝。就算三者并重吧，可是对于怎样宣传建设，我记得却从未强调过，甚至并未提出过。1951年初夏，开党的第一次全国宣传工作会议，开了很久，我怎么也不知道要解决什么问题。后来结论忽然说，今后全党的宣传中心，是开展订立爱国公约运动，可谓一鸣惊人，大出与会者的意料。最后重要领导人讲话时又明确否定了这个结论，说今后一切宣传工作中心就是宣传马克思主义。这话当然很对，可是又何必开会呢？最重要的几个宣传工具报纸、新闻通讯社、广播电台又怎样宣传马克思主义呢？会下议论纷纷：难道我们也天天登载或播发马克思主义的论文吗？

胡耀邦同志代表中共中央在中共第十二次代表大会上作报告说：“中国共产党在新的历史时期的总任务是：团结全国各族人民，自力更生，艰苦奋斗，逐步实现工业、农业、国防和科学技术现代化，把我国建设成为高度文明、高度民主的社会主义国家。”这里提得比较完整，也简明扼要。但要完全记下来，还是不容易。

要干部、群众记得的东西，就必须是他们不假思索一口就能回答出来的东西。例如，第一次大革命的任务就是“打倒列强除军阀”；抗日战争以前主要的就是“停止内战，一致抗日”；抗日战争时期最简明的提法就是“抗日救国”；解放战争时期是“反内战、反迫害、反饥饿”，到了后期则是“打倒蒋介石，解放全中国”！新中国成立后，我们反而有些乱套，工作上没有一个根本中心，宣传上当然也跟着没有。

这个问题在今年4月15日和16日两天，可说是由邓小平、胡耀邦两位领导人明确而彻底地解决了。这构成了我平生的第五次大欢喜。因为这不是个人哀乐的小事，而是关系党和国家民族长治久安的大事。根本战略目标和战略路线确定了，以后就是出点小乱子也不怕。

4月15日，邓小平同志在会见坦桑尼亚副总统姆维尼时说：“在总结经验的基础上，我们确定了一系列的政策。国内政策主要有两条，政治上发展民主，经济上进行改革，相应的还有社会其他领域的改革。”这里所说的经济上的改革，当然就是指的社会主义建设。因为不改革就无法前进。这是国家生死存亡的问题，也是社会主义生死存亡的问题。小平同志在这里是把“政治上发展民主”放在前面，作为国内的两大根本任务之一，这在中国几千年包括解放后三十几年的历史上是空前的，在世界共产主义运动史上也是空前的。现在我们终于可以骄傲地向全世界宣布说：中国终于认识到并且宣布政治民主在决定意义上的重要性了，中国将无愧于站立在地球之上了！没有民主就没有国家的体面，没有民主就产生不了富裕，没有民主更不会有社会主义。没有民主，也就无法根除将来可能产生的种种祸乱，就像过去已经产生过的一样；没有民主，就无法屹立于世界民族之林！这是真理中的真理，时代信息中最重要的信息。

上述讲话的第二天，即4月16日，胡耀邦同志在澳大利亚全国新闻俱乐部的招待会上又发表讲话说："我们今后长时期内要干的一件大事，用一句话来说，就是全力以赴地进行社会主义现代化建设。为此目的，在对外关系上，就要谋求同世界各国发展友好关系，反对霸权主义，维护世界和平，这就是我们基本国策的两大根本目标。"这又把维护世界和平作为我们国策的根本目标之一了。实现世界持久和平是全世界人民最迫切的希望，也是我们社会主义建设能够顺利发展必不可少的条件。"文革"期间，在战争与和平的问题上，专门进行颠倒是非的宣传，把我们自己的形象在世界人民面前破坏得不成样子。什么"世界大战一定要爆发"啊，"迟打不如早打，小打不如大打"啊，什么"天下大乱，形势大好，越来越好"啊，天天念，似乎世界大战早一天打起来才好似的。这些奇之又奇的谬论，当然是主观主义的昏话，但为了对内加强镇压所谓各种敌人的需要，就势必要制造这种恐怖。其实，那时国内是一片自己打自己，解放军打解放军，敌人真的打进来，恐怕未必像想象的那样一举而使世界革命成功。

如果能够争取长期甚至永久不再打新的世界大战（因此对局部战争就要全力制止它，防止它的扩大），对中国，对全人类岂不都是一件最好的事情吗？当前世界形势的发展，正说明不是没有这个可能的。有资格发动世界大战的只有两个超级大国，而两霸的核武库有点势均力敌的样子，它们的破坏力都可以把世界有人迹之处毁灭若干次。更重要的是中国也握有核武器，数量虽少，但放它几个出去，侵略者也受不了。所以两个超级大国之间的某种"恐怖平衡"，反而使他们任何一方都难于发动核大战。现在全世界反对世界大战的范围和力量是空前的广泛和强大，西欧、东欧、拉丁美洲、非洲、东盟各国，中国、印度、日本、澳大利亚等国，无不坚决反对新的世界大战。希特勒1939年9月发动侵略波兰从而开始第二次世界大战以前，英法对希特勒是实行一味退让的"绥靖政策"；美国的参众两院对欧主要是"孤立主义"，在东方则是为日本侵略者提供它所需要的大部分战略物资。今天两个超级大国之外的发达国家的态度可大大不同了，致使现在争取持久和平、制止新的世界大战爆发成为可能。如不考虑这么巨大的世界性变化，那就未免太闭目塞听了。

党成熟了，新中国成熟了。我们总结了十月革命以来近70年外国的经验教训，总结了我国建国30多年来的经验教训，研究了第二次世界大战以来世界形势发展的巨大变化，研究了今天世界各国的情况和他们的相互关系，于是，我们党提出了一套最有远见的、最符合中国实际和世界实际的、持久的重大战略决策。我们的一切工作都必须围绕着它们前进，一切破坏这些重大战略决策的“左”倾言行，都是同十亿人民的利益绝对对立的。这个最佳决策只有六个字，那便是——

和平，民主，建设！

这是三柄尚方宝剑，是谁也不能违反它的。不过它不是哪个领袖或明主赐给我们的，它是我们十亿人民用血肉铸造出来的。谁要是破坏了它，他就会成为人民之敌！

（摘自《群言》1985年第5期）

探索价格改革的指导方针

陶大镛

目前，我国正处在新旧体制转换的重要关头，也进入了改革的攻坚阶段，如不理顺价格体系，就无法为新经济体制的确立奠定坚实的基础。从当前经济生活的全面来看，再不认真治理经济环境和整顿经济秩序，就不能为价格体系的理顺创造必要的条件，要进一步全面深化改革当然难乎其难了！

那么，价格改革究竟应该从何入手？见仁见智，至今莫衷一是。这是一个极其复杂、十分敏感的经济难题，切不可掉以轻心，更不应乱开处方，必须从我国的实际情况出发，对症下药，始能补气固本，理顺脉络，使经济运行转入良性循环，为经济体制的深化改革带来新的活力和勃勃生机。

我长期从事教学，对实际情况了解不多，调查研究也不深入，在这里，仅就价格改革的指导方针略抒一得之见，并向各方求教。

从全国范围来看，经济生活中的一个突出现象是物价上涨幅度过大，举国上下议论纷纷，某些地区还出现市场波动和金融波动，这主要是由通货膨胀所引起的。所以，要治理经济环境和整顿经济秩序，必须下最大的决心，坚决把通货膨胀的势头遏制住。近几年，经济理论界和舆论界经常在宣传西方世界早就过时的通货膨胀“无害论”，这既不符合我们的基本国情，更不利于稳定经济和深化改革。凯恩斯是针对西方发达国家当时生产过剩的严重情况，才提出实行赤字财政、通货膨胀的主张，想通过刺激有效需求、扩张信贷等手段来缓和经济危机，使经济得以复苏。这套办法曾起过作用并风靡一时。但是，我国的具体国情恰恰相反，并非供过于求，而是资源相对短缺，有效需求过高（是供不应求，还存在“超前消费”的现象），如果把凯恩斯主义也搬过来，效果适得其反，通货膨胀必然引起物价的持续上涨，这道理很简单，因为通货膨胀是指纸币的发行量超过了商品流通中实际所需要的数量。价格只是商品价值的货币表现，它体现了商品与货币之间的关系。不论在资本主义国家还是在社会主义国家，只要纸币投放过多，它就会贬值，物价必然上涨，这也是一条客观经济规律。我们发展商品经济，不能只重视价值规律的作用，而忘记了货币流通规律的存在（现在有人也主张要治理通货膨胀，却不提货币流通规律的作用，实际上还没有真正认识到货币发行量过多的危害）。

所以，在通货膨胀的条件下，价格只会越理越乱，任何国家都不可能在通货膨胀的情况下理顺价格的体系。通货膨胀是对国民经济发出的危险信号。拿美国政府来说，里根上台后，就把通货膨胀看成头号敌人，首先治理通货膨胀，取得了一些成果，摆脱了经济的困境。（从70年代以来，西方发达国家都已放弃凯恩斯主义的传统政策主张了！）1987年南斯拉夫物价上涨150%，今年上半年涨势更猛，1至9月份已超过200%，结果工人要求增加工资，出现罢工，经济形势相当严峻。我们当前的情况虽不可同日而语，但今年头7个月，货币投放量比去年同期实际多投放226亿余元，8月份投放的速度继续加快，目前全国范围的货币流通量已达1700亿元（比去年同期增长40%），显然已超出了实际需要的数量！在这种通货膨胀的势头下硬要进行价格改革，必然会出现各类商品价格轮番上涨，造成恶性循环，带来经济生活上的混乱。因此，治理经济环境的关键问题首先必须把日趋严重的通货膨胀势头遏制住，我认为这确是当务之急！最近，还有人主张运用通货膨胀的政策来弥补物价上涨的缺口，实际上是“以通货膨胀来医治通货膨胀”，在我看，这是火上加油。目前急需的是釜底抽薪，应当采取紧缩政策，即抽紧银根，严格控制货币发行量和信贷规模，坚决停止财政发行，坚决压缩基本建设投资，大力压缩社会集团购买力，并控制消费基金的增长。“战后”日本从1945—1955年，曾出现恶性通货膨胀，物价上涨200多倍，由于实行了严格控制货币发行的政策，才渡过险滩。我赞成我国的货币发行要由全国人大常委会来立法并监督执行。

其次，进行价格改革，究竟应该先迈大步还是走小步呢？有人主张，要理顺价格体系，使商品价格反映价值，应该“全部放开，一步到位”。这当然是很“痛快”。但我认为，物价问题关系到千家万户，“牵一发而动全身”，物价的变动会引起连锁反应，甚至影响到社会的安定。像今年秋天仅仅名酒名烟的调价，就激起一股强烈的“冲击波”，至今尚未平息。一旦其他重要的生产资料或生活资料的调价出台，其冲力之大就可想而知。果真“全部放开、一步到位”，整个商品市场势必难于控制，反而“欲速则不达”！从世界各国经济发展的进程中我们发现，一般国家的物价指数每年上涨到两位数字（10%以上），就将引起社会震动。目前，即便在那些发达国家，对某些重要的物资也要加强宏观控制；何况我国的市场机制尚未完善，（严格说来，还没有真正形成市场机制，“乱批条子”的现象不是还存在吗？）各种经济法规还不健全，加上我们是一个实行低工资的国家，在这种情况下，如果“全部放开”，将被不法分子大钻空子，投机倒把、囤积居奇、偷税漏税等现象必然盛行，使人心惶惶，甚至闹得天下大乱。所以，我认为，在通货膨胀的势头尚未得到遏制的情况下，在价格改革的初期，不宜先迈大步。明年要在着重治理环境和整顿秩序的条件下，采取果断的措施，确保全国零售物价上涨幅度明显低于今年。在我看，即使要达到这样的目标，也得作出艰巨的努力。各级政府特别是经济部门必须全力以赴，夺取胜利，以取信于民。

与上述问题相联系，我们还必须认识到：价格改革是一项宏伟的社会系统工程，在实施的过程中，究竟以调为主还是以放为主呢？这也是一个长期争议不休的难点。我认为，理顺价格体系，决不能“立竿见影”，必须有计划、有步骤地进行，必须考虑到国家、企业和人民群众的承受能力（不仅是心理承受能力，更重要的是经济承受能力）。在今后一段时期（看来至少三五年）内，应该根据各方面的条件和现实的可能，在治理经济环境和整顿经济秩序的过程中，采取“调放结合”的方针：在起步的阶段，应以调为主（有计划、有步骤地理顺各种商品的比价、差价关系，将过高或过低的价格加以调整），逐步放开（成熟一项，放开一项）；到了后期阶段，可以转为“以放为主”，最后除少数重要商品和劳务价格由国家管理外，做到绝大多数商品放开，实现“国家调控市场，市场引导企业”的要求，使物价总水平保持相对稳定。

最后，应该认识到，要真正稳定物价，实现价格改革，根本的出路还是发展生产，必须始终坚持“生产第一”的方针。近几年，对“无农不稳”谈得少了，对“无商不活”、“无商不富”谈得多了。过去重农轻商，这是片面的，但现在搞到“弃农经商”，这将严重影响国民经济的顺利发展。今年，预定要增产粮食150亿斤，但从夏粮收成以及各地灾情来看，今年将要减产。同时，社会上还有一个很不正常的现象，就是“全民经商”。这不但浪费人力和资源，破坏社会分工和扩大再生产，甚至会使整个社会经济趋于萎缩。现在，商品经济的竞争规律、“一切向钱看”的社会风气，居然也带进昔日宁静的校园，琅琅的读书声已被刺耳的叫卖声所代替，这里潜伏着极其严重的教育危机，甚至可说是民族危机！（从历史上看一个社会的发展，分工会越来越细，工农商学兵各自专业化，科技和经济才能持续稳定和协调地发展。分工协作是社会进步和发展的产物，“全民经商”则是一种历史上的倒退。）本来，各发达国家，都是在第一、第二产业充分发达的基础上（即发展物质生产的基础上）才大力发展第三产业的。我们现在却反其道而行之，都到流通领域里去赚钱，物质生产的供给量并没有相应地增加，把有限的商品倒来倒去，物价怎么不要节节上涨呢？（如果这样搞下去，恐将重犯过去“全民炼钢”那类的失误。）不管是“私倒”、“小倒”，还是“官倒”、“大倒”，对稳定经济、稳定物价都是有害的。我们一定要改变这种畸形的现象，在价格改革的过程中，必须大力发展农业，深化企业改革，采取有效措施，切切实实地把广大农民和职工的积极性调动起来，努力增加生产。只有商品大大丰富了，才能真正使总供给与总需求达到基本平衡。一方面，货币流通量减少了，另一方面，商品生产量增多了，这样，物价才能逐步趋于稳定。必须澄清一点，我主张坚持“生产第一”的方针，跟通常所说的“增加供给”并非一回事，而是指在国民经济的总格局和社会再生产总过程中，要把生产放在第一位，决不能使商业、贸易来“喧宾夺主”，生产决定交换，这是一个常识问题。当然，大力发展生产，也要求增加有效供给，即增加那些有关国计民生和适销对路产品的供给，这就要求积极调整产业结构，下大决心坚决压缩基建规模，明年除了计划内压缩数百亿元，更要把计划外的千多亿元的投资（特别是非生产性的）压下来。现在经济过热，发展速度确实过快了（像乡镇企业的发展，简直可说是超高速）！必须坚决降温！从总体看，每年的经济增长率控制在7%左右就可以了。

在这里，附带谈几句“官倒”的问题。要搞好物价改革，必须有良好的经济环境和社会秩序，否则，任何一项好的措施出台，都可能被扭曲乃至走样。目前，“官倒”是败坏经济环境和扰乱社会秩序的最突出的因素之一。如果听任这批害群之马继续为非作歹，我们的物价改革就很难进行下去。“官倒”不治，国无宁日。能不能以此作为价格改革和为政清廉的突破口呢？我看是可以做得到的。过去，靠着“小米加步枪”，我们已把三座大山都推倒了；目前，我们的各种条件不知要比当年好多少倍，难道连这少数“过街老鼠”还消灭不了吗？我相信，这场价格改革虽有困难（并且难度很大），只要措施有力，执法必严，从上到下，从中央到地方，做到大公无私，以身作则，在党中央和国务院的领导下，同心同德，克服困难，我们的改革和建设事业一定会继续前进，获取最后的胜利。

（摘自《群言》1988年第12期）

对重新认识资本主义的几点看法

刘诗白

一

为了在经济体制改革中，进一步大胆探索，开拓前进，我们有必要重新认识社会主义和资本主义。

重新认识资本主义的必要性，在于资本主义是商品经济的高度发达形式。当今世界发达资本主义国家，经过长达几百年的发展，业已形成了一整套能激励和推动商品经济发展和有效调整经济运行的较为完备的机制。这些机制既体现了商品经济机制的资本主义特色，又体现了商品经济的一般机制。社会主义经济是以公有制为基础的商品经济，为了在我国构建起社会主义商品经济新体制，显然地我们不仅要借鉴与汲取社会主义国家成功的经验，也应该借鉴和汲取发达资本主义国家在发展商品经济中的经验。例如，资本主义经济中的微观组织——企业，具有高度自我发展、自我增殖和自我抑制的功能，它是市场调节机制能充分发挥作用的微观基础；资本主义通过行政管理制度、法制以及思想伦理规范的完善，形成了能把企业行为约束于公平竞争范围之内的社会机制，和适应商品经济顺利运行的相对稳定的经济秩序；特别是近50年来，发达的资本主义国家经过摸索而逐渐形成的宏观管理方法还是相当有效的。它起着缓和有效需求不足与生产能力过剩的矛盾的作用，使周期性危机发生变形，甚至赋予经济发展以一定的计划性，等等。显然，我们在进行治理经济环境、整顿经济秩序和深化改革时，更深入地研究和更好地借鉴资本主义国家的有价值的经验，对我们将是十分有益的，包括汲取教训和避免重犯错误。重新认识资本主义，也是为了自觉地采取措施，以防止和减少商品经济发展中可能产生的消极的东西。

重新认识资本主义的现实意义，不仅仅在于进行经济体制的比较与借鉴，而且是为了自觉地汲取现代化的积极成果。迄至今日的历史发展的现实是：资本主义把现代化发展到了高度水平。当然，资本主义现代化乃是现代化的一种历史形式，它既体现了作为现代化一般的劳动方式、生活方式、交往方式、思维方式和习惯，等等，也体现了上述各个方面的资本主义形式，例如，追求奢侈享乐的生活消费、个人利己主义的意识形态、物欲至上与缺乏理想、家庭危机、人性异化，等等。我们正在进行社会主义现代化，为了实现这一宏伟目标，我们一方面要借鉴和汲取资本主义现代化的积极成果，另一方面要防止和避免资本主义现代化的弊病，这种对资本主义现代化的一分为二，也就是当前重新认识资本主义的重要内容。

二

对资本主义的再认识，是发展马克思主义科学的需要。科学认识的任务是发现真理，即形成符合客观实际的理论知识。我国一贯坚持马克思主义，坚持对群众的政治思想教育。我们过去对资本主义的认识有成绩，但还不全面，还存在许多片面的观点，对资本主义的运行机制了解不够，对当代资本主义的新发展、新情况知之不多，特别是人们对“资本主义”的定义中，还存在一些不属于资本主义的附加物。这种认识上的局限性表现在以下一些方面：第一，单纯着眼于对资本主义剥削本质的认识，不重视对资本主义商品经济运行机制的研究，更很少进行抽取商品经济一般和发达的商品经济一般的理论研究，甚至错误地把属于商品经济一般的价值规律、市场机制和竞争等，等同于资本主义而加以摒弃。第二，只看见资本主义生产关系对生产力的破坏性，忽视了资本主义生产关系对生产力尚未耗竭的适应性，不了解也不承认当代资本主义国家所采取的种种调节措施，一定程度上增强了上述适应性。第三，只着眼于阐述资本主义个人利己主义的消极性，未曾注意和估计到资本主义对物质利益机制的普遍利用的意义和作用。第四，只看到资本主义商品经济的自发性和盲目性，未看见当代国家垄断资本主义的可调节性和一定范围内的计划性。第五，轻易判定资本主义新危机的爆发，而不是如实地研究当代资本主义的矛盾缓解机制和周期的变形。第六，把一定历史条件下某些资本主义国家政治经济矛盾的尖锐化，简单地认为是（世界资本主义）危机，宣布世界资本主义的灭亡，而不是如实地研究与阐述当代发达的资本主义的形成要素，细致地分析“战后”资本主义长时期的稳定增长和重新获得生命力的原因。第七，与以上认识相关的是对当代西方经济学的认识，即把西方经济学的庸俗理论基础和对发达商品经济的运行与调节机制的正确阐述混为一谈，统统地加以摒弃，而不是批判地加以汲取。以上所举出的一些方面表明我们对资本主义的认识带有片面性、陈旧性，一些观点早已不符合当代资本主义的实际。

三

资本主义从来不是一成不变的，对资本主义的再认识，应该着眼于研究和认识当代资本主义，特别是在第二次世界大战以来的新变化。

所有制具体形式的变化

当代资本主义在所有制结构与所有制具体形式上都有了新的变化：第一，早期的资本家个人所有制转化为联合所有制即联合资本。联合所有制具有很大的资本凝聚力和灵活性，它能迅速地形成各种规模大小不同的资本，从而能适应不同产业、不同规模经济对资金的需求；股份制形式下的联合资本，把经营权归之于经理，而所有者丧失了对生产资料的实际占有权，这是当代资本主义企业的科学管理与经营的重要前提，是企业展示出巨大生命力的根本条件；联合资本把职工的小额收入转化为资产，这意味着生产资料占有的一定的分散化，尽管它不改变资本家所有制，但可以视为是资本主义范围内的所有制关系的微调，对缓和资本主义的内在矛盾起了一定的作用。第二，联合所有制、资本家个人所有制、政府所有制、个体所有制、合作社所有制、跨国联合所有制并存，所有制是多元化的。资本主义国家把所有制的多元化，作为搞活经济、扩大就业、促进增长的手段。

分配形式的新变化

当代发达资本主义国家的分配形式有新的变化，发生了相当一部分工人和低收入阶层的中产化，19世纪与20世纪初还十分典型的两级分化的趋势，和工人阶级广大阶层的绝对贫困化现象受到抑阻。工人阶级实际收入有所提高，生活有所改善的原因在于：一是分配领域的国家调节作用。在实行福利国家政策下，国家将集中的财政收入的一部分以各种社会福利的形式作为职工的补充收入。二是新技术革命的发展，劳动生产率的大幅度提高和消费品的丰裕，使社会广大阶层不同程度上享有了现代文明的成果。三是工人阶级的组织性的加强和斗争。

阶级与阶级关系的新变化

资本主义早期发展阶段的生产关系与分配关系决定了阶级结构的简单化，整个社会分裂为两大对立的阶级：资产阶级和无产阶级。而当代发达的资本主义由于分配关系的变化，社会物质技术基础导致体力劳动的脑力化，科学技术的日益进步和生产管理的现代化，使科技人员和管理人员日趋重要，智力劳动者队伍日益扩大，这一切决定了中间阶级或阶层的日益发展，成为职工中的重要部分，早期资产阶级与无产阶级泾渭分明的阶级界线因此日益模糊。中产阶级出于自身的利益，决定了它们倾向于维持现存秩序，主张渐进的改良，而不赞成激烈的行动。因而，中产化的发展，不能不对争取社会进步的阶级斗争的方式发生影响。

调节机制的新变化

19世纪自由放任的资本主义是由市场机制自发调节的。当代发达的资本主义，采取了国家利用市场机制引导微观活动。国家的宏观调控对资本主义再生产进程发生着积极的影响，它赋予充满盲目性的市场经济以某些“计划”要素，延缓了危机的爆发，在一段时期形成相对稳定的增长。因此，国家——市场——企业这一调节机制，成为现代发达商品经济运行最重要的动因。

资本的国际联合形式

当代资本主义的显著现象是资本国际化，即资本超越国界流动，形成国际范围的资本联合，其典型的形态是第二次世界大战后的跨国公司。资本国际化进一步促进了国际分工与生产要素在世界范围内的优化组合。资本的国际化，就经济不发达国家来说，一方面意味着遭受发达国家的剥削，但另一方面对主权国又意味着借助于引进外国资金和技术来促进本国经济的发展。我国在贯彻对外开放中，认真研究“二战”后资本的国际联合的新现象，将有助于我们正确地贯彻执行“一国两制”，寻求扩大我们与港澳台地区以及东南亚各国的经济交往，探索形成以中国为主体的经济联合的途径。

总之，对资本主义的再认识必须从实际出发，解放思想，敢于打破陈旧的观念，大胆阐述新理论，同时又要坚持全面性，避免片面性，特别要避免走向夸大与美化资本主义。科学理论，不仅能说明世界，而且能扎扎实实地形成用以改造世界的主观力量。更深入地认识当代资本主义，人们就能更清楚地看到资本主义这一人类历史上的最后一个私有制形态是如何在矛盾中发展，在挣扎中前进，在局部调整中暂时复苏，但是毕竟剥削制度没有变，基本矛盾没有变，资本主义的衰落和向社会主义转变的历史规律没有变，而革命者和先进分子争取社会进步的斗争任务也没有变，因此，加深对资本主义的认识，不仅是改革的借鉴所必要，而且也是在对外开放的环境中有效进行思想教育所必要的。

（摘自《群言》1989年第3期）

廉政建设必须与民主政治建设同步

江 平

廉政建设必须与民主政治建设同步进行方能奏效。离开民主政治，单纯整治经济领域中的腐败现象，无异缘木求鱼。

廉政建设离不开广大人民群众参政议政的积极性，离不开广大人民群众检举监督的积极性。哪个是清官，哪个是贪官；哪个是官倒，哪个不是官倒，群众心中是有一本账的。只要鼓励群众敢于说真话、敢于揭发社会的黑暗面，保护群众斗争的勇气不受打击和挫折，腐败分子就会有所顾忌和收敛。万马齐喑的政治环境是腐败分子最容易得逞逍遥的土壤。

廉政建设离不开发挥人民代表大会制度的民主监督作用。我们有几十万名人大代表，如果每个代表都能参加一定的专门委员会进行监督，每个代表都能参加一定的调查委员会进行调查，每个代表都有权就群众提出的问题进行质询，腐败分子就每时每刻处在严厉的监督之下而难于施其计。一旦人民代表大会成了“橡皮图章”，人民代表只是一年开一两次会、监督职能削弱瓦解，腐败分子就最容易安然度日。

廉政建设离不开行政程序的科学化、民主化。每一项行政决定、批准手续都应符合民主科学的程序，有分工、有制约、有审核、有检查。消除权力的滥用于发生之时，消除“权力转化为金钱”于其尚未转化之时。个人专断的决定程序、混乱的决定程序、官僚主义的决定程序是滋生腐败现象的温床。

廉政建设离不开施政的公开性和透明度的提高。越是在光天化日之下、众目睽睽之下，腐败分子越不敢施其计。行政官员的财产要公开，收入要公开；公司的经营收益要公开，负税纳税要公开；被检查监督单位的情况要公开，检查监督他人的单位也应公开。许多腐败行为正是在“保密”、“不宜公开”、“保全面子”、“影响关系”等保护伞下进行的。

廉政建设离不开舆论的监督。各国廉政建设的经验表明，凡是允许新闻舆论揭露腐败行为线索，允许新闻舆论进行追踪调查，允许新闻舆论披露真相，允许新闻舆论追究责任的，腐败现象就可以得到有效控制。反之，强调舆论一律，实施新闻封锁，限制记者采访的自由权利，就容易助长腐败行为的滋长蔓延。

如欲惩治官倒，整顿吏治，消灭腐败现象，必应振兴民主政治。

（摘自《群言》1989年第8期）

一个重要的纲领性文件

叶笃义

《中共中央关于坚持和完善中国共产党领导的多党合作和政治协商制度的意见》经过一年中共与民主党派共同努力，反复磋商，最后中共中央政治局讨论通过，公开发表了。这是第一次以中共中央正式文件的形式，制定了中共和各民主党派合作共事、共同遵守的准则，是指导今后民主党派工作的一个重要的纲领性文件。它的制定和实施，对于团结各界人士，巩固和发展爱国统一战线，共同稳定国内政治局势，必将起着重要作用。

文件开头就说："中国共产党领导的多党合作和政治协商制度是在长期革命与建设中形成和发展起来的。在民主革命时期，各民主党派同中国共产党长期合作，共同奋斗，为争取新民主主义革命胜利和建立中华人民共和国作出了重要贡献。新中国成立后，为巩固人民民主专政，顺利实现社会主义改造和促进社会主义事业的发展，推进改革开放，进行社会主义现代化建设，发挥了重要作用。"中国民主同盟的全部历史就为这段说明提供了例证，同时也证明了党的领导的重要作用。

旧中国是半殖民地半封建的社会，主要矛盾是中华民族同帝国主义的矛盾，其次是进步的现代化同落后的封建主义的矛盾。1919年"五四运动"就是由知识分子发起的反帝国主义、反封建主义的运动。在反对帝国主义上，爱国主义可以把大家联合在一起。在反封建主义上，则主张各有不同，有所谓"教育救国"、"科学救国"、"实业救国"等，不同的主张找不出一个共同的信念，议论纷纭，莫衷一是，没有一个主张行得通。之所以行不通，这是因为在中国的具体历史条件下，无人看得出反帝和反封建是统一而不可分的任务；除了无产阶级政党中国共产党之外，没有哪一个政党或政治力量能够同时解决中国的独立问题和反封建问题。以致三座大山——帝国主义、封建势力和官僚资本越来越沉重地压在人民大众头上，最终导致日本军阀霸占了大半个中国国土。

民盟就是在国家民族处在这样严峻形势下产生的。抗日救亡，换句话说，爱国主义把民盟内部各种不同政治信仰和政治倾向的人们联合在一起。1945年抗日战争胜利结束，民族之间的矛盾让位于人民大众同封建地主和官僚买办资本的矛盾为主要矛盾。中国共产党代表人民大众的利益，要求和平统一和民主建国，而当时国民党代表封建地主和官僚买办的利益，实行内战分裂和卖国政策。在两大力量之间，民盟只能靠近共产党或者靠近国民党选择自己的道路。民盟代表着广大知识分子的心声，高举和平统一、民主团结的旗帜，同中国共产党走在一起。

但是政治上走在一起，并不意味着不存在意识形态上的分歧。民盟在1947年10月被国民党政府定为“非法组织”。1948年8月吴晗同志要到解放区，路过上海时，罗隆基写了一封信委托吴晗带给当时已到了解放区的沈钧儒、章伯钧，请他们向毛主席、周恩来等领导同志商谈于必要时中共应容许民盟被承认为一个合法的在野党。这封信是由我带给吴晗，说明它是得到了我的同意的。

1949年8月，我是背着这样一个包袱来到解放后的北平去见当时的统战部长李维汉的。李见到我之后，态度非常诚恳亲切，完全没有责难的意思，而是向我说了这样一段话，大意是：解放以后，人们的思想认识上应当有一个根本改造的过程。人民民主统一战线是一个范围非常广泛的、团结全国绝大多数人的组织。既然是“合法的”，那就应当包括到统一战线之内，而无所谓“合法的在野党”之说了。他说我们党实行的是新民主主义而不是旧民主主义，不是在野党和在朝党互相斗争互相交替，而是以无产阶级先锋队中国共产党为领导的各民主阶级、各民主党派的政治合作。

这种合作是政治上的分工合作，各民主党派各自联系不同方面的人，向共同的方向迈进。我听了这一番话之后，不但解除了思想上的包袱，并且上了解放以后的第一堂政治课。

“政治倾向从君主立宪，一直到新民主主义都有”（《周恩来选集》上卷第285页）的民盟，由于中国革命的发展，同中国共产党站在一起，同时又由于革命形势的发展逐步改变了自己的信念，不仅在政治行动上，而且也在政治信念上，同党融合在一起。中国民主同盟从主张“拿苏联的经济民主来充实英美的政治民主”（1945年10月《中国民主同盟第一届全国代表大会工作报告》）转变为今天主张的“永远真诚地接受党的领导，走社会主义道路”（1983年12月《中国民主同盟第四届中央委员会工作报告》），建设具有中国特色的社会主义。这是党的统一战线政策的伟大胜利，是党领导的从新民主主义革命进到社会主义革命的伟大胜利。这是不以人们的意志为转移的客观历史发展，这是中国亿万人民在长期斗争中作出的决定性选择。

《中共中央关于坚持和完善中国共产党领导的多党合作和政治协商制度的意见》的发表，标志着党领导的多党合作和政治协商，经过长期革命和建设实践，从形成、发展逐步走向完备，达到进一步规范化、制度化。这个文件的制定和贯彻，必将推进我国政治体制改革，加快社会主义民主政治建设的步伐，它是反对资本主义国家的多党制、三权分立、议会政治等，反对国际敌对势力“和平演变”的锐利武器。在目前国际共产主义运动遭受挫折，社会主义国家面临考验的形势下，这个文件将向国内外表明，我们决心坚定不移地走自己的路，即走建设有中国特色的社会主义道路。在坚持四项基本原则的前提下，充分发挥我们自己的特点和优势，坚持和完善符合我国国情的这一基本的政治制度，发展社会主义民主和加强社会主义法制，这是具有极为重大和现实意义的。

（摘自《群言》1990年第4期）

执法必须“一刀切”

端木正

秦牧同志写了一篇《思想大道上的陷阱》，谈的是“一刀切”的弊病，指出它的思想基础常常就是“绝对化”思想。散文写得要言不烦，说理明彻，我读后除感到信服以外，还受到启发：可否再补充一些“一刀切”在社会生活中所起的不同作用。是否可以见“一刀切”就反，一反到底？果其如是，那岂不是用“一刀切”的精神去批判“一刀切”？对“一刀切”是否也可以不必“一刀切”？

我首先想到的是一切规范性的标准，通常被称为“硬性”的规定。例如：考试规定要60分及格，59分只差1分是否可以通融也及格？不行。如果59分可算及格，58分又只差1分，如此“变通”下去直到2分，1分全都及格，那60分的标准就化为乌有了。不论哪个学生都要60分才及格，不管考生在应试时发生任何值得同情的意外事故，不管考生的父母是何等人物，不管任何理由，毫无例外，一刀切在60分。

坐公共车凡身高达1米者半票，达1米3者全票，不管有什么理由都不能通融。说什么“别看我们孩子傻大个儿，岁数还小呢”也不行，谁的孩子也不行，一刀就切在身高尺度。

一个电影学校招生，身高要求最低男1米70，女1米60，凡来索取报名单者先量身高，不够的免开尊口。有位姑娘1米59，拿不到报名单，撒娇说：“我还会长呢，老师先给我吧”，老师说“等你长高了再来”。

我国宪法规定：“国家维护社会主义法制的统一和尊严”，怎样维护？我看维护之道可能甚多，其中之一就是执法不能容许例外，也就是要“一刀切”。所以从宪法起以至各种法律，在条文中经常出现“一切”，“一律”等法律用语，例如：中华人民共和国的一切权力属于人民；各民族一律平等；公民在法律面前一律平等；诸如此类的规定，在法律适用上都要严格执行，不能容许例外。“任何组织或个人都不得有超越宪法和法律的特权”，任何组织或个人一律必须遵守宪法和法律。

有人反对执法“一刀切”，借口总是有的，例如“不能只有原则性，不讲灵活性”，“具体情况要具体分析”……立法并不是不考虑各种具体情况，原则性和灵活性都在立法时写进了法律本身，法律在必要时也设置例外。甚至宪法也有第31条：“国家在必要时得设立特别行政区。在特别行政区内实行的制度按照具体情况由全国人民代表大会以法律规定。”从最近根据此条公布的香港基本法看来，特别行政区可以不实行社会主义制度，这样规定并不违宪，却正是根据宪法作出的规定。宪法本身就已考虑到灵活性，因此宪法的执行在这里仍然是“一刀切”的。

至于刑法上的量刑幅度更是考虑到各种不同的具体情况，随手可举一例，刑法第37条：“拘役的期限，为十五日以上六个月以下。”最低和最高的期限相差不止10倍。无论判处最低或最高，对刑法的执行都不失为“一刀切”。

“原则性与灵活性相结合”、“具体情况具体分析”、“新事新办，特事特办”……诸如此类都已经，并且只能，体现在法律本身。任何地区、单位、个人（不论如何官高爵显）都不能以任何借口，用土政策作为“对策”随意解释法律；更不应借口“改革”而自以为是，“突破”法律，实际上是悍然违法。学习和讨论全国性法律时，无不表示热烈拥护，但到本地区、本单位、本人执法时，就反对“一刀切”，对法律抽象肯定，具体否定，或要求“结合具体情况”，“网开一面”。实际上是认为法律是拘束别人的，不是规范自己的。

社会生活总在不断发展，法律条文往往有过时可能，发现这种情况，当然可以建议修改，甚至主张废除。但在没有经合法程序修改或废除以前，不能公然或变相拒不执法。

反对执法必须“一刀切”的还有一种借口，不能置之不理。在1952年司法改革运动期间批判旧法观点，在1957年以及1966年后的所谓“文化大革命”期间，我都听过批判法律面前人人平等，认为没有阶级观点，是资产阶级法学思想。直到1982年宪法写上“公民在法律面前一律平等”才有了正确的定论。

然而，总有人还以为法律面前人人平等是引进国外资产阶级的法学思想。其实不尽然，我国法学思想和法制实践早就主张执法必须一刀切。尸子早有“一天下者，令于天下则行，禁焉则止”之说（《尸子卷上·贵言》），商鞅也有“壹赏、壹刑、壹教”之说（《商君书·赏刑》），春秋战国以下可引者更多。值得国人称颂的实例早有伊尹放太甲于桐宫，郑子产杀子皙……直到今天，老百姓都知道“王子犯法，庶民同罪”，仍然在舞台和电视上表扬包公执法如山，海瑞惩贪抑霸。他们执法“一刀切”的精神，刚正不阿，正是我国法律思想的优秀传统。

看来，我们今天要求做到有法必依，执法必严，不免仍然需要“一刀切”，尽管“一刀切”在其他领域可能是思想方法上的片面简单，有待纠正。

（摘自《群言》1990年第6期）

由“法制”到“法治”

谢怀栻

在我国学术界，正在发生一个思想上和理论上的重要转变，这就是由只讲“法制”到讲“法治”的转变。这个问题，其影响将不限于法学界，还将影响到我国社会的各个方面，从思想意识到制度，到人的行为。

新中国成立以后，直到不久以前，流行的观点是：“法治”是资产阶级的思想和理论，我们不接受、不采用这个概念和理论。我们只讲“法制”。这样，就在“法治”和“法制”之间划了一道界线：前者姓“资”，后者姓“社”。

50年代里，法学界有远见的领导人（例如董必武）冲破法律虚无主义的迷雾，提出要建立和完备法制，但是不提“法治”。1954年的宪法规定了公民在法律上一律平等，这本来是法治的重要原则。但讲宪法的人不说这是法治原则，而说这是社会主义法制的原则。1957年以后，这个原则受到批判。于是包括“法律上人人平等”、“法制至上”等在内的法治问题从此成为禁区，无人敢谈了。

70年代末，真理标准问题的讨论开始后，《人民日报》于1978年12月6日发表《坚持公民在法律上一律平等》一文，法学界的思想得到解放。于是在80年代初，法学界开展了“人治与法治”的讨论，法治问题才正式出现于我国法学界。但是这次讨论并没有从正面研究法治问题，更未能在中国确立法治理论和法治原则的地位。直到现在，人治和法治的争论也没有解决。

1982年的宪法重新规定了“中华人民共和国公民在法律面前一律平等”（第33条第2款）。又在序言里说：“各政党和各社会团体……都必须以宪法为根本的活动准则……”宪法的解释者仍坚持这些都是社会主义法制的原则，不能与“资产阶级的”法治相混淆。

另一方面，法学家还从理论上去划清界限。1984年出版的《中国大百科全书·法学卷》，只有“法制”（legal system，legality）这个条目，没有“法治”一条。作者说，“法制”一词有两个含意。第一个意义是法律制度，第二个意义是统治阶级管理国家的一种方式。后一意义上的法制，与17、18世纪资产阶级启蒙思想家所倡导的“法治”的内涵是一致的。1985年出版的《法学基础理论》一书，在“资产阶级法制及其发展”一节里，作者说，法治、法制、法治国这些概念都是同样的，其含义是相当的，而且，事实上，在马克思、恩格斯的著作中，法制、法治和法治国这几个词也是通用的。在这本书讲社会主义法的部分，就只提“社会主义法制”，再没有出现“法治”一词。可见这两本权威性的著作，或者把“法治”概念融入“法制”概念，或者用“法制”去取代“法治”，但在肯定“法治”姓“资”一点，则是一致的。既然它姓“资”，我们当然不应该要它。

不过随着改革开放后形势的发展，这种情况也发生了变化。有的学者终于承认，“法制”与“法治”是有区别的，我们在讲社会主义法制之外，也应该讲社会主义法治。同时，在社会上出现了一些新的口号，如“以法治国”、“以法治市”、“以法治税”，等等。这些口号的出现，说明人们逐渐对几十年来所用的“社会主义法制”这个口号不再满足，想用另一种口号（或理论）来补充它或代替它。恰巧在这时，当时还存在的苏联的法学界正式讨论起“社会主义法治”、“社会主义法治国”（“法治国”这一概念是一个地道的德国的概念）来。终于，我国法学界也公开地谈论起“法治”问题来了。“法治”不再是禁区了。

中国法学界越来越关心法治问题，说明人们宁愿采用资产阶级启蒙思想家提出的“法治”概念，来表达自己对中国所应采取的“治国之道”的抉择。

我们应该承认，法制和法治是两个概念，以及由这两个概念引出的理论确实有很大的差别（虽然也有一部分是相同的，但异大于同）。我国几十年来所讲的法制的概念和理论来自苏联。法治的概念和理论，来自资产阶级法学家，现在也盛行于某些资本主义国家。从这一点看，似乎确实有阶级属性的不同。但是能不能就由此说，法治就专属于资产阶级，不能也存在于社会主义国家，或者说，社会主义国家就不能要它呢？或者说，社会主义国家只要讲“法制”就够了，不需要什么法治了呢？

我想不能。至少，法制的含义远较法治为狭小。至于法制和法治在本质上的差异则更大。法治的核心是法律至上，法治一直是与民主相联系的，与自由平等、与尊重人民权利相联系的（尤其是在现代）。在这些方面，“法治”都不是可以用“法制”去代替的。

令人欣慰的是，近些年来，我国社会里已经有一些引人注目的现象。这些现象都使我国社会逐步向“法治”接近：

法律至上的思想现在逐渐普及到社会各界。中国共产党章程的《总纲》中规定了：“党必须在宪法和法律的范围内活动。”这些年来，全国人民代表大会的地位和作用在人民心目中逐步上升。人民群众对“以言代法”、“权大于法”各种现象的谴责，说明人民对法律至上这点有了日益深刻的认识，具有强烈的愿望。

在党的政策与法律的关系这个问题上，随着党政分开、党企分开的实现，从前“以党代政”、“政策可以代替法律”的情况大大改变。“法律是实行党的政策的工具”的理论已失去市场。近年来，各个部门制定法律（把政策上升为法律）和要求制定法律几乎成为一种时尚。这说明人们已不满足于政策而向往着法律，人们对法律抱有一种热切的信念和期望。

政府应该依法办事，政府应该受到监督。这种起码的法治思想已逐渐传播开来。《行政诉讼法》公布后，“民告官”传为美谈。人民已经懂得，他应该，他可以运用法律来保护自己。在人民生活中，权利意识树立起来了。各种各样的“权利之争”多起来了。名誉权、肖像权、著作权，成为报纸上经常出现的字眼。这是走向“法治国家”的开始。

“审判独立”，“检察独立”，载在宪法。是法治的重要原则之一。我国在这一点上做得极其不够，离一个法治国家所要求的很远。但是这个问题已受到社会的关注。许多人已认识到这个问题的重要性。

在客观形势的推动下，法学界也逐渐有了转变。讨论法治的文章、讨论法治的会议都相继出现。法治问题由禁区而非禁区，甚至走向热门话题。这个变化的意义是不可低估的。至少由此看出，邓小平同志关于不要纠缠于姓“社”姓“资”的抽象争论的指示不仅适用于经济方面，也适用于法学和法律方面。不能因为“法治”的概念和理论过去姓“资”就不能研究，不能讨论，不能采用。

在有意无意地接受了法治思想后，法学界在许多问题的探讨上就可以更深入，更接近本质。研究宪法的人不满足于一部宪法，而要讨论宪法监督问题，提出要设立宪法法院。研究行政法的人不满足于“依法行政”这个口号，而要讨论国家责任问题，提出要制定国家赔偿法。研究刑法的人讨论起劳动教养问题来，提出劳动教养制度的法律地位问题。这些虽然都是在“完善社会主义法制”的题目下进行的，但其意义已超出了法制问题了。

有一些事，单纯从“法制”方面去看，似乎没有问题。但从“法治”的观点去看，问题就大了。只举一例。个人收入调节税是由国务院制定条例而征收的一种税，而国务院的《个人收入调节税条例》是与人民代表大会制定的《个人所得税法》抵触的。这种违反法治原则的事，不是单纯的一个法制问题。最近国家税务当局已宣布对此要进行改革。这是我国走向“税收法定主义”的开端，真是令人欣喜。

由法律虚无主义到承认和尊重“法制”，再到讲究“法治”，这是社会发展的必然。今天，我国正在这条道路上前进。法学家们应该自觉地朝这个方向前进。

当然，在我国这个受专制统治几千年，又在法律虚无主义影响下过了几十年的社会，要走向法治，实现法治，谈何容易。我们必须脚踏实地，大胆前进。不过，只要有了好的开端，就会成功，社会主义的法治国家是一定能建成的。

（摘自《群言》1993年第4期）

我要为《纲要》的实现而呼唤

丁石孙

《中国教育改革和发展纲要》的颁布实施是非常重要的事情。当前，我国改革开放和现代化建设事业进入到一个新阶段，教育也要相应地改革和发展。只有建立适应社会主义市场经济体制和政治、科技体制改革需要的教育体制，才能实现中共十四大所确定的战略任务。《纲要》提出了我国教育发展的目标和思路，是一个重要的指导性文件，也是我们今后工作所要遵循的原则。为此，应该认真地看待《纲要》。

学习《纲要》之后，我最关心的是怎样落实。《纲要》对今后的教育改革和发展已作了全面规划，但是如何贯彻落实还是相当复杂的，我们应该实事求是地面对现实，要看到目前教育的状况与落实《纲要》还有相当的距离，还要花很大力气。在我看来，这些年中国教育存在的问题，首先是在思想认识上。尽管很多人都在讲教育的重要性，但是把教育放在优先发展的战略地位并没有真正成为各级干部工作中的指导思想。我们常常可以听到许多领导同志谈起当前工作中存在的困难和面临的挑战，他们常常谈农业、国有企业的困难，却很少提到教育跟不上形势，教育发展处于困境等问题。这反映他们的思想还存在不正确的认识，重视教育只是放在口头上。虽然他们有时也说教育为立国之本，说教育上不去人民素质就上不去；素质上不去，经济建设也上不去。但在实际工作中往往是先经济，后教育，视生产为硬任务，视教育为软任务。我觉得要真正把教育的战略地位落到实处，就要求各级领导要像抓经济工作那样抓好教育工作，并使之成为指导工作的原则。一个成熟的、有远见的领导干部要重视教育，要能够在国内国际的大背景下，从国家的命运和未来的角度认识教育的地位和作用。必须看到教育为经济建设服务带有一定的超前性，人才的培养周期较长，不能急功近利。

优先发展教育，最重要的是教育投入要到位，这是落实《纲要》的关键。没有足够的教育投入一切都是空谈，它关系到教学条件的改善，师资水平的提高。而办好教育的关键是教师，这就需要有优秀人才作教师；而吸引优秀人才当教师，是要有一定的物质待遇和生活条件作保证的。最近报刊上披露，有些地方拖欠教师工资，侵犯教师权益，这种状况怎么能吸引优秀人才从教？多年来人们一直在喊教师队伍不稳，师资断层，后继乏人，我认为最根本的原因是教师的待遇太低。因此要认认真真地解决这个问题。

由此想到吸引国外留学人员回国的问题，我认为最好的，也是唯一的办法就是真正改善国内知识分子待遇。因为那些滞留在国外的人员，他们是否回来不在于国家对他们许诺什么，许诺毕竟是暂时的，他们主要看国内知识分子，包括他们的老师、同学目前的待遇如何。记得国内曾流传着这样的顺口溜："早回来的不如晚回来的，晚回来的不如不回来的"，这是针对我们对待留学生政策的。这样做的后果会怎样呢？结果越是喊给国外回来的人以优厚待遇，越是把国内人才往外赶。似乎只有出去，才能改变地位。许多国内博士生对我讲：在国内念博士感到心不定，因为在国外读几年回来后，可享受到优厚的待遇，所以"出国热"冷不下来，还是要争先恐后出国念书。我觉得我们的政策应该作些调整，首先要认真提高国内知识分子待遇，而对国外回来的人员要严格挑选。我曾多次提出吸引留学人员回国，根本不需要号召，只要国内条件好了，他们自然会回来。我出访美国时，许多留学生也这样对我讲过，其实这个道理很简单。

目前教育投入不足已成为教育改革和发展中的最大问题。这个问题说得太久了，几乎年年都在喊增加教育投入。但结果常常是纸上谈兵，对于教育经费究竟占国家预算百分之几，各有各的算法。我认为解决这个问题的最好办法是到一所学校做些认认真真的调查研究工作，它究竟需要多少经费，国家拨给多少？还有多少亏空？这样才能计算出最准确的教育投入。近几年来教育经费的缺口越来越大，如果长此下去，教育改革和发展都会落空。当前我们进行的教育改革，主要是改革教育体制、教学方法、教学计划和教学内容，而所有这些改革最后都要归结为教师有没有积极性，如果教师没有积极性的话，各种改革都无法实现。因此，贯彻落实《纲要》，最核心的问题是保证有足够的教育投入，改善教师待遇，稳定教师队伍。否则，其他一切问题都不可能落到实处。

当前，教育改革和发展面临着许多新问题，需要认真地探索和实践。《纲要》中提出要“建立起与社会主义市场经济体制和政治体制、科技体制改革相适应的教育体制”。由此想到现在常说的要把市场经济的机制引入教育，或者是教育要适应市场经济的运行。但是究竟怎样做才是把市场经济机制引入教育，我认为这个问题需要认真讨论。我不是经济学家，有些理论也说不清楚，但是我想学校的根本任务是为社会培养人才，如果说市场经济机制引入学校，就应该考虑到经济建设对人才的需求。假如学校能够真正培养出社会上需要的人才，又是高质量的，而且作为学校领导又经常考虑这个问题，那么就说明有了市场观念。以往学校的招生人数、专业设置等等都是由教育领导部门决定，学生毕业后由国家统一分配，学校从来不会被学生分配不出去所困扰，而现在则要充分考虑这个问题。学校教育从某种意义来说也是生产过程，它的产品就是人才，人才是否适用，取决于是否符合社会需要。为什么国外那些名牌大学的毕业生出路总是很好，就是其培养的人才是高质量的，符合社会需要的。国内情况也是如此。

我之所以提出将市场机制引入学校需要认真研究，是因为现在许多宣传报道把这个问题庸俗化了，结果给人们造成一种感觉，好像把市场机制引入教育，就是要学校赚钱，做生意，我认为这完全是两回事。市场经济，绝不是说人人都去经商。现代化的社会是高度分工的，学校主要是进行教学和科研，一方面培养人的劳动能力，提高劳动者素质；一方面提供科技知识和最新的科技成果。因此教育要适应社会主义市场经济体制建立的需要，就要在这两方面下功夫。我们不能要求一个好的教师同时又是一个好的商人，有些人可能一辈子只会教书，仅是个好教师。我们总不能说鲁迅先生不会做生意，就不是好的文学家吧？现在大家对宣传教授卖馅饼有许多看法，但从性质上说，要求学校赚钱和教授卖馅饼本质上是相同的。当然把高科技转化为生产力另当别论。学校应该把科技成果的一部分尽量贡献给社会，转化为生产力。但是高科技转化为生产力往往是个很长的过程，它需要进行各种规模的试验，才能最后进入大规模生产。而在这个过程中教授只能做最初阶段的工作，以后会有许多工艺和技术上的问题，应由技术人员去解决。当然，也不能排除有个别教授有一竿子到底参加全过程的本领，但这不是一般规律。更何况这要花费许多年的功夫，如果这个教授能够不断发明，应该让他集中精力不断研究出新成果。

现在有些宣传报道把某某学校推倒校墙开商店说成是思想观念有了转变，把学校的运行与市场经济结合起来了，我认为这样的宣传是错误的。这和教授卖馅饼一样，学校因为实在没钱，于是利用房地产赚些钱，这也是无可非议的，但是这却与学校教育改革毫无关系，而我们有些同志认为这是重大的发明和突破，这样会把人引入歧途！

所以教育界和经济界人士需要认真研究一下，究竟什么是在市场经济体制下的教育运行机制或教育改革目标，我认为这个问题现在还没有弄清楚。至于说现在国家财力有限，希望学校自行解决一部分经费，这并非不可以，但却与市场经济无关。市场经济下该给教育的经费还是要给的。在任何国家，包括资本主义发达国家也是如此，他们从未简单地要求学校去赚钱。因为他们懂得社会有分工，为了使社会发展进步，必须让教师专心于教育，并给学校以充分的财政支持，而我们却把这些混在一起，我觉得应引起注意。

总之，《纲要》为我国教育改革和发展绘制了蓝图，也提供了新的机遇。现在的关键是要抓住时机扎扎实实地实施，开创教育发展的新局面。作为教育工作者，我要为《纲要》的实现而呼唤，也希望一切关心国家前途和命运的人们都来关心教育。

（摘自《群言》1993年第5期）

增强宪政精神　保证宪法实施

张庆福

我国现行宪法颁布至今已有12个年头了。12年来的实践证明，现行宪法是一部具有中国特色的、适应社会主义现代化建设需要的好宪法。但在实施宪法的过程中，还有许多不尽如人意的地方，比如一些宪法原则还没有在立法中得到落实，已经落实的有的也没有得到完全实施；宪法监督、宪法解释、宪法修改等保证宪法实施的主要制度还没有建立起来；宪政实践中违法违宪案件还屡屡发生等。当然，造成这些问题的原因是多方面的。其中广大群众特别是各级国家机关工作人员宪法意识淡薄、整个民族的宪法精神不高，不能说不是一个最基本的因素。

所谓宪政精神就是举国上下包括全国各族人民、一切国家机关、政党、社会团体、企业事业单位都要尊重宪法，在社会生活和国家生活中，树立起宪法至高无上的权威；都能自觉地维护宪法的尊严，有敢于向一切违反宪法的现象作斗争的观念；都能自觉地遵守宪法，严格按照宪法的规定办事，切实贯彻在法律面前人人平等的宪法原则。简言之，宪政精神就是尊重宪法、实施民主的风气和习惯。

保障宪法实施除了其他条件之外，公民的宪政精神是一个极其关键的条件。宪法规定是死的东西，要把它变成活的东西，化为现实，就要创造各种条件和设施，如制定一系列的法律、法规和制度。但是这些法律、法规和制度都是要由国家的一切组织和个人遵守和实行的。如果这些组织和个人没有宪政精神，不尊重宪法，不维护宪法尊严，不遵守宪法，实施宪法的法律和制度就不能实现，宪法就会失去权威，成为一纸具文。世界各国的宪政实践证明，在一个国家中，公民们的政法精神越强，宪法的权威就越能得到维护，宪法的实施就越彻底。

宪政精神不是从天上掉下来的，是在长期的宪政实践中，在不断地进行宪法宣传教育中培养出来的。为此，第一，我们要经常进行宪法宣传教育，使每个公民认识宪法，了解宪法，使其真正认识到，能否维护宪法权威，保证宪法实施是直接关系着他们的切身利益，关系着国家和民族的兴旺发达的大问题。可是，在我国现实生活中，漠视和轻视宪法的现象严重存在。“宪法与我无关”、“宪法无用”、“违反刑法要追究，要治罪，违反宪法无所谓”等现象无处不有。这些都直接与不认识、不了解宪法对国家、对集体、对个人的重大意义有关。

从总的方面说，宪法是治国安邦的总章程，用以规定国家的根本制度和根本任务，巩固和发展统治阶级斗争胜利的成果，维护统治阶级的地位和利益。我国宪法以根本大法的形式不仅确认了全国各族人民长期奋斗的成果，而且规定了国家的根本制度和根本任务以及实现根本任务的重大方针措施，为全国各族人民、一切国家机关和武装力量、各政党和各社会团体、各企业事业组织指明了活动的根本准则，给全国人民指出了继续前进的道路和方向，使全国人民有了明确的奋斗目标，从而极大地提高了他们的积极性和创造性。可见，宪法是直接关系着国家的巩固和发展的大问题，关系着国家和人民奋斗目标实现的大问题。

从每个公民说，宪法除规定国家的根本制度和根本任务外，还规定了许多直接关系公民个人权益的条款。这集中体现在公民的基本权利和义务一章中，在这一章中，不仅规定了公民的各项政治权利和自由，而且还规定了公民的人身权利、宗教信仰自由、社会经济权利、教育科学文化权利和其他权利。除此之外，总纲和其他章节的规定也都直接体现着人民当家作主的精神，直接体现着人民的利益。总之，只有使全国上下都能真正认识宪法、了解宪法，才能使广大人民群众逐步养成自觉尊重、维护和遵守宪法的习惯，造成尊宪、护宪、守宪为荣，违宪、毁宪为耻的社会风尚。

第二，国家机关及其工作人员特别是国家主要领导人员带头尊宪、护宪和行宪，是培养全民族宪政精神的关键。国家机关及其工作人员的基本职责就是实施宪法和法律，就是要按照宪法的规定活动。如果他们缺乏宪政精神，没有自觉尊重、维护和遵守宪法的习惯，宪法的权威就不可能得到维护，宪法的规定也不可能得到实施。国家机关及其工作人员的宪政精神不仅直接关系整个国家机关是否能按照宪法和法律的规定运转，也直接影响着全国各个方面，影响着广大人民群众。如果国家机关及其工作人员特别是中央国家机关及其主要领导人员能够自觉尊宪、护宪和守宪，就会为全社会树立起一个榜样，就比较容易在全国造成一种尊重宪法、维护宪法和遵守宪法的风气。这是世界宪政历史一再证明的事实。

第三，建立有利于培养宪政精神的各项制度。为了培养人们的宪政精神，提高人们的宪法观念，在世界各国的宪政实践中，形成了不少有利于培养人们宪政精神的制度，如宪法节制度。一些国家把宪法颁布实施或生效的日子定为宪法节，或宪法日、或宪法纪念日。在每年宪法节日时，开展各种形式的学习、宣传、维护宪法的活动。有的国家把宪法节日看成像国庆节那样的全民性隆重节日，每逢宪法节日来临之际，首都和全国城乡都装饰一新，一面面国旗和彩旗与一幅幅庆祝宪法节的醒目标语相映生辉，举行各种庆祝宪法节的文艺、体育、报告活动，新闻媒介通过各种方式宣传宪法、法律和法规。在宪法节日这一天，各地举行庆祝集会，中央和地方政府领导人参加并发表重要讲话，号召公民认真学习、宣传和遵守宪法。

为了使国家公职人员效忠宪法和国家，不少国家宪法规定了公职人员的就职宣誓制度。这是培养宪政精神，保证宪法实施的重要制度。根据这些国家宪法的规定，宣誓的公职人员包括国家元首、议会议员、内阁行政官员、司法官员和其他公职人员。宣誓的内容主要是：忠于宪法和国家，忠于维护公民的权利，按照宪法和法律履行职责，维护国家独立和领土完整，增进全国人民的幸福等。有的国家宪法还规定，如果公职人员不宣誓或者拒绝依法宣誓，要取消其任职资格。

为了培养公民的宪政精神，有的国家还把宪法作为各类学校教育的必修课，不论学习什么专业的学生都要学习宪法，使公民从小就受到宪法的教育。还有的国家规定，在国家的重要场所放置宪法模型或宪法文本，使公民经常都能看到宪法，受宪法熏陶。还有些国家开办本国宪政运动历史博物馆，宣传介绍本国历史上的宪政运动情况和宪法文献，供全国人民参观学习，等等。上述这些制度对于培养全民族的宪政精神，维护宪法权威，提高全国人民执行宪法的自觉性，保证宪法实施有重要作用。

我国经历了长期的封建社会，封建专制主义在许多方面至今影响还很深。因此，在我国从各方面建立和健全有利于提高全民族的宪法意识，增强培养人们宪政精神的制度和措施更有特殊的意义。1978年中共十一届三中全会提出了发展社会主义民主，加强社会主义法制的方针，1982年又颁布了新宪法，使我国的民主和法制建设进入了一个新的阶段。在提高全民族的宪法意识、培养人们的宪政精神方面也采取了许多措施，作了许多工作。我国曾广泛地开展了以宪法为中心的两个五年普法教育，在全国各地各类高等学校中，把《法律基础》作为一门必修的政治思想教育课，开课率达93%。在中学的政治常识课本中列入宪法的内容。小学也有法律教育的内容。另外，每年在宪法颁布之日，一些地方开始举行纪念会，进行宪法学术讨论。这些措施对提高我国全民族的宪法和法律意识，增强宪政精神都起了重要作用。但是，这方面的工作还应大力加强。一是要继续搞好以宪法为中心的法制教育，在“一五”普法的基础上，认真贯彻执行“二五”普法规划。宪法是国家的根本大法，只有以宪法为中心深入开展法制教育，才能使人们把国家利益和个人利益，长远利益和眼前利益紧密结合起来，不断提高其社会主义民主和爱国主义精神。二是要建立多种渠道采取多种形式，进行宪法宣传教育，使宪法逐步深入人心，深入社会。全国人大应通过决议正式确定宪法日，规定在“宪法日”全国上下应举行各种学习宣传宪法的活动，应正式确定在小学、中学和大学开设不同层次的以宪法为中心内容的法制教育课，要建立国家机关主要领导人员就职时效忠宪法的宣誓制度等等。通过这些制度，不断培养全民族的宪法和法律观念，增强其宪政精神，为宪法实施提供坚实的思想基础。

（摘自《群言》1995年第3期）

在历史的关键时刻要坚持正确的理论指导

蒋学模

中国现在正面临着历史进程中又一个关键时刻。

“文革”结束后，中国的历史进程中曾出现过两个重大历史关头。第一次出现在“四人帮”被粉碎到中共十一届三中全会的两年间。第二次出现在1989—1990年。所谓历史关头，是指当时面临着一个中国向何处去，走什么路的历史抉择。是走传统的高度集中的计划经济的老路？走否定社会主义的资本主义邪路？还是实事求是地开辟一条有中国特色的社会主义新路？在那两次重大历史关头，都是小平同志领导全党全民解决了中国往何处去和走什么路的历史课题。这是大家都熟知的，就不多说了。

为什么说我们现在又面临着历史的关键时刻了呢？这一次关于前进方向和道路的争论是围绕着什么问题展开，是在什么样的情况下出现的呢？

在近八年中，改革开放和我国的社会主义现代化建设取得了举世公认的巨大成就。另一方面，经济发展过程中也出现了一些严重的问题：1993年和1994年出现了高达两位数的通货膨胀；国有企业经济效益滑坡已延续多年，明亏潜亏企业超过国有企业总数一半以上，大量工人下岗成为社会普遍关注的问题；社会成员收入差距扩大；沿海东部地区同中部西部地区经济水平的差距也有扩大趋势；私营经济、外资经济的增长速度远高于公有制经济，国有经济在国民经济中的比重呈下降趋势；贪污浪费腐败之风日益蔓延，等等。正是发展过程中的这些消极现象加重了一些人对当前所走道路正确性的疑虑。

关于中国往何处去和走什么路的争论，自“文革”结束以来，始终是时起时伏，从来就没有止息过。现在，由于改革开放进程中上述消极现象的出现，又激起新一轮的争论高潮。

新一轮争论的焦点是什么呢？这一次的争论主要是围绕着国有经济的命运展开的。

一种观点认为，如果现在的发展趋势继续下去，再过若干年，国有经济的主导作用和公有制经济的主体地位将难以保持，而丧失了公有制经济的主体地位，我国的社会主义前途将被葬送。因此，应把保持公有制主体地位作为压倒一切的任务。要在全国除台、港、澳之外的一切地方，在生产和流通的各主要产业部门，不论大中小型企业，统统建立和保持以公有制为主体的经济体制。对公私经济的矛盾，要求利用国家政权来加以处理。

这种观点，从主观意图看，无疑是要维护社会主义制度的。而且，维护公有制的主体地位确实也是十分必要的，问题是用什么手段来有效地维护它。如果脱离“三有利”的根本标准而把维护公有制的主体地位作为最高准绳，离开发展生产力这一社会主义建设的根本任务而片面突出公有制，不是通过两个根本性转变来增强国有经济的活力和竞争力，而是企图用政策措施和行政手段来保公有制和压私有制，这样做，绝不能带来我国社会主义事业的兴旺发达，而只会使我们退回到改革前僵化的传统模式上去。社会主义要坚持，但只有贯彻“一个中心、两个基本点”的基本路线，社会主义才能兴旺发达。退回到僵化的传统模式，社会主义是保不住的。小平同志说过，“不坚持社会主义，不改革开放，不发展经济，不改善人民生活，只能是死路一条”。东欧剧变和苏联瓦解就是明证。殷鉴不远，岂可等闲视之。

与上面所说的观点相反的另一种观点，是贬低公有制经济特别是国有经济在我国经济建设中的作用。按照这种观点，国有经济的低效率似乎是不可改变的，因而，除了一些自然垄断的部门和公益性部门以外，国有经济应退出一切竞争性的产业部门。一些人认为，公司制本身就是公有制，即使股权属于个人的公司制，由于公司实物资产的“共有性”，也属于公有制范畴。因此，公司制的发展就是公有制的发展，公司制发达的一些欧洲国家，“公有制已经占据了主导地位”，“西方资本主义正在向社会主义和平演变”，中国只要大力发展公司制，实现公有制为主是不成问题的。

很明显，这种观点其实是要按西方的模式来改造中国经济，使中国和平演变为资本主义。

从以上两种观点来看，我国当前确实存在着向何处去，走什么路的争论。应该怎样对待这些观点，做出正确的抉择呢？

正确的抉择依靠正确的理论指导。

在“文化大革命”结束后的第一个历史关头，小平同志领导和支持了关于“实践是检验真理的唯一标准”问题的讨论，重新确立了解放思想、实事求是的思想路线。依靠这一正确的思想路线的理论指导，全党全民才能冲破“两个凡是”的思想桎梏，拨乱反正，走上以经济建设为中心、改革开放的新路。

20世纪80年代末、90年代初的那个历史关头，小平同志在理论上肯定了中共十三大关于计划与市场的提法，接着又在视察南方的重要讲话中阐明了社会主义本质和社会主义市场经济问题，指引我们继续沿着建设有中国特色的社会主义道路前进。

当前这场关于如何对待国有经济的争论，也需要有正确的理论指导，才能明辨是非，找到正确的前进道路。教条主义要把我们拖回到“十七年”的传统模式去。那17年走的道路有正确的地方，也有不正确的地方。“一大二公”的所有制结构，高度集中的计划经济体制，阶级斗争为纲的政治路线，个人崇拜的僵化思想体系，正是这些错误的东西多次引发经济的、政治的折腾，最终导致“文化大革命”的十年动乱。这是一条最终将葬送社会主义的死路，岂可再走？自由化思潮抹煞社会主义与资本主义的区别，要把我们和平演变到资本主义去，那条路更不能走。改革开放以来的18年，是邓小平建设有中国特色的社会主义理论指引我们拨开迷雾，找到前进的正确道路，取得了伟大的成就。在当前的关键时刻，也必须依靠邓小平理论的指导，才能摆脱“左”的和右的困扰，继续胜利前进。

确实，国有企业的经济效益滑坡以及由此引发的下岗职工增多是一个严重的问题，但是，在邓小平理论的指引下，我们已经找到了通过两个根本性转变来增强国有企业活力的正确途径，并且通过“抓大放小”方针的推行已初见成效。个人收入差距和地区经济差距的扩大确实不利于整体奋进，但有了邓小平的共同富裕理论的指导，这些问题必能逐步地得到正确解决。两位数的通货膨胀肯定不利于社会主义现代化建设，但在邓小平理论的指导下，我们已奇迹般地实现了软着陆。在我们前进的道路上，各种体制性的和非体制性的缺陷、困难和弊端还会不断地冒出来，但有了邓小平理论这一中国当代马克思主义的指导，我们必能逐个克服它们，继续胜利前进。

在改革开放新时期的前两个历史关头，小平同志亲自领导我们斩将夺关，开拓前进。在当前的关键时刻，江泽民同志高高举起邓小平理论的伟大旗帜。江泽民同志说得好：“旗帜就是方向，旗帜就是形象。”有邓小平理论的指导，有以江泽民为核心的中共中央的正确领导，我们有信心通过新的实践，不断地解决前进道路上的新问题，夺取社会主义现代化建设的新胜利。

（摘自《群言》1997年第10期）

没有监督便没有文明

邓伟志

在沿着中国共产党所指引的“高度文明、高度民主”的方向奔驰的过程中，遇到的一个大障碍是腐败。腐败是不文明，腐败是反文明。

减少要案增长的增幅，重要的是强化监督。监督固然不完全是治本，但是也能在一定程度上遏制腐败。一时难以釜底抽薪，来点扬汤止沸也是有益的。

强化监督应当是全方位、全天候的，涉及面太广，无法一一阐述，这里择其要者讲几点：

一、强化舆论监督。“树要皮，人要脸”，不少人不怕内部通报，只怕公开见报。公开见报的威力是很大的。可惜我们在这方面的作用虽有所发挥，但是发挥得还很不够。不是舆论部门不肯发挥，而是难以发挥。舆论部门深知其监督作用发挥得好，舆论工具的声望高，经济效益也高。问题是有人对他们横加阻拦，竖加阻拦，左打招呼，右打招呼。有很多“监督类”的文章发不出，甚至于连那些“高高举起，轻轻放下”的文章也不让发。我想在这里向有关方面反映一个情况：有些在当地发不出的，换个地方照样发得出；不仅发得出，而且得大奖。可见，这把发稿的橡皮尺的弹性大得很！既然如此，为什么不可以在舆论监督上把“弹性”放给下头？建议多给报纸老总一点自主权。放开了，会不会乱？不会。治舆论监督之“乱”的法宝还是“监督”二字。可以有把握地认为：只要对“监督类”的文章加以监督，便不会乱。谁失实，就处分谁，看他还敢乱写吗？

反之，只要“监督类”的文章基本属实，不管他揭到谁头上，就只能让他揭，就应当支持他揭。不要老是拿“社会影响”当顶门杠。老实说，许多用来卡“监督类”文章的“社会影响”论，是“护短”论，是“堵嘴”论，是维护自己政绩，保护自己乌纱帽的谬论。腐败现象的愈演愈烈，同舆论监督的有气无力有直接关系。

二、强化法律监督和纪律监督。中国的法律和纪律，说少也不少，问题是执法不严。怎么会“不严”的？说一千道一万，根子在官官相护上。政法部门刚想瞄准他的问题，上级已来到他那里“视察”，肯定他的成绩；嫌疑犯还没进看守所，说情的电话已经打进了办公室；你刚想对他审判，上级部门已经把他调开；你批评他官官相护，他马上可以报出一大沓立案、结案的数字。要对违纪违法的人依纪依法办事，重要的是改变“情大于法”的陈旧意识。倘能认真治一治“替罪人说情”之罪，一定会有助于树立法律的尊严。

三、强化异体监督。自律很重要，自律就像自我保健一样重要。可是，再高明的医生也不便给自己看病。哪有自己给自己开胸腔的？这个“自己”，除了狭义的，还有广义的，靠自己单位、自己系统来监督，有时候也不行。没听过吗？“你不讲我也不讲。你不讲，我不讲，大家都不讲。”这是近几个月来传得很广的一句话。要对腐败动真格少不了互相监督、异体监督，尤其是异体监督。现在参政党在民主监督方面做了不少事，问题是不太知情。对执政党来讲，要学会启发参政党监督，要像毛泽东、周恩来、邓小平三位伟人所说的那样，允许民主党派唱“对台戏”，从而形成切磋琢磨的习惯和制度。

（摘自《群言》2000年第5期）

坚持和发展劳动价值论

吴易风

近年来对劳动价值论的一些模糊认识

近年来，对马克思的劳动价值论存在一些模糊认识，甚至存在一些错误说法。例如，有的说，不只是劳动创造价值，而是劳动、资本、土地三种生产要素共同创造价值。有的说，也不只是劳动、资本、土地三种生产要素创造价值，而是劳动、土地、资本、企业家才能四种生产要素共同创造价值。有的说，不只是这些生产要素创造价值，而且科学、技术、知识也创造价值。有的说，不仅是各种生产要素共同创造价值，而且非生产要素、非经济因素也创造价值。有的甚至说，马克思对资本主义和社会主义发展前景的估计和判断之所以“失误”，最重要的原因就在于劳动价值论的“偏颇”；我国的极“左”倾向和极“左”思潮的一个深层次根源也在于劳动价值论。

接受以上说法中的任何一种说法，都会直接导致对劳动价值论的否定。否定了劳动价值论，就必定不可避免地直接否定马克思的剩余价值论。恩格斯1883年3月17日《在马克思墓前的讲话》指出，马克思一生有两大发现：发现了人类历史的发展规律，发现了现代资本主义生产方式和它所产生的资产阶级社会的特殊的运动规律。马克思的这两大发现，实际上就是马克思创立的历史唯物主义和剩余价值理论。劳动价值论是剩余价值理论的基石，否定劳动价值论，就必然否定剩余价值论。否定剩余价值论，也就必然否定马克思主义。

马克思的劳动价值论在革命年代对革命者起了无可估量的作用。在新中国成立以后的几十年内，劳动价值论对经济理论研究工作和实际经济工作也一直起着重要的指导作用。劳动价值论的科学性和适用性并没有受到怀疑。然而，近年来，上述模糊认识却常常出现。人们当然会问，原因究竟何在呢?

看来，对劳动价值论产生模糊认识或出现错误说法的原因至少有两个：第一，我国在从计划经济转向市场经济的过程中，市场经济呈现出来的表面现象很容易使人产生一种错觉，似乎在生产过程中各种生产要素都参加了商品价值的生产，都在价值的创造中作出了自己的贡献，因而似乎在分配领域中各种生产要素都得到了自己应得的报酬。第二，近年来我国媒体反复出现的“新经济”、“知识经济”、“信息经济”、“高科技经济”等，也很容易使人产生一种错觉，似乎现在在生产领域中创造价值的主要是知识、信息、高科技，而不是劳动。在价值理论问题上，只要停留在市场经济的表面现象上，只要停留在“知识经济”的表面现象上，只要被这些表面现象所困扰，而不深入研究事物的本质，就会怀疑劳动价值论，就会从劳动价值论转向生产要素价值论，或者转向知识价值论、科技价值论。

坚持劳动价值论

坚持劳动价值论是坚持马克思主义的重要组成部分。坚持劳动价值论的关键在于分清劳动价值论和生产要素价值论的原则界限，特别是分清劳动价值论和资本价值论的原则界限。

劳动价值论并不是马克思的首创。远在马克思之前，英国古典经济学家威廉·配第、亚当·斯密、大卫·李嘉图等人就已经不同程度地提出了劳动价值论。

马克思继承了古典劳动价值论的科学成分，纠正了古典劳动价值论的错误，建立了真正科学的劳动价值论。

马克思发现，商品的两个因素，即使用价值和价值，来源于生产商品的劳动的二重性，即具体劳动和抽象劳动。劳动学者生产商品所付出的一切劳动，从一方面看，是人类劳动力在特殊的、有用的形式上的耗费，例如在生产粮食、衣服、住宅、汽车、计算机等千差万别的使用价值上的耗费，马克思称这种劳动为具体劳动；从另一方面看，不管是生产哪种商品，都是人类劳动力在生理学意义上的耗费，都是人的脑力、体力等的耗费，马克思称这种劳动为抽象劳动。

马克思的劳动二重性学说科学地解决了古典经济学家的优秀代表所解决不了的难题。马克思的劳动二重性学说告诉我们，具体劳动创造使用价值，抽象劳动创造价值。劳动者生产商品的过程，既是劳动者的具体劳动创造使用价值的过程，又是劳动者的抽象劳动创造价值的过程。马克思的劳动二重性学说还告诉我们，在生产商品的过程中，劳动者的具体劳动一方面创造使用价值，另一方面又转移旧价值，即将生产商品时所消耗的生产资料的价值转移到商品中去；劳动者的抽象劳动创造新价值，这个新价值分成两个部分：一部分等于劳动力的价值，另一部分是被资本家无偿占有的剩余价值。古典经济学家在剩余价值的特殊形式上，例如，在利润和（或）地租的形式上看到剩余价值的存在。但是，他们都没有形成剩余价值一般形式的概念，都误把剩余价值的特殊形式直接等同于剩余价值的一般形式。只有马克思，在经济思想史上第一次研究了剩余价值的一般形式，创立了科学的剩余价值理论，使全部政治经济学发生了革命的变革，为无产阶级制定了革命的理论。

坚持劳动价值论，就是坚持马克思在批判地继承古典劳动价值论的基础上建立的科学的劳动价值论，划清劳动价值论和生产要素价值论（包括三要素论、四要素论和多要素论）的原则界限。

发展劳动价值论

马克思《资本论》德文版第一卷出版于1867年。看懂了《资本论》的德国资产阶级经济学家立即作出了反应。他们承认，马克思主义经济理论的逻辑是铁的逻辑。要想推翻马克思的全部结论，只有从推翻劳动价值论开始。例如，有一位德国资产阶级经济学家说："驳倒价值理论是反对马克思的人的唯一任务，因为如果同意这个定理，那就必然要承认马克思以铁的逻辑所做出的差不多全部结论。"（引文见《马克思恩格斯全集》第16卷，第353页）从那时算起，130多年过去了，不知有过多少资产阶级经济学家，发表过多少批判马克思劳动价值论的论著，可是都丝毫无损于马克思的劳动价值论。实践一再证明，马克思劳动价值论的基本原理是完全正确的。

马克思的劳动价值论是古典劳动价值论的直接继续和必然发展。马克思主义经济理论的根源深藏在19世纪中叶资本主义的经济事实和阶级斗争事实之中。新的历史条件使马克思得以对古典劳动价值论进行严肃认真的分析和批判，去其糟粕，取其精华，创立科学的劳动价值论。

实践在发展，在实践中发现的真理也要随实践的发展而发展。劳动价值论当然也是如此。我们的某些政治经济学教科书在讲劳动时有一个缺点，这就是常常只举农民、木匠、铁匠、裁缝等人的劳动为例。如果讲的是简单商品生产，这样举例并没有什么不可以。但是，如果讲的是资本主义商品生产，特别是，现代资本主义条件下的商品生产，这样举例显然就不够了。老师讲课时，学生会问：是不是只有体力劳动创造价值？或者，是不是只有以体力劳动为主的劳动者的劳动才创造价值？脑力劳动创造不创造价值？学生还会问：在现代资本主义企业中，除了雇佣工人之外，受雇于企业的管理人员是不是雇佣劳动者？受雇于企业的科学技术人员是不是雇佣劳动者？他们的劳动是不是创造价值？他们是不是也为资本家创造剩余价值？在科学技术高度发展的今天，学生还会问，新知识创造不创造价值？高科技创造不创造价值？这一系列问题都需要经济理论工作者予以回答。为了抛砖引玉，这里谈一点个人的粗浅看法。

（一）关于脑力劳动与创造价值的关系。马克思的劳动价值论从来没有说过只有体力劳动创造价值，也从来没有说过只有以体力劳动为主的劳动者的劳动创造价值，而是认为劳动是脑力、体力等的耗费，认为复杂劳动是倍加的简单劳动。因此，在商品生产中，并非只有体力劳动创造价值，脑力劳动也创造价值，而且能创造更多的价值。

（二）关于管理人员、科技人员的劳动与创造价值的关系。在现代资本主义企业中，从事商品生产的劳动者是由三部分人组成的生产集体，包括受雇于企业的工人、受雇于企业的管理人员和受雇于企业的科技人员。他们的劳动方式不同，管理人员和科技人员以脑力劳动为主，工人以体力劳动为主，这三部分人的劳动都是生产商品所不可缺少的。产品是这三部分人组成的生产集体共同劳动的产品。他们的具体劳动共同创造使用价值，他们的抽象劳动共同创造价值，他们的劳动都直接与资本相交换，都是雇佣劳动者。他们的劳动都分成两个部分：必要劳动和剩余劳动。这就是说，他们的劳动不仅创造出等于他们的劳动力价值的价值，而且还创造出被资本家无偿占有的剩余价值。

（三）关于新知识、新科技与创造价值的关系。新知识相对于原有的知识而言，新科技相对于原有的科技而言。因此，新知识、新科技是否创造价值的问题、实际上就是知识、科技是否创造价值的问题。马克思重视知识，重视科技。他严格区分了决定劳动生产力的因素和决定价值的因素。知识、科技是决定劳动生产力的因素，但不是决定价值的因素。

决定劳动生产力的因素是多元的，而决定价值的因素是一元的。劳动生产力取决于劳动者的平均熟练程度、科学的发展水平和它在工艺上的应用程度、生产过程的社会结合、生产资料的规模和效能、自然条件等一系列因素。价值只取决于生产商品所耗费的一般的、无差别的人类劳动，即抽象劳动。此外，不存在任何其他决定价值的因素。

新知识、新科技在转化为现实的生产力时，分别作用于生产力中的物的因素和人的因素。物的因素包括劳动资料和劳动对象，人的因素包括工人、管理人员和科技人员。一方面，新知识和新科技在生产上的应用使劳动资料中的动力系统、机具系统、运输系统、信息系统等更为先进，使劳动对象的范围更广，性能更好。另一方面，新知识、新科技会造就出素质更高的工人、管理人员和科技人员。高素质的人的因素和高效能的物的因素的结合，形成新的生产力，从而大大提高人类支配自然的程度。

在商品生产中，新知识、新科技进入劳动过程，但不进入价值形成和价值增值过程。不是新知识、新科技本身在创造价值，而是掌握和运用新知识、新科技的劳动者的劳动在创造价值。

新知识、新科技在生产上的应用与价值量之间存在着以下的一些关系：（1）新知识、新科技在生产中的应用可以提高劳动生产率，在单位时间内会创造出更多的财富，从而使单位商品包含的价值量减少。（2）新知识、新科技在生产中的应用可以提高劳动生产率，劳动生产率的提高可以降低劳动力的价值，从而缩短必要劳动时间，延长剩余劳动时间，这就可以为资本家提供更多的剩余价值。（3）新知识、新科技的应用对劳动力素质提出了更高的要求。经过教育和再培训的劳动者具有更多的科技知识和更熟练的生产技能，能从事更复杂的劳动，从而在同样时间内会创造出更多的价值。（4）新知识、新科技会造就出由生产技能更高的工人、经营管理水平更高的管理人员和科学技术水平更高的科技人员所组成的生产集体。这种提供更复杂的劳动的生产集体在单位时间内会创造出更多的价值。

（摘自《群言》2001年第2期）

院士制度的我见

潘家铮

两年一度的两院（中国科学院、中国工程院）院士大会已于今年6月10日闭幕。中央领导同志几乎全体出席了6月5日的开幕式，胡锦涛总书记发表了重要讲话，陈至立国务委员在7日上午作了长篇报告，都说明中央对两院工作的重视与期许。另一方面，社会上也有一些质疑院士制度的声音，甚至认为中国的院士制度简直是万恶之源，必须废除。笔者在1980年被谬选为中科院院士（学部委员），1994年又被遴选为中国工程院首批院士，参与了多次两院院士增选和咨询工作，还担任过两届中国工程院副院长和科学道德建设委员会主任的职务，因此经常有同志询问我对当前院士制度的看法，我都没有回答。现在经过考虑，愿把我个人的认识写在下面。本文曾在《科技日报》上发表过，现蒙《群言》不弃，做了少许补充，再次发表，以求正于院士们和各界人士。

院士制度应予肯定

从国际经验上看，世界上的发达国家乃至不少发展中国家，都实行院士制，并在推动国家科技发展、加强国际学术交流中起到良好作用，为什么中国就不能实行呢？有人说，外国可以实行院士制，中国不行，因为“歪嘴和尚”会把好的经念坏，外国的好制度搬到中国来就变质了。如果是这样性质的问题，那应该把和尚的嘴医好，而不应把经丢掉。否则，改革开放以来实施的许多制度：市场经济、股份制企业、招标投标制……都是外来的经，在实施中都出现过这样那样的问题，远远比“院士制”严重得多，是不是都应该废止呢？这不是十分明显的道理吗？

中国实行院士制，究竟有没有起到作用？这个问题在胡锦涛总书记的讲话中有明确的回答。他说：“长期以来，两院院士作为全国科技大军的领军人物，崇尚科学，敬业奉献，为我国科学技术事业发展、经济社会发展作出了重大贡献。从1956年我国制定《十二年科学技术发展远景规划》到在条件异常艰苦的岁月里成功研制‘两弹一星’，从制定和实施对我国科技发展起到重大作用的‘863’、‘973’计划到‘神舟五号’、‘神舟六号’载人航天飞船遨游太空，从我国取得杂交水稻、陆相成油理论和应用、高性能计算机等领域的重大成果到三峡工程、南水北调、西电东送、西气东输、青藏铁路、高速轨道交通等重大决策，两院院士都付出了大量心血和辛劳。前不久过世的王选院士就是我国院士的杰出代表，他献身科学、敢为人先、提携后学、甘为人梯，为我国广大知识分子树立了光辉的榜样。两院院士真正是祖国和人民的骄傲！”他又说，“实践证明，中国特色的院士制度，有利于凝聚我国科技界的精英为国家经济社会发展出主意、攻难关，有利于组织创新团队承担国家重大科研项目，有利于激励广大科学技术工作者为国家富强、民族振兴贡献智慧才干”。我无意引用领导人的讲话来压制不同意见，但是，我认为，作为党和国家的领导人，对中国特色院士制度的评价，绝不是随便讲的，而是经过调查研究、深思熟虑后作出的，这是符合实际的评价，这是中央的评价，也反映了人民的评价。

我们如能客观地分析事实，两院院士们利用跨学科、跨部门、高水平的优势，在国家科技事业发展中的领军作用，对国家重大问题的咨询建议作用，培养、吸引、凝聚人才的作用和加强国际交流引进新思路的作用，都是不容否认和不能替代的。我希望几位看到当前院士制中的某些负面影响而彻底否定院士制的同志们能从更全面的角度来思考问题。

关于“终身荣誉”和“最高学术称号”问题

对院士制争议较大的就是所谓“终身荣誉”与“最高学术称号”的提法。要讨论这个问题首先要弄清“院士”究竟是什么性质？其实国家和两院章程中说得很清楚，这是一种学术性荣誉称号，是对院士所取得的成就的一种肯定。院士不是一种行政级别，也不是在博士以上的一种学术等级，更不是职务和待遇。就像“战斗英雄”、“劳动模范”、“功勋演员”一样，只是一个荣誉称号而已。

如果认识到院士只是个称号，那么也不会对“终身制”有什么反感。我们总不会要求对“战斗英雄”来个任期制，过两年你就不是英雄了，或者来个淘汰制，把已得到英雄称号的人淘汰，让位给新的英雄吧。至于“最高”的提法，我的理解，第一，这是根据院士所取得的成就，按照当选时的水准衡量的，也就是王选院士说的，是“过去式”，不是“现在式”，更不代表“将来式”。当然，依靠院士自己的努力，也可以使“最高”多维持一段时间，但终究要让位给年轻一代。科学技术不断发展进步，如果没有一个动态概念，根本不存在绝对的“最高”。如果詹天佑先生被选为中国工程院院士，并活到今天，大概不会有人反对吧，但他对现代铁路科技知识的理解掌握，可能不及今天在校的大学生，就是这么个道理。第二，这个所谓“最高”，当然指院士所从事的研究和工作领域而言，对于其他领域，哪怕是比较接近的领域，院士就不是“最高”，甚至可能连起码常识都欠缺。世界上不存在全知全能的人。什么“万能科学家”、“天纵之圣”、“洞察一切”……都是拍马屁的话。所以我希望院士们要有些自知之明，对自己不熟悉乃至陌生领域的问题的表态要慎重。当然，我不是说不能发表看法，任何人对任何问题都有发表自己看法的权利，但既然该问题并不属于你当选为院士的那个学科范围，就应以一般人的身份出现，不应该挂出院士的头衔，否则，岂不是有些以势压人的嫌疑吗？同样，我对社会上乱拉非相应专业的院士参与鉴定、评审、答辩、考察、咨询等活动的做法深表反对，因为这是不合理、不正当并起负面作用的做法。

不要把一切罪恶都归咎于院士制

有些同志由于看到目前院士制引起一些负面作用，就把许多问题都归咎于它，这是不够客观的。例如在一些文章中，说到一个人当选为院士后，就变成社会活动家，没有时间做科研，再也没有高水平研究成果。还说现在中国科技创新呈现负增长，科技大奖连年空缺，发明专利数量只相当于美国的1／10……并追问：这说明了什么？言外之意当然指这种恶果全是由于实行了院士制。

确实有些院士的社会活动较多，影响研究工作，他们也以此为苦，但两院有大量材料证明，绝大多数院士都在科技一线上奋力拼搏，作出卓越贡献，取得出色成果，怎么能不顾这些事实，以偏概全，凭想象就下结论呢？

实际情况，不仅较年轻的院士都在领队向科技难关冲锋陷阵，许多耄耋之年的资深院士仍在忘我工作，有的就倒在工作岗位上。与笔者在同一学部的张光斗院士，不仅对国家发展方向和重点工程提出重要建议，九十高龄还在酷暑下亲临三峡工地，在上百米高的脚手架上爬上爬下，严格把关。钱正英院士也年逾八旬，几年来跑遍中国全境特别是边远省区，对水利建设的大局和深层次问题进行呕心沥血地研究，完成多项战略性的咨询任务。他们是为了名还是利？面对他们，我觉得少数人的指责，甚至把两院诋毁为“养老院”，不仅背离事实，也有些“残酷”。

至于科技大奖空缺，更没有拿到诺贝尔奖，难道是实行院士制的后果？为什么不查一查获得了科技大奖的又是谁呢？不都是院士吗？难道能使人相信，不从一些根本问题上进行反思和改造，只要取消院士制，科技大奖就会不出现空白？诺贝尔奖就能到手？专利就会源源涌现？现在每两年只增选百来名院士，被提名的人数也不过六七百人，就算这几百人都为了想跻身院士而“施出浑身解数”，这就导致了全国科技水平的下降？我想这些问题是不难回答的吧。

当前中国院士制中存在的问题

任何一项制度不会是完美无缺的，有待不断改进和完善。胡锦涛总书记在讲话中就指出：院士制度在我国才实行几十年，需要根据形势的发展，在总结经验的基础上继续完善，使之更好地发挥作用。说明中央对完善院士制的殷切期望与要求。

怎样才能做到这一点呢？我认为，认真研究社会各界对院士制的质疑，从中找出问题症结所在，是极其重要的一步。社会上的主要意见是什么呢？似可归纳为以下几条：1. 对院士吹捧炒作，提高待遇，给予各种优惠。2. 院士成为广大科技人员求名逐利、跻身上进的目标和道路。3. 单位、地方千方百计要为自己评出院士或聘得院士，搞“院士工程”，进行各种公关活动。4. 院士增选劳民伤财，出现各种腐败现象。5. 院士忙于考察、颁奖、咨询、开会等社会活动，无时间做研究工作。6. 院士利用地位寻租牟利。

这些问题确实存在，或在一定程度上存在，且有负面作用。问题的表现虽是各式各样，但稍加分析便可知道，根本问题在于社会上和许多人的心目中已经偏离院士仅仅是一个学术荣誉称号这一基本定义，而把院士“异化”成为一种有利可图的“贵族身份”了，都想从这里为自己谋些好处。我们一定要采取有力措施，扭转这种风气，使大家以平常心看待院士，让院士称号回归为学术身份，则许多问题都可迎刃而解。这是从根本上解决问题之道。需要全社会进行努力，并希望政府也采取相应措施。

几条建议

1. 停止炒作院士

现在社会上吹捧崇拜院士，固然有尊重知识和人才的因素，更多的恐怕是另有目的。为煞住这股风，我呼吁媒体和社会舆论停止炒作院士，不要重复地编写、出版宣传院士个人的文章书籍。院士作出贡献当然可以宣传，但必须实事求是，不应拔高，把功劳归于一人，宣传的重点始终应放在群体、团队和年轻一代上。

院士只是个荣誉称号，而且是对他过去成就的肯定，不是一种职称或等级。我建议在介绍高等学校、研究院所、企业、省市区……的所有资料中一概删去"有院士若干"的提法。所有拉来的"兼职院士"更不能算做正式职工。部门、企业、地区的真正科技水平反映在实绩上，不以有无院士、院士多少论英雄。

同样，在各种答辩、鉴定、评审会议中，对参与人员只填写教授、研究员或工程师等国家法定职称，不出现院士头衔。同时，建议有关部门作出规定：在上述各种会议中，应该将参与专家的专业学科以及对讨论问题的熟悉程度如实填报清楚，如主持者或有不少参与者的专业对所讨论的问题并不精通甚至不熟悉，不论有多少院士出席，其结论应不被接受。

在正常的科研基金项目申请、审批以及科研经费分配中，取消一切对院士另眼看待的各种规定。院士进行重大科研咨询活动，应该由院士们自己提出，经一定程序审批确定；或由两院组织，有计划开展；或接受国家及各级政府的委托进行；经费独立，这才能满足胡锦涛总书记对院士们的要求。

2. 院士正常退休

院士的称号是终身的，但其工作职务不是终身的，一样要实行退休制。

在两院内，已实行资深院士制度，资深院士不再提名新院士，无选举权和被选举权（在担任主席团成员、院领导和学部主任、常委等职务上还有更严要求），这实际上已是实行退休制。

在院士所在单位，院士到一定年龄，应从行政、技术领导岗位上退下来，由年轻人接替。院士可以担任一些学术性、不占编制的职务，如学术委员、技术委员、顾问、咨询等，以利于他们继续发挥学术领军作用。很多院士成为资深院士或从领导职务上退下来后，在学术上反而能比过去发挥更大的作用。

3. 规范院士的待遇

国家目前发给院士200元/月的院士津贴，为数过微，宜予调整。调整以后各单位不应再重复发院士津贴。

对院士的医疗、交通、住房等给予适当照顾是能为群众理解的，但应合理，不要与“副省级”挂钩，更不应大肆宣扬，国家最好有个合适的规定，一体遵行。

院士的薪酬应取决于其实质性的工作和贡献。应该把院士薪酬与院士承担科研项目的经费区分开来，后者处于严格管理之下，不成为变相收入。

反对院士挂名兼职领取报酬甚至高报酬，出现这种情况，即使不是“贪污受贿”，也不符合院士道德行为规范，应禁止和批评。

4. 严把院士的增选关

（1）规定院士总数。根据国情，对两院院士总数（不计资深院士）有个规定，例如各不超过七八百人。达到总数后，只递补自然减员和进入资深行列的院士数。目前中国院士年龄偏高，这样做，既能控制总数，也仍能使优秀的年轻人才进入院士行列。

（2）削减各渠道提名院士的人数，强调推荐者和推荐单位负有的责任。

（3）延长和扩大提名书公示的时间和范围，广泛听取意见。

（4）建议两院规定：被提名人或其单位为增选进行活动者，不论何种性质（向院士赠送著作、论文、纪念品、礼品、现金，组织院士参观、考察、鉴定、座谈、以各种名义致送酬金等），院士有义务和责任报告两院，并一律曝光，供评审中参考。

应该认识到，地方、单位或企业培养拔尖的年轻科技人员，为他们提供条件，鼓励他们向成为院士的目标进军，并不是坏事，更不违法，但不能搞什么“院士工程”，更不应进行公关活动，应该引导他们脚踏实地向科技高峰进军，取得“院士”称号只能是“实至名归”、“水到渠成”的结果。

5. 加强院士的科学道德建设

两院对院士的科学道德建设问题都十分重视，制定有各种行为规范，总的讲，情况是好的，但确实也有个别院士自律不严，引起人们的诟议。国家和人民既然给予院士如此高的荣誉，院士们自应以高的标准要求自己。有些事，发生在一般科技人员身上，也许属于细节或缺点，出在院士身上却可能是败坏院士声誉的大问题。

工程院徐匡迪院长曾对院士行为提出过“五个不希望”，收到一定效果。时至今日，我认为某些“不希望”应可“升格”了，建议两院对院士不宜、不应、不得做的事有更明确的规定，并通告社会共知。例如：院士不宜指导过多的学生，不宜兼过多的职务，不应参加非自己专业的咨询考察活动，不得在自己未参与的论文、成果上签名，不得在研究课题上挂虚名、兼虚职，更不得由此取得报酬……当然更严禁院士利用其称号“寻租”。实际上很多院士有上述某些行为是被动的，他们很希望两院能有明确规定，可以让自己有理由和根据拒绝来自外界的“盛意”！

对查明有违规行为的院士，两院和有关部门、地方不能护短，应坚决曝光和处理，直至除名，这样才能真正维护院士的尊严和声誉。

（摘自《群言》2006年第11期）

发挥制度功能优势　有效惩治和预防腐败

储亚平

近年来，随着依法治国的推进，依靠制度惩治和预防腐败的理念日益深入人心，中央和地方都制定了一系列惩治和预防腐败的法律法规和规范性文件，这些制度在惩治和预防腐败中发挥了积极作用。但反腐倡廉法规制度作为一个体系，尚未建立起来。现行有效的法律法规还存在着效力冲突、弹性过大、自由裁量幅度过宽等问题。实践中导致不同时期、不同地方的同一腐败行为的惩罚幅度不一致，给腐败分子留下不少制度空隙。据我们调查，有些反腐倡廉法规制度颁布数年来没有处理过一起案件，形同虚设，还有些制度得不到有效实施，致使腐败分子视制度为“儿戏”，“负免疫力”和“抗药性”增强。这些现象导致制度在惩治预防腐败中的功能大打折扣。为此提出如下建议：

注重发挥制度的导向功能，为廉政教育丰富内容、提高效率，切实解决“不想腐败”的问题。党风廉政制度体现了党和国家的政策取向、价值取向和道德取向，这对领导干部和公务员的廉政思想、具体行为具有导向功能。发挥制度在廉政教育中的导向功能，首先，要用制度明确廉政教育的内容。建议通过制度建设把贯彻落实“三个代表”重要思想和科学发展观，坚持立党为公、执政为民，加强作风建设等内容上升为制度，转化为领导干部和公务员可以遵守的行为规范。其次，要用制度规范廉政教育形式，逐步实现廉政教育的制度化、规范化和经常化。建议把廉政谈话、廉政承诺、警示教育等行之有效的做法用制度固定下来。其三，要用制度健全廉政教育工作体制。建议整合社会资源，推动党风廉政“大宣教”格局的形成，用制度明确在“大宣教”格局中各部门应承担的责任。其四，要用制度规范廉政教育的工作程序，不断提高廉政教育的针对性和实效性。建议制定党风廉政教育工作条例，切实解决当前一些地方存在的对党风廉政教育重视不够、针对性不强、图形式、走过场、不求实效等问题。

注重发挥制度的惩戒功能，为惩治腐败统一标准、规范程序，切实解决“不敢腐败”的问题。制度以党和国家的强制力为后盾，为惩治腐败提供了统一公正的标准和程序规范，能够使惩治腐败有序进行、规范运作，使防腐治腐依纪依法开展。发挥制度的惩治功能，一是要多管齐下。建议综合运用法律惩罚措施、党政纪惩罚措施、组织惩罚措施和经济处罚措施，形成一套全方位的惩罚体系。同时，积极探索降薪、取消荣誉、退休金和任职、从业资格限制等制度。二是要突出重点。建议针对工程建设、土地出让、产权交易、医药购销、政府采购、资源开发与经销等重点领域、企业重组改制以及领导干部选拔任用等重要环节，制定惩戒性规定。三是要规范程序。充分发挥法律诉讼程序的作用，建议修订《中华人民共和国刑事诉讼法》，不断完善党纪政纪调查、处理、申诉办法和证据规则等，为依纪依法惩治腐败提供制度依据。

注重发挥制度的规范功能，为源头防腐界定行为、创新体制，切实解决“不能腐败”的问题。用制度对权力进行规范制约和控制，是监督权力、制衡权力，防止公权私化，预防腐败的治本之策。发挥制度的规范功能，一是要建立一套科学的权力配置制度体系，用制度进一步规范行政权力，建议制定《行政许可法》配套制度，构建一套由无限政府向有限政府转变的制度体系，促进政府职能转变。二是要建立一套规范的权力运行制度体系，加快行政程序制度建设。建议建立重大决策咨询论证制度、违反民主决策的追究制度、行政问责制度等。三是要建立一套权力监督制度体系和权力行使的透明机制，扩大人民群众的知情权，实现阳光作业，避免暗箱操作。建议制定和完善廉政测评制度、民主评议制度、行风评议制度、群众听证制度等，用制度推动党内监督与党外监督相结合，专门监督与社会监督相协调。四是要不断深化改革，把体制机制创新的成果上升为制度。建议围绕建立健全干部选拔任用和管理监督机制，行政审批制度改革，健全公共财政体制、金融体制、投资体制以及司法体制改革等，加强法规制度建设。

（摘自《群言》2007年第7期）

古已有之的民主

梁晓声

一

事实上，民主作为一种人类社会的现象，古已有之。

诸侯称霸的社会有诸侯们的民主现象；皇权一统的社会有皇帝们的民主现象；推而论之，大约氏族时期，无论父系还是母系，也自有其民主现象吧？

在中国，后来被史家称为“帝”的尧舜两位氏族首领，便在民主现象方面有过良好表现。也有史家认为，包括禹在内的“三帝”，并不真的存在。即或如此，假托的民主表现，也还是可以证明人类对于民主的早期想象。

尧是有后代的，却将帝位传给了深孚众望的舜，这不能不说是“天下为公”的做法。舜也是有儿子的，却将帝位传给了禹，而且禹还是遭罪诛之人的后代（传说禹的父亲因治水无果，被砍了头，很可能还是经舜批准的），这也不能不说是“天下为公”的典范。禹也是一心想要以尧舜为榜样的。考察期满了的第一位接班人，不幸死在他的前边。而第二位接班人尚未来得及接他的班，他自己却猝死了。偏偏他的儿子又有野心，威胁合理的接班人不许接班；偏偏合理的接班人又怯懦，所以也就不敢相争，结果禹的儿子成为首领了。成为首领后，一不做，二不休，干脆将合理的接班人杀了。

“天下为公”的历史随之终结，“家天下”的历史随之开始。这一开始，也就一发不可收拾。古代人的权力崇拜，远比近当代人强烈得多。权力得来不易，家传才心安理得，自然视民主思想、民主言论为大逆不道。

周武王伐纣，建立了周朝，分封有功者，立诸侯，起初也是想民主些的，要求诸侯们每年年末到王朝所在地开一次会，互相交流统治的经验教训，很有点儿联邦的意思。这方式，也不能不承认是人类早期的民主现象。但是，又要天下太平，长治久安，又要一国权力家传，永远姓周，这就特难。

好景不再，周王朝也瓦解了，于是群雄争霸，烽烟四起。

孔子一生大愿是“克己复礼”，所要复的正是周朝那一种制度。也许在他想来，那是光复民主。所以他的学生子路倡导文明祭祀，不杀活牲，孔子的反应是很冷漠的。子路不解，质问他何以不热忱地支持自己，他则叹道：“唉，你眼里只看到了几头牲畜的可怜，我心里日夜思想的却是何年何月才能恢复周天朝的那种礼啊！”

忧国忧民心境，令人感动。

假如孔子至今还活着，假如我们问他，周天朝那一套封建秩序和那点子封建民主，恢复了又怎样呢？您明明心里清楚，那终究是不可持续的啊！他肯定是答不上来的，或者他认为，世代君王都接受他的谆谆教诲，争做仁君，便可持续了吧？但我们清楚，那不过是他的天真理想。

后来的君王们倒是都极敬起他的学说来了，但没几个真照他的教诲做仁君的，而是要求百姓照他的教诲做良民……

中国历史上的情形如此，外国又何尝不是这样呢？

就说英王乔治一世吧，统一了疆土之后，实行圆桌会议，十几位有功的骑士，不但可以与他平等似的围坐着共议国事，还可以那样子和他共饮共食，碰杯同歌。比起中国最开明的封建君王与大臣们的关系，也还是民主多了吧？但那又怎么样呢？乔治一世一死，儿子称君，十几位有功的骑士们，还不是一个一个被杀害了吗？到了乔治八世，自己亦难逃身首两处的下场。

沙俄女皇叶卡捷琳娜仿佛也是很乐于实行民主的，有新思维的人都有几分可能被她宣入宫中，待之以礼，赐给爵位。连法国的伏尔泰也成为过她的贵宾，并且写过锦绣文章，赞颂她的“与时俱进”。但法国一兴起真的民主革命来，远在俄国的她便视为洪水猛兽了。一听说路易十六被“公民议会”处以死刑了，她立刻下令出兵，帮助法国保王派武装力量镇压革命，视为己任，“替天行道”……

封建社会制度之下，民主从来都是现象，从来都是陪衬封建统治的“秀”。封建制度是绝不允许民主也制度化的……

二

但古罗马的情况却那么例外。

在人类的社会中，民主作为一种形式，最先出现在古罗马文学中。普罗米修斯的故事，一经从希腊神话中被移植到了罗马神话中，便发生了微妙的情节改变：

人类不堪神们不断升级的崇拜指示和祭祀要求，只得和神们进行迫不得已的谈判。

要进行谈判就得有谈判代表，普罗米修斯成为人类公推的谈判代表。他的谈判条件只有两条——人类愿意对神们保持崇拜和敬畏，也愿意因而履行祭祀的义务；但神们不能对人类施加太多太高的要求，使崇拜和敬畏成为人类的精神负担和压力，并且神们也当集体自律，还应将人类最需要的火无条件地给予人类……

这是人类公推的代表，首次向神权理直气壮地提出人权诉求的文学记载，可视为人权最早的“白皮书”，当然也可视为人类最早的民主思想的萌芽。

可能正因为这种最早的民主思想形成于罗马，后来在古罗马出现了“元老院制”。全世界都不得不承认，是罗马人首先在自己的古国里将民主制度化了。

细想想，令我们后人难免困惑——当时的罗马，其实还是一个兼有显然的奴隶制特征的封建制古国，怎么就会产生了“元老院”那么一种特现代的民主形式呢?

民主现象是一回事，民主制度是另一回事。

民主只有制度化了，才进而合法化了；只有合法化了，人民才能变为公民，才能拥有公民的公权力。

由于有了“元老院”，古罗马才废除了帝王制，改为“保民官”制。

恺撒起初只不过是“保民官”。他这位“保民官”当多久，取决于“元老院”和罗马公民对他的政绩评估如何。倘若他当得不好，别人经由公选取代了他，便是既合理也合法的事了。当时一心想要取代他的，自然是另一位统帅众兵的将军庞培。

“元老院”倒是使一个古国在民主方面制度化了，但并不意味着这一个古国于是成为理想国了。最血腥、最野蛮、最残酷、最违背人性的事情依然发生在罗马，便是经常发生在角斗场里的事情，便是奴隶非人，奴隶主有权任意惩罚、买卖乃至杀死奴隶。

而且在元老、贵族和保民官之间，权力争斗、尔虞我诈司空见惯不足为奇，暗杀手段也是家常便饭。

恺撒不甘于仅仅做“保民官”，打算称帝，结果被元老们所杀。

对于恺撒，这是悲剧；而对于一个古国的民主制，即是迫不得已。

只要人类的历史仍处于封建制度的历史时期，民主即使制度化了，也无法保证国家的公权力不被权力欲极大的人个人化。

又比如拿破仑……

三

古罗马帝国后来形成了意大利公国。

由于这个公国曾有过以上历史经历，文艺复兴运动首先发生在意大利实属必然。那时的意大利，资本主义已见端倪，资产阶级已经产生。

任何一个新阶级都必然是没有属于自己的文化的阶级。资产阶级不屑于仅仅充当封建贵族阶级文化的“异己继承者”，对于劳动人民的大众文化又看不上眼，所以倍感文化饥渴。如果不能尽快拥有属于自己的文化，那么将不但在文化方面被封建贵族阶级所蔑视，也会被劳动人民所讥笑，这是意大利资产阶级文艺复兴运动的初衷。

只要有阶级存在，文艺就不但注定具有阶级的形式特征，也注定具有阶级的思想色彩。复兴来复兴去，不同于封建贵族阶级的文艺产生了，资产阶级的社会思想也悄然形成。

像孔子“克己复礼”是由于有一个周天朝的“样板”存在过一样，意大利资产阶级的文艺复兴，也是由于有一种古罗马的民主制曾存在过。

资产阶级的社会思想一经形成，资产阶级的革命行动随之发生。那一行动之目的在于颠覆帝制。肩负那一使命的群体叫“党”，具体说是“烧炭党”，因为他们经常装扮成贩卖炭的脚夫进行串联，凝聚力量。

《牛氓》中的主人公亚瑟后来便是烧炭党人。

法国著名作家司汤达的小说《法尼娜·法尼尼》，内容写的便是一位意大利贵族小姐与一名青年烧炭党人之间的爱情故事。司汤达曾作为法国的外派官员在意大利生活过多年。

文艺复兴的接力棒一经传到法国，于是演变为启蒙运动。资产阶级的革命随之在法国全面爆发。

民主是需要用血来换的。法国资产阶级流不起那么多血，便将平民阶级鼓动起来，和他们一起造反。平民阶级对于造反这类事一向很来劲，资产阶级反而被吓着了，就反戈，再与封建贵族阶级联合起来，镇压平民阶级的造反。封建贵族阶级、资产阶级、平民阶级，三方面都死人无数；三方面人的手上，都交错沾染了别的两方面的鲜血。比起来，平民阶级所流的血最多。

人类用血浇铸出了一部《人权宣言》。

它使人类的血总算没白流……

四

民主对于人类而言，只有在西方的启蒙运动之后才牢固地确立了其文明意义。

封建的王朝统治最长的也不过二三百年，还要依赖于封建专制的手段。其不可持续，已无须证明。

人类希望借民主政体，以使每一个国家的每一个人都最大程度地享有公民权——人权。

这一种可能性，也已无须证明。

故民主不仅是“社会主义的生命”，也是全人类的精神生命。

在独裁的、专制的政体和泛民主的、无政府主义的社会状态之间，民主的管理方式，无论对于哪一个国家，都不是一件容易之事。

幸而人类已经进入了理性时期，较能够靠理性包容各种民主制度的不尽如人意之处了。

“民可使由之，不可使知之。”老子替封建帝王们所出的这一统治招数是最阴损的，也是今日之中国人最应予以唾弃的。

归根到底，民主乃是使一个国家在思想上不沉睡不醒的“脑白金”。

近代的中国之所以长期落后而不自知，首先就是由于统治者的卑鄙，致使国人在思想上集体睡着了。

所以我们这一头“东方雄狮”，当年被外国人用大炮来轰，起初却仍一眼开一眼闭，半醒不醒……

（摘自《群言》2009年第4期）

让森林保险走出两难境地

赵雨森

林业是“露天作业”行业，由于生产经营周期较长，易遭受各种自然灾害的侵袭，火灾、洪涝、风雹、低温冻害、病虫害等自然灾害经常给林业生产造成巨大的经济损失。例如，在2008年初发生的雨雪冰冻灾害中，林业是受灾最严重的行业之一，涉及19个省（直辖市、自治区）。据国家林业局统计，森林受灾面积达到3.4亿亩，占全国森林总面积的1/10多，受灾人口2959万，直接经济损失达到1014亿元。由于损失惨重，许多林农难以恢复林业生产，不仅现实生活遇到困难，未来几年的收入也将受到严重影响，所谓“一年遭灾，三年受贫”。仅在浙江省丽水市，因灾害造成的贫困村就增加了390个。

林业生产经营面临的巨大自然灾害风险也是林农和林业生产经营者难于获取贷款等融资支持的一个重要原因，是巩固林权制度改革成果、实现林业可持续发展的制约瓶颈。如何对林业生产经营的自然灾害风险进行合理分担和配置，是林权制度改革配套金融改革的重要内容。

森林保险作为重要的林业风险保障机制，有利于林业生产经营者在灾后迅速恢复生产，促进林业持续经营和稳定发展；有利于减少林业投融资的风险，改善林业投融资环境，保障林业投融资改革；有利于保险业拓宽服务领域，优化区域和业务结构，培育新的业务增长点，做大做强保险业。因此，发展森林保险对实现林业、银行业与保险业互惠共赢、共促发展有着重要的意义。

森林保险在我国的发展始于1984年中国人保在湖南试办林木火灾保险业务，后逐步扩展到吉林、山东、福建、广西等省区主要林区。由于森林保险业务的复杂性、林业产权的不明晰以及缺乏政策扶持等原因，森林保险业务时断时续，发展缓慢。目前我国森林保险的发展状况严重滞后于林业发展对风险保障的巨大需求。已开办森林保险业务的机构主要是中国人保，自1984年至2007年的20多年间，中国人保平均每年承保的林木只有1300万亩，仅占我国森林面积1.75亿公顷（2005年林业普查数据）的0.5%，占人工林保存面积5325.7万公顷（2005年林业普查数据）的1.6%，森林保险覆盖率很低。

保险公司提供森林保险的风险大，造成森林保险业务经营效益差，亏损严重。以福建省南平市为例，2004年森林保险赔付率高达796%，近三年的平均赔付率也达176%。保险公司为改善经营效益、提高保险费率或限制责任范围，则进一步抑制了投保需求，限制了承保面的扩大，从而形成恶性循环。

我国森林保险的发展一直处于两难的境地。林农要求低保费、低保额，保险公司要求保成本、扩大承保面。因此，保费高，限制了林农投保的积极性，降低了对森林保险的有效需求。保费低，又限制了保险公司提供保险的积极性，减少了对森林保险的现实供给。鉴于此，国内的商业保险都不轻易进入森林保险。

森林保险业务的特殊性决定了森林保险的发展离不开政府的扶持。特别是随着我国林权制度改革及小额林权抵押贷款业务的进一步推进，更多林农将独立承担经营风险及对林业贷款的偿还责任，因此有必要尽快建立并完善配套的政策性森林保险保障体系。

将森林保险纳入国家政策性保险保费补贴范围。要使森林保险走出两难的困境，迫切需要加强中央及地方政府的政策扶持力度，在地方财政提供保费补贴的前提下，由中央财政对各地森林保险业务给予一定比例的保费补贴。考虑到林农的承受能力，中央和地方财政对商品林的保费补贴比例应不低于70%。

目前我国已有14个省、15.79亿亩的森林面积开展了集体林权制度改革，以平均每亩400元的造林、育林成本计算，按照综合险平均费率2%，中央财政提供35%保费补贴的比例估算，中央财政补贴12亿元可转移1724亿元的林业风险责任，可以覆盖全国实行林权制度改革森林面积的27%；中央财政补贴44亿元，可转移6316亿元的林业风险责任，可以覆盖全国实行林权制度改革全部森林面积；如果按25亿亩集体林面积计算，中央财政补贴70亿元，可转移10000亿元的林业风险责任，可以覆盖全国集体林的全部森林面积。这对于提高政府生态建设投入效率、吸引社会资本发展林业，意义重大。

建立森林保险风险补偿机制。为提高承办森林保险的保险公司防范重大林业灾害的能力，建议在各省设立森林保险风险准备金，一方面从财政支持林业发展的资金中划拨部分资金，另一方面对保险公司承办政策性森林保险所形成的保费盈余进行滚存。保险公司当年赔付率超过既定限额的部分，由风险准备基金按一定比例予以补贴。

对森林保险实行税收优惠。对保险公司经营的政策性森林保险给予免征所得税的优惠，降低保险公司承办政策性森林保险的经营成本。

各省通过直接指定或招标的方式确定承办政策性森林保险的保险公司。确定专门的保险公司承办政策性森林保险，有利于财政保费补贴资金的专户设置和划拨，有利于风险准备基金的运作，也有利于保险公司实现“广覆盖、低成本”。各省在确定指定的保险公司时，应综合考虑保险公司的资本实力、市场信誉、专业经验、林区服务网络等因素，确保政策性森林保险业务的顺利展开和推进。

因地制宜地确定政策性森林保险的责任范围和保险费率。由于火灾是林业面临的主要风险，其他灾害种类则因地域而有差别，所以建议政策性林业保险以火灾为基本险责任，各地根据当地林业生产中面临的其他主要灾害风险设置综合险责任。

由于林业灾害发生的几率和强度也具有明显的地域差别，所以不同地域的政策性森林保险在规定的费率区间内（例如火灾保险的费率区间可以设定为0.8%—1.5%），可以实行不同的保险费率。

开展政策性森林保险业务，要遵循政府引导、政策支持、市场运作、协同推进的方针，坚持低保额、低保费、保成本、广覆盖的原则，可以采取先试点后推广的办法，在有关省区尽快开展政策性森林保险试点工作的基础上，逐步总结和积累经验后再向其他省区推广。

（摘自《群言》2009年第11期）

淡化“行政化”色彩
提高城市发展科学化水平

吴　刚

城市是国家的重要肌体，城市发展健康与否，关系着国家的长治久安。进入21世纪后，我国城市化进入了高速发展阶段，一些城市强势利用行政手段操控城市化进程，使科学发展、可持续发展的基本理念如同摆设，由此而潜伏的攀比式、非理性城市化后遗症，正在悄悄侵蚀着城市健康发展的肌体，应当引起高度重视并认真加以治理。

当前城市发展强势行政化的趋势及危害

行政化主宰违背城市发展规律。纵观中外城市化历程，都是渐进过程，城市资源配置由市场需求所决定，市民逐渐增加，城市随之扩大。这是城市发展最基本的规律。然而，一些城市受错误政绩观支配，不尊重基本规律，采取强势行政手段，贪大求洋，盲目扩张城市规模。据悉，我国200多个地级市中有180多个正在规划建设“国际大都市”，大投入、高负债推进“空城”、“空街”、“空楼”建设的不在少数。其后果是政府巨额负债难以偿还，有限土地资源低效利用，金融贷款潜伏坏账风险，城市管理成本居高不下等。

城市化盲动冲击国家法制统一。行政化主宰城市化，必然会出现大量的盲动行为。城市化盲动不仅在经济上带来种种风险，更为严重的是直接冲击国家法制统一。一些地方为了实现任期意图，违法征占耕地、城市违法建房、政府违法举债、违反规划审批规定、不顾城市生态安全、规避招标投标法定程序等行为屡禁不止。

利益化驱动侵犯农民基本权益。我国城市化过程，是建立在减少农民土地资源基础上的扩张过程，本来应当充分考虑农民权益的保护，但是有些地方政府受短期利益化驱动，利用强势行政手段，低价获取农民土地资源，高价转手倒卖，从中获取高额回报。在此过程中，农民失去的是祖辈赖以生存的土地，获得的只有当代人维持基本生活的补偿，如果没有持续改善生活水平的制度性安排，大量失地农民只能处于城市最低生活水平，甚至是贫困生活水平。这种掠夺农民根本利益的城市化，绝不是我们社会主义国家所要倡导的城市民生之路。

非理性发展阻碍城市家庭消费。一般来讲，城市化的一个经济定义就是消费增加。由于非理性城市化，我国GDP不断攀升，家庭消费占比却逐年下降。世界银行的有关数据表明，20世纪90年代以来，中国家庭消费占GDP的比重总体呈下降趋势，1990年占GDP的比重为47%，2007年下降到了32%。中国家庭消费占GDP的比重比美国低20%—30%，比日本、韩国、印度、巴西和南非等国家低20%左右。究其原因，一是我国城乡居民个人收入增长速度自1990年后远远落后于GDP增长；二是家庭消费支出结构错位。我国城市化最大的获益者是政府和开发商。高地价让政府获得了大量土地收益，高地价推高房价让开发商获得高回报。部分市民为支付高房价不得不省吃俭用而成为“房奴”，部分市民因逐利高房价而成为“炒房族”，农民工则成为亦工亦农、亦城亦乡、颠沛流离的“两栖人”。在这种情况下，不能期待城乡居民能够提高消费水平。

短期性行为阻滞服务水平提高。从服务业的发展总量来看，中国的服务业占GDP比重低于世界的平均水平。英国、法国、德国、俄罗斯、巴西、韩国的服务业在国内生产总值中的比重超过了60%，而中国服务业占比只有40%（2008年），服务业增长远远落后于GDP的增长速度。城市化并没有提高公共产品或服务的供给，也没有让更多的人享受到城市公共产品和服务。诸如看病贵、学费高、出行难等问题长期困扰市民。

同时，行政化垄断下的高速城市化，也孕育着催生官员腐败的政治风险，潜伏着各种矛盾激化的社会风险。这些问题如果得不到有效解决，必将带来畸形的城市化道路，并在城市的繁荣背后隐埋巨大的祸根。

提升城市发展科学化水平

淡化城市发展行政化色彩，遵循城市发展基本规律。在推进城市化进程中，应逐步淡化以行政化主宰一切的色彩，倡导尊重科学、遵循规律，政府以制定和实施规划为导向，以适应市场需求为主线。禁止采用行政手段，下达扩城、入城指标，让“被进城”、“被上楼”成为历史。

依法推进城市有序发展，切实维护国家法制统一。国家应加大城市化相关立法力度，加大城市化违法行为的查处力度，提高城市化违法行为的违法成本，最终实现城市化完全纳入法治化轨道。

注重以人为本的价值取向，坚决保护农民基本权益。应改革征占农民土地的补偿制度。如果要使用城市规划区内的农民土地，当由政府与农村集体经济组织合作，出让所得收益的主体用于补偿失地农民，所持续获得的耕地占用税、房产税等土地性税费返还一定比例给农村集体经济组织，由农村集体经济组织再分配给失地农民。同时，切实保障失地农民获得与城市居民完全平等的公共服务。

制定切实有效的政策措施，消除城市家庭消费障碍。高度重视公民收入分配不公的制度性改革，从创设更多就业岗位、提高普通劳动者劳动报酬、提高低收入群体救助标准、严管房价物价非正常上涨、调控高收入群体收入过高过快增长等方面，多管齐下，使公民收入分配更加合理，有效消除影响城市家庭消费支出的各种障碍。

立足当前着眼长远抓落实，不断提高城市服务水平。城市化进程必须成为不断提升城市服务有效供给的过程。政府投入、金融投资、社会投入都要加大服务业发展的投入，努力提升城市服务业的规模和质量。特别是要采取有效措施，切实解决城市交通拥堵市民出行难停车难、城市公共绿地少市民生存环境差、优质医疗机构少治病贵、幼儿入托难教育收费高等群众最关心的问题。

此外，还要制定有效措施，防范行政化垄断下催生官员腐败的政治风险和各种矛盾激化的社会风险，依法严惩城市化过程中的各种违法行为，及时化解城市化中的各种社会矛盾，使城市化真正步入科学发展、可持续发展的正常轨道。

（摘自《群言》2011年第4期）

顶层设计需要有国际视野和人类关怀

常修泽

顶层设计需要有国际视野

讨论中国改革的“顶层设计”问题，不仅要着眼于国内（包括大陆自身及两岸和平发展的总体格局），而且要有国际眼光。现在世界上190多个国家，既有美欧日等发达国家，也有诸多发展中国家。中国作为世界上最大的发展中国家，可以放在不同系列中去考察。比如，从“金砖国家”角度去考察，我们与印巴俄和南非是一个系列；从“上合组织”角度去考察，我们与中亚及俄罗斯等是一个系列；从东盟10+1或10+3角度去考察，我们与东盟诸国是一个系列；从今天讨论的“制度变革”角度去考察，我们与越老朝古又是一个系列。

即使现今五个共产党执政的国家，情况也并不完全一样。中国、越南和老挝较早实行改革，国外转轨经济学界普遍认为是“越南学中国、老挝学越南”。古巴在劳尔担任最高领导后，经济领域的改革有新的举措，力度比较大；朝鲜在对外开放上也有新的迹象（如罗津港拟开放）。其中，最值得关注的是越南的改革。

今年6月5日到9日，应越南中央经济管理研究院的邀请，我出席了由越南中央经济管理研究院和中国（海南）改革发展研究院举办的第八届“中越经济改革比较论坛”。从论坛上讨论的内容来看，因为两国都遇到了同样的问题，所以在制度改革上有共同的追求。讨论中涉及的问题主要有：第一，现在两国的改革到底处在什么阶段？呈现什么态势？例如，两国的国有垄断性部门的改革到底进展如何？垄断性部门至今存在什么问题，面临什么挑战？第二，两国改革的顶层设计到底按照什么思路和框架进行？第三，下一步要突破哪些关键点，突破哪些领域或者环节？怎样解决发展改革过程中的通货膨胀问题，以及在治理通货膨胀过程中如何防止传统体制回潮？等等。

在交流中了解到，在前不久越共十一次代表大会上，采用了越共十大的一些"革新型"做法，比如说，越共中央总书记的人选采取两位候选人差额制，在党内民主方面稍有推进。而且，越共代表大会的政治报告提前印发给全党和全国人民审议讨论，广泛征求意见。这也有一些探索的意味。

这里无非是想说，讨论中国改革的"顶层设计"，不能就中国论中国，要有国际眼光，要注意吸收其他转型国家的有益做法。

顶层设计需要有人类关怀

不仅发展要考虑人类问题，改革更要有人类发展观照，或者简称"人类关怀"。在我看来，当代人的生存发展，是一个包括人的生存发展环境（"天"）、人的生存发展资源（"地"）和人的生存发展自身（"人"）在内的完整体系。从宏观层面审视，期间蕴含着多维产权关系：环境产权、资源产权、人力产权。在顶层设计中，需要重视对环境产权、资源产权和人力产权制度的设计。

为什么提出应重视这个问题？不妨研究一下2011年上半年国内外发生的一些事件。

从环境方面来讲，有几个重大事件：第一个，日本的地震海啸及其核危机。这是人类面临的重大问题，对世界环境保护产生重大影响。这里面有个环境产权问题需要研究。第二个，从2012年1月1日起，欧盟将对所有飞经欧洲的飞机收取高昂的碳排放费用，据估计，仅2012年，中国航空公司需要支付的这笔“买路钱”就将高达7.43亿元人民币，到2020年将高达30.8亿元。你不研究环境产权行吗？第三个，国内屡屡出现一些环境污染的严重事件，如紫金矿业污染福建的河流、中海油渤海漏油事件等，这涉及环境的治理问题和环境产权的补偿问题。环境问题是人类面临的大问题。

从资源方面来讲，有几件大事也值得关注。第一，利比亚战争。这场战争有很复杂的原因，有部族的问题、教派的问题、社会民主的问题，内部原因是主要的，但后来美国和北约的介入，有没有资源原因？第二，今年以来全球大宗商品价格猛烈上升，对一些国家的通货膨胀起了推波助澜的作用。第三，我国对海外资源性产品的依赖度很高，未来国家经济发展潜伏着隐忧。怎么由原来的资源消耗型大国转向资源节约型大国，面临发展模式的重大转变，要探索新的模式。

从人的发展方面来讲，更值得关注。现在世界面临“劳动力低成本”发展模式的转换问题。为什么在一些国家出现那么多工人罢工事件？低成本增长模式与劳工“发展性权益诉求”之间的矛盾，是发展中国家面临的尖锐的社会问题。

两千多年前，中国的先哲曾率先提出了“天、地、人”的哲学理念。借用这组概念来研究当今中国和世界现实，就会发现，人类正面临着环境问题（“天”）和资源问题（“地”）的严峻挑战。2011年爆发的上述事件再次将“天”、“地”和“人”的发展问题尖锐地摆在了面前。我们要有这种“宏观观照”。

从顶层设计角度研究，面对“天”、“地”、“人”三界所出现的新矛盾及其向人类的发展提出的新课题，需要把“人本体制论”和“广义产权论”打通，建立“人的发展多维产权制度”。具体内容是：

“天”：环境领域存在“产权缺失”。建立环境产权制度具有客观依据，其制度框架为“三大支柱”，即环境产权界定、交易和保护制度，同时在顶层实现产权路线与技术路线、结构路线、规制路线的整体协调。

“地”：资源领域存在“产权残缺”。按照我的“广义产权论”的“多权能”观点，应重点瞄准“五项权能”，即农民土地经营的流转权、林地经营权和林木转让权、矿产资源的探矿权和采矿权、水资源产权、海洋“用益物权”。特别是海洋“用益物权”尤其重要。

“人”：人力产权是以人为“本体”和“轴心”的产权，重点是劳动力产权、管理产权和技术产权。应确立人力产权拥有者在经济社会中的主体地位，寻求人力资本转化为企业资本的通道，建立金三角制度结构。

“合”：“天—地—人”产权关系具有内在耦合性。应发挥“天—地—人”产权在科学发展、体制改革以及社会管理和创新中的耦合作用。

顶层设计的客体与主体

顶层设计的客体是什么？即设计的主要内容是什么？“十二五”规划指出，未来五年，是“四位一体”改革（包括经济、政治、社会、文化改革）。除了这四个方面的改革之外，我认为应把环境资源制度作为一个独立的问题（因为它涉及的是“天人关系”问题）。这样就是“五环”式改革，即经济、政治、社会、文化和环境资源制度五个方面。现在的“短边”是政治体制改革。

顶层设计的主体是什么？或者说是由谁设计？有人把“顶层设计”等同于“顶层的人设计”，我认为，“顶层设计”和“顶层的人设计”是两个不同的概念。中国农村大包干改革是谁设计的？那是小岗村等地的农民设计的，当时中共中央的文件是“不准包产到户”的。可见，一些新的制度未必是“顶层的人设计”的。人民，是改革的“原创设计师”；高明的领导，可以说是顺应历史潮流，总结群众的创造，作出科学的总结和决策。

今天我们面临的改革更加复杂、更加艰难。经过30年实践探索，应该说传统体制的弊端及其改革路径已大体清晰。一方面，需要“高层”制定改革的总体规划，以更大决心和勇气全面推进各领域改革；另一方面，在新的历史条件下需要激发人民群众的首创精神，解决改革的现实动力源源不断地供给问题。这是中国改革纵深化和制度化的双重要求。基于此，顶层设计应该是顶层的人、中层的人、底层的人一起设计，这涉及人民群众首创精神与中枢科学决策相结合的问题。

顶层设计过程中的关键是如何摆脱既得利益集团的掣肘。现在有些部门受利益集团的影响比较严重。怎样摆脱或者驾驭既得利益集团，是顶层设计中一个命脉性问题。不管是高层、中层、或是底层，大家都应该超脱一点，站得高一点，这样设计出来的改革规划才能接近于客观实际。

（摘自《群言》2011年第11期）

参政议政贵在持之以恒中与时俱进

索丽生

我在民盟中央机关工作期间，一直负责参政议政工作，在本届民盟中央委员会任期临近届满之际，结合多年来的参政议政工作实践，谈几点经验和体会。

认识深刻到位，领导率先垂范，居安思危，身体力行，是做好参政议政工作的基本前提。

中共十六大以来，中央“5号文件”和“15号文件”相继颁发，我国的多党合作事业进入了一个蓬勃发展的新时期。这为民主党派参政履职提供了更为宽松的环境和更加广阔的舞台，同时也赋予了更重的历史使命和任务，提出了更高的要求和期望。对此，民盟中央和各地盟组织的领导都有着深刻认识，一致认为“参政议政工作是参政党履行职能的第一要务，是关乎参政党事业兴衰存亡的头等大事，只有‘参政’才能‘生存’，只有‘有为’才能‘有位’”；在实际工作中，不仅将参政议政工作列入优先考虑的重要议事议程，积极制定和完善参政议政工作的各项计划和激励机制，还亲自参与到参政议政的具体工作之中。蒋树声主席每年都会多次亲自率队到基层、农村开展实地调研，不辞劳苦，并通过多种渠道向党和政府建言献策；民盟中央的各位副主席和各地盟组织的主要领导也是身体力行，积极领导或参与调研，甚至亲自撰写发言、提案和信息，对全盟参政议政工作的积极、有效开展起到了模范表率作用。

坚持科学发展观，准确把握中心工作，抓住难点热点问题，扎实开展

调查研究，积极坦诚建言献策，是保证参政议政工作取得成效的主要方法。

参政能否参到点子上，建言能否得到采纳，首要的是选题能否把握党和政府的中心工作，能否抓住经济社会发展的要点。民盟中央的选题原则是围绕中心，服务大局，抓难点，扣热点，一方面要保持对经济发展、社会管理、科教兴国和资源环境等长期性、战略性、深层次问题的一贯关注，另一方面也要对金融危机、城乡统筹、文化现象等阶段性、突发性问题以及一系列民生问题及时关注。同时，没有扎实的调研，再好的选题也是无源之水、无本之木，只有以谦虚认真的态度开展实地调研，深入群众，才能发现真问题，找到好办法。近年来，民盟中央紧扣经济社会发展形势，既对基础教育教师、农村职业教育、收入分配机制和社会保障制度等长期性问题，也对高校贷款、巢湖治理、海峡西岸经济区建设和应对人口老龄化等阶段性问题，开展了调研，而且每次都是由主席、副主席亲自带队，到基层、赴农村、下一线，进行深入、细致的考察，并在取得丰富、翔实的调研成果后，充分利用高层协商会、座谈会以及政策建议信、政协大会发言和提案等多种渠道和形式，向中央积极坦诚地建言献策，取得了比较理想的参政议政效果。

依托盟内外专家的学识才智，加强各级盟组织间的联动互动，扬长避短，集思广益，整合资源，凝聚力量，是增强参政议政工作能力的重要手段。

在多党合作事业蓬勃发展、执政党充分加强自身建设的今天，仅凭杰出领袖的个人崇高威望而“独当一面”的参政议政做法，已不符合当前实际；民盟虽然具有人才荟萃、地位超脱、渠道畅通等优势，但在人力、资源、信息等方面的不足也十分明显。因此，必须坚持凝聚全盟力量，发挥密切联系和紧密团结知识分子的优势，充分挖掘和广泛利用盟内外资源，为参政议政工作的推进夯实人力资源基础。为此，民盟中央建立和完善了“上下互动、左右联动”的一系列制度和办法，比如：每年的重点调研和重要调研，都要邀请盟中央专委会和地方相关盟组织推荐的盟内外专家参加，同时还委托一些民盟省委会在当地就同一课题进行调研，实现上下互动和左右联动；每年设立20项合作调研课题，交由各省级盟组织、盟中央专委会牵头或参与承担，实现了省级盟组织之间、专委会之间以及省级盟组织和专委会之间的互动，等等。这些做法扩大了调查覆盖面，整合了信息资源，增强了调研实效，还调动了各地盟组织和专委会工作与合作的积极性。民盟中央还注意发挥专委会的支柱作用，为论坛研讨提供智力支撑，教育委员会主办的教育研讨会、经济委员会主办的发展海洋经济研讨会和民生论坛等都是成功案例；2011年，文化委员会正式成为中国民族文化产业研究中心的执行单位，将为促进文化发展繁荣发挥积极作用。

坚持传承与创新相结合，处理好“发挥传统优势”和“拓展视野思路”的关系，在“持之以恒”中“与时俱进”，是促进参政议政工作持续发展的有效途径。

近年来，民盟中央坚持发挥自身特色，不断加强在教育等传统优势领域的调研和研讨，取得了丰硕的成果。比如：民盟中央重点关注教育发展，连续对高校贷款、基础教育教师、农村职业教育等问题进行了重点调研；将民盟部分省市组织举办的教育研讨会升格为全盟举办的高等教育研讨会和基础教育研讨会两个会议，并不断深化研讨内容，创新办会形式，业已成为民盟教育工作的“名片”，得到了教育部的支持与肯定；连续成功举办了七届“海峡两岸及港澳地区大学校长联谊活动”，获得了海内外的广泛赞誉，成为全国统战系统对港澳台工作的一个范例。在持之以恒发挥传统优势的同时，民盟中央紧跟形势，不断开拓视野和思路，与时俱进地扩展参政议政的领域，特别是通过加强与部委、地方党委政府的合作，充分利用盟外力量，充实和拓展调研成果，同时也增进了民盟与党政部门的联系，便于更好地了解党政部门的工作重点，还支持了地方盟务工作。近两年，民盟中央关注的视角转向了民生和社会管理方面，连续选择了收入分配、社会保障和基本公共服务作为重点调研题目；民盟中央几乎每年都会与水利部、农业部等单位开展联合调研，涉及黄河下游滩区综合治理、坡耕地水土流失综合治理、巢湖治理与保护、黄河河源区水资源保护、水生资源保护等内容。民盟中央持续与国家海洋局等单位合作，全力打造了“沿海省市发展海洋经济研讨会”、“灾害与社会管理专家论坛”、“民生论坛”等活动品牌，不断扩大民盟的影响和参政议政效果。

建立健全参政议政工作的相关制度和激励机制，是推动参政议政工作规范有序、永葆活力、稳定延续、积极向上的有力保障。

相对于执政党和政府的严密工作体系，民主党派在工作的程序化、规范化、制度化方面均有一定差距。受此影响，以往的参政议政工作存在一定的随意性、不规范性和不确定性，特别是人事更替和变动，会对工作状态、工作效果和工作成绩造成较大的起伏和波动。解决这一问题的法宝，就是抓好工作制度和机制建设。近年来，在全盟的共同研究和探索下，民盟中央逐渐形成并完善了专家广泛参与和领导集体决策相结合的调研课题遴选机制，省级盟组织和民盟中央专委会申报、民盟中央综合协调的选题落实程序机制，与有关部委、地方党委政府联合调研机制，调查研究、论坛研讨等活动的筹备举办机制和成果转化机制，信息报审和培训机制以及信息采纳情况的及时反馈和激励机制，等等。这些机制对民盟参政议政工作起到了巨大的推动作用。民盟中央在全国政协反映社情民意信息工作评比中获得两个“三连冠”，是与行之有效的信息报审、培训、反馈和激励机制分不开的。

回顾全盟多年来的参政议政工作，成绩显著，效果突出，同时也应当注意到，与新形势下执政党和国家对参政党的要求相比，我们的工作在许多方面还有待进一步提升。比如，某些参政议政选题的准确性、调研的针对性还不够，一些调研成果不是来自“田间地头”，而是来自“书桌案头”；论坛研讨的质量和影响仍需提高，“发言多，互动少”的弊病依然较为普遍，成果的转化力度还应加大；专委会的作用和潜力还没有充分发挥，活力还可进一步提高；各省级盟组织之间的参政议政工作合作、互动较少；个别盟组织的参政议政工作机制有待完善，等等。

2012年是实施“十二五”规划承上启下的重要一年，中共将召开十八大，民盟将召开十一大。今年，全盟要突出特点、发挥优势，正确把握科学发展主题和加快转变经济发展方式主线，围绕“十二五”规划的贯彻实施，聚焦稳增长、控物价、调结构、惠民生、抓改革、保稳定等重大问题和教育、文化、三农、住房、医疗、消费等社会热点难点问题，广泛调研，深入研讨，积极参政议政、建言献策。在“换届之年”，着力做好以下几项工作：

处理好组织换届和参政议政的关系，力争政治交接和参政议政“双赢”。

今年，民盟中央和各省级盟组织都面临着繁重的组织换届任务，都将不同程度地把工作中心转移到班子交替、政治交接上来，这是毋庸置疑的。与此同时，也应该注重参政议政工作的平顺交接，特别是在换届工作中，要加强对参政议政工作人才的吸收、任用和提拔，真正实现组织换届与参政议政工作的共进双赢。各级盟组织要传承在参政议政实践中形成的先进经验、优良作风和有效的工作机制与方法，努力做好今年的参政议政工作，并为下一届参政议政工作的推进奠定扎实的人力和资源基础，树立牢固的制度支撑。

加强参政议政队伍建设和专职干部的学习培训，不断提高参政议政的意识、能力和水平。

民盟约有22.5万盟员，多在本职岗位上拥有突出的工作能力和业务水平，这是我们参政议政工作的人力资本和雄厚基础；而由其中的杰出代表组成的盟组织专委会，则是参政议政工作的生力军，是我们建言献策的主要依靠力量。近年来，无论是调研研讨，还是建言献策，专委会都起到了无可替代的作用。如何动员广大盟员积极参政议政，如何建设一个高素质、负责任、有效率的专委会，是我们一直在做的一个重大课题。坦率地讲，专委会的工作还有进一步上升的空间。当前，有两个问题亟需考虑：一是着力筹建新一届专委会，关键是认真研究推荐和考察专委会委员人选的办法，力争将有能力、有热情的盟员遴选进来，实践证明委员的能力和热情缺一不可；二是激发专委会委员的积极性，要重点研究如何加强民盟领导对委员的关心、如何举办吸引委员的活动、如何制定激励委员的办法，等等。

随着换届工作的完成和人员的更替，很多盟组织的主要领导和参政议政专职干部会出现变化。为保证参政议政工作顺利交接，加强相关的学习培训就非常重要。因此，今年民盟中央的一项重要工作，就是要加强对广大盟员和专职干部参政议政工作的学习培训，使他们了解民盟参政议政工作的整体情况、工作方法和相关措施，同时增强他们对参政议政的正确认识和建言献策的政治敏锐性，真正提高全盟的参政议政能力和水平。希望各省级盟组织也把盟员、干部的学习培训工作提上日程，在全省造就一批高水平的参政议政人才。

以完善的工作制度和激励机制，确保参政议政工作规范、稳定、延续。

近年来，民盟中央在参政议政方面的工作制度和激励机制已经得到了很大的丰富和发展，对参政议政工作的规范和促进作用已初见端倪。下一步，应该对现有制度和机制进行认真总结，科学论证，及时调整，不断完善；同时还要在继承的基础上，不断予以发展和创新，逐渐形成完整的参政议政工作制度体系。参政议政工作测评表彰办法和参政议政成果共享平台的试行与完善，专委会委员的遴选机制和激励机制的建立健全，以及将现有制度和机制加以系统化、规范化等，都将纳入今年参政议政制度建设的工作范畴。

今年是民盟各级组织实现政治交接、班子交替的一年。我们应从多党合作事业和民盟发展的大局出发，继续发扬民盟“奔走国是、关注民生”的优良传统，同心戮力，团结奋斗，以优异的参政议政工作成绩，迎接中共十八大和民盟十一大的胜利召开！

（摘自《群言》2012年第5期）

期待着一个更加良治的中国

温思美

过去的2012年，是极不平凡的一年，是值得历史铭记的一年。这一年，欧债危机持续恶化，主要大国政权更替，末日预言搅得人心惶惶……然而，在国内，最重要的事件莫过于中共十八大的胜利召开。中共十八大是在我国进入全面建成小康社会决定性阶段召开的一次十分重要的大会。会议确立了科学发展观的历史地位，确定了全面建成小康社会和全面深化改革开放的目标。会议选举产生了具有代际更替意义的新一届中共中央领导集体。这是中国的大事件，也是世界的大事件。

中共十八大报告明确提出：全面建成小康社会，必须以更大的政治勇气和智慧，不失时机深化重要领域改革，坚决破除一切妨碍科学发展的思想观念和体制机制弊端，构建系统完备、科学规范、运行有效的制度体系，使各方面制度更加成熟、更加定型。从中共十八大结束的短短40多天中央出台的一系列政策来看，我们有理由对2013年充满期待：它可能开启中华民族复兴的又一个新纪元，它可能成为我国新一轮改革的元年，它可能标志着一个更加良治的中国即将到来。

改革的核心是创新有利于科学发展的体制机制。无论是完善市场经济体制、改革分配制度、构建社会保障制度，还是完善民主政治制度和创新社会管理体制，都涉及我国基本制度体系的进一步改革和完善的问题。改革的目的是要使中国特色社会主义制度更加具有生命力和吸引力。为此，需要把我们这个社会建设成为一个更加良治的社会。

良治社会的建设目标，与中国特色社会主义的建设目标是一致的，与“五位一体”的建设目标是一致的，与全面建成小康社会的目标也是一致的。要成为一个更加良治的社会，无论在经济、政治、文化，还是在社会和生态文明方面，都必须在基本制度构建方面具备四个基本特征，即问责性、透明度、参与性与可预期性。

问责性指的是公共组织（如政党和各级政府）的决策者对其行为承担责任的能力。有效的问责性包含两个要素：质询反馈机制和清晰的行为结果陈述机制。前者要求建立对有关决策行为的定期信息发布和问题回答机制，后者要求决策者明确陈述其决策可能产生的结果（包括成本收益和可能的风险），以及相应的激励约束机制。透明度则要求公共组织的相关信息以最有效（快速、低成本）的方式“告知”所有“利益相关者”。这些信息必须具有可获性、有价值、易理解的特征。透明度原则不仅要求决策的结果透明，更要求决策的理由和过程透明。可预期性既指决策者行为的可预期性，也指利益相关者对组织行为及其治理过程的可预期性。它要求公共组织的决策和实施基于事前确定的、清晰的、一致的、有效实施的法律和规则（制度安排）。因此，制度安排的公正、有效和一致性原则，是保证可预期性的前提。参与性指的是在充分信息和透明决策过程的基础上，所有利益相关者有权选择其参与程度（不存在排除某些人），并保证其诉求得以在决策及实施过程中得到反映。

良治社会的以上四个制度特征，隐含了民主参与和自由选择的理念，在理论和实践中是相互联系的。问责性通常与参与性密切相关，也是透明度和可预期性的最终保证。如果没有问责性，公共组织决策的可预期性将难以保证；同样，如果没有相关制度安排以约束公共组织的行为并实施问责性，透明度和信息公开也就无法保障。规则实施的可预期性有助于保证公共组织的问责性。而透明度则有利于实现公共组织治理结果的问责性、参与性和可预期性。

过去一年来的许多公共事件（如绵竹的钼铜事件、宁波的PX事件等）表明，公共决策的冲突和决策失灵大多在一定程度上违反了以上基本原则。

全面建成小康社会的过程，是执政党动员全国各族人民广泛参与到中华民族伟大复兴的过程，是探索中国特色社会主义道路的过程，是构建一个注重民主法治、公平正义、文明和谐社会的过程。只有通过深化改革，不断完善我国的社会主义基本制度体系，实现社会的良治，中共十八大所确定的各项目标才能够顺利实现。

在即将开始的2013年，我们满怀信心地期待着，期待着一个更加良治的中国。

（摘自《群言》2013年第1期）

努力建设高素质参政党

龙庄伟

岁月如歌，我们告别了极不平凡的2012年，迎来了充满希望的2013年。在这辞旧迎新的时刻，回顾刚刚过去的一年，国际形势动荡变幻，国内改革发展稳定任务艰巨繁重，中国共产党团结带领全国各族人民迎难而上、开拓进取，在社会主义现代化进程中描绘了浓墨重彩的画卷。这一年，举世瞩目的中国共产党第十八次全国代表大会胜利召开，对全面推进中国特色社会主义事业作出了战略部署。中国民主同盟第十一次全国代表大会也如期举行，圆满完成各项议程，在中国特色社会主义政治发展道路和多党合作的历史进程中书写了新的篇章。

展望2013年，民盟要建设高素质参政党，应该从以下三方面着手：

要继承优良传统，坚定政治信念。民盟自成立之日起，就具有同中国共产党亲密合作的光荣历史和优良传统。在中国革命、建设、改革各个历史阶段，民盟以“切实的知识、正直的作风、光荣的传统”，团结广大爱国知识分子和民主人士，走出了一条爱国、革命的光荣道路。民盟前辈数十年来和中国共产党亲密合作、共同战斗所形成的政治信念、优良传统和高尚风范，是我们宝贵的精神财富。多党合作实践经验告诉我们，无论在多么复杂多变的国际格局中，还是在现实和未来的社会主义事业发展进程中，中国都离不开中国共产党的领导，只有中国共产党才能肩负起国家富强、民族复兴的重任。坚持中国共产党的领导，走中国特色的社会主义道路，是历史的必然，是人民的选择。民盟作为与中国共产党通力合作的参政党，要深刻领会科学发展观是必须长期坚持的指导思想的新论断，不断加深对中共十八大确定的重大理论观点、重大战略思想、重大工作部署的理解和把握，深化对中国共产党领导的多党合作和政治协商制度的认识，坚持“长期共存、互相监督、肝胆相照、荣辱与共”的十六字方针，加强思想建设，努力建设高素质参政党。坚定中国特色社会主义理论自信、道路自信、制度自信，坚持中国共产党的领导，坚定走中国特色社会主义政治发展道路的政治信念，与中国共产党同心同德、同心同向、同心同行。

要实施“人才强盟”战略，加强基层组织建设。要加大组织发展力度，在高等院校、文化艺术、科学技术、医疗卫生等重点领域多发展学术水平高、代表性强、有较大影响力的人士，切实调整人才知识结构，全面推进盟员队伍结构升级，为民盟事业发展提供坚强的人才保证；加大对骨干盟员的培训力度，通过举办学习班、研讨班、报告会等形式，提高骨干盟员的思想政治素质和对参政党地位及作用的认识，着力提升政治把握能力、参政议政能力、组织领导能力和合作共事能力；做好后备干部的使用和推荐工作，完善后备干部选拔、培养机制，建立一支年龄、界别、知识结构合理的后备干部队伍，重点抓好专家学者代表性人士队伍建设，解放思想，任人唯贤，人尽其才，同时要严格把关，规范管理，加强基层组织建设。盟的基层组织作为民盟组织系统的“细胞”，是开展各项工作必不可少的重要基础。应加强基层组织制度规范和量化管理，探索新形势下基层组织工作的新方法和新途径，调动基层组织盟员工作的积极性，增强组织的凝聚力。

要积极参政议政，开展社会服务。要紧紧围绕“参政为民”这一理念，找准参政履职的着力方向，充分发挥全盟的智力优势，结合我国社会主义经济、政治、文化、社会、生态文明建设，就深化改革开放、调整优化产业结构、统筹城乡发展、推进节能减排、保障和改善民生等重大问题，组织有关专家深入基层进行调查研究，努力形成具有科学性、前瞻性、操作性的观点，反映更多的社情民意信息，为促进经济又好又快发展积极建言献策，履行参政议政、民主监督职责；要充分发挥智力优势，挖掘潜力，突出重点，帮助贫困地区增强自我发展能力，增加贫困地区农民收入。要将参与新农村建设与“烛光行动”、监狱帮教、城市社区服务等工作紧密结合起来，扎实有效地开展社会服务工作，“出主意、想办法、做实事、做好事”，“把好事做实，把实事做好”。

回首2012年，我们硕果累累，无比自豪；展望2013年，我们任重道远，信心满怀。在新的一年，盟的各级组织和广大盟员要紧密团结在以习近平同志为总书记的中共中央周围，深入学习贯彻中共十八大和民盟十一大精神，努力践行“同心”思想，不断加强自身建设，积极履行参政议政、民主监督职责，建设高素质参政党，为全面建成小康社会作出新的更大的贡献。

（摘自《群言》2013年第1期）

夯实司法公正的基础

倪慧芳

中共十八届四中全会深刻总结了我国改革开放以来法治建设的历史经验，对全面推进依法治国作了系统部署，明确了司法体制改革的总体方向、目标和任务，必将开启我国科学立法、严格执法、公正司法、全民守法新的历史进程，为国家治理体系和治理能力现代化建设奠定坚实基础。

司法公正是现代法治的基本要求，司法机关则是维护社会公平正义的最后一道防线。司法公正作为司法体制改革的重要内容，既要求司法活动的过程和结果、实体和程序的公正，还要求构建科学独立的司法体制、专业廉洁的司法队伍，树立权威公正的司法形象。目前，我国司法工作还存在不少问题：

一是崇尚法治、树立法律权威的社会氛围尚未形成。经过30多年的法治建设，我国无法可依的时代基本结束，但有法不依、执法不严、违法不究较为普遍。“信权不信法”、“信访不信法”以及部分司法人员执法理念偏差、执法不公、徇私枉法的现象时有发生，损害了法律的权威。

二是维护司法公正的体制、机制改革还不到位。在现行体制下，司法系统人财物隶属地方使司法未能摆脱权力、利益及其他社会因素的影响，致使有的案件处理失当。目前司法系统人财物的“省级统管”改革已在全国六个省试点进行，但由于配套措施和协同性不够，难以达到预期目标；同时，“省级统管”后法检两院对下级院的控制力有所加强，法院的审级监督关系将会弱化，可能导致新的司法权行政化问题，这种倾向值得注意。

三是基层司法人员的总体素质有待提高。目前司法实践中有罪推定、选择性执法、办关系案和人情案等现象并不鲜见。司法职业保障机制不健全带来的人才流失情况也日趋严重，据不完全统计，每年我国法官约以5%的比例流失，对司法机关的正常运作以及司法公正、高效与权威产生了严重影响。

有鉴于此，在新一轮司法体制改革中，一要维护宪法法律权威，以法治思维和法治方式推动改革。要着力提高各级领导干部和司法人员的法律素养，营造全社会崇尚法治、维护公平正义的良好氛围。加大涉法涉诉信访制度改革力度，发挥司法作为解决矛盾纠纷最后一道防线的功能以及在国家和社会治理中权利救济和定纷止争作用。优化司法职权配置、规范司法权的行使，构建职权明确、奖惩分明、监督到位的责任体系，有效防止司法腐败。

二要深化司法体制改革，夯实司法公正的制度基础。继续探索建立司法官统一由省提名、管理并按法定程序任免的机制，确保依法独立公正行使审判权和检察权。加大对司法改革协同性的研究和推进，修改完善法检两院《组织法》、《法官法》和《检察官法》，使之与法检两院人财物“省级统管”改革措施配套，探索与行政区划适当分离的司法管辖制度，确保司法权“去地方化”改革目标的实现。在司法责任制改革中，按照司法程序公正的原则，健全司法权力分工负责、互相配合、互相制约机制，明确独任法官、合议庭、审委会的权责界限，规范司法活动的法律监督和社会监督，强化法官、检察官、律师的相互监督制约，确保司法权在阳光下运行。

三要加强司法能力建设，强化司法公正的人才基础。司法能力建设是国家治理能力建设的重要组成部分，其基础在于高素质司法人才队伍建设。司法人员要树立执法为民的理念，奠定司法公正的思想基础。积极改进工作作风，加强司法便民利民工作，在立案、审判、执行各环节采取措施，依法维护群众合法权益，努力让人民群众在每个司法案件中感受到公平正义。应进一步推进司法官的专业化、职业化建设，完善司法官选任条件和程序，确保政治素质高、职业操守好、业务能力强的法律人才进入司法官队伍。探索从专家学者和律师中选任法官、检察官，有效推动法律职业共同体的形成与良性发展。提高法官、检察官的待遇，为实现司法公正、高效权威、廉洁自律提供行之有效的职业制度保障。

（摘自《群言》2014年第1期）

重温邓小平改革开放理论
坚定不移推进改革再出发

张梅颖

当前中国经济社会矛盾复杂多变，社会思潮纷纭交织，尤须增强定力，避免误判。一旦误判，轻则丧失大好时机，重则难免颠覆性错误，断送改革开放的复兴之路。此时，重温邓小平改革开放理论，坚持正确的战略方向，营造国际国内良好环境，才谈得上制度创新。

新中国成立66年来，我们在制度创新方面取得历史进步的最大手笔，应该是邓小平推动的改革开放。在本届论坛“制度创新”的主题下，在改革开放前沿的深圳，回顾当年，总结经验，汲取精髓，坚定信念，是当前全面深化改革的必修课。

深刻认识什么是国家利益

1979年1月，邓小平访美之举吸引了举世目光。那是中国领导人第一次访问美国。在中美双方意识形态严重对立的情况下，邓小平以国家利益为重，打破“冷战”坚冰，推动中美关系正常化及其健康发展，借助美国的影响力，最大限度地争取到了国际社会对中国回归世界潮流的积极态度。《邓小平年谱》如实记载了他向西方世界表达的清晰理念——他说：“考虑国与国之间的关系，主要应该从国家自身战略利益出发。着眼自身长远战略利益，同时尊重对方的利益，而不去计较历史上的恩怨，不去计较社会制度和意识形态的差别。”语言平实，体大思精，意义非凡。承认差别，不去计较，这是中国共产党人跨越社会制度和意识形态分歧的一小步，也是改变世界格局、推动国际合作、汲取人类文明成果的一大步。面对美国总统的祝酒，邓小平又说：“我们两国社会制度不同，意识形态不同，但是两国政府都意识到，两国人民的利益和世界和平的利益要求我们从国际形势的全局，用长远的战略观点来看待两国关系。”这些高瞻远瞩、胸襟宽广的箴言，至今仍具有强烈的现实意义。

不久前，习近平主席成功访美后又出访英国，与其建立了“面向21世纪全球全面战略伙伴关系”。作为西方大国，英国率先抛弃对中国的政治偏见，告别妖魔化中国的阵营，不仅符合两国根本利益，在全球也产生了重要影响。舆论更称中英关系进入了黄金时代。这是继邓小平访美之后习主席又一个创造历史之举，值得我们认真体味。

从改革开放到新中国成立百年的2049年，是70年时间。有学者借中共十八大将其分作两段，即“两个三十五年”。前一个35年里，小平启动改革的根本理由是：否定“文革”，“贫穷不是社会主义”，“发展是硬道理”。今天，习主席在营造国际有利环境的同时，在国内开启改革开放再出发，把实现社会公平正义、共享发展作为改革开放再出发的核心命题。这一点在理论上没有任何问题，但在事实上，几乎任何关于现有利益格局调整的重大改革措施，都遭到了利益集团的强力抵制。由于政治体制改革和法治建设的相对滞后，权贵资本主义的发育造就了一大批腐败分子，死守着既得利益及其意识形态，置国家利益于不顾，意在阻碍深化改革。因此，我们在高压反腐的同时，要下定决心进一步改革政治体制，突破既得利益藩篱，建立更加民主的制度。这是全面深化改革的关键。

大胆借鉴人类社会创造的一切文明成果

当年，随着中国和西方国家建交，中国逐渐融入国际社会。邓小平认为，对外开放不是权宜之计，而是战略决策。1985年1月，他说："我国对外开放政策是一项长期持久的政策，本世纪内不能变，下个世纪前50年也不能变。50年以后中国同外国在经济上将更加紧密地联系起来，千丝万缕的联系怎么能断得了呢？"

在邓小平看来，对外开放不仅是要学习先进的科学技术和管理知识，也包括学习现代文明成果。近日看到一份联合国的全球国民素质调查报告，涉及道德修养、文化素质、全民教育、身体素质、凝聚力等118项指标，我国排序靠后，有些指标倒数第二，与经济总量的"世界老二"形成巨大反差。自古以来的礼仪之邦如今斯文扫地，值得我们深刻反思。

严峻的现实教育我们，经济指标上去了，不等于社会、文化水平就能自然上去。弄得不好，贫富两极分化的同时，还会出现社会溃败。在高压反腐的过程中，我们也确实看到一些人，甚至是党的高级干部，寡廉鲜耻，突破道德底线，为攫取财富丧心病狂。今年夏天，天津港大爆炸惨剧的深刻教训，让我们品尝到社会道德水平普遍下滑带来的苦果。习近平总书记告诫我们，"抛弃传统，丢掉根本，就等于割断了自己的精神命脉"；"要让13亿人的每一分子都成为传播中华美德、中华文化的主体"。总书记振聋发聩的警语启示我们，中华民族伟大复兴是文明的复兴和思想道德的重建。

小平同志在1992年视察南方谈话中明确地说："社会主义要赢得与资本主义相比较的优势，就必须大胆吸收和借鉴人类社会创造的一切文明成果。"所谓"一切文明成果"，既包括进行经济体制改革需要的制度资源，也包括全面深化改革所需的思想和制度资源。比如，落实习总书记"要加强对权力运行的制约和监督，把权力关进制度的笼子里"的要求，就可以从国际社会借鉴行之有效的理念和办法。至少从现代民主的摇篮——英国大宪章开始，人类已经探索了800年。800年来取得的实际效果，积累的丰富经验，属于英国，也属于世界上每一个追求文明、民主、富强、和谐的民族国家。我们有理由结合国情借鉴过来，促进自身发展。习总书记特别强调“我们要虚心学习、借鉴人类社会创造的一切文明成果，但不能数典忘祖”。因此我们不照搬三权分立模式，而权力制衡的思路和措施、舆论监督的办法（包括适时推出新闻立法）、积极培育和发展社会组织、民意通畅和有效表达等方面，都是我们进行制度创新、提高社会管理水平的重要借鉴。

正确判断时代发展主题

从新中国成立初期到改革开放前，我们有过误判，曾经认为世界大战迫在眉睫，把本可用于发展的资源和工夫用于“深挖洞”的战备上，丧失了“二战”结束后长期和平状态下的发展机遇期。亚洲“四小龙”则乘势而上，快速崛起，与我们的对外封闭、对内运动形成鲜明对照。

改革开放后，邓小平提出对时代主题的正确判断，全党全民一心一意搞建设、谋发展，经济上取得了巨大成就，为今天构想和实施更长远的战略提供了坚实基础和综合国力。但是我们要清醒，经济总量虽居世界第二，但在人均GDP的国际排名中，我们还在70名之外。按照联合国的新定标准，我国贫困人口还有两亿多。要完成“十三五”规划的贫困县全部摘帽，在2020年实现全面小康，还需要付出极其艰苦的努力。但近来类似“对某国必有一战”、言必喊打的声浪此起彼伏，且很有些市场。尽管强权国家以冷战思维对待正在崛起的中国，我们以强军赢得和平，无可厚非。但是，那些鼓动极端民族主义和民粹思想，那些误判形势、罔顾国家利益的激进言论和行为，一旦引起摩擦、冲突，势必中断中国现代化进程。这一点，值得我们高度警惕。在这方面，小平同志也是留下了严肃嘱咐的。他把《邓小平文选》第三卷当作自己的“政治交代”，并在最后一点“交代”中说：“我的文选第三卷为什么要严肃地多找点人看看，就是因为其中讲到的事都是我们一直在做的事，不能动摇，就是要坚持，不能改变这条路线，特别是不能使之不知不觉地动摇，变为事实。”他根据一生的丰富经验，警觉到确实存在着“不知不觉地动摇”的可能性。他警告国人说：“中国要警惕右，但主要是防‘左’。”“把改革开放说成是引进和发展资本主义，认为和平演变的主要危险来自经济领域，这些就是‘左’”。小平同志在其文选第三卷的压卷处，在“政治交代”的最后一笔，说出如此力重千钧的话，值得我们借助新中国成立以来的全部历史经验进行深入反思，也需要借助国际共产主义运动全部兴衰史上的历史经验进行深入反思，并始终坚守中华民族最大利益：坚持改革开放，绝不动摇。在和平与发展依然是时代主题的局面下，发展仍然是第一要务。

习近平总书记就任之后的首次外出考察，选择了深圳。笔架山上的小平塑像，见证了让中国民众内心踏实的历史瞬间——前后两个35年的改革开放，在这里焊接在一起。大音希声，无须多言，这是中国共产党人对改革开放再出发的庄严承诺。由此，我们对小平嘱咐的“基本路线要管一百年”应有充分信心。

“基本路线一百年不变”是小平的一人嘱咐，也是十几亿中国人的集体意志。我们的始终信守，无疑将带来国际社会的更多信任，将赢得中国在2049年之前长足发展的最好国际环境。

我衷心祝福这一局面的形成和绵延。

（摘自《群言》2015年第11期）

【文化思潮】

还要搞活思想

童车五

中共十一届三中全会在思想领域的最大功绩是，首先纠正了被林彪、“四人帮”颠倒的许多思想理论是非，坚持了唯物主义的思想路线。接着在全国范围内发动一个声势浩大的思想解放运动，号召广大干群从“文化大革命”及其以前一段时间内的“左”的精神枷锁中解放出来，重新回到马克思列宁主义、毛泽东思想的一切从实际出发、实事求是的优良传统上来。思想解放运动，为各条战线的拨乱反正奠定了思想基础，从而导致今天这样的欣欣向荣、繁荣昌盛的崭新局面。其功绩是应该充分予以肯定的。

但是，对于林彪、“四人帮”一手制造的“文化的沙漠”和“无声的中国”来说，思想解放运动毕竟只是一次启蒙的运动，它不可能把思想领域里长期积累的沉渣污垢一下子荡涤干净。现在，“左”倾路线虽不存在了，但“左”的流毒还十分严重；“左”倾流毒造成的习惯势力，一时也改不过来。好比一个人被镣铐的时间太久，即使砸了镣铐，一时也走不好路，很像《法门寺》里的贾桂，因为跪成习惯，就是不敢坐。思想领域也有类似的情况。

从宏观方面，把当前的思想领域和经济领域作一对比，不难看出，经济领域的形势要比思想领域的形势好。随着经济形势的进一步好转，两大领域的不相协调，也将进一步突出；思想领域跟不上，也必将严重地影响经济领域，拖住经济建设的腿，使它不能继续前进。因此，在搞活经济的同时，我们还要搞活思想。

搞活思想，不能简单地依赖一次运动，重要的是具体措施和使人信赖的保证。思想领域，也要像经济领域那样搞得更活一些。如文艺方面的创作自由，理论方面的学术自由，等等，都必须层层松绑，层层放权。这些自由权利，有的已经写在宪法上面。但是宪法上的条文，还不能真正消除人们的顾虑，还必须采取具体的措施，提出可靠的保证。胡启立同志去年12月在中国作协第四次会员代表大会上，代表中共中央庄严宣布："我们党、政府、文艺团体以至全社会，都应该坚定地保证作家的这种自由（指创作自由）。"这是促进文艺繁荣的一项重要措施。我们希望在理论、学术等方面也采取这样的措施。

搞活思想，还必须认真地、大力地开展自由研究。思想、理论、学术，好比是"鱼"，自由研究，好比是"水"。鱼，是离不开水的。离开了水，鱼就要窒息而死。思想、理论、学术，如果离开了自由研究，也会由贫乏走向僵化。有些人害怕自由，也害怕民主，如果谁提出思想自由，学术民主，"自由化"的大帽子马上就飞来了。这些人以马克思主义自我标榜。其实，马克思本人十分重视自由的科学研究。在马克思看来，没有自由研究，就不会有科学。马克思十分厌恶对于自由研究的干扰。因为不论自然科学，还是社会科学，干扰对于科学来讲，都是绝不相容的。马克思说："物理学家是在自然过程表现得最确实、最少受干扰的地方考察自然过程的。"（《资本论》第一版序言）他又说，"法国和英国的资产阶级夺得了政权。从那时起，阶级斗争在实践方面和理论方面采取了日益鲜明的和带有威胁性的形式。它敲响了科学的资产阶级经济学的丧钟。现在问题不再是这个或那个原理是否正确，而是它对资本有利还是有害，方便还是不方便，违背警章还是不违背警章。不偏不倚的研究让位于豢养的文丐的争斗，公正无私的科学探讨让位于辩护士的坏心恶意"。（《资本论》第二版跋）马克思把代表私人利益、反对自由研究的资产阶级，斥之为自由的科学研究的敌人。没有自由研究，思想领域必将成为一潭死水。

搞活思想，还必须在思想领域里彻底打碎等级观念，树立真正平等相待的优良学风。平等与自由，是不可分割的。没有学术平等，就不会有学术自由；没有学术平等，也不会有真正的是非，真理更无从实现。

要树立平等学风，第一，在思想领域里绝不能搞“定于一尊”。真理所以成为真理，仅仅在于它正确。思想领域，除了正确与错误的关系以外，并不存在尊卑和贵贱的关系，也不存在统治与被统治、正统与异端的关系。思想领域搬用等级制度，是极不明智的。其所以错误，在于这样做，既压制了自由思想，同时也窒息了真理本身。我国的历史经验可资证明。周秦之际是我国历史上学术昌明的黄金时代。原因在于当时的思想领域里，没有一个统治的思想；诸子之间，也没有尊卑的关系。平起平坐，相互争鸣。等到汉武帝罢黜百家，独尊儒术以后，不仅活跃的思想领域被窒息了，而被“定于一尊”的儒术，也因为失去了相互争鸣的条件，由僵化而逐渐变成教条。历史证明，在思想领域里，不能搞“定于一尊”。

第二，要树立平等学风，应认识到思想领域里的主要矛盾，是是与非、正确与错误的矛盾。在不同阶级的思想意识里，虽然也包含阶级斗争的性质，但由于它是思想意识方面的阶级矛盾，因而与政治上、军事上你死我活的阶级斗争，是截然不同的两码事。因此，把政治上、军事上阶级斗争的方法，引向思想领域，在思想领域里大张挞伐，是极不明智的做法。因为这种方法，并不能解决思想领域的矛盾。林彪、“四人帮”大搞“全面专政”、“文化专政”，只能制造一个“文化的沙漠”，一个“无声的中国”。殷鉴不远，我们要痛切记取。

还要看到思想领域里矛盾的特殊性和复杂性。前不久，有人在报上发表文章，介绍自然科学的发展情况。在自然科学里，新旧学说的交替，情况是非常复杂的。一方面，新学说克服旧学说的缺点和错误，代替了旧学说；另一方面，新对旧的“克服”，往往又是旧学说向前发展的新起点。而新学说本身，也不是天衣无缝。新学说的不足之处，又成了更新的学说“克服”的目标。它们之间的正确与错误，是相互交错的，很难分辨哪一个学说完全错误，哪一个学说完全正确。对自然科学来说，不同学说之间的尖锐斗争，只是科学进步的动力之一；更重要的动力是，充分说理，明辨是非，相互补充，共同前进。自然科学如此，社会科学亦复如此。因此，把思想领域里的“是”与“非”，看成十分绝对，认为只有“斗争”才是推动思想前进的唯一动力，并不符合思想本身的客观规律。

第三，要树立平等学风，必须严禁霸权作风。解决思想领域里矛盾的最好方法是，和风细雨，相互说理，切磋琢磨。那种自以为是、唯我独尊、夜郎自大的作风，对于解决思想问题，是有百害而无一利的。在学术上，要提倡雅量。不要一见到特异的事物，就骂为异类，一见到与己不同的观点，就斥为异端。去年4月，《红旗》发表过一篇短文《拓跋族的教训》，读之很受启发。文章引用鲁迅的一段话：猴子之所以仍然是猴子而终于没有变成人，很可能是它们把第一个站起来的猴子视为异端，马上咬杀。而人类的祖先则不然，他们终于站了起来，讲话，因此从类人猿变成了人。孔夫子也害怕异端。他说“攻乎异端，斯害也已”，很可能这也是孔学僵化、衰落的原因之一。其实，真理往往出于异端。以20世纪50年代马寅初的人口学说为例，假使当时有雅量，不打棍子，不戴帽子，心平气和地坐下来说理研讨，那么，马老人口学说中的真理，早在50年代就被发现。根据马老的人口学说制定人口政策，今天我们也不会背如此沉重的人口包袱了。这是特大的历史教训。

（摘自《群言》1985年第4期）

百家争鸣与“舆论一律”

——略论树立“文责自负”的文风

千家驹

百家争鸣与“舆论一律”是直接相矛盾的。要百家争鸣就不可能“舆论一律”，要“舆论一律”就不会有百家争鸣。百家争鸣这一口号提出已经有30年了，但它始终没有真正得到贯彻，其主要原因就是我们一方面提倡百家争鸣，一方面又始终不肯放弃“舆论一律”这一宣传方针。30年前，“双百”方针刚一提出来，第二年就发生反“右派”运动。“百家争鸣”被解释为只有“无产阶级一家”与“资产阶级一家”。“资产阶级一家”在我国无产阶级专政的条件下是不允许存在的。所以“百家争鸣”也就只剩了“无产阶级一家”。而所谓“无产阶级一家”者，在当时口含天宪，权力与真理画等号的年代里，这是“首长”、“领袖”的专利品，群众连想都不敢想的。

中共十一届三中全会以后，“百家争鸣”这一口号又再度提了出来。今年是“双百”方针的30周年纪念。当然，现在的情况与“文革”以前是大不相同了。报纸上宣传“双百”方针的文章也写得不少。但事实上能否真正贯彻，我个人是持保留而拭目以待的态度的。理由很简单：就是我们在宣传上始终还坚持“舆论一律”的方针。无论是报纸或刊物的编辑都把关把得很严，非首长之言不敢言，非《人民日报》之论不敢论，说是要与中央严格保持一致，说话的口径、分寸都不容许稍有差别，在这种情况下，如何能做到“百家争鸣”呢？！我个人认为，“舆论一律”与坚持四项基本原则是两码事，而不是一码事，但有人却把这两者混为一谈，以为坚持四项基本原则就必须“舆论一律”，否则就会引起思想混乱，甚至造成“精神污染”。

我在一次座谈会中说，经济研究的理论与实践相联系的结果，不外乎两个可能：一种是证明我国在经济方面所采取的方针政策是完全正确的，符合客观经济规律的；另一种可能是我们采取的某些方针政策是不正确的，或不符合客观经济规律的。如果是前者，那当然没有问题。如果理论联系实际研究的结果证明某些方针政策是错误的，或不符合客观经济规律的，那么这种研究结果能在报刊上公开发表吗？不可能。报刊上是决不会登的，这一家不敢登，别的一家也不敢登。因为我国只有官办报纸，没有民办报纸。要保持“舆论一律”，我国是不允许发表不同于党的方针政策的文章的。当然，我们可以将研究结果向中央建议，上万言书，但这就不属于“百家争鸣”的范畴了。何况上万言书的方式能否上达天听，还是一大问题。除非是“名流”、“学者”，一般小人物的信或建议书，是很难达到领导人手里的，这也是人所周知的。但真理不一定掌握在“名流”、“学者”而不掌握在小人物手里。政策性问题不容许讨论，这是百家争鸣的一个障碍。陈岱孙先生在最近《人民日报》（1986年6月6日）的一篇文章里说得好：“把在政治上要和中央保持一致，解释为对政策的学术探讨就是政治性错误，更是为‘争鸣’设置了一个森严的禁区了。经济理论是经济政策的基础，经济政策是理论的实践。理论要在政策的实践中得到检验，而政策又要从理论的探索中得到依据和引导。如果经济政策及其实践的效果绝不允许人们置喙，则理论的探索就只能成为毫无实际基础的空谈。当然，经济政策一经颁布就要求贯彻执行，但是如果对于执行中的经济政策绝不允许讨论，对它的正确性、可行性绝不允许进行进一步的研究，那么我们又何从对它进行修订呢？”陈老这一段话是很有说服力的，当然，对经济政策我们在表面上并没有规定过不容许人们讨论，但如果有人对现行的经济方针政策提出不同意见，是没有哪一家报纸或刊物敢于刊登的。这就是“舆论一律”给我们设置的障碍。（在“文革”以前，还要戴上反党反社会主义的帽子，现在实行“三不”，可免于戴帽子、抓辫子了，这是很大的进步。）

为了真正做到“百家争鸣”，我认为首先必须打破“舆论一律”的障碍，而树立“文责自负”的风气。凡是报纸上或刊物上发表的文章，只能由作者自己负责而不是代表报纸或刊物的。这样报刊的责任编辑就可以胆子大一点。“文责自负”绝不是作者可以胡说八道，发表一篇文章，是要负政治和法律责任的，他如果发表与宪法相违背的言论就要负政治责任；如果对别人进行人身攻击，就要负法律责任。但责任在作者而不在编辑。为了实行“文责自负”，发表文章的人，必须署真实姓名，用笔名的话，也应该把真实姓名住址告诉报纸编辑。

要树立“文责自负”的风气，就要培养一种民主作风，要有宽容的精神，这不是一朝一夕所能做到的。但这是贯彻“双百”方针一个重要的前提，“双百”方针就是要允许人家发表不同的意见，这才叫“争鸣”，否则只能说是“独鸣”或“共鸣”。在“舆论一律”的条件下，是不允许有争鸣的；只有打破“舆论一律”的樊篱，树立“文责自负”的文风，“双百”方针才能得到贯彻，这是我个人的一点粗浅看法。

（摘自《群言》1986年第8期）

要正确对待西方经济学

姚曾荫

两股热潮

“战后”以来，西方国家有一股学习马克思主义的热潮。大量研究马克思主义的文章书籍问世，其中提出了不少新的见解。许多大学开设了马克思主义的课程。纽约州立大学宾厄姆顿（Binghamton）分校有的系办公室的墙上挂着马、恩、列、斯和格瓦拉的大幅照片。而近几年来，在中国则有一股学习西方经济学的热潮。这一股热潮使国内经济学界空前活跃起来，开拓了视野，丰富了思想，推动了经济学的进步。许多大专院校经济系都开设了西方经济学、西方国际经济学、经济计量学等课程。西方的研究马克思主义热和我国的学习西方经济学热成为一个有趣的对照。

回答几个问题

在学习和引进西方经济学方面，有一些中青年同志们的热情相当高。在学习过程中，他们曾向我们提出了不少有关这方面的问题，我们是这样回答这些问题的。

首先，当代中国的经济学研究是不是应该从批判经济学转向建设经济学？我们认为批判和建设并不矛盾，都是必要的。既要批判旧世界，也要建设新世界；既要批判西方经济学中不科学、不合理的具有辩护性的东西，也要吸收和借鉴其合理的科学的成分。特别是在把大量西方经济学说引进来，让广大青年学生学习它们，而一般学生还不具备分辨是非能力的时候，区分其中的精华和糟粕就更有其必要。批评和反批评是学术界正常的现象，在西方经济学界内部也经常在进行批评和反批评。难道我们对于一些似是而非的、错误的见解就应该保持缄默吗？在西方经济学领域内，好多位同志曾写了一系列批判性文章。在国际经济学领域内，国内经济学界对比较成本理论也曾展开了批评。为了分清是非，这些批判性文章，尽管其中有些是初步的，但也是十分必要的。

除了对西方经济学中的不合理不科学的部分进行评论以外，我国经济学界还有一项重要的任务，那就是要剖析和批判封建主义残余。封建残余、小农经济的思想是阻碍中国四个现代化和精神文明建设的极大障碍。因此，从经济上、政治上、文化思想上等几个方面对封建主义残余进行揭露和批判也是十分重要的。

当然，学术评论与“四人帮”所搞的大批判完全不同。学术评论要以事实为根据，要充分说理，以理服人，不能乱贴标签，扣帽子；不能搞政治讨伐。

其次，是不是应该从对西方经济学的排斥否定转向分析借鉴？我们认为对西方经济学不能全盘肯定，也不能全盘否定。要肯定其应该肯定的东西，也要否定其应当否定的东西。学习西方经济学、西方国际经济学、经济计量学、经营管理学、销售学等等以吸收外来的营养是完全必要的。古典学派、新古典学派、凯恩斯学派以及其他各种学派的学说都可以学，其中有些东西可以为我所用。故步自封、闭目塞听只会造成停滞和僵化。30多年来在这方面的经验教训是很多的。但吸收的必须是营养品，而不是糟粕，更不能把大米和米虫以至老鼠屎一起都拿来，当作粮食来吃掉。因此，对西方经济学要批判地吸收和借鉴。至于否定哪些，肯定哪些，怎样批判地吸收和借鉴，这就需要有一个指导思想。这个指导思想就是马克思主义。没有一个正确的观点，我们怎么能谈得上对西方经济学的肯定、否定、分析和借鉴呢？

第三，经济学是不是应从生产关系的研究转向生产力以及生产力和生产关系相互作用的研究？我们认为生产关系和生产力的研究都不可偏废。这里没有抛弃一个选择另一个作为研究方向的问题。社会主义制度不是一经建立就十全十美的。它的经济体制和政治体制需要不断的自我完善和自我发展，因此生产关系也需要改革。我国现在正在进行的经济体制的改革，也就是生产关系的改革。不改革原有的生产关系，生产力就难以发展。既然社会主义制度需要不断地完善和发展，那就需要进行理论上的探索，需要从理论上弄清楚哪些地方需要完善，哪些地方需要改革。现在对这个问题的研究不是太多了，应该转向了，而是太少了，应该深入下去。那种认为在社会主义制度下，经济学的任务仅仅限于研究生产力，而不再研究生产关系的想法，是没有说服力的。

对于当代资本主义世界，我们同样也要进行两个方面的研究。既要研究其生产力发展的一面，也要研究垄断、国家垄断、资本主义国家间相互关系，特别是发达国家和第三世界国家间相互关系的问题。后者更应该受到重视。

第四，经济学的研究是不是应该从定性分析转向定量分析？任何经济现象都是质和量的统一。不可能设想一种没有定性分析的定量分析。对经济问题既要进行定性分析，也要进行定量分析。既不能转向后者而放弃前者，也不能只顾前者而抛弃后者。马克思曾说过这样一句话，即一种科学只有在成功地运用了数学以后，才算达到了完善的地步。马克思的话是对的。不懂数学，不善于运用数学的经济学家就不能说是一位受过严格训练的经济学家。经济学利用数学有其必要性，但是像办任何事情一样，总要做到恰当、实用，使读者受益。超过这个限度，像有些西方经济学家那样，把数学符号当作偶像来崇拜，甚至故弄玄虚，哗众取宠，当然是不能令人满意的。

定量分析，统计数字是很可宝贵的。但数理统计学家的世界并不是或不完全是经济学家的世界。不能用统计数字或定量分析代替理论分析。

第五，经济学的研究工作是不是应该从理论经济学转向应用经济学？这里也同样不存在转向的问题，应用经济学固然重要，理论经济学也十分重要。在某种意义上，理论经济学更为重要。经济理论是经济计划、经济政策的指导，也是我国进行经济体制改革的指导。没有理论上的深入研究，经济政策的制定和当前的经济体制改革就失去了依据。四化建设和改革都迫切地需要理论。我们的经济理论研究工作仍然远远落后于四化建设和改革的需要。

有些同志十分强调统计、经济计量的重要性。这二者固然是重要的，但统计、经济计量只能给人们提供有关经济生活的表面现象而不能深入事物的本质。而经济学方面的一切真正的进步，只有当经济学家从经济生活的表象深入到经济生活的深处，深入到它的实质时，才能取得。这正是理论经济学的作用所在。对社会主义经济的观察分析以及问题的解决离不开理论经济学，对资本主义世界经济的观察研究也离不开理论经济学。我国现在的情况不是经济理论的研究工作做得过头了，而是远远落后于形势。正如有的同志所说的，现在患的是“理论饥饿症”，人们如饥似渴地需要理论。我们现有的经济理论还不能解决四化建设、改革以及对外开放中的所有经济问题。因此一切低估理论经济学重要性的见解，都是不可取的。

第六，经济学是不是应该从微观经济转向宏观经济的研究？我们认为不需要这种转向。我们既要进行微观经济的研究，也要进行宏观经济的研究。在目前我国面临着发展社会主义商品经济，从微观上搞活企业、搞活经济的时候，对企业的组织形式、行为等的研究更有现实意义。此外，我国正在建立和发展海外企业，对西方跨国公司的微观研究也有十分重要的借鉴作用。

有些同志认为长期以来，我国经济学界偏重于微观经济的研究，而对宏观经济问题则较少注意，情况并非如此。马克思主义政治经济学是十分重视宏观经济研究的。世界经济、国际贸易、国际金融等学科也是着重宏观的。所以这里也不存在转向的问题。

西方经济学家评西方经济学

对西方经济学既不应全部排斥、否定、一棍子打死，也不应迷信、盲从、把它当偶像来崇拜。对它应采取实事求是的态度，分析的态度，要取其精华，弃其糟粕。不但马克思主义经济学家对西方经济学应采取这种实事求是的态度，即使是一些有名望的不带偏见的西方经济学家也同样地采取了这样的态度。让我们看看一些著名的西方经济学家是怎样地评价西方经济学的吧！

70年代的英国皇家经济学会会长E．H．P．布朗在一次皇家经济学会开会时致辞说，“物理学是在17世纪取得第一次突破性进展的，但是经济科学到现在还没有取得突破性的进展，因此经济学几乎还没有达到它的17世纪”。作为皇家经济学会会长，布朗对于西方经济学的历史和现状有着透彻的了解。所以他的话引起人们的重视，是理所当然的。布朗说，在过去25年间，经济学虽然有了引人注目的发展，但对于解决当代最迫切的问题，它的贡献是很小的。他认为西方经济学的主要成就表现在三个方面。第一，对于资源分配和决策的逻辑分析的改进；第二，建立了经济增长的模式；第三，对于经济力量的作用的计量经济的分析。他之所以说西方经济学在这三方面有了显著的进展，并不是因为它们解决了什么现实问题，而是因为有关这三个方面的经济论文占据了学术刊物的大部分版面。他指出，这些理论对实践是没有用处的，实践家们在看了这些学术刊物后，就把它们置诸脑后了。

就当代西方经济学成就最大的上述三个方面来说，布朗认为，它们大多是纸上谈兵，脱离实际的。首先，对资源分配的理论分析，远远脱离了实际的决策过程。其次，经济学家们利用少数因素所建立的复杂的模式，并不代表在现实世界上占支配地位的事物。这些理论模式对于那些在实际经济部门工作，必须对现实经济情况进行诊断，并需要开出药方的人们是没有什么帮助的。第三，负责制定政策的人也并不相信经济计量学家所设计的系统。布朗的结论是，西方经济学仍处于欠发展的状态，而他就是用“经济学的欠发达”作为他在1971年英国皇家经济学会会议开幕词的标题的。

对于西方经济学的现状采取批评态度的西方经济学家，绝不只布朗一人。如果我们留心观察一下，就可以知道从70年代以来，对西方经济学抱有怀疑态度的西方经济学家是大有人在的。J. K. 加尔布雷思谴责新古典学派和新凯恩斯派经济学忽视权力这个因素，从而失去与现实世界的联系。W. W. 里昂惕夫攻击数理经济学在薄弱的经验基础上和无法检验的假设上建立华而不实的上层建筑，从而失去与现实世界的联系；K. 博尔丁也责备福利经济学与现实世界脱节。J. 罗宾逊夫人在《经济理论的第二次危机》一文中，指出西方“经济理论的明显破产，即是，除经济学家外，对谁都显得最需要给予回答的问题，这种理论再次无言以对了”。西方经济学既然不能回答现实经济生活中所提出的许多问题，所以不仅马克思主义经济学家，而且不少的西方经济学家也认为西方经济学已陷入危机。

人们常说现代西方经济学是为资本主义服务的。这话是不错的。但还要指出，它并没有为资本主义服务得很好，它不能有效地解决西方经济中的一些短期问题，更不能解决其长期发展问题。这正是当代西方经济学的致命弱点。

（摘自《群言》1987年第1期）

漫谈“西化”

周有光

西方在哪里？

西方在哪里？不同的国家和不同的时代有不同的“西方”。对中国来说，主要有三个“西方”：第一个是汉代的“西域”，第二个是唐代的“西天”，第三个是近代的“西洋”。从这些“西方”取得知识、技术和经世济民的丹方，就是“西化”。

西汉的张骞、东汉的班超，先后出使西域，这是人所共知的历史。当时所谓“西域”指的是玉门关以西、葱岭以东的广大地区，后来又扩大含义，泛指亚洲西部、印度次大陆，以及东欧和北非。

两汉时代的“西域”是人烟稀少、交通困难的荒漠地区。汉代同这个地区往来，是为了抵御匈奴、保卫中原，不是去作文化交流。可是交通一打通，两地之间的文化自然地发生交流。即使两国对阵，也会在交战的接触中不由自主地相互学习。“接触发生交流”，这是文化运动的规律。

汉代通西域，引进了西域的新事物。最重要的是大宛国的“汗血马”。这种被称为“天马”的骏马是古代战争和交通的利器，好比今天的坦克车和吉普车。从西域又引进了植物新品种：苜蓿、蚕豆、葡萄、胡桃、石榴，等等，以及葡萄酒的酿制术。又引进了新的乐器和乐曲：琵琶、羌笛、胡笳、觱篥，以及各种胡曲。张骞传入“摩诃兜勒”曲，用作朝廷武乐。中国音乐西化最早。还经过大月氏的媒介传入印度的佛教，后来在中国产生广大的影响。

汉代向西域输出了重要技术。大宛国在被围困中从汉人那里学到了“掘井法”，在地下穿井成渠，使沙漠变为良田。他们还从汉人学得炼钢术。西域各国的贵族子弟前来长安留学，河西走廊成了文化走廊。

汉文化是春秋战国以来多元文化的综合，到汉代成了一条“黄河之水天上来”的壮观洪流，在中国大地散布开来，主要作内线扩展，从黄河流域流向长江流域和珠江流域，南到越南，东到朝鲜和日本。汉代同西域的文化交流只是军政接触的附带收获。

西天取经

佛教从“西天净土”传来，由中国消化和发展成为汉文化的主要内容之一，这是中国文化史上的一件大事。

从东汉经三国、两晋到南北朝，这500年是佛教在中国的移植时期；到了隋唐时代，茁壮成长，成为具有中国特色的佛教。只要观察一下观音塑像的演变就可以说明佛教的中国化。从敦煌一路东行直到兰州，观音塑像从八字胡须的男身逐渐变成怀抱胖娃娃的女身，观音和圣母“化合”成为“送子观音”，这是中国人按照自己多子多孙的愿望塑造的“中国观音”。

佛教不是只有几个泥菩萨，它还是一个文化体系，包含多方面的知识和技术。汉文化从它取得哲学、文学、艺术的新养料，从它取得建筑术、数学、天文学、医学、语言学、因明（逻辑）学的新养料。唐宋时代的佛教寺庙比帝皇宫殿和贵族邸宅还多。“天下名山僧占多”。中国大地“西天”化了。

儒学到了唐代，早已把先秦诸子熔于一炉。儒家夸口说，一物不知，儒者之耻；这也说明儒学是兼收并蓄的，所以历久不衰，始终是汉文化的主流。但是时代在前进，同印度一比，儒学显得哲学贫乏、文学单调、科学落后，急需从“西化”中取得营养，恢复活力。东晋的法显、唐代的玄奘以及其他知识探险者，先后西行，留学天竺，还请来多位“客座”佛学大师。“唐僧取经”成为里巷美谈。中国以强盛的帝国而不耻去西天取经。江河不择细流，所以成其大。长安成了世界的文化中心。

不错，佛教也是麻醉人民的鸦片。可是当时的统治阶级自身也需要麻醉，祈求现世享受荣华富贵以后，来世升入“极乐世界”。老百姓自愿信仰佛教，他们现世受尽苦难，幻想救苦救难的观自在给他们来世的自由和平等。烧香念佛是精神镇静剂；朝山进香是健身的旅游。一箪食、一瓢饮、曲肱而枕之，这样的儒家清教徒生活，已经不能给人“乐亦在其中矣”的满足了。向佛教追求丰富的想象和活泼的生活成为不可抗拒的时代思潮。佛教在印度式微以后，中国成了佛教的大本营。

儒学本来不是宗教。“子不语怪力乱神”。孔子讲天命，只是顺应自然。但是，孔子是“圣之时者也”，千年相传，顺时应变，到唐代早已形成了孔教。各地建造孔庙，拜孔一如拜佛。因此有人说，佛教是多神教、耶教是一神教、孔教是无神教；宗教和非宗教的区别不在有无上帝，而在有无不许怀疑的教条。儒、释、道并称“三教”，不是没有道理的。

汉文化内含儒学和佛教两大体系，是“双子星座”文化。隋代一度崇佛而抑儒，向西天一边倒，实行全盘西化，这是隋代短命的原因之一。唐代儒佛并举，崇佛同时尊儒，重汉而不排印，使中印文化汇流成为东方的文化洪流。

不过，“西天取经”的收获以宗教为中心，对政治和经济没有根本性的影响。

从东洋学西洋

19世纪以前侵入中国的民族都是文化低于中国的游牧民族。从鸦片战争开始，情况大变。西方殖民主义者在军事技术上和生产技术上都远胜中国。清朝在兵临城下的危急情势中，为了自救而被迫学习西洋，开始“西化”。学习西域的西化是偶然的、是零星拾来的；学习西天的西化是主动的，是不伤脾胃的；学习西洋的西化是被迫的、是性命攸关的。

对帝国主义的侵略，清末的最初反应是鄙洋排外，想以“神拳”打退洋枪。失败以后，改变策略，“用夷技以制夷”。这是晚清式的“西化”。

用夷技以制夷首先成功的是日本。日本在成功以后立即变为侵略国，矛头对准中国。中国的“制夷”（反侵略）于是不得不以日本为主要对象。说来奇怪，日本同时又成为“用夷”（留学）的主要去处——从东洋学西洋。

清末的维新运动和辛亥革命都跟日本有密切关系。维新运动是模仿日本的明治维新。同盟会是在日本成立的。日本明治维新的要点是定宪法、开议会，以资本主义的政治制度保障资本主义的经济发展。这个要点在中国难于理会。

留日学生从东洋传来许多西洋的概念和名词。这或许是从东洋学西洋的主要收获。“社会学”这个日本译名代替了“群学”；“物理学”这个日本译名代替了“格致学”。《共产党宣言》的最初译本也是从日文间接译来的。回顾历史，日本学中国1000年，青出于蓝；中国学日本100年，未能登堂入室。

19世纪60年代开始的洋务运动是晚清早期的“西化”实践。指导思想是“中学为体、西学为用”。封建官吏办理工业，一一以亏本倒闭而告终。历史经验告诉我们，封建为体、科技为用，违反了生产关系必须适合生产力性质的规律。五四运动有鉴于此，提出了新的西化丹方，就是邀请“德先生”和“赛先生”两位客座教授携手同来。可是，“赛先生”受欢迎而水土不服，“德先生”被摒于门外，因为他干涉内政。这个问题在封建主义这座大山没有推倒以前是无法解决的。

日本的“西化”是分两步走的。第一步是明治维新，君主立宪。第二步是战败投降，虚君民主。人们说，战前日本是半封建、半资本主义，“二战”打掉了前面一半，日本全盘西化了。这种说法并不完全符合事实。日本在西化的同时，十分重视东方文化和文物，没有自我进行破而不立的毁灭。现在的日本是“西方”七个发达国家之一，“西方七国会议”曾在东京举行，东方和西方的界线已经从太平洋中心移到黄海和日本海中心了。据说，日本经济起飞的秘诀是西化加竞争。西化是技术，竞争是动力。没有动力，技术发挥不出作用来。

“西化”众生相

文化像水，是流体，不是固体，它永远从高处流向低处。如果筑坝拦截，堤坝一坍，就会溃决。文化有生命，需要不断吸收营养，否则要老化，以至死亡；古老的文化摇篮一个个化为乌有了，只有中国巍然独存，但是处于第三世界。文化有磁性，对外来文化既有迎接力，又有抗拒力；是迎是拒，由主观和客观的因素来决定。文化像人，有健全、有病态，还有畸形。

文化交流有各种模式，可以归纳为替换和融合两类。融合分混合和化合。混合分重叠和嫁接。化合分全化合和半化合。太平洋中一些岛屿国家抛弃了他们的本土语言和本土文化，全盘西化，这是文化的替换。生物学家到礼拜堂去做祷告，既信进化论，又信上帝创造论，这是文化的重叠。佛教和西藏固有宗教结合成为喇嘛教，这是文化的嫁接。日本明治维新是封建和资本主义的半化合。某些民族统治中国几百年以后同化于汉族是全化合。

文化有图腾现象，又有禁忌现象：用头饰和帽形代表民族和宗教是文化图腾；为维护唯物主义而不敢演鬼戏是文化禁忌。图腾和禁忌交织，产生种种文化奇景：反对信佛而香火大盛；禁听邓丽君而邓丽君之风流行；简化汉字而繁体字复活；停止发行的小说一抢而空；传得最广的消息是小道消息。塞之而流，禁之而行，这也是文化运动的一种规律。

西化是五光十色的。建造洋化塔楼而没有13层和13号，把希特勒曾经破除的迷信也“化”来了，这是囫囵吞枣式的西化。友谊商店不友谊，是名不副实的西化。洋大人处处受到特别优待，不少去处“犬与华人”不得入内，自尊一变而为自卑，这是堂·吉诃德式的西化。在“五七”干校的高粱地里侈谈身居茅屋、胸怀世界的国际主义，这是阿Q式的西化。还有瞎子摸象式、皇帝新衣式、州官点灯式、移花接木式，等等，格式繁多，恕不细谈。

站在着衣镜前看看我的服饰。头戴鸭舌头帽子，这是西洋工人的便帽，瓜皮小帽久已不戴了。剪短的头发是从东洋间接学来的西洋发式，既不同于明朝的发结，也不同于清朝的辫子。人民装是西洋制服的翻版，跟中式长袍马褂大不相同。西装裤不同于宽腰布带的中式裤子。袜子是洋袜，鞋子是西式旧皮鞋。这种普通城市男性老百姓的服饰，还有哪一样是周公孔子传下来的？我自己也大吃一惊！从头到脚“西化”了！

洋为中用

从农业化到工业化再到信息化（又称新技术革命）是历史的三部曲。我们正在同时学习第二和第三两个乐章，这是艰巨的历史任务。中国的西化进入新的阶段。这个阶段的丹方叫做“洋为中用”。

地球缩小了。东西方文化正在汇流成世界文化。今天“洋为中用”，明天“中为洋用”，后天“中洋共用”。问题不在“中”或“洋”，问题在“用”。

（摘自《群言》1987年第8期）

我相信“拿来主义”

赵超构

“民族文化与现代化”，这是一个可以写万言书的大题目。这里只能长话短说，说其一点，那就是：在现代化过程中，我们的民族文化或所谓传统文化，还有没有用处，要不要像倒垃圾那样一扫而光呢？

我是崇信鲁迅先生的拿来主义的。那道理，鲁迅已说得非常透彻：得了一所大宅子，为了怕污染而徘徊不敢进门，是孱头；勃然大怒，放火烧掉，以示自己清白，则是昏蛋。反之，欣欣然蹩进卧室，大吸剩下的鸦片，那是废物。

而拿来主义者则要运用脑髓，放出眼光，占有，挑选，对于那大宅里的东西，或使用，或存放，或毁灭。主人是新主人，宅子也就会成为新宅子。

现代化不可能是从天上掉下来的，也不可能在真空中诞生。它要推陈出新，而这里就必须有所继承，从传统文化中“推”出新的。它要吸收世界文化的养料，这就必须有所借鉴，“洋为中用”。在这两方面都可以实行拿来主义。

时下的热门话题，是所谓民族文化有没有拿来的必要问题。有的人一碰这个问题就徘徊不进，或勃然大怒，以保存自己的清白。有的人致力于“国民性”的批判，大谈其“丑陋的中国人”，以示其现代化。其实呢，说中国人当中有某几种“丑陋”现象，是事实；说这种“丑陋”现象就是中国人天生的性格，加之于全体的中国人，那就可能是诬蔑。动不动就以

“5000年文明古国”来自我陶醉，那是自我欺骗。一提起传统文化就想到“丑陋的中国人”，那是自我糟蹋。这两种想法和做法，并不是建设现代化。所谓现代化，就是把传统的化为现代的，把外来的化为自己的。我们的民族文化本身就吸收了许多外来的东西，也是拿来主义的产物，并不是纯而又纯的。

因为“恨铁不成钢”而针砭“丑陋的中国人”，让我们社会中的腐败现象曝光，揭露旧文化中的病毒与鸦片，那是完全可以理解的。但是不应因此而失去民族的自信。鲁迅是从旧垒中来，反戈一击，最能致强敌之死命的。他笔下的阿Q，至今还被广泛引用为“丑陋”的典型。但是，也正是鲁迅，他说过：“我们从古以来，就有埋头苦干的人，有拼命硬干的人，有为民请命的人，有舍身求法的人……这就是中国的脊梁。”

鲁迅反对国粹主义，反对埋首故纸堆，但是他仍然从历史上看到光耀的中国的脊梁，他决不是民族文化的虚无主义者。

学习鲁迅的拿来主义，运用脑髓，放出眼光，向古代拿来精华，向国外吸收营养，这才谈得上现代化。

（摘自《群言》1989年第1期）

关于“发展”的省思

卢　风

“发展”是个典型的现代性概念。古代人并不十分追求发展，对于古代中国的百姓来讲，最重要的事情是生存（包括子孙的生存），对于古代中国的精英来讲，最重要的事情是追求“天人合一”境界；而对西方中世纪人来说，最重要的事情是拯救自己的灵魂，灵魂拯救的根本途径则在于对上帝的虔诚信仰。西方启蒙之后，“发展”和“进步”一类的语词才日渐流行。

在现代社会，人们认为发展就是经济增长和科技进步。在所谓“知识经济”时代，人们更深切地认识到经济增长与科技进步之间的相互依赖，即经济增长越来越依赖于科技创新，而科技创新也越来越依赖于经济增长的刺激，以及经济力量所支持的科学共同体的合作。在后殖民主义时代，西方人在衡量发展中国家的发展水平时，增加了“发展”的内涵，即要求发展涵盖政治的民主化或人权状况的改善。但经济增长和科技进步仍是发展的基本内涵。

对发展的追求源于人对意义的追求（这与“第三世界”国家人民为生存和摆脱贫困而谋求发展不矛盾）。人并不总要追求发展，但人总要追求意义。人是追求无限的有限存在者。对意义的追求也体现为对无限性的追求，即人们对自己认为最有意义的东西的追求是永不知足的。西方中世纪人把人生的根本意义理解为灵魂救赎，于是他们的意义追求就表现为永无止境的精神求索和坚定不移的精神信仰。中国古代的精英们认为人生的最高意义是追求“天人合一”境界，他们的意义追求也表现为永无止境的精神求索。“路曼曼其修远兮，吾将上下而求索！”屈原的吟唱影响了一代又一代的志士仁人；孔子说，“朝闻道，夕死可矣”，可见道代表着人生的最高意义。西方的启蒙运动使人们把这样的意义追求当作虚幻的追求，使人们认为，人生的根本意义就在于追求此世的幸福。而此世幸福的根本条件就是物质生活的改善，就是经济增长和科技进步。由以精神追求的方式追求意义转变为以物质追求的方式追求意义，是一次非同小可的转变。完成了这样的转变，发展就成了人生幸福的根本条件。现代人谋求发展并不仅为了生存，谋求发展是现代人意义追求的根本方式。所以，现代人不能承认发展是有限度的，他们认为人类应该永无止境地追求发展。

现代人谋求发展的过程就是征服自然的过程。无止境地谋求经济增长和科技进步，必然导致对地球生态状况的严重破坏。

现代人所谋求的经济增长主要表现为物质财富的增长，经济增长就意味着人均占有的物质财富的增加，从而意味着人均消耗的资源的上升。用比较科学的术语表达，增长就指“维持商品生产和消费的经济活动的物质／能量流量在物理规模上的增加”，“从物理意义上讲，物质／能量本身显然是不存在生产和消费的，因此流量实际上是一个低熵原料转换为商品并最终成为高熵废物的过程。流量以衰竭为开端，并以污染为末端。增长只是流量在物理规模上的数量增加”。因此，就今天的地球人口数量而言，谋求全球经济增长，势必会加重环境污染，加速生态破坏。

现代科技进步的标志就是人类控制自然物的能力的提高，即越能控制自然物就意味着科技越进步。现代人认为，人类控制自然物的能力可无限加强，直至能够随心所欲地控制环境，所以，在科技的支持之下，人类可无限追求经济增长。然而，这是个绝大的错误！作为“存在之大全”的自然是绝对不可征服的！人类可相对地、暂时地征服特定的自然物或自然系统。但人类对地球自然系统征服得越强烈，遭受的报复就越强烈。如今全球性的生态危机就是明证。生态学原理加全球性生态危机的事实已雄辩地证明：现代人所追求的发展是不可持续的！地球60亿人若继续谋求这样的发展，人类就将坠入毁灭的深渊！

于是上个世纪80年代末，人们提出了“可持续发展”概念。1987年，由联合国资助的布伦特兰委员会发表了题为《我们共同的未来》的报告，在这个报告中，“可持续发展”被定义为，在满足当代人需求的同时不牺牲后代人满足需求的发展，强调当代人的发展不能影响子孙后代的发展，要注意环境和资源的可持续利用。但这个概念只是个过渡性的概念，它本身就包含着矛盾。因为它仍把经济增长保留为发展的基本内涵，即认为可持续发展首先必须涵盖发展，而发展必须涵盖经济增长。“可持续发展”似乎包含了新的内涵，即发展的可持续性和环境保护。但恰是这项新内涵与经济增长是互相矛盾的。

经济核算的主要内容是对物质财富的多少的核算，所以，经济增长主要标志着人均占有的物质财富的增长和消耗的物质资源的增加。可见，根据可持续发展观念，60亿人谋求可持续发展，就是一方面要求人均消耗的资源越来越多，一方面要求保护地球生态系统。但现代人类的生活情境已证明这两方面的要求是彼此冲突的。“人类经济规模的持续膨胀将需要挤占更多的其他物种的栖息地，这是与保持生物多样性和生态支持系统不一致的。”所以，“可持续的增长是不可能”。正因为可持续发展概念包含着矛盾，它在现实中的影响也是悖谬式的：许多地方打着可持续发展的旗号，却正干着不可持续的事情。

然而，“可持续发展”口号毕竟已产生了巨大影响，注意到可持续性问题毕竟比不顾一切地追求发展好。人们在追求可持续发展的过程中或可逐渐明白：以经济增长为基本内涵的发展不可能是可持续的。除非人类根本改变经济偏好，使精神活动项目占总经济活动的较大份额，亦即市场竞争能刺激人们进行精神追求，而不是像迄今为止这样，主要刺激人们进行物质追求。然而这似乎是不可想象的。

曾在世界银行工作过的生态经济学家戴利试图把增长与发展区分

开来。增长意味着“通过吸收或添加新增物质从而带来规模上的自然增加”，而发展则意味着“扩展或实现某种潜能，逐渐达到更圆满、更充分、更美好的状态”，“如果某物增长了，则它变得更大了。如果某物发展了，则它变得不一样了。地球生态系统在发展（进化），但它并不增长。其子系统经济必须逐渐停止增长，但它可以继续发展”。戴利认为，人们把“可持续发展”等同于“可持续增长”，这是个严重的错误。戴利主张彻底改变经济结构，从而使经济停止增长，但仍继续发展。

但我们还可以采取另一种思路。发展不必以经济增长为基本内涵（在这一点上，我们与戴利一致），也不必以经济发展去总括人类发展，经济不能发展了并不意味着人类就不能发展了。人类的发展可体现为社会结构和分配制度的改进（戴利等人已提出具体的关于公平分配的建议，但在资本主义格局中一时难以实现），也可体现为人际交往方式的改变和人的精神境界的提高（这两方面是相互联系的），还可体现为人与自然之间关系的改善。在新世纪，人类为实现可持续地发展，就必须认识到：精神发展（涵盖道德提升）才是发展的基本内涵。因为只有当越来越多的人弃绝物质主义和消费主义的意义追求方式，不再以追求物质财富的方式追求人生意义时，地球生态系统才能免受滔滔人欲的剧烈冲击。只有以精神提升为基本内涵的发展才是真正可持续的！

现代人在价值追求方面犯了一个巨大的错误。人的基本物质需求本是有限的，比如每个人只能吃那么多食物。但现代人把对物的占有当作人生的根本意义，当作个人价值实现的根本标志，这才使人们对物质财富的追求表现为永不知足的贪婪。人对意义的追求可以更本真地表现为对精神境界的追求，历代圣贤已在这方面为我们树立了成功的典范。在现代化过程中，人们盲目地把古代圣贤的追求当作愚昧的梦幻丢弃了。但当代生态学和现实中的生态危机正表明，现代人所追求的所谓“真实意义”才是虚幻的。原因有三：一是无论人们占有多少物质财富，他们所占有的都只是有限物，而不是无限意义，人只能在精神中触及无限。二是现代人对意义的追求就是对幸福的追求。在具备基本物质生活条件之后，个人幸福在很大程度上取决于心态、境界，取决于个人与他人的关系，而不再取决于所赚得的金钱的多少。现代人似乎很务实，他们“躲避崇高”，而拼命赚钱及时消费，觉得金钱是最实在的东西。但他们不知道有追求幸福的更便捷的路径，那就是培养健康的心态，提高自己的境界，心态好了，境界高了，立即就会有幸福感。三是由于现代人以追求物的方式追求无限，故对物的追求已表现为极度危险的贪婪，这种贪婪会导致全人类的灭绝。人类为能安全地栖居在地球上，必须遏制自己的贪婪。

摆脱了现代性的桎梏，我们就不会以轻浮的态度嘲笑古人的落后了。古人的意义追求方式和交往方式都值得我们借鉴。

例如，中国古代的文人雅士讲究琴棋书画。书法就是一种非常好的生活艺术，通过这种艺术追求人生意义比现代消费主义者以消费竞赛的方式追求意义好得多。书法可陶冶人的情操，提升人的境界，就物质消耗而言，不过纸、笔、砚而已。而正在中国兴起的汽车消费将会消耗更多的能源，将会造成严重的空气污染，将会更多地挤占野生动植物的生存空间。

人也许必须通过把自己的意象和思想对象化而进行意义追求和文化（广义）创造。但中国古代哲人把意象和思想物化的倾向极其淡漠，这与现代人形成鲜明对照。中国古代哲人极重视境界的提升，而境界的提升更多是通过“反求诸己”和“向内用力”的方式实现的。现代人则通过市场而形成巨大的集体力量，主要以物化的方式去追求人生意义，即通过征服自然以摆脱自然规律的束缚，通过制造业而把自己的意象和理念对象化。例如，在长江三峡上建起大坝和电站，便实现了“高峡出平湖”的理想，即实现了人类的伟大理想。又如，汽车设计师认为自己只有在设计并制造出了性能更好的汽车时才有价值实现的感觉，汽车消费者认为只有当自己能消费越来越高档的汽车时，才活得有滋味，才能博得邻人羡慕的目光。古人的意义追求方式更为本真，而现代人的意义追求方式是被严重扭曲了的。

古代中国人的休闲方式也值得现代人学习。如《红楼梦》中所描写的“诗社”就很有意思，但现代人已不愿再以这样的方式休闲了。现代年轻人或者到“迪士高”舞厅去狂舞，或者到高速公路上去飙车，或者驾车到风景区去烧烤……这些休闲方式不是缺乏精神交流的深度，就是会产生环境污染的后果。

当然，人类不会回到古代。人类需要创造。若说人类需要发展，就该说，人类需要全面和多样化的发展。

（摘自《群言》2004年第10期）

儒家价值观不会过时

孔令仁

过去一直捍卫儒家价值观的李光耀最近宣称：在信息时代儒家价值观已经过时了。这条消息是我在2001年2月3日《参考消息》第3版上看到的，如果《参考消息》报道不错，我以为这种“过时论”的观点是值得商榷的。

综观古代埃及、巴比伦、印度、中国四大文明古国，前三国的古代文明都未能延续发展，唯我中华文明得以延续，历久弥新，日益发扬光大。“超百万年的文化根系，上万年的文明启步，五千年的古国，两千年的中华统一实体。这就是我国历史的基本国情。”（苏秉琦教授语）什么是“两千年的中华统一实体”？我以为是指秦统一至清，其间连续建立的封建统一王朝。这个“中华统一实体”是由多种原因造成的：在政治上是由于实行中央集权制度；经济上是因为我国古代商品经济比较发展，各地区之间的联系比较密切；民族上，我国是以汉族为主体的多民族国家，民族之间交错杂居，他们互相学习、交流往来，逐渐形成了多民族友好的大家庭，从而保证了国家的统一。此外，还有一个重要原因，就是在文化上中国的大多数民族、大多数人口都信奉儒学，儒家主张的仁义、和谐、统一、太平是指导他们行动的金科玉律。以上原因造成了中国历史的一个显著特点：统一是常态，分裂是变态，统一长于分裂。

秦始皇统一全国后，简单粗暴地推行以“法”治国，结果秦朝只维持了十几年，统一局面就崩溃了。汉武帝以后，开始“独尊儒术”。但实际上，汉朝统治者除用“儒”外，也还用“法”。正如汉宣帝所说：“汉家自有制度，本以霸王道杂之。”“霸道”是指法家的法治，“王道”是指儒家的德治。由于汉朝杂用儒、法，使它的统治能延续400年，以后的王朝也都是儒、法并用，说明这种治国方法是有效的。法治的贯彻离不开强制手段，德治则强调说服和劝导，两者相比，封建统治者更强调宣扬儒学，因此儒学深入人心，在中国古代社会成为任何学派都难以取代的显学。

在今年召开的全国宣传部长会议上，江泽民同志提出了依法治国和以德治国的基本方略。这个方略和古代的儒法并用既有不同之处，也有相同之处。不同之处是，我们现在依法治国的“法”是由人民制定的社会主义之法，以德治国的“德”是社会主义的道德规范；而过去所用的法家的“法”是封建的法，所用的儒家的“德”是封建的道德规范。相同之处是，不仅两者在形式上相似，在内容上也有继承性，也就是说我们现在所用的“法”和“德”，都吸收、继承了过去法家的“法”和儒家的“德”的合理内核。如果我们现在所用的“法”和“德”，拒绝吸收、继承过去文化遗产中的合理内容，它们将不具备中国的特色，将难以与中国的社会实际相结合，因而也不可能在中国社会扎根、开花、结果。

用唯物辩证法来看，儒家思想或者说儒家的价值观，既有糟粕部分，也有精华部分。糟粕部分是应该抛弃的，精华部分则是中国古代文化遗产中的珍品，它将永远受到中国人民的珍视和利用，是不会过时的。

（摘自《群言》2001年第5期）

保护非物质文化遗产　弘扬优秀民族文化

安纯人

我国是非物质文化遗产大国。5000年的古老文明，漫长的农耕文化历史，以及56个民族多元化的文化生态，显现了中华民族民间文化艺术资源十分丰富及天才的艺术创造，有极高的历史价值，许多种类或世界独有，或世界第一。然而，随着现代化进程的加速，受许多条件因素影响，我国原本丰富的非物质文化遗产正遭受着猛烈的冲击。

我国非物质文化遗产处境堪忧

按照联合国教科文组织的界定，人类文化遗产可概分为两大类：一类是物质文化遗产，包括文化遗址、遗存、文物、文献等；一类是非物质文化遗产，主要是指以语言、文学、音乐、舞蹈、游戏、神话、礼仪、习惯、手工艺、建筑术、技艺、技巧和瞬间表现形式传承的文化遗存，是民俗文化、民间文化、民族文化的重要传承方式。非物质文化遗产的最大特点是口耳相传，诉诸视听而疏于记录和固态化。因而常常是转瞬即逝的，不可再生的。一旦消亡或流失，在落后的记录手段和技术条件下，基本无法恢复或再生。这就意味着民间的非物质文化遗产虽然丰富，但也很脆弱。目前，我国非物质文化遗产发掘整理和保护行动落后于它的消亡速度，呈现出岌岌可危的现状，如民间戏曲、戏剧在衰落，年画、剪纸、皮影正在逐渐消失。而与此同时，中华民族文化的独特性和不可替代性正吸引着世界目光。无论是“中国京剧欧洲行”的顺利开展，昆曲和古琴被联合国教科文组织列入“人类口头文化遗产”名录，还是《卧虎藏龙》获奥斯卡奖项，都说明了中华民族文化的魅力所在。但是就在我国的非物质文化遗产在得到越来越多世界认同的同时，许多国家将许多本属于我国的文化遗产纳入本国家的文化产业战略，对这一宝贵资源进行开发利用。从已经久远的“敦煌”艺术的流失，景泰蓝、宣纸技术被窃，到近年来美国《花木兰》的高上座率，韩国的皇家音乐“申遗”（韩方入选世界非物质文化遗产名录时，明确说明该项艺术源自中国），以及韩国欲夺我们的“端午节”申请世界文化遗产，少林商标在美国抢注等事件屡屡发生，这在说明中国非物质文化独特地位的同时，也向我们敲响了警钟：如果我们行动迟缓，一些优秀的文化遗产将被他人“端走”，我国优秀的文化将被肢解。

在抢救非物质文化遗产中遇到的问题

党中央、国务院十分重视非物质文化遗产保护工作，确定了对重要非物质文化遗产和优秀的民间艺术工作给予扶持的方针。各地政府对保护、抢救非物质文化遗产工作积极行动，并取得了很大的成绩。近些年，我国非物质文化遗产保护工作已经开展起来，但也存在以下问题：

一是我国非物质文化遗产种类繁多，普查力度不大。由于民间文化历史悠久、种类繁多，加上非物质文化遗产工作长期不被重视，政府部门的普查工作力度不大，至今对于我们民间文化的非物质文化遗产的整体状况、存在种类数量和消失的状况等认识不清，缺乏深入和广泛的了解。

二是保护非物质文化遗产的观念滞后，资金技术贫乏，对非物质文化遗产价值缺乏正确的开发利用。如由于得不到政府的支持，资金不足，一些小规模的非物质文化遗产类的文化产业，在艰难的环境中自生自灭。旅游市场对民间艺术遗产庸俗化的廉价开发，对社会造成文化误导和原生态破坏。

三是非物质文化遗产缺乏法律保护依据。如对古代的科技、工艺、音乐、舞蹈、历史声音、历史图像、民族文物、民俗文物等非物质文化遗产，既没有科学的界定和权威的说明，也未能列入《文物保护法》的保护之下。我国现有的法律法规已不能适应我国非物质文化遗产保护工作的开展。

四是缺乏非物质文化遗产的教育及人才的培养，传承渠道不畅。教育领域对非物质文化遗产缺乏重视和价值认知，教育与文化遗产保护、传承脱节。如大学中与非物质文化遗产相关的学科极度缺乏，不能培养提供保护文化遗产所需的社会人才。公民尤其是年轻一代越来越远离本民族的传统文化，如果我们的下一代生活在充斥着网络、选秀、圣诞节的环境中，而丧失了对民族文化的关注和热爱，中华民族5000年绵延不断的民族民间文化将面临断裂的危险。

关于保护我国非物质文化遗产的建议

（一）各级政府要给予足够的认识与支持，全面推进非物质文化遗产保护工作

一是政府对非物质文化遗产保护工作要高度重视，方向明确，把保护和开发优秀非物质文化遗产作为发展我国文化产业的重要组成部分；二是尽快成立鉴定和评估非物质文化遗产的审查委员会和专家委员会，分阶段制定民间非物质文化遗产保护与发展的长远规划，编制中国民间非物质文化遗产名录；三是要尽快制定“民间传统文化保护法”和“民间传统文化保护条例”等法律法规，实现对非物质文化遗产的保护工作纳入法律轨道；四是理顺管理体制，建立地方与地方之间、部门与部门之间的协调机制，形成合力；五是各级政府应将民间非物质文化遗产抢救工程纳入经济社会发展规划，在人力、物力、财力上予以切实支持。

（二）实行分级保护制度，负责统一协调、指导保护工作

一是地方政府应明确实施保护单位及各自权利和责任，负责辖区内非物质文化遗产保护工作；二是要建立专项的民间传统文化保护基金，帮助一些地区解决非物质文化遗产保护工作中遇到的资金困难问题；三是在非物质文化遗产管理体制尚未系统建立之前，由文化部门负责协调和指导文化遗产保护工作。

（三）培训一批非物质文化遗产的承接人才队伍

一是在相应的高校增设有关方面的专业学科，招收此类专业的学生，其中包括本科生、代培生、进修生等；二是将民间艺术列入大学艺术教育，在中小学各个学段开设有关非物质文化遗产内容的课程，从小孩子开始培养他们对民族文化的认同感；三是在保护非物质文化遗产的队伍中，要吸收文化人类学家和民俗学家，以提高文化遗产保护工作的水准。

（四）开发和保护并重，避免开发活动对文化遗产的破坏

一是避免地方政府因利益驱动，不顾及对文化遗产的破坏，去“开发”某些非物质文化遗产；二是必要的开发必须由专家学者论证，经有关部门审查批准，严格实行开发非物质文化遗产的准入制度；三是政府必须倾听民众保护文化遗产的呼声，及时纠正有损文化遗产的行为，加大对非物质文化遗产的保护力度。

（五）努力营造全社会重视非物质文化遗产的氛围

一是将非物质文化遗产列入爱国主义教育内容，广泛开展非物质文化教育的宣传工作；二是建立相关的博物馆、民俗馆和民间艺术资料库等设施，利用现代科技手段对非物质文化遗产进行严格保存和保管；三是组织专家学者、文化工作者和群众艺术工作者参与保护非物质文化遗产活动，特别要注重发挥关心文化事业的企业和人士，以及文化团体和各类文化中介组织的作用；四是推行国家非物质文化遗产命名制。借鉴“世界文化遗产”或“人类口头与非物质文化遗产”申报的做法，对优秀的非物质文化遗产，按照逐级申报、专家机构或权威部门评估、政府审批的程序，给予

相应级别的命名，把保护、开发、“申遗”、利用更紧密地结合起来。

（六）推动民间非物质优秀传统文化不断发展形成文化产业，是保护非物质文化遗产的有效途径

文化遗产列入保护名录之后不能仅仅停放在博物馆里，应积极推动民间非物质文化遗产的产业化发展，对具有产业开发价值的传统文化项目予以政策倾斜，鼓励民间资本进入民间传统文化的产业开发。在认定和保护各种非物质文化遗产的基础上，对具有一定经济价值的非物质文化遗产，在有效保护的前提下，进行科学合理的开发利用，使它们成为促进地方经济发展的重要支撑。

（摘自《群言》2008年第6期）

你为你的国家做了什么

丁元竹

近日，老朋友苏珊从华盛顿发来电子邮件说美国总统奥巴马准备签署《美国服务法》。苏珊一直致力于推进志愿服务。早上打开电脑，看到奥巴马这位美国新总统昨天确实签署了这项法案。签署法案后，奥巴马参加了植树活动。

根据这项新法案，成千上万的美国人将有机会为他们的国家和社区服务。尤其值得注意的是，在当前经济持续不景气情况下，美国申请参加社区服务人数创历史纪录，大大超出社区自身的需求。

根据新签署的法律，政府将增拨57亿美元用于支持更多的社区服务活动，引导更多的学生和各类社会群体参与社区服务。未来八年，由政府资助的服务项目将扩大两倍。志愿服务活动将在教育、环境保护、社会救助等领域开展。这些法案以爱德华·肯尼迪参议员的名字命名。爱德华·肯尼迪的哥哥是已故前总统约翰·肯尼迪。肯尼迪在1961年建立了动员公民参与社区服务的著名的“和平队”，而且肯尼迪留下了一句至理名言：“不要问你的国家为你做了什么，而要问一问你为你的国家做了什么。”这句话激励了数代美国人为自己的国家和社区奋斗。记得几年前我在汉城（即今首尔）遇到全美志愿服务协会主席朱利亚，我问她为什么要做志愿组织的领导人，她说在她六岁的时候，肯尼迪遇刺。朱利亚的妈妈告诉她肯尼迪是一位很有作为的总统，也告诉了她这句至理名言。

奥巴马以自己在社区服务的经历对公民服务的价值作了同样的诠释：

“通过社区服务，我发现了一个全心拥抱我的社群。”我特别认同奥巴马说的“社群”。每次到香港城市大学讲学，我总要路过学校校训“敬业乐群”。这个“群”用得非常好，非常形象，不带有任何说教的色彩。奥巴马还说，面对当前的金融危机这样一个历史时刻，“我想不用告诉各位应当做什么。这要由各位自己来发现。但是，我要求各位站出来，承担自己的角色”。这个角色，就是每个个体对于国家和社区的责任。

无独有偶，罗斯福在1932年总统竞选中把建立公民服务队作为其就业救济政策的一部分，并在当选后立即着手实施。公民服务队成立于1933年3月21日。当年5月7日，罗斯福通过“炉边谈话”高度赞誉公民服务队并告慰美国人民：“我们正在给25万失业者寻找就业机会，特别是那些有家有口的年轻人，我们要让他们去保护森林和建设防洪设施。我们会给他们两倍于军队的食物、衣物和其他照顾。创建公民服务队是一箭双雕：第一，它会提高我们国家自然资源的价值；第二，它可以减轻人们实际面临的压力和苦恼。”

美国劳工部和军队系统具体负责和管理公民服务队。劳工部负责失业公民登记（主要是男性公民），军队系统管理和使用这些失业人员。军队派出3000名官兵作公民服务队的指导员。来自内务部、农业部、工程部队及其属下的部门，诸如国家公园服务局、林业局、土壤保护局、土地管理办公室、印第安纳事务局、开垦局、放牧局、生物调查局等部门都参与了该项目。政府提供项目监管者，雇佣受过训练的领班（或叫作有经验的地方人），这些人再培训失业者。教育部门在每一营队配备一名教育顾问。政府与地方百货店、加油站、设备供应商签订合同，确保物资供应，项目还提供医疗服务。

公民服务队的初衷是帮助城市年轻人，但是城市人不太情愿参加，实际参与者大部分来自小城镇和乡村地区。公民服务队成立不到一周，劳工部就组织他们开展再就业工作。公民服务队通过地方福利部门开展人员招募。

参加公民服务队的条件是：年龄在18—25岁之间，其父亲失业，参与时间一般为六个月。实际上，参加者平均在18—19岁之间。政府专门为退伍军人和印第安人建立了两个专门项目和营地。1937年，国会把参与者的年龄放宽到17—28岁，条件也不再限于那些家庭接受救济的人。如果参与者愿意继续留在服务队，可再延续半年，每个人最多不超过两年。很少有人提前离去。每位参加者每月可获得30美元收入，其中25美元必须寄回家去。政府为每位全日制参与者每年支出大约1000美元，整个项目支出大约30亿美元。

公民服务队住帐篷，着装，接受半军事化训练。刚刚进入营队时，70%的人营养不良、破衣烂衫，很少有人受过高中教育，工作经验缺乏。公民服务队每周工作五天，每天八小时，晚上可以参加各种层次的夜校——从大学水平的历史课程到基础性文化教育，也有技能训练，诸如汽车修理、烹调、面包制作等。

公民服务队开办大量项目，诸如保护土壤、为湖泊蓄水、安装电话和输电线路、伐木、防火道建设、篱笆搭建、植树、养蜂、考古发掘、家具制造……他们在城市公园建设的大量建筑至今还保留在一些国家公园或州立公园中。另外，在这个时期美国建造了近70%的新校舍，65%的地方政府办公楼、市政厅和污水处理厂，35%的医院和公共卫生设施，10%的道路、桥梁、地铁等。美国大多数学校的校园也在这个时期得到了更新。

公民服务队被认为是罗斯福新政中最著名的项目，但在20世纪60年代之前始终没有机构化。1936年4月18日盖勒普公司调查“你是否喜欢公民服务队？”82%的参与者回答“是的”，包括92%的民主党人和67%的共和党人。从1940年开始，公民服务队转向国防和森林保护，这时，符合条件的年轻人已经很少。1941年太平洋战争爆发，大部分公民服务队成员转向军事设施建设。1942年，国会不再给予公民服务队资金支持，公民服务队自此解体。从1933年建立到1942年项目结束，总计有300万人参与公民服务队。公民服务队组织了美国历史上第一支山火消防队，植树50万株。它成为美国大萧条时期最有影响的新政项目，实施于每一州和每一块领土。

公民服务队是一个具有革新性、富有成效的公共项目，它的经验导致了后来的和平队、美国志愿服务队（60年代）和全美服务队（90年代）的产生。形成当今遍及美国的公民服务。

公民服务是指公民在一定时期通过政府或由政府认可的组织和部门贡献自己的时间和精力，不要报酬或只要很低的补偿的服务，具体说来它具有下列特点：第一，组织性。通过项目或组织来提供服务，诸如通过政府部门、社区或社会团体等。第二，实质性承诺。服务是长期性活动，不是偶尔的志愿服务。第三，贡献。参与者把自己的时间、智慧、资源与环境保护、基础设施、社区发展结合起来并对它们有所促进。第四，被社会认同和计价。公民服务虽然没有报酬或者报酬很低，但为社会所承认，得到社会的称颂。第五，对参与者给予最低货币补偿。公民服务与就业的不同就在于，前者的价值不是完全通过货币来补偿，可以通过其他方式来计价，比如服务者获得自我满足、获得经验和建立社会联系等等。

美国的公民服务不仅提供了基础设施，更重要的是如同奥巴马所说的，它凝聚了群体。凝聚力是社会建设的重要内容。社会建设不仅包括发展社会事业，完善社会保障体系和解决社会问题，更重要的是要包括群体的融合，和作为群体成员的个体对公共事务的参与和关心。

经济困难时期，美国志愿者超过了历史纪录，20世纪30年代经济大萧条时期美国建立了公民服务队。据说，在经济危机袭击时，美国政府往往会加大力度，推动科技与教育的发展。这给我们的启示是：越是经济困难时期，越应当加紧推进社会建设，也越容易开展社会建设。

（摘自《群言》2009年第6期）

我所体会的民盟精神

郑兰荪

我是由于母亲认识和参加民盟的。母亲自上世纪50年代起就担任民盟厦大支部的主委。此后，民盟的工作成为她工作和生活很重要的一部分。在我的印象中，母亲在政治上有两个特点：一是在政治上非常要求进步。她非常希望能加入中国共产党，但是由于家庭出身不好等而未能遂愿，但是始终坚信并紧跟共产党的所有路线、方针、政策（也包括错误的决策），即使在“文革”中饱受折磨后仍不变卦；二是对民盟的工作高度热情。现在回想起来，真不知那时民盟支部怎么会有这么多的工作可做，尤其在“文革”结束之后，她为了多位盟员落实政策的问题不遗余力地奔走。另一方面，从她的身上，我也深切地感受到盟组织与盟员对她的关心，感受到民盟组织的凝聚力。

最使我无法忘怀的是，盟内老同志对共产党、对祖国的深厚感情和他们永不衰减的革命热情。“文革”前民盟厦门市委会与厦大支部的联络员是金明曾同志，他不住在厦大，那时的交通又很不方便，但是他却是我家的常客。记得在1964年我国成功实验了第一颗原子弹的次日清晨，我还在睡觉，他已经来到我家，他说为这事兴奋得通宵无法入睡，所以一早就到我家来分享他的激情（然而在“文革”中我看到他的自我批判的大字报，题目是“我的要害是反党反社会主义”）。又记得“文革”结束民盟重新恢复活动后的第一次组织生活是在我家的客厅里召开的，当这些历尽劫难的老盟员重新聚在一起时，我惊奇地注意到，他们之间仍然都以“同志”

相称。在“文革”人妖颠倒的十年之后又听到这样的称谓，真令人既感陌生又感亲切。

1986年我回国工作后不久母亲就病重了，在她病危之际，我申请加入了民盟，实现了她的一个愿望。入盟以后，我一直得到各级盟组织的精心培养和提携，在家庭生活等方面，也一直得到盟组织和盟员同志们的巨大关爱与帮助。在我先后担任民盟各级组织负责人后，有机会参加民盟的各项活动，有机会与基层组织和各地、各单位、各阶层的盟员同志接触，深深地感受到了基层盟组织的强大凝聚力。我入盟后参加了五次民盟全国代表大会，在每次大会的盟员联欢会上，我都兴奋地拍红了手掌；当我参加厦门民盟成立60周年庆祝大会，看到三位盟龄超过60年的老盟员身披绶带坚毅地走上主席台时，我的眼眶湿润了。我所体会的民盟精神，可以“真诚”两字来概括。她体现在广大盟员同志对党、对祖国、对人民及对盟组织的情感上，也洋溢在盟员之间兄弟姐妹般的情谊中；她体现在民盟老前辈的言传身教上，也正在一代代新盟员的身上得到传承和发扬。在纪念中国民主同盟成立70周年之际，我也真诚地希望，民盟的精神能如同连绵不绝的山峦和川流不息的江河，长久地矗立和流淌。

（摘自《群言》2011年第8期）

愿文化自信得以回归

丁仲礼

经济全球化也是不同文化接触、交流、碰撞、竞争、融合的过程，其间，以技术优劣和经济强弱为参照，世界不同文化将不可避免地在影响力上显现出强弱之分，并且弱势文化将不可避免地被强势文化所改造，或快或慢地与外来文化所交融。因此，从长时间尺度看，经济全球化必将导致文化全球化。

许多历史学家认为，全球化起始于新大陆发现、地理障碍被消除之后，至今已有约500年的历史。长期以来，中国由于高山、大海、沙漠的阻隔，处在相对封闭的地理环境，在文化交流方面，除佛教的传入外，基本为单向外输，正因为如此，我们一直是一个对自己的文化有充分自信的民族。这种自信，在很大程度上保证了我们的文明历经数千年而从未出现断裂。但从清朝晚期开始，西方文化借其船坚炮利的优势，开始强势输入中国。国人在焦虑、迷惘的同时，渐渐开始怀疑自己的文化，将我们技术的落后归因于文化的落后，一句话，我们曾经的文化自信已被销蚀。

在过去百余年间，我们的文化演进进入了一个前所未有的历史阶段，无论是"五四"以后科学和民主思想的深入人心，还是马克思主义不断中国化的过程，都可以视为对外来文化的吸收，也可以看作是中国文化的重建过程。在此过程中，我们一直没有解决一个重大的问题，即如何看待我们的传统文化资源，如何评价我们传统的价值观。毋庸讳言，对我们的传统文化，我们过去基本上采取了批判和抛弃的立场，这从"五四"时期

“打倒孔家店”到“文革”时期“批四旧”，表现得非常充分。

改革开放以后的30多年，我们摒弃教条主义，一切以中国的实际出发，极大地激发了国人的创造精神，经济社会得到快速发展，中华民族越来越得到世界其他民族的尊重。可以肯定地说，我们取得的成就，同我们的传统文化密不可分。比如说，中华民族在长期发展过程中培育而成的勤劳敬业、爱国爱家、遵守纪律、俭朴节约等精神特质，都应该是最近几十年来推动国家前进的重要力量。伴随着国家的进步，我们已经逐渐能够以更为平和、理性的态度来看待我们的传统文化，越来越重视从传统文化中吸收精神资源，越来越注重将民族精神与时代精神相结合，重新建立我们的核心价值观，为民族的永续发展提供精神保证。

中共十八大报告号召“道路自信、理论自信、制度自信”，给我们今后的发展注入了新的力量。全球化本质上是竞争与融合，一个民族想要在竞争中取得优势，在各方面起引领作用，还需要文化自信。这种自信首先表现在对自己的文化有一个清醒的认识，明白在新的世界大势下，应该保留什么，发展什么，改造什么，放弃什么。同时，它又应表现出巨大的包容性，表现在对世界一切先进文化巨大的吸收融合能力。我相信，一个民族只有对自己的文化具有充分的自信，才有可能对不断输入的外来文化做出鉴别，有选择性地吸收其优秀部分，并使之成为自己内在文化的一个组成部分。如果我们对自己的历史、传统、文化采取虚无主义的态度、否定一切的态度，最终抛弃了自己的优秀文化，抵制了外来文化中的优秀部分，到头来只能生出一个自己文化中的糟粕与外来文化中的糟粕相结合的怪胎。

唯愿文化自信得以回归。

（摘自《群言》2013年第1期）

【现象研究】

三个馒头的故事

钱伟长

在一次座谈会上，一位教授讲了“三个馒头”的故事。大意：有个聪明人和大家共餐，吃了三个馒头才饱，他认为前两个馒头都无用，只有这第三个馒头才真解决问题。此后，他每餐都先不吃，只等大家吃第三个馒头时才认真吃起来。天长日久，终因营养不良患病。这虽是人们编造的故事，也寓有一定哲理。教授用以比喻科研工作的关系，若只重视应用研究忽视基础研究，好比只吃第三个馒头的“聪明人”。但反之亦然，只吃两个馒头不吃饱，也会产生营养不良症。

英国科学的基础研究很有传统，自1900年以来人才辈出，到1980年止，在标志基础科学研究水平的诺贝尔物理、化学、医学奖金获得者中，英国科学家有56人之多；但英国在“战后”的高技术竞争中却处于劣势。这与长期以来没有重视应用研究有关。用上述故事说，这是只吃了两个馒头所引起的病症。近30年来，英国朝野针对这问题作了巨大努力，约20年前建立规模宏大以技术研究为中心的新型的克伦斐尔德大学；70年代初在全国建立约20所以理工为中心的新型大学，推进技术教学；80年代鼓励老大学如剑桥等建立工业园或科学园，以加强基础研究和工业生产的关系。最近英国科学教育部长重申基础科学和应用开发研究并重的方针，建立自然科学、技术、环境保护、医学、材料等研究基金。这些都是三个馒头并重的措施。可能只有这样才能发展科学技术，从而发展自己国家的生产。

美国的科技发展史却有相反的经验，它长期有较深的实用主义影响。

30年代以前，其基础科学力量薄弱，虽曾有密立根、麦喀尔逊等杰出的科学家，在物理、化学等研究上作出卓越的贡献，但和欧洲相比是明显落后的。1901—1940年这40年间，美国科学家获得诺贝尔物理、化学、医学奖金的仅14人（约占总获奖者10%）。以后到1980年的40年间的情况大变，美国获奖者竟达99人（占52%）。

在30年代以前，美国的应用研究在一些大公司支持下虽有一定规模，但由于基础研究实力不足，主要依赖从欧洲技术市场的引进。所以，这个时期的美国科技工作好比只吃第三个馒头的“聪明人”，是一个陷于半饥饿状态的工业巨人。1933年后，大批犹太学者和欧洲的科学家受希特勒迫害逃到美国，在各校停居工作，为美国培育了几代的科学家，充实了基础科学的队伍。美国政府在“战时”和“战后”，又领导着许多规模巨大目标明确的科研计划，其中相当大的部分（约30%）是支持有关基础研究的；50年代后期起，又用自然科学基金的名义，每年有60亿美元专门资助各高等学校的科研课题，领导组织了庞大的科研队伍。此外，还有大企业如商业机器公司、杜邦、奇异、西屋、RCA等自建的科研机构，其规模之大和政府的不相上下。在这种条件下，美国的科学技术不仅在各个高技术应用研究领域内得到领先地位，在许多基础科学领域内也更加巩固，形成根深叶茂的情景。

这些，算是吃三个馒头的经验。

（摘自《群言》1987年第3期）

对实业救国论应予重新评价

赵 靖

在1949年以前，实业救国论曾是一种长期流行的理论。它是民族资产阶级的代表人物所提出的，在社会上有颇为广泛的影响。

实业救国论在当时曾受到一些革命者指责。有的旧民主主义革命家（例如朱执信）就指责某些宣扬实业救国论的人夹杂着自利之心，说他们一面宣扬实业救国，一面却总是拣有利可图的生意做。有些马克思主义者也批评实业救国论，说它是“好心人”的幻梦，在帝国主义、封建主义统治下，想靠振兴实业来挽救国家的命运是做不到的。

1949年以后，在“左”的思潮影响下，尤其是在十年动乱时期，实业救国论受到了更多的批判。它被说成是一种反对我国革命的反动理论；一些别有用心的人甚至借批判实业救国论来攻击社会主义现代化建设的主张，宣扬“富则修”，而越穷和越落后却越革命的奇谈怪论。

实业救国论既然是民族资产阶级代表人物提出的理论，当然反映着资产阶级的利益和要求。许多宣扬实业救国论的人要拣赚钱的生意做，这是一点也不足为奇的。实业救国论包含着幻想的成分，这自然也是事实。在旧中国，不首先进行人民革命以推翻帝国主义、封建主义的统治，实业是振兴不了的；即使艰难竭蹶地办起若干新式工业，也救不了中国，改变不了半殖民地、半封建中国的贫穷屈辱的面貌。

但是，必须指出：幻想只是实业救国论的一个方面，而且不是主要的方面；它的主流是积极的，进步的。

在当时的中国，实业救国论是一种反对帝国主义经济侵略的理论。这种理论认为，我国经济落后，实业不发达，帝国主义列强利用我国的这一弱点进行日益深入的经济侵略，把我国变成它们的商品市场、投资掠夺场所和原料产地，所以要提倡振兴实业，以抵制帝国主义经济侵略并消除造成我国受侵略的这一弱点。实业救国论是直接针对着帝国主义侵略造成的我国民族危机提出的，宣扬和推行实业救国论的行动也都意味着对帝国主义侵略的抵制和斗争。

实业救国论是一种有助于发扬广大人民的爱国精神、有助于提高我国人民民族觉醒的理论。它提醒人们：我国处于严重的民族危机中，而经济侵略甚至比军事、政治侵略更严重，更根本，要救中国就要尽力振兴实业，改变中国贫穷无力的状况。

实业救国论又是对生产力发展、对社会经济进步有重要积极作用的理论。它为在我国建立社会化的大生产造舆论，向广大人民不断宣扬发展这种新的生产力的意义和重要性，这既有利于社会经济的进步，也有开通社会风气的作用。旧中国的实业救国论者，大多数人本身就是实业家，他们不仅坐而言，也起而行，在宣扬实业救国论的同时，尽心竭力地联络同仁，筹集资本，创办企业。旧中国所以能建立起在国民经济中约占10%的新式工业，实业救国论者是作出了实际贡献的。

实业救国还是一种表现了中国人民的自尊心和自信心的理论。由于近代中国在经济发展方面落后，要振兴实业就要学习西方。实业救国论者都对学习、吸收西方的先进技术抱着满腔热情，也都力图利用外国资本；但他们在学习西方时决不主张“全盘西化”，而是设法引进外国的真正先进的、有用的东西，结合本国条件加以消化、改造。范旭东、侯德榜等人经营化工企业，就只是引进外国的少数关键设备，经过改装、调整，同国内生产的设备配套，形成适合于国内资源和协作条件的生产力，并在这一基础上制造出当时世界第一流的“红五星”、“红三角”纯碱，被广大人民誉为“争气”（为中国争气）产品。

实业救国论不仅表现为理论宣传和实际创办企业的活动，而且在许多次反帝爱国运动中以各种各样的斗争形式表现出来。我国近代一再发生的抵制敌货的运动，就是一种具有典型意义的表现形式。

近代我国人民在帝国主义侵略加剧、民族危机特别严重时，往往针对侵略我国最为猖狂的帝国主义国家发动抵制敌货的运动。民族资产阶级也积极参加进来：商店拒售敌货，提倡国货；工业企业千方百计创制、增产能抵制敌货的产品。民族实业家为抵制敌货所作的努力，是实业救国思想在特定的斗争条件下的表现形式。由于这些努力同广大人民的爱国、反侵略斗争目标一致，并且是我国人民爱国斗争的直接组成部分，因而能得到企业职工和广大人民的积极支持和有力配合，给予帝国主义侵略势力以沉重打击，而民族工商业自身也因此得到某些有利的发展条件。我国近代民族实业的许多名牌产品例如东亚抵羊牌毛线和章华九一八牌毛呢，就都是作为抵货产品生产出来，并且在广大人民提倡国货的支持下而风靡国内的。

抗日战争时期许多民族工业内迁，也是实业救国的一次重要实际表现。内迁既支援了内地的战时需要，又使过去工业基础薄弱的西南、西北建立、增添了一些工业，而一些民族实业家（例如李国伟）也因此增强了自身的实力。

总之，实业救国论是我国近代的一种爱国的、进步的思想，它对我国人民的反帝、反封建斗争起过很积极的作用。我国近代的实业救国论者，多数是热烈的爱国者和对我国的工业、科学的发展起过积极作用的先进者。这是事物的主要方面。在我国近代，借鼓吹实业救国来攻击、反对革命的人是有的。例如，辛亥革命后就有人写文章，宣扬只能靠实业救国，攻击辛亥革命搞错了，并且提出了今后应该“舍政治而谋生计”的口号，以对抗孙中山等人所发动的讨伐袁世凯的二次革命。但是，这种人是少数，而且，他们不过是把实业救国论作为幌子，并不是真正的实业救国论者。

在我国当前为建设现代化的伟大社会主义国家而斗争的时期，重新评价实业救国论，弄清这一段历史公案，也有重要的现实意义。

第一，实业救国论虽是民族资产阶级的代表人物提出的，但它很大程度上反映了近代我国人民使国家富强的强烈愿望。我国近代的历史经验表明，要救国，既要革命，也要振兴实业。不首先进行反帝、反封建的革命，取得民族独立，就难以振兴实业。但是，决不能因此认为振兴实业同救国无关。革命就是要解放生产力。不振兴实业，在经济落后的条件下，是谈不到国家富强、民生康乐的。在我国社会主义改造胜利后，没有及时把党的工作中心转移到领导社会主义经济建设方面来，是一个严重的失误。党的十一届三中全会纠正了这种失误，领导全党、全民开展了实现四个现代化、建设有中国特色的社会主义国家的伟大斗争。研究我国近代振兴实业的思想和实践会使我们更加深刻地认识到：在四个现代化的基础上使国家富强，不仅是当前我国十亿人民的钢铁意志，也是近代百余年来我们列祖列宗奋斗牺牲梦寐以求的理想。为实现这一伟大目标而奋斗，是我们这个时代的中华儿女的庄严历史责任！

第二，近代我国的历史经验表明：广大人民的爱国热情和为改变祖国贫穷落后面貌奋发图强的精神，是我国经济发展的一个伟大动力。我国近代的民族实业力量远不敌外国企业，又受着帝国主义、封建主义的惨重压迫，但它们能在这种不利的环境下生存，有些还得到了相当的发展，很大程度上是由于得到了广大人民的爱国热情和发愤图强精神的鼓舞和直接支持。无数的历史事实都证明了这一点。

当前，我国已经是一个伟大的社会主义国家，经济发展的条件和对外经济关系都同过去有了根本的不同。但是，我国的经济发展同发达的资本主义国家之间仍有不小的差距，要赶上发达的资本主义国家还需要相当长的时间；我国的绝大多数企业同国外先进企业相比仍然远较落后，在国际市场的竞争中仍然处于不利的地位。在这种情况下，要加快我国的经济发展，加强我们的企业在国际竞争中的地位，就仍然需要充分重视广大人民的爱国热情和发愤图强的精神所起的作用。今天，我们固然已经用不着

“实业救国”的口号，但却决不能把我国的经济发展和企业对外竞争看作是单纯的经济问题和技术问题。必须充分估计到我国人民的爱国热情和社会主义觉悟，时时、处处、事事把我国的经济工作和企业经营管理同振兴中华、建设有中国特色的社会主义现代化国家的伟大目标联系起来，并且不是刻板的、教条式的，而是善于采用生动有力的形式来动员群众、激励群众。旧中国曾经出现过的一些具体的斗争形式例如抵货运动之类，是当时历史条件的产物，时过境迁，当然不再有什么意义了。但是，在当前以及此后一个时期，对我国自己的工业进行一定的保护和支持仍是十分必要的。任何独立国家对自己的幼弱的民族工业都要实行保护，不能让它们在外国商品的涌入下陷入困境。社会主义国家也是如此。社会主义国家的经济建设和经济发展，应实行开放政策，努力引进外国的先进技术，并在互利条件下利用外国资本；同时，也应根据情况，制订和实行必要的措施，以支持、保护社会主义的民族工业。除此而外，通过舆论提倡爱国货、用国货，以形成人人关心自己工业的命运、人人支持自己工业发展的社会风气，对顺利实现我国社会主义现代化建设的宏伟目标，也是至关重要的。

第三，实业救国论给我们留下的重要启示之一是：中国要振兴实业，就必须树立起坚强的民族自尊心和自信心；盲目迷信外国、一切机械地模仿外国，是不可能跻身于世界先进民族之林的。旧中国曾有过的全盘西化论，实质上是全盘殖民地化的理论。它当时就为爱国的民族资产阶级所不齿，对于今天为建设社会主义而斗争的伟大中国人民更是格格不入的。

（摘自《群言》1987年第3期）

要正视灾祸的苗子

柯　灵

作为现代世界历史上的一个重大事件，抗日战争已经50年了。日本军国主义是挑起这场战争的罪魁祸首。一家日本报纸选择这样一个时机，发表了远东国际军事法庭裁决的甲级战犯、原日本首相东条英机上绞架以前的一封遗书，信里有一段“绝妙好词”：“远东和平是我们这些生活在东亚的人衷心愿望。世界和平是世界全人类共同的宿愿。地上的生物谁不渴望过安谧的生活？世界上究竟有哪一个国家好战的国民希望无谓地打仗？生物的斗争毕竟来自对生命的威胁，只要是这样，那情况就是严重的。”

有生之伦谁不企求和平岁月？千真万确。但悍然以武力侵凌别国，背信弃义，无视国际公认的准则，却正是和平的蟊贼、世界的公敌。把肆意扩张侵略托词于“来自对生命的威胁”，只能表示对人类良知与理性的公开戏弄，用东条英机的话说，那才是真正的“滑天下之大稽”。中国古谚云：“人之将死，其言也善。”看来对花岗石脑袋并不适用。

但把侵略说成是为了“自卫”，把战争纵火说成是为了“和平”，甚至到邻邦的领土上去建立自己的“国境线”，这正是日本军国主义的“老生常谈”。我手头恰好有个材料，现在也趁此机会温一下故，请读者把它同东条英机的“宏论”对照起来看看。

1936年，日本为了庆祝在中国东北掠夺侵占的胜利，即他们所谓的“满洲事变”五周年，从“九一八”那天开始，在日本全国大张旗鼓，推出了一部超级巨片《国防全线几千籽》，公开鼓吹侵夺。这部影片，耗资百万，由“国策映画研究所”设计策动，“活动写真株式会社”制作，分11个摄影队，实地拍摄，全面记录了我东北全境，即伪“满洲国”的山川、城市、风物、地理形势，影片用一个狂热的口号揭示毫不掩饰的主题，是“死守生命线！”

日本舆论为这部影片所作的宣传，称得上是尽骄横恣睢的极致，可以看作东条英机言论的祖本。在1936年10月1日出版的《明星半月刊》第六卷五、六期合刊中，我化名发表过《看！“友邦”的“国策电影”！》一文，把这些表达当年日本国策菁华的宣传文字的译文介绍给中国读者，现在重录如下，供今日的中日读者共欣赏：

……日清、日俄战争，我们得到了些什么呢？日清时所得到的，又为三国的干涉，而仍被夺回去，日俄事件我们也只得了长春、大连间的铁道路线和沿线的权利。

我们父祖百万的血迹仅得了些微的报偿，原是顾到东亚和平的一点。……隐忍了30年，才因为柳条沟的铁路爆破事件，发动了帝国的自卫权，顺着3000万民众的总意，建立了满洲国，成立了东亚的和平。

蜿蜒8000粁的——从黑龙江到万里长城是结成了国境的线。

这是国防全线，东亚和平的决定线！

8000粁和平防境的满洲，那儿有遍野的高粱和大豆，遍山的金矿、铁矿和煤矿，那是建立世界和平的资源！

开发这些广大的资源！去呵！到满洲去！用我们的手来创造世界和平！去呵！到满洲去！

这无疑是一部最生动和典型的强盗逻辑大全，给它加任何考语和诠释完全是多余的了。以此与东条英机的遗言相比照，不同的只是前者粗鲁，因为那时帝国的霸业正当顺手，所以得意忘形，肆无忌惮；后者婉曲，因为帝国已经宣布无条件投降，只好吞吐其词，寄妄想于身后。二者的精神，却前后一贯，并无二致。这样重要的历史资料，我很想奉献给日本热衷于修改教科书的大人先生们一读，对他们也许不无参考的价值。

卢沟桥事变是日本军国主义处心积虑的结果。在前面的引文中看得很清楚；中国对日的全民抗战，也不是在“七七”这一天里激起的，是因为到了忍无可忍的地步。像我这一辈年龄的人，儿童时代就生活在民族屈辱的气氛里，稚弱的心灵承受着沉重的压力。欺侮中国的不止是一个帝国主义国家，但最咄咄逼人的是邻邦日本。现在通称的“红五月”，早先是不折不扣的“黑五月”，因为5月的日历充斥着“国耻纪念日”，其中大部分与日本的侵略有关。1936年，我化名写作《看！“友邦”的“国策电影”！》时，“西安事变”尚未发生，因为发表《闲话天皇》而锒铛入狱的杜重远刚刚刑满释放，救国会七君子被捕，也就在此后不久，那时在日本外交压力之下，“爱国有罪”，开罪“友邦”，就会危及身家性命。史迹斑斑，并不会因年代湮远、血痕淡去而消失，尽管现在和过去的时代已经完全不同了。

播种仇恨只会结成循环报复的恶果，化干戈为玉帛却是美好的理想，中日人民化敌为友，就是这种理想的体现。而这是用无法计量的代价换来的：日本军国主义以举世罕见的惨祸强加于中国人民，也给日本人民带来深重的苦难，同时使大和民族在全世界面前留下了野蛮和不义的丑恶烙印。中日人民世世代代友好下去，绝不应该成为仅仅动听的政治口号，而应该把它看作空气和阳光一样，因为这是出于现实生活的需要，中日和世界善良人民的需要，这是任何一个有识之士都能认识到的。但事实表明，日本有一部分军国主义分子并不如此，他们热衷的是使史海倒流，重现他们祖传的野心。——的确，“只要是这样，那情况就是严重的！”摘掉这种灾祸的苗子，对友好的中日两国人民来说，是责无旁贷的神圣义务。

（摘自《群言》1987年第10期）

恨铁不成钢

徐中玉

党的十一届三中全会不但在中国共产党的历史上，也在中国整个历史上是一次具有深远意义的伟大转折。凡属我这样70多岁的老人，回顾过去懂事以来60多年的历史，辛酸苦辣，诚可谓艰苦备尝。悲伤、愤慨、理想、期望、憧憬、欢乐、幸福，甚至充满着感激和信任，什么都不曾真正有过？但希望每与失望交织，欢乐之后又继以痛苦、挫伤，人事蹉跎，社会动荡，“妆罢低声问夫婿，画眉深浅入时无？”人民都经常没有了自己，公“仆”多变成了公“主”，这样的环境和心情下，宣称的话再好听、再有理，人民的创造才能、积极性、聪明才智，又怎么能、怎么敢、怎么会乐于贡献、发挥出来！“史无前例”的胜利会在不断以“革命”为名义的频繁整人运动中走向“文革”这样“史无前例”的民族大灾难，实在是出人意外可又势所必至的。因为封建主义这座大山其实远未推倒，对资本主义的认识也是照搬来的，并未深知实际及其后来不断的变化，而对社会主义，则我们所常谈的似乎只还是一些很抽象的观念，一些很好的愿望，至于如何必须经过具体的艰苦努力去实现它，则显然还缺乏一定的知识和思想准备。“教导”了多年的唯物主义和辩证法，以及实践出真知之类，道理未尝不精辟，可是接触到实际问题，当真处理起来，岂非几乎完全不是这么回事了？

十一届三中全会公报确实开辟了一个新时代，为这个人民盼望了至少一百几十年的新时代制订出了一个解放思想、实事求是、团结一致向前看的基本方针。是的，并不是有了一个新方针就等于已有了个新局面。但试想一下，如果仍是十年前那种祸国殃民的做法没有这一伟大的改变，我们能有今天这种无疑已有了不少进步的形势？无可讳言，进步还非常缓慢，非常不够，腐败现象还到处都有，但毕竟已有了些进步，已有了希望，这是不应否定，也否定不了的。这个摊子这么大，这么烂，积弊这么深，牵制这么多，敢于夸口三两年就能完全挽回局势并不难，可是这种夸口其实半文不值，因为个人即令有天大的本领也做不到。不少人倒是凭夸口上台后不要几天就同流合污，甚至捞得更凶狠了。当然我也不认为应该把“改革与民主之类的进展总要有个过程”、“一定要维护安定团结”等话的时间拉得太长、提得太绝对。这容易变成“慢慢来”，可快而不果断的依据，容易使一大批贪官污吏、各色“倒爷”认为对他们“动真格的”便是违反了“要维护安定团结”的原则。对贪官污吏、各色“倒爷”就是绝不能讲安定团结，现在确实对这批败类太软弱无能了，好像真已管不了他们，知法犯法、立法犯法、执法犯法，滔滔皆是。奉公守法、勤勤恳恳、清清白白的大多数老实人几乎成为他们这些败类的笑柄。这种现象，难道是十一届三中全会制定的方针能够容忍的么？须知对这批败类手软，老百姓的生活水平不但提不高，还会继续大幅度下降，老百姓都在哀叹过去节衣缩食储下的一点“棺材本”快要全装到以权谋私者们的私人腰包里去了，许多农民已不愿赔本种田养猪了。这些难道不都是“全国人民最为关心的大事”？公报中说的“城乡人民的生活必须在生产发展的基础上逐步改善，必须坚决反对对人民生活中的迫切问题漠不关心的官僚主义态度”，这些话极中肯，就是还极少做到。为什么能花几十亿美元进口豪华轿车，而对文教经费似乎一筹莫展？书价高，好书难出，真要读书的人买不起书；有办法的教师纷纷改行去做官经商，研究生不断自请退学，各阶段学生大量流失，文盲将多达两亿数千万，而目前能够做到的仍不过是几纸重视知识、要求认真读书、不可闹事一类空文或告诫。可以各显神通增收之后，从托儿所开始，直到大学，层层巧立名目，设卡收费，不但平头百姓家长个个叫苦，连好不容易建立起来的择优录取制度也已受到相当破坏。所谓作家与企业家的联谊，不少已变成金钱交易，你给我资助、给广告费，我给你直接间接吹捧、扬名。为了生活、为了生存嘛！是政策允许的嘛！商品经济在文教部门已在不小程度上变成唯利是图，再谈社会主义精神文明将成为迂夫子的陈腐，不识时务的“旧观念”了。我决不反对商品经济，但就在商品经济已经发展多时的美国和我们的香港，我也没有看到听到有这种搞法，如此轻率行事的。能怪下面乱搞么？下面有些人随风倒，自有一定责任，但国家为什么硬是控制不住豪华轿车、高级外烟的大量进口，控制不住“条子”工程、非正途的集团购买力呢？我们的检察、公安、缉私、税务、法院等方面的机构和人员并不少，如果这些机构及其人员不尽职，或本身就有问题，该怎么办？如果他们想尽职，又尽了职，却办不通，上面婆婆不让办，不能依法办事，那又是怎样的问题？在加强社会主义法制方面，十年来作了的工作是制定和完善了一些法律，问题在于有了法也未必依，执法的很少认真执法，违法的查究太少；处罚太轻，许多败类到处可以如入无法无天之境。在法律面前还远未做到人人平等。应该强调竞争，奖勤罚懒，但还是勤者穷苦，懒者横者倒先“富”了、“发”了、“升”了起来。我认为这同十一届三中全会的方针是差距很大的。希望中央领导赶快切实以强有力的行动来纠正。的确至今“还有不少同志不敢大胆地实事求是地提出问题和解决问题”，尽管目前开明的程度确已提高了。关键还在于“当前这个时期特别需要强调民主”，而“充分的民主”则尚不够。“离开民主讲集中，民主太少”，人民的积极性与创造力量就难于发挥。民主如果成为具体的大家真能享受到的权利，它就能具有无比强大的活力。它如不过是纸面上或点缀式的东西，便起不了什么作用。是的，人民已有了许多“代表”，可有多少代表具有足够参政议政能力，并懂得自己首先应当是代表广大人民说话的？人民不认识他们，他们也并未向人民负多少责任。老实说人民代表大会还并没有在广大人民中间树立起应有的威信，尽管他们之中有的是在具体工作中的能者或老好人，可并非合格的人民代表。人民真正享受到的社会主义民主权利还非常之少。单讲经济体制改革显然不够，即使经济改革方法完全对头，不与政治体制改革同步进行，必然还会事倍功半，甚至寸步难行。

对“文革”十年的悲剧，既然早说要彻底否定，那么所谓“也应当历史地、科学地、实事求是地去看待它”的提法，显然应该重新考虑。不但应彻底否定，而且既已过去十年，罪恶已越来越清楚，难道“作为经验教训加以总结，以统一全党和全国人民的认识”的“适当的时候”还未到，“必要”性还不突出吗?

衰老之年，唯一的希望就是通过改革，真能亲眼看到河清海晏振兴中华。忧国伤时不能一刻去怀，耿耿此心，恨铁不成钢而已。一句话，十年前讲过的正确道理宜速兑现，经验教训应该如实深刻总结，这绝不是同改革的深入无关宏旨的。大势所趋，顺之则昌，岂非“理之常”乎!

（摘自《群言》1988年第11期）

论“无罪推定”

林亨元

“无罪推定”不是政治概念。“无罪推定”是一项法律原则，在刑事诉讼中有其重要的理论和实践意义，它作为文明司法的一个标尺已为国际法学界、司法界普遍承认。

新中国成立以来，我国法学界在“无罪推定”问题上的争论与反复，涉及面广，教训深刻。全国人民代表大会通过的香港基本法和澳门基本法对“无罪推定”原则都作了肯定，与本国刑事诉讼法关于保护被告人的地位、权利的具体条文和最高人民法院对以上问题的一系列具体解释的精神实质是基本一致的，将来修改刑事诉讼法时，就“无罪推定”的原则作明确的规定，补充一些有关的内容，也就臻于完整了。

“无罪推定”的基本含义是：被告人在未经依法审判并确定有罪之前，应当被当作无罪的人。也就是说，被告在未经确定判决以前，不应当被看作有罪的人。它作为法律原则，直接针对的是封建专断“有罪推定”的诉讼制度。1746年意大利法学家C．B.贝卡里在论及取消拷问时提出了“任何人，当他的罪行没有得到证明的时候，他应当被看作是无罪的人”的著名论点。25年后即被法国《人权宣言》从法律上正式确认，规定“任何人在其未被宣告为犯罪以前应被推定为无罪”。此后，“无罪推定”原则被资产阶级国家的诉讼理论所承认，并见诸联合国的有关文件。1948年联合国大会通过的《世界人权宣言》规定：“凡受刑事控告者，在未经依法公开审判证实有罪前，应视为无罪。”1966年联大通过、1967年生效的

《公民权利和政治权利国际公约》规定："受刑事控告之人，未经依法确定有罪之前，应假定无罪。"与"无罪推定"原则相适应产生了一整套的文明诉讼制度，构成"无罪推定"原则的内涵，主要有：严禁刑讯逼供；证明被告有罪的责任由控诉方承担，被告人没有证明自己无罪的义务；不得强迫被告人证明自己有罪等。这就使刑事被告人在诉讼中获得了平等权利主体的地位，从而得以充分地行使其辩护权。丰富的实践引出了这样一个合理的结论："无罪推定"及其相关的制度是刑事诉讼中最大限度追求事物（案件）本质的客观保证，是"客观的法律原则"。

有人说：我们既反对封建主义的"有罪推定"，也反对资产阶级的"无罪推定"，我们主张与实行的是"实事求是"。这种说法的"似是"一面在一段不短的时期里迷惑了不少人。但是，它那"而非"的要害在于：混淆了指导思想与学术观点的界限，抹煞了抽象理论与诉讼实践的界限。什么是"实事求是"？实事求是是马克思唯物主义的根本原理，是一切工作和所有科学领域的指导思想。所有科学都离不开实事求是的指导思想。但是，任何科学都存在着它所特有的具体性、客观性。科学家就是经过反复的实践、检验，从特定的具体事物中探索规律，抽象出理论和操作性的方法，以求实事求是地解决实际问题。因此，离开具体理论和方法而谈实事求是，是背离了辩证唯物主义的具体问题具体分析的哲学精髓的。自然科学如此，社会科学也是如此。"无罪推定"就正是在刑事诉讼中实现实事求是的法学原理之一，二者并不矛盾，但其具体意义又不可混淆。

我们理解，人们之所以采"实事求是"说，是想避开姓"资"的政治帽子，而在"有罪推定"与"无罪推定"之外寻求第三种模式；此说的前提是把"无罪推定"定性为"资本主义"的诉讼原则，从政治观念上否定"无罪推定"的客观性和先进性。可是无情的实践又证明着：在谈"资"色变的年代，否定"无罪推定"自有其必然性。改革开放以来，小平同志就社会主义建设中姓"资"姓"社"问题的著名论述为彻底破除"左倾"桎梏奠定了基础，使人们更加清醒地看到"无罪推定"不仅是资产阶级反对封建司法的一面旗帜，也是人类文明发展到一个新高度的标志。人类社会的发展是一个延续向上的过程，社会主义的发展必然要继承并发展人类文化优秀遗产。“无罪推定”原则何能例外？

有人以某些资本主义国家虽然也强调“无罪推定”，而在一些刑事诉讼中实质上实行的是“有罪推定”来否定“无罪推定”的合理性；但这只能说明资产阶级本身的阶级局限，绝不能因他人局限之噎，废我们文明进步之食。

有人说：有的案件，明明是他，但无证据，你说怎么办？难道就这样放人？我们说：既无证据，“明明”何来？凭借什么硬要关人而不放？也有一些中外学人提出过这样的疑问：“犯罪嫌疑人或被告人是当场被抓获的犯罪分子”，对他们也适用“无罪推定”的原则吗？回答当然是肯定的！他们可能因不同情况而不应承担刑事责任。如无行为能力或精神病患者发病期；还有的案件情况奇特，有其复杂性。某女遭人强暴而神志不清，昏迷于荒郊。某男路经，给予救助。被害人醒来却误将路过救助之人指为作案人，并被周围群众“当场抓获”扭送公安机关。案例说明，即便是“当场抓获”，也要遵循“无罪推定”的原则，在法院终审有罪判决之前不能视之为“犯罪分子”。

还有人认为：“无罪推定”原则不适合我国国情，因而不能适用，笔者不以为然。中国各方面正在继续进行改革开放，推动社会主义的物质文明和精神文明，为把我国建设成富强、民主、文明的社会主义现代化国家而奋斗。法制建设贯穿于改革与建设的全过程，小平同志一再指出“没有法制不行”，无疑是十分正确的论断。“无罪推定”不是无罪断定，也决不意味着对犯罪嫌疑的问题统统置之不理。“无罪推定”的基本要求是赋予被告人以充分的辩护等权利，以利于司法官员在诉讼中全面把握案情，最大限度地保证判断符合客观真实，避免冤假错案。因此，这项原则的贯彻实行必能起到巩固与加强国家稳定、人民团结的积极作用。所谓不合国情之说是没有根据的。

诚然，在我国实行“无罪推定”原则极其不易。一个突出的原因就是小平同志说的“我们国家缺少执法和守法的传统”，其思想根源是“左”的方面的干扰。人们又不会忘记，一度风行中国的“大批判”把“有罪推定”运用到了顶峰，伤害了多少无辜！在刑事诉讼法中，确立“无罪推定”原则，有利于防止封建专断，保障人身权利，安定人心，巩固社会稳定，是国际所公认具有高度科学性的诉讼制度。小平同志说，科学的东西，“在任何社会，对任何国家都是有用的”。他要求我们“要吸收国际经验”。贯彻这些指示精神，对于我们实行“无罪推定”原则，无疑将起到巨大的推动作用。

综上所述，“无罪推定”作为一条诉讼原则，它的客观性、合理性、正确性无可怀疑，它作为人类法律文化范畴内的重要财富，不容否定。值得欣幸的是，积40余年的经验，我们终能得出如下的论断：在我国刑事诉讼中确立“无罪推定”原则是加强法制建设的必然要求，也只有社会主义的法制才能真正使这项客观的法律原则更明确、更科学、更完善。

（摘自《群言》1996年第1期）

社会科学与现代化

卓新平

随着我国现代化进程对科学技术日趋增大的需求，以及经济和商业取得愈益引人注目的地位，一些人对研究社会科学和发展教育事业的意义开始产生怀疑和忽视，由此导致一种重自然科学而轻社会科学、重眼前效益而忘长远利益的倾向。这种现象令人担忧。在此，我想就社会科学与现代化发展的关系来谈点个人看法，以供参考。

把科学技术视为第一生产力不能作狭隘的理解，因为科技的发展都是基于一定的文化氛围和社会条件，为其促进或制约。因此，它本身只是一个国家、一个民族整体文化水平、文明程度在某一个截面上的反映，与其得以生存的文化圈整体有着千丝万缕、密不可分的复杂联系。自人类文明步入近代发展以来，社会科学与自然科学的区分日趋明显，这往往给人造成一种错觉或误解，似乎人文与科技乃是两个毫不相干、绝无关系的领域。其实，从现代系统论、协同论的观点来看，人文与科技并不能截然分开，社会科学与自然科学领域的区分只是相对的、而非绝对的，因为人类文化发展本身即是一种“系统工程”，它的各个层面、各子系统之间都有着直接或间接的联系及“协同”作用。所以说，如果在学科建设上采取一手软、一手硬的功利主义、实用主义态度，则会把整个文化发展引入歧途，可能事倍功半、甚至遭受功败垂成之结局。实行改革和实现现代化，关键在于人的现代化及其思想素质上的改革，此乃保障社会现代化正常进行和改革事业健康发展的活水源头。对此，社会科学与自然科学及其应用技术之间亦有着有机联系和内在相关性，它们大体可从如下几个方面来解说。

首先，从世界各民族各国度文化发展的现象本身来看，社会科学与自然科学乃是齐头并进的。世界各工业和科技发达国家与地区，如美、英、德、法等欧美国家和日本等亚洲国家，其社会科学和人文学科亦有着明显的发展和突破，甚至在不少领域还代表着世界最高水平和新的发展潮流。我们的近邻日本在过去100多年来已造就出社会科学各领域的一大批人才，许多已成为世界第一流的专家学者，这一现象足以引起我们的深思和借鉴；而我国台湾在近几十年经济与工业腾飞的过程中，同样培养出人文学科各部门的一代新型学者，不少也已经具有国际性影响。可以说，在世界高科技和工业经济发达的国度与地区中，并没有出现科技高度发展而社会科学明显落后的失衡现象；二者之间的内在关联，值得我们去深入研究。而与之相对比，当我国十多年前打开国门搞开放、实行改革以促进经济及科技的建设与发展时，我们不仅发现自己在科技领域上与世界先进水平所拉开的距离，而且也注意到在社会科学的许多方面亦处于落后状态。这一客观事实，使我们不可能靠抓一头、松另一头而能迈入理想进程和达到预期效果。

其次，从学科特色来看，科学分工的日趋精细已形成了众多的门类，其专业化已达到使人隔行如隔山的程度，这在科技领域尤为明显；就其具体效用而言，科技思路的专业化有助于其在微观上洞幽烛微，而社科研究思路的综合性及其在横向联系上的侧重，则有助于人们在宏观上的整体把握，克服陷入琐碎而无全局之弊。尤其是哲学等精神科学能为广大科技人员提供宇宙观、科学观、认识论和方法论诸方面的理论武器，开拓其思路，扩展其视野，增加其灵气。这种人文智慧和理论思维能力的补充，无论是对造就各具体领域的将才，还是对形成通盘审视、高瞻远瞩的帅才，都是不可或缺的。因此，社会科学的训练也有利于科技人才提高自己理论思维的能力，而正如恩格斯所言，“一个民族想要站在科学的最高峰，就一刻也不能没有理论思维”。我们说音乐、绘画等艺术领域人才的培养，必须注意其文化素质和理论修养的提高，科技人才的培养也是同理，而这种提高则主要靠社会科学。其必要性和实际性还可从下述现象得以说明，即世界许多著名科学家都有渊博、精湛的社会科学知识，在自然科学和社会科学两大领域都有着真知灼见，作出了突出贡献。如英国的罗素、德国的魏茨泽克、旅美的爱因斯坦、日本的坂田昌一、中国的钱学森等。在思维方法和理论洞见上，人类社会正在来临的“后现代”文明时期的征兆之一，就是准备扬弃近代以来社会科学与自然科学疏远、分离之态而重新开始二者的趋同和走向更高层次的统一。若从全民族文化水平、思想气质和人的素质之提高来看，社会科学能为一个国家、一个民族的整体文化发展提供思想指南、精神动力和灵性智慧等方面的保障。其包蕴的广博知识亦能使个人精神面貌焕然一新和文化修养不断提高，恰如培根所说：“史鉴使人明智；诗歌使人巧慧；数学使人精细；博物使人深沉；伦理之学使人庄重；逻辑与修辞使人善辩。‘学问变化气质’”。反言之，如果说社会现代化过程中，其科技上的失误会造成战术上的损失，那么社会科学上的失误则会造成战略上的损失。历史上正反两个方面的经验教训，都提醒我们必须注重社会科学及与之直接相关的精神文明建设。

最后，从这两大类学科的思维共性和精神内涵来看，它们彼此亦是相通而不是互斥的，哲学社会科学的思维训练和求真追求，直接影响到自然科学及其技术探究的思路、精神与方法。例如，当我们对西方形而上学和中国玄学传统展开批判，只把它作为一种静止、孤立、僵死的世界观和方法论来理解时，西方著名哲学家海德格尔却曾将西方现代科技的高度发展与西方哲学理论中形上学探究及其超越思考之思辨传统直接挂钩，强调二者之间内在、潜隐的紧密联系。他揭示了形上学作为研究事物本性、本质及本原之学科而具有的重大理论意义和实践意义，认为思辨哲学与实践科学并没有真正或彻底分道扬镳，而是在文化深层次上、在追求天道者的心理积淀中珠联璧合、有机共存。这种形上学思辨探讨所具有的求真求切、精益求精和无限究诘，对现代科技产生着内在影响，提供了精神真谛，发挥出积极作用。从其本质而言，海德格尔甚至认为现代科学所表现的各项“技术”进步实质，都反映出一种“应用形而上学”的存在，即其追根究底、探奥求真精神在科技领域的体现。现代西方哲学的一大突破，就是哲学对技术本质、意义及途径的关注和深究，二者的互补使各自在发展上都出现了飞跃。

以上所言，可以使人清楚地看到人文思想、哲学智慧所产生的“物化”，即“精神变物质”的积极效应。它们虽不能直接以生产、经商方式来“赚钱”、“创收”，或以技能上的创造发明、奇峰突起而独步一时、引起轰动，却直接关系到树人立本、参赞化育的千秋大业，因而乃是我国精神文明建设的灵魂所在和成败所系。况且，在社会科学研究方面，哲学、经济学、政治学、社会学和法学等部门也都直接对国家经济建设和科技发展起着布局、决策、调控和指导作用。例如，政治学、经济学和社会学影响到国家决策、大政方针和宏观调控；法学为改革开放、社会秩序提供法律依据和保障；即使是历史和哲学也始终教人以高瞻远瞩的目光注视着世界文化发展，不断总结各国各族发展进程中的经验教训。我曾同西方学者探讨过马克思关于资本主义国家发展前途和命运的问题。他们说，感谢马克思为资本主义发展敲了警钟（不是丧钟），促使资本主义确实进行了改革，克服了自己的弊病；这些弊病正是马克思以其敏锐的眼光所洞见，并以其惊人的胆识来向社会所指明的，否则资本主义不会发展到今天；从这个意义上讲，还要认真拜读和研究《资本论》。我想，我们今天是在整个世界大气候中进行我国的现代化建设，因此不能放弃对资本主义的研究，而对其有关方面的批评、借鉴、参考、改造或利用，都离不开社会科学的导航和定向。为此，我们不仅要深入领会《资本论》对资本主义社会揭露、批判的历史意义，而且也应研讨此后其他西方人文学者为资本主义发展补偏救弊、改革创新所作的努力。例如，股份制是从西方资本主义国家发展起来的，日本在吸收股份制时发现其中有些弊病，并根据日本国情来加以弥补、革新，因此日本股份制从某种意义上看要比欧美的完善，更适应本国经济结构及其发展。目前股份制亦是我国经济改革的一个热点话题，我们实行股份制能否根据股份制的发展历史、其在不同国度的演变完善，以及我国社会经济和文化心理条件，创立有中国特色的股份制，这对社会科学工作者来说，就是一个具有现实意义的大课题。

当今世界出现了一种很微妙的现象：东欧国家走向分的过程，西欧国家是走向合的过程；一些旧的政治和文化联盟正在解体和消散，而新的文化圈和经济圈却开始聚集和形成。为什么会一分一合、一散一聚？这就需要从社会科学的角度进行研究，而这种以国际政治学、世界经济学为主的社会科学综合研究，对我们的经济发展也会大有益处。它一方面明察整个世界目前的发展局势，另一方面则提醒我们采取哪些相应措施，从而使我们真正知己知彼，由此才能纵观统筹、全局策划。

如前所述，现代世界的科技竞争只不过是各国各族思想智慧竞争的一个表层，它乃基于各自文化形态整体实力之较量。这里，科技、工业和经济的发展并没有与社会科学的发展脱节，而有着内在且极为关键的联系。如果放弃或忽略社会科学而单独强调、追求科技的发展，只能沦为一种短期或盲目行为，而且欲速则不达，实际上并不利于我国的现代化建设和长远发展。所以，正在走向世界、迎接未来的现代中国，也迫切需要社会科学为之提供胆识和睿智。

（摘自《群言》1992年第10期）

读“院士回归平淡”有感

叶大年

不久前《瞭望》周刊报道了中国科学院院士霍裕平“挂冠卸职，回归平淡”的事迹，《北京青年报》转载了这则消息，在科技界引起相当大的震动。朋友和家人拿着《北京青年报》给我看，问我有何感想。其实几周前，我曾应邀写篇短文，取题“院士，荣誉称号而已”。报纸责任编辑有些为难，怕引起太大的轰动和刺激，建议我换个题目，我只好遵命了。看到霍裕平院士“回归平淡”后，我又重新鼓起勇气来谈“院士，荣誉称号而已”。

霍裕平院士在“老之未至”的时候，自感精力大不如前，于是辞去中国科学院合肥等离子体物理研究所所长之职，毅然举家迁居郑州大学任一名普通的物理教授，主动撤离科研和评审的权力中心，自己不愿以势压人，也不愿被别人利用来压人，回归平淡，去做自己力所能及的事——教书育人。霍裕平同志的这一行动，在科技界引起一片赞扬声，至于在两院院士中反应如何就不得而知了。我认为这个问题迟早会在院士中展开讨论，所以写此文供商榷。

中国科学院院士章程界定，院士是我国科学界最高荣誉称号，这里值得注意的是“荣誉”两字。它不是最高学术职称，更不是最高学术职务，院士可以终身受用的是荣誉，仅此而已。这是从字面上理解院士的内涵，但实际上院士的内涵已被外延得很宽很宽：最高学术职称、最权威的评审员、当然学术带头人、当然的首席科学家，如此等等不胜枚举。博士后本应是待业博士或候职博士，现在被人为地“炒”成超级博士，成为变相的最高学位。博士生导师本应是教授在培养研究生时的一种职责范围，它不仅取决教授水平，而且取决于研究组的经费、人员结构以及单位的图书和仪器设备等，现在也被“炒”成一种超教授的技术职称了。博士后和博士生导师尚且如此“炒”法，那就无怪乎社会上把两院院士越炒越热了。一所大学能否进入“211工程”序列，要看它有没有院士和有多少院士。能否进入“211工程”序列，对一所大学来说是有天壤之别的，所以对单位而言，院士便有了相当大的灰色效益。于是就出现了用高价“收购”院士的热潮。不管是“永久牌”的院士，还是“候鸟牌”的院士，只要收购到，就能提高学校知名度。有些学校领导还派人四方游说，要选他们学校的某某为院士，个别单位甚至采取更加不可告人的手段。这同我们通常意义上的引进人才和选拔人才决非一码事，在科技界产生了不良影响。

一般情况下，院士只是某个学科，甚至只是某个分支学科的专家，他不可能是“万能科学家”，他的成就只说明过去，并不一定说明现在，更不一定说明将来，和体育冠军一样，下次竞赛能否获胜，只有运动场上见分晓，这本来是个常识性问题。然而事实并非如此。在课题立项、资金分配、成果评定等诸多方面，有形和无形地形成一个“惯例”——院士优先，这就是霍裕平院士所说的权力中心。现在时时可以看到一群人簇拥着七老八十的院士出来争题目，争高级别奖励。许多院士为了单位和手下同事们的切身利益不得不违心去做，内心十分痛苦。霍裕平院士的这一“壮举”无疑是带了个好头，对国家科技事业的发展、对人才的培养、对院士的身心健康，乃至对院士的家庭幸福都是有益的。

霍裕平同志说，他相信正直的科学家都会赞成他“回归平淡”，我不敢妄自给自己贴上“正直”的标签，但作为一个院士，我举双手赞成他的做法。当然，回归平淡的方式多种多样，也不一定要一步到位。我今年58岁，正在逐步回归，不再去担任任何行政领导，不再去领衔争重点项目，自感知识日趋老化、精力日趋不足，只适合做点小课题，充当主官的幕僚足矣。再过三几年就连幕僚也不当了，“闭门著书”，“登东皋以舒啸，临清流而赋诗”，岂不美哉。

建立院士制度，对科学发展有积极意义，但是它不应该一成不变。随科技体制改革的不断深入，我以为院士制度也应该作适当的改革。一是规定院士年满70周岁以上者，自动成为名誉院士，不再参加科研课题，不再参加重大的科技审评活动，不再参加科学院学部的活动，但荣誉和待遇不变；二是实行院士候选人年龄确定上限（70周岁）制度；三是名誉院士将不记入院士总人数之列，这样每次增选院士的名额可以大幅度增加，以利于把更多有突出成就的科学家选为院士。如果不进行改革，可以想象，用不了十年，我国的院士平均年龄就会接近70岁，甚至更高。我们希望院士健康长寿，但不希望看到活动在我国科技金字塔顶部的科学家尽是古稀老人。我是生活在群众之中的“平民院士”，可以直接听到科技界群众的呼声，希望大家都来议议“霍裕平效应”，促进这项制度的改革。

30多年前发生在中印边界上的自卫反击战，促使中央军委对师团以下军官年轻化作出了果断的规定；十多年前邓小平同志又果断地废除了领导干部终身制，并身体力行。院士制度作适当的改革势在必行，中国科学院院士和中国工程院院士都是以振兴民族科技为己任的精英，相信经过讨论，大多数人是会赞成上述改革建议的。

（摘自《群言》1997年第11期）

理想与实际

陈鲁直

人是讲究实际的，因为衣食住行，都是实际的；人也离不开理想，活着没有奔头怎么行，自古以来许多仁人志士都为实现某种理想而奋斗。新中国成立后的50年，就个人的感受而言，可以称得上收获的，就是在不断地探究如何对待理想与实际上有所进步。

解放前，在民族民主革命中，反帝反蒋，推翻三座大山，建立新民主主义社会，都感到很实际，都是看得见、摸得着的。可是，一到进入社会主义革命和社会主义建设，就不同了，似乎都是在追求一种理想，要说实际，大概就是“今天的苏联就是明天的中国”。记得解放初期听苏联专家报告，好像苏联真是笼罩在理想的光辉之中。可是不久就觉出这是不切实际的。于是来了我们自己的“伟大试验”，先有“大跃进”，后有“文化大革命”，所谓“试验”当然是为实现一种理想。事实证明，这种追求理想的试验，越来越脱离实际。

追求理想出了问题（别有用心的“四人帮”罪行除外），实际就要作出反应。第一个五年计划期间，我国社会总产值每年增长11.3%。第二个五年计划期间，由于“大跃进”的影响，我国社会总产值每年下降0.4%。第三、第四个五年计划正值“文革”，我国国民经济发展又一次受到挫折，工农业总产值的增长低于历次五年计划，问题更大的是国民经济比例关系严重失调。不管理想多么宏伟，人民不能越来越富裕，社会发展水平不能越来越高，终究是要在实际面前显露其虚妄的。

我个人也如许多深感困惑的人一样，对于按理想“蓝图”搞社会主义，觉得不是办法。社会发展毕竟不能“按图索骥”，马克思主义是博大精深的，但它并不是走向社会主义的“线路图”。苏联经过残酷斗争硬要“按图”搞出一个“斯大林模式”，不仅害了自己，也害了许多想走社会主义道路的国家。我同意一些学者经过深思熟虑形成的观点，即这样搞出来的社会主义只能是扭曲了的，只能是“畸形儿”。要把这种扭曲了的形式矫正，要把这个“畸形儿”救治好，不知要比资本主义克服自身的危机难多少倍。

如果说20世纪30年代的大危机是资本主义的惨痛教训，90年代一开始苏联的解体就是社会主义的惨痛教训。这两大惨痛教训说明了两个不同的社会问题：资本主义听由市场这只“看不见的手”发展自己，必然导致危机爆发；而社会主义只凭理想“蓝图”办事，不顾经济实际，却能够导致它的崩溃。市场是实际的，也是无情的；理想是高超的，也可能是虚妄的。所以，过去50年我们同时看到，资本主义在不断的调整中发展，而社会主义受扭曲了的形式和“畸形儿”的病态束缚，不是调整不起来终于消失，就是在调整道路上步履艰难。

长期以来，我们对资本主义的调整不予重视，或者根本不承认是调整。但是，“二战”尚未完全结束，为英国赢得战争的保守党领袖邱吉尔却竞选失败，让位给工党领袖艾德里。为什么？原来为了避免30年代的大危机形势再现，为了医治战争创伤，也为了资本主义的“战后”发展，艾德里要吸取社会主义原则搞政府干预经济，搞混合经济，搞福利国家。也就是说，要对资本主义进行调整，符合选民愿望。后来这种调整成为“战后”资本主义世界的主流思潮。50年代初印度尼赫鲁就深受这一思潮的影响。确实，“战后”资本主义因此保持了20余年的繁荣。70年代资本主义陷于“滞胀”，也就是衰退。资本主义又作调整，出现英国的所谓“撒切尔革命”和美国的“里根经济学”，用约制政府干预、向市场回归的新自由主义调整结构，导致英国经济的重振，美国全球化新经济的发展。现在全球化又带来问题，英国的新工党首相布莱尔于是提出“第三条道路”，要把“撒切尔主义”与社会公正结合起来。资本主义的连续调整成效是显著的，正是资本主义仍有活力的原因。

相形之下，社会主义则处于不断的内部政治斗争之中。我国鉴于“文革”浩劫的沉痛教训，走上了改革开放之路，20年来取得了光辉的成果。但是，理想与实际之间的矛盾仍然时时露头，因为这种改革是社会主义的“自我完善”，而社会主义仍然是一纸任人设计的“蓝图”，在不断探索、不断实践之中。50年代以来，按“蓝图”，社会主义之可此可彼早已有协调不了的概念混乱：赫鲁晓夫当政时曾扬言向共产主义前进，勃列日涅夫上台说苏联处于发达的社会主义时期，戈尔巴乔夫起来后又说苏联还是发展中的社会主义。总之没有定规，说明社会主义单从概念出发是无法进行调整改革的。1991年苏联解体，我根本未料到，但教训是深刻的。我的第一个想法就是，社会主义调整改革最需要的是回归实际，不妨借鉴资本主义讲究经济实际。社会主义如不能把实际经济搞上去，它哪里能有活力呢？

自然，把实际经济搞上去包括经济效益和社会公正两方面。资本主义尚须兼顾这两方面，社会主义更应该在推进经济效益中重视社会公正。这说明，一接触实际，再把社会主义同资本主义绝对对立起来，实在是自绝调整改革之路。邓小平同志的不纠缠姓社姓资的论点、一国两制的主张，无疑是有利于回归实际的。我的认识是，纠缠姓社姓资，就是坚持两者是绝对对立的，如何能搞对外开放？开放者是向资本主义世界开放，这是明摆的事实。一国两制是从中国的实际出发。既然一国可以两制，为何一球不能两制？再进一步，如果两制的结果可以导致不存在两制的问题，两制的对立也就不应成为前提。所以，回归实际，是我们改革开放搞活社会主义的必由之路。

说到底，理想与实际的关系就是理想必须切合实际，从实际出发才是实现理想的根据。这是我积建国以来50年感受的一点心得。

（摘自《群言》1999年第7期）

也谈诚信

——再读“四勉一戒”有感

张梅颖

3月份参加“两会”，我听到许多代表、委员表达群众的呼声，对当前社会上的欺诈行为奋起挞伐。从百姓食品到学位文凭，从足球黑哨到商业陷阱，种种欺诈行为已经渗透许多领域，确实令人感到担忧。

会议中的一个晚上，有人送来余科杰的新作《张澜评传》。书中一节是有关前辈一篇“四勉一戒”的介绍。这篇文章多年前读过，但对原文的记忆已觉模糊了，于是又翻阅了龙显昭主编的《张澜文集》中的原文。该文成于1942年，至今已整整60年了。翻开再读，感触颇深。文章一上来就说：“人不可以不自爱，不可以不自修，不可以不自尊，不可以不自强，而断不可以自欺。”这就是“四勉一戒”的主要内容。应该说，提出“四勉一戒”是对当时社会上“不仁、不义、不耻、不畏，嚣然成风”的抵制。《张澜评传》的作者认为，善于结合现实阐发微言大义，是张澜先生治学一大特点。从“四勉一戒”的提出到现在，一个花甲过去了，但人们在道德修养上的道理古今相通。实际上，自爱、自修、自尊、自强，也是现代人生活于世所应具备的基本修养；而不自欺，则更应是社会成员的基本道德规范。

“欺”与“诚”是相对立的。“四勉一戒”认为，“诚者无妄，欺则妄，诚者无伪，欺则伪，故不开诚者必欺人，不存诚者必自欺”。尤其可怕的是：“自欺者，则恒其焉而不自察也。”自欺必欺人。我想这可能是当前社会上某些人弄虚作假、急功近利、自吹自擂、浮华奢侈的原因。一个人、一个单位、一个民族，如果不自爱、不自修、不自尊、不自强，则必自欺。“世之欺人者，莫不如是，然而人固不能终欺也。人虽愚，有时而觉，术虽工，有时而穷，况人非愚，术非工，徒丧信败义，为市所鄙弃耳。”诚信失范者将被时代所抛弃，其败坏社会风气、破坏社会稳定、阻碍社会发展，危害之大必须引起我们的高度警觉。

我们的教育，应给青少年多一点“自爱、自修、自尊、自强”，断不可用“自欺”和“欺人”影响下一代。拜金主义、追名逐利、攀龙附凤、痞子文化，等等，正是把人们导向“自欺”而不觉。不仅不觉自欺，反而时常自喜，喜于通过“自欺”和“欺人”捞到的一点名利实惠。热衷于一点蝇头小利的人，见他人不是靠诚实劳动而是靠“欺人”捞到了好处，纷纷效仿，渐成风气，这不能不说是假冒伪劣“嚣然成风”的一个原因。而我们的青少年正在求学阶段，让他们学什么，取决于我们做什么；让他们怎么学，取决于我们怎么做。在这个重大教育问题上，实在是身教重于言教。

我想，“身教”的具体内容有许多方面，但归结起来，大致可以分为两个部分。一是惩戒，二是彰扬。首先，我们的法制应对自欺而欺人、弄虚作假给社会带来危害的行为给予严厉制裁。使欺人者捞不到什么好处，并因此败坏了名声。

其次，我们的媒体应大力表彰和宣传诚实守信的品质。朱镕基总理在今年的政府工作报告中指出：要切实加强社会信用建设，逐步在全社会形成诚信为本、操守为重的良好风尚。由一国总理说出这个话，应该是个良好的开端。

再读“四勉一戒”，更感诚信本是华夏文明的精髓，又是中华民族的传统美德。从自己做起，人人如是，诚信焉能唤不回。

（摘自《群言》2002年第5期）

客观认识当前互联网形势

张　平

互联网作为20世纪最为重大的发明之一，迄今已经成为全人类共有的财富、共享的资源、共同的家园，其发展速度和对社会的广泛影响，大大超出了所有科学家、哲学家、政治家、社会学家、人类学家等专家们的预料，互联网让整个世界变成了真正意义的“地球村”，大大影响甚至改变了人与人、人与社会之间的关系。这种前所未有的影响，也许互联网科技的创始人也始料未及。

2012年伦敦奥运会开幕式上，被誉为“互联网之父”的伯纳斯先生面带微笑坐在“伦敦碗”中央，在全场的热烈掌声中轻快地敲击电脑键盘，看台上闪现出一排巨大的英文字符：THIS IS FOR EVERYONE，翻译成中文意思是：“这是每个人的”。这短短六个字精准地道出了互联网与人类之间密不可分的关系。互联网的发展使政治、经济、社会管理、文化道德等领域，都面临着巨大挑战。2007年8月8日，美国小学教师芭芭拉乘坐奋进号航天飞机进入太空，在国际空间站对地球上的学生进行了人类有史以来第一次视频互动教学，并在太空中展示喝饮料、锻炼身体等奇妙的日常生活。古人所言的“秀才不出门，便知天下事”的梦想，在我们这一代借助互联网的“千里眼”和“顺风耳”得以轻松实现，成为当今普通民众能够轻易得到的现实。

互联网对我国的经济增长和就业规模，更是产生了不可估量的深远影响。中国电子商务研究中心发布的2012年监测报告显示，目前我国电子商务企业近四万家，直接从业人员约200万人，间接带动就业人数已超过1400万人。2012年，中国电子商务市场交易规模超过八万亿元，并仍将呈现“爆炸式”增长。2013年淘宝网发起的“双十一光棍狂欢节”，仅24小时就创造了191亿元人民币的交易额，远超美国2012年“网购星期一”15亿美元的交易额，以致相关的物流快递行业长时间爆仓，被戏称“快递变慢递”。当今进入世界巨富和中国巨富前列的大多是网络巨擘，如美国的比尔·盖茨、乔布斯，中国百度的李彦宏、腾讯的马化腾，等等。他们的知名度和影响力几乎超过了历史上任何时期的企业家、经济学家和各类艺术明星。

当今，我们的工作和生活几乎很难与网络分开。我们通过网络了解经济、政治、社会、民生等各方面的信息，用以指导我们的工作。同时，大量的网络信息也伴随着我们的日常生活，不知不觉地影响着我们的婚姻家庭、子女求学、改行就业、健康娱乐等方方面面，以至于在某些领域和范围，网络的影响已经远远超过了家庭和学校。

在满足精神需求方面，过去“读书破万卷”，要么是靠父母有足够的财力去买“万卷”书，要么是牺牲足够的时光到图书馆去淘“万卷”书。而现在，只要是我们想要的书，大多都能花很少的钱甚至不花钱，用很少的时间和精力在网络上获得，甚至连书籍的主题、内容和分析都是现成的。据统计，目前80%以上的年轻人，主要是在网上获取新闻资讯以及政治、社会和文化方面的信息。而中老年人中在网络上看电影、看电视、看球赛也已经很普遍。在满足物质需求方面，因为其选择多样、价格便宜，且送货到家，网上购物已经成为年轻一代基本的消费方式。如果外出旅行，在网上订票、订酒店，用信用卡结账，既方便又快捷。

应该说，这些都是网络发展对我们生活的积极影响和正面意义。

但是，网络也是一把“双刃剑”，它对一些传统观念和道德理想的颠覆性破坏也同样令人触目惊心。网络世界的灰色空间畸形地影响着大批青少年的人生观和价值观；色情暴力无孔不入地充斥于网络世界，让一些青少年深陷其间而不能自拔；网络对金钱名利的夸张和炫耀，大大强化了一些青年人在生活和社会中的失落感和挫败感，因而产生对社会的仇视和愤恨；极端、血腥、残暴、疯狂、毫无理性的言行举止，也被为数不少的人仿效；一些畸形的伦理观、世界观，极大地影响了社会，并成为极其危险的社会隐患。尤其是在伦理思想和意识形态领域，对政治社会、人类文明、传统道德一概否定的思想和观念，几乎无所不在，甚至形成一个个网络恶势力、网络黑团体、网络毒社会，唯我独大，唯我独尊，顺我者昌，逆我者亡。这一切逐渐成为每个国家必须面对并且必须回应的最迫切最严峻的课题。如果任其发展下去，对正常社会秩序的破坏和侵蚀是显而易见的。

目前，网络对我国社会发展和思想意识形态领域也产生了深重影响。据统计，目前我国仅手机网民近五亿人，注册微博、博客的用户超过12亿，庞大的新媒体塔基，托起了处于塔尖上的网络名人，即所谓的“大V”们。据了解，现在粉丝超过10万的“大V”约两万个，粉丝超过百万的“大V”有3300多个，粉丝千万级的“大V”超过200个。一段时间，在一些商业网站中，我们总可以看到一些“大V”们口无遮拦的奇谈怪论，在千百万粉丝跟帖的倾情助威与喝彩声中，呼风唤雨，甚至绑架某些案件的法律判决和民意的社会导向，俨然成为网络社会的道德教主和舆论沙皇。

网络反腐是个吸引眼球的新话题。开放的网络媒体极大地激发了广大民众的反腐热情。“表哥”、“房姐”、“雷政富”、“刘铁男”们都是网民反腐的“战果”。于是人们似乎形成了一种印象，即网络成为反腐“主战场”，网民成为反腐“主力军”，完全忽略了这些年来党和政府在反腐倡廉方面不断加大的力度和取得的成果。网络反腐由于其天然的鱼龙混杂性，导致泥沙俱下，一些敲诈勒索之徒乘机兴风作浪，一些所谓的维权网站不加任何审核，收钱发稿，影响十分恶劣。更有甚者，网络成为争夺意识形态、左右舆论阵地的“利器”，一些别有用心的人，以反腐的名义肆意攻击我们的政治体制和基本制度，他们任意夸大改革开放中的问题与贪污腐败，进而否定现行制度和中国共产党的领导，质疑中国特色社会主义道路。

在纷繁芜杂的网络背后，实际是一场争夺意识形态领域舆论阵地的新兴战场。面对这一大是大非、没有退路、无法妥协的严峻的舆论斗争任务，从事网络宣传工作的同志务必始终保持清醒的头脑和坚定的政治立场，绝不能有一丝一毫的彷徨和动摇。我们每天通过网络了解我国的政治、经济、社会、文化等方面大量信息，对基本形势的判断和估计，既要客观、全面，也要立场坚定，切忌人云亦云。一定要引导广大群众多看主流，不受支流支配；多看光明面，不受阴暗点影响；多看本质，不被表面现象迷惑。不要把点上的问题说成是面上的问题，不要把个别问题说成是整体问题，不要把局部问题说成是全局问题。既不能把一般问题看成是大是大非问题，更不能把大是大非问题看成是一般问题。

近些年来，政府网站和主流网站的状况已经大为改善，点击率和社会关注度与以往已不可同日而语。特别是在处理一些焦点、热点问题时，积极主动、反应迅速，甚至网络的管理也在迅速改观。去年，“浙江余姚水灾官员穿高档鞋让六旬村书记背”的新闻在网上快速传播，当地镇政府果断将当事人免职并见诸媒体，避免了舆情的升级。紧接着，国务院办公厅发布的《关于进一步加强政府信息公开回应社会关切提升政府公信力的意见》指出，各部门应积极利用微博、微信等新媒体，确保在应对重大突发事件时不失声、不缺位。即在重大事件面前，政府应该成为主导舆论方向的超级“大V”。

面对互联网发展的现状，首先我们要有阵地意识，你不去占领这个阵地，别人就会去占领；你不下工夫，就不会有人关注你；你没有特色，必然死水一潭；你低俗化、下三滥，更是死路一条。其次要有管理意识。通俗地说就是要把这个阵地打扫干净，让人觉得舒服、清新，有层次，有品位。“栽下梧桐树，自有凤凰来。”比如微博，刚推出时人气很旺，渐渐地就失去了温和、理性地表达和交流的氛围，一句话不对，便招致铺天盖地的谩骂声、围攻声。时间久了，好多人就不进去了。再后来微信出来了，有了朋友圈，那就到这儿来吧。干净、和气、温馨、理性，于是越来越热，越来越火。所以不管网络怎么发展，怎样吸引眼球，关键还是要人性化，符合审美规律，有利于人与人之间的正常交往。这样才会有持久的生命力。最后，必须要有市场意识，要把网络办得有人气，通人脉，得人望。唯点击率我们不提倡，无视点击率我们同样不赞同。既能吸引人，感染人，又能打动人，鼓舞人，给人以收获，给人以温暖，给人以希望。这些说起来容易，真正办起来很难，也没有什么捷径可走，只能下大力气，下大工夫，努力探索。

（摘自《群言》2014年第2期）

守住“舌尖上的安全”

张宝文

“一饭膏粱，维系万家；柴米油盐，关系大局。”食品安全事关基本民生，在所有民生问题中，是涉及面最广、群众感受最直接、容忍度最低的问题；食品安全事关经济发展，食品产业既是永不衰落的朝阳产业，也是国民经济的重要支柱，它容纳就业人口众多，在扩内需、稳增长、调结构过程中，重要地位显见；食品安全事关稳定大局，在现代传媒高度发达、公众对健康高度关心的背景下，食品安全问题如果应对不力、处置不当，极易引发社会矛盾，影响政府公信力以及社会和谐稳定。兹事体大，不可不慎，不可不察。

近些年来，国家高度重视食品安全工作，出重拳治乱象，打基础谋长远，出台重大政策，完善体制机制，加强综合协调，强化监管责任，遏制住了违法犯罪活动猖獗的势头，全国食品安全形势总体稳中向好。但同时必须看到，食品安全形势不容乐观，挑战依然严峻。比如，在农产品种植、养殖环节，还存在滥用农药、兽药及水质、土壤污染等现象；在食品生产加工环节，非法添加行为屡禁不止，以次充好、掺杂使假等问题屡打不绝；一些地方大量无证照小作坊、小摊贩和“黑窝点”滋生蔓延。这些问题不仅危及消费者生命健康、挫伤群众安全感，也严重影响国家形象。

当前，我国正处于转型升级的关键时期，食品安全工作的长期性、复杂性和艰巨性并存，不可能一蹴而就。必须把攻坚战与持久战结合起来，既立足当前解决现实问题，更着眼长远解决根本问题。

抓好源头治理，明确生产责任。农产品种养环节是食品安全的源头。要加强农业投入品管理，大力解决农兽药残留超标、非法添加、产地重金属污染等问题，从源头上保障农产品质量。企业是食品生产经营主体，应建立生产经营者首负责任制和追责制，一旦发现问题，要在经济上重罚、法律上严惩，提高企业违法成本，使之不敢、不能、不想生产经营不安全食品。建立不法经营者“黑名单”制度，依法公布违法信息，使其“一处失信，寸步难行”。

强化过程控制，严格监管执法。食品产业链条长、业态复杂，不论哪个环节的风险隐患都会带来安全问题。食品监管机构要整合监管职能，统筹监管力量，完善长效机制，构建覆盖从生产加工到流通消费全过程的监管格局，确保各司其职、各负其责。加快建立从“农田到餐桌”全程追溯体系，落实产品召回、退市下架等监管措施，严防问题食品流入市场、进入餐桌。对与群众生活密切相关的重点领域、热点问题，加大整治力度，重拳出击、重典治乱，切实增强人们对国产食品的消费信心。

重视科技支撑，提升产业水平。许多不法分子在食品生产上处心积虑、花样翻新，甚至利用高科技手段非法牟利。在这种情况下，不能再沿袭“手摸眼看鼻闻”的传统检测方式，要依靠科学技术特别是信息技术提高监管能力、水平和效率。我国食品产业小散乱问题突出，监管难度大，推动食品产业规模化、集约化、标准化，有助于实现食品安全的长治久安。要完善扶优汰劣的产业政策，大力培育龙头企业、连锁企业、品牌企业，不断提高产业集中度。

完善法律法规，构建共治格局。法治是管根本、管长远的，要加快修订食品安全法以及农产品质量安全法、农药管理条例等配套法律法规，完善食品安全标准体系，抓紧相关标准的清理、修订和制定，为建立最严格食品安监制度奠定基础。我国有两亿多农民在生产食品，有近千万的食品加工企业，政府监管再集中、再强大，也不可能包打天下，因而需要实现社会共治。要创设相应制度安排，畅通投诉渠道，落实有奖举报制，健全媒体监督机制，发挥公众参与监督的积极性，让不法分子于“天网”之下无处藏身。

（摘自《群言》2014年第9期）

编后记

《群言》创刊30年，她相伴中国社会现代化、法治化进程的曲折历程而来，见证当代社会的变革、文化思潮的涌动，以及世情人心的移易，从并不久远的历史中萌发出一枝文化的枝芽。对于一个人来说，30年正是人生初立、事业肇基的壮年之始；对于一段历史来说，30年不过一瞬，只是时代洪流中的一轮涟漪；对于一本杂志来说，30年的历程凝结着几代人的心血、智慧、理想，饱含着无数作者的支持、理解和包容，汇聚着太多读者的关爱、呵护与信任，是一段令人心生敬畏的历史，是一份励人奋进的责任。她的分量沉甸甸的，她的温度暖融融的。

庆贺创刊30周年，我们奉上精心编选的文丛来纪念往昔，酬飨读者。从一开始我们就知道，编选工作是一项艰难而浩大的工程：360期杂志，几十个栏目，数万篇文章，几千位作者，两千余万字，取舍是个大问题。经过编辑部同人反复斟酌，几轮筛选，终于确定了现在的规模——30年荟萃于七卷册。看来规模不算小，但相较30年来层堆累叠的佳作，仍不免反复权衡，而屡屡割爱。由于种种原因，文丛的编选工作殊为仓促，耳边犹有铃音催迫，心内时时伴着焦虑惶恐。在选文方面，我们尽可能兼顾当下的阅读心理与审美趣味，同时也不敢背离历史的轨迹，轻薄故纸。以致文丛的规模虽然一再扩充，但仍然不能如我们最初的设想，将所有好文章悉数收入。编选的过程不是淘洗陈迹，而是重温历史。埋首捧读那些厚厚的合订本、发黄的旧纸页，仿佛置身时光隧道，令人感慨万端。那些旧文字凝结着前辈学人的智慧之思，透散出几代知识分子的文化理想与家国情怀，传至今日依然散发着光泽，镌刻着时代的印辙。我们将这厚厚七卷本的文丛视为对过往历史的深深敬意，同时也是对未来漫漫程途的自我砥砺。其中很多篇章或光华灼灼，闪耀着穿越时代的智慧和直击人心的力量；或缱绻情深，字句间涌动着浸润人心的真情厚意，这些显在的文字与潜在的情愫，不断感动着我们，激励着我们，震荡着我们。

出版这套文丛，不仅是对《群言》历史的梳理与纪念，也是对那些曾经为我们撰稿的老先生们的追怀，更是对一个大师仍在、星光璀璨，庶人多议、百花争妍的时代的记录与思慕。我们之所以不揣敝帚自珍之嫌，编成了这厚厚的七卷册的纪念文丛，就是希望它能较为完整地反映中国社会这30年来的巨大变迁。这样，我们出版这套文丛才不致堕入自娱自乐的狭隘境界，而能成为对历史的记录、对时代的回应。过去的30年，可以说曾经是纸媒的黄金时代。我们相信，《群言》没有辜负那个时代，在费孝通、丁石孙、蒋树声、张宝文等民盟中央几任主席的关爱下，在陶大镛、袁行霈、张平等历任主编的带领下，在一代代群言人戮力同心、孜孜矻矻的努力下，《群言》吸引了一批关心民瘼、热心国事的作者，呈现出有担当、有风骨、有情怀、有操守的办刊风格，成为深受读者喜爱的知识分子精神家园。

我们的首任编委会主任委员陶大镛先生对《群言》初创厥功至伟，凡有关《群言》的事情，巨细靡遗，无不倾力。《群言》今天的风格和一批品牌栏目都是在他的主持下形成和创立的。可以说，陶公是《群言》真正的奠基人与开创者。尽管现在的编辑部同人绝大多数都无缘亲承教诲，甚至从未与他谋面，但在我们心中，“陶公”两字本身就代表着一种“群言精神”、“群言风貌”，是一个时时鞭策我们的亲切的名字。前辈的无私付出成就了《群言》在知识界的口碑，为我们今日的发展铺就了道路。毋庸讳言，由于都市生活节奏紧张迅捷，人们无暇深入思考、静心品味，阅读越来越呈现碎片化的特点。传统媒体渐趋式微。所幸《群言》不断得到各界作者、读者的厚爱，得到民盟中央领导的指导和民盟各级组织的襄助。民盟中央主席张宝文将《群言》作为民盟宣传工作的重要组成，从长远发展的角度给《群言》以极大的扶植，使《群言》的事业有了新的发展，使我们在新媒体风行的时代，能够从容应对，不坠风标。

近两年来，我们秉持《群言》为知识分子服务的办刊宗旨，坚持党派性与普适性兼顾的原则，努力开拓办刊思路，不断创新办刊形式，完成了创刊以来首次扩版，刊物呈现了更为丰富的内容和更加广阔的视野；首次尝试推出地方专刊，广受好评；对栏目进行增新复旧，力求以“移步不换形”的方式对杂志进行逐步调整，使之既体现出时代特点，又不失其既有格调。如今，刊物发行量已突破3万份，实现了历史性的飞跃。

相伴《群言》30年的历程，有太多令人感动的作者、读者给我们以真挚的关心和爱护、全力的帮助与扶持。我们的办刊经费有限，不能给前来开座谈会的专家学者以市场通行的酬劳，但是很多多年合作的作者从不计较，不仅自己热心参与，而且还主动帮忙延请相关领域的行家前来赴会。有些读者常年订阅我们的杂志，每期都认真阅读，对于我们工作的偶然疏失和细微的突破改变都能及时发现并来信指出，有时恳切地批评，有时热情地鼓励。在今年“我与群言”的征文中，一位读者在来稿中这样写道：“或许因为年近五十，经历多了，对事物的认识、理解都比以前更全面、客观。读《群言》感到非常顺畅亲切，犹如与时代对话，与名家学者交流，与学问家们问道解惑。……许多长者的文章笔力老到，文风雄健，立意并未随时间的流逝而过时，他们谈时事、论世界，摆观点、评弊端，绘百态、树正气，歌善美、贬恶俗，博古通今，情理交融，读来获益匪浅。”读者的肯定是对我们最大的褒奖、最好的鼓舞，更是鞭策我们不断前行的动力。编读之间诚挚的交流，是我们几代编者不断积累的宝贵财富，是刊物得以发展壮大的基石。《群言》如同前辈们手植的一株幼苗，30年来已亭亭如盖，如今我们守护它的根系，也享受它的荫庇。

《群言》出刊百期时，季羡林先生发来贺词说：“我们的《群言》决不属于‘四话’（指假话、大话、空话、废话）类，它还能讲一些真话，是与人为善的真话。它一不靠内部新闻，二不靠秘闻和小道消息，专靠真理吃饭，一身正气，威仪俨然……”的确，30年的历史见证：《群言》从来不是一个保守的论坛，他是知识分子的群言堂；是百家争鸣、智慧之花竞放的自由天地；是弼违救失、进善惩恶的谠言谏诤之所；是思想交锋、观点荟萃的辩论场；是情深意重、诚挚无欺的心灵憩园与灵魂栖所。

有位热心读者曾评价《群言》“靠讲真话的本事，立足于中国思想文化前沿，发挥自己的光和热”，我们承诺，未来的《群言》仍将秉持初衷，不改本色，为作者读者、为各界新老朋友营建一方知识分子集群智、抒群言的思想净地。

《群言》编辑部

2015年11月